파생상품투자권유 2025
자문인력

KB184744

금융투자협회
Korea Financial Investment Association

1. 파생상품투자권유자문인력의 정의

투자자를 상대로 파생상품, 파생결합증권, 고난도금융투자상품 등에 대하여 투자권유 또는 투자자문 업무를 수행하거나 파생상품 등에 투자하는 특정금전신탁 계약 등의 체결을 권유하는 업무를 수행하는 인력

2. 응시자격

금융회사 종사자 등(파생상품투자권유자문인력 투자자보호교육 이수)

3. 시험과목 및 문항수

시험과목		세부 교과목	문항수
제1과목	파생상품 Ⅰ	선물	13
		옵션	12
소 계			25
제2과목	파생상품 Ⅱ	스왑	8
		기타 파생상품 · 파생결합증권	17
소 계			25
제3과목	리스크관리 및 직무윤리	리스크관리	8
		영업실무	5
		직무윤리 · 투자자분쟁예방	12
소 계			25
제4과목	파생상품법규	자본시장 관련 법규 (금융소비자보호법 포함)	17
		한국금융투자협회규정	4
		한국거래소규정	4
소 계			25
시험시간		120분	100 문항

4. 시험 합격기준

70% 이상(과목별 50점 미만 과락)

- 한국금융투자협회는 금융투자전문인력의 자격시험을 관리·운영하고 있습니다.
  금융투자전문인력 자격은 「자본시장과 금융투자업에 관한 법률」 등에 근거하고 있으며,
  「자격기본법」에 따른 민간자격입니다.

- 자격시험 안내, 자격시험접수, 응시료 및 환불 규정 등에 관한 자세한 사항은
  한국금융투자협회 자격시험접수센터 홈페이지(https://license.kofia.or.kr)를 참조해
  주시기 바랍니다.
  (자격시험 관련 고객만족센터: 02-1644-9427, 한국금융투자협회: 02-2003-9000)

contents

part 01

선물·옵션
개요

chapter 01 　**장내파생상품 개요**　　　　　　　　2

section 01　파생상품의 개념과 유형　　　　2
section 02　파생상품의 경제적 기능　　　　4
section 03　장내파생상품거래 메커니즘　　　6
section 04　장내파생상품거래 유형　　　　12
section 05　국내 파생상품시장　　　　　　18

chapter 02 　**선물 개요**　　　　　　　　　　21

section 01　선물의 개념　　　　　　　　　21
section 02　선물의 종류　　　　　　　　　23
section 03　선물의 가격결정　　　　　　　23

chapter 03 　**옵션 개요**　　　　　　　　　　25

section 01　옵션의 개념　　　　　　　　　25
section 02　옵션의 유형　　　　　　　　　27
section 03　옵션 가격결정　　　　　　　　30
　　　　　　실전예상문제　　　　　　　　36

part 02

주식 관련
선물 · 옵션

chapter 01   주식 관련 선물   40

section 01   주식 관련 선물의 개요   40

section 02   주가지수선물   41

section 03   주식선물   47

section 04   주식 관련 선물의 가격결정   49

section 05   주식 관련 선물의 거래유형   53

chapter 02   주식 관련 옵션   70

section 01   주식 관련 옵션의 개요   70

section 02   국내 주식 관련 옵션   71

section 03   주식 관련 옵션의 가격결정   73

section 04   옵션 가격의 관계   78

section 05   옵션의 민감도 분석   81

section 06   주식 관련 옵션의 투자전략   90

             실전예상문제   122

part 03

금리선물·
옵션

chapter 01	금리 및 채권의 기초개념	126
section 01	금리의 개념	126
section 02	금리의 유형	129
section 03	채권 가격과 수익률	136
section 04	수익률 곡선	139
section 05	금리 리스크	143

chapter 02	금리선물	153
section 01	금리선물의 개념	153
section 02	단기금리선물	154
section 03	채권선물	162
section 04	금리선물 거래유형	175

chapter 03	금리옵션	197
section 01	금리옵션의 개념	197
section 02	채권옵션	199
section 03	금리선물옵션	201
section 04	금리옵션의 거래유형	209
	실전예상문제	219

part 04

**통화선물·
옵션**

chapter 01 **외환과 외환시장** 224

section 01 외환 및 환율 224
section 02 외환시장 227

chapter 02 **선물환과 통화선물** 234

section 01 선물환 234
section 02 선물환율의 결정 242
section 03 통화선물 251
section 04 선물환과 통화선물을 이용한 환리스크 관리 256

chapter 03 **통화옵션** 265

section 01 통화옵션의 개요 265
section 02 통화옵션의 가격결정 269
section 03 통화옵션을 이용한 환리스크 헤지 273

실전예상문제 282

part 05

상품 관련
선물·옵션

chapter 01 **상품선물**   288

section 01   상품선물의 개요   288
section 02   국내 상품선물   292
section 03   상품선물의 가격결정   297
section 04   상품선물의 거래유형   300

chapter 02 **상품옵션**   326

section 01   상품옵션의 개요   326
section 02   상품선물옵션의 가격결정   327
section 03   상품옵션의 거래유형   329

실전예상문제   340

part 01

선물 · 옵션 개요

chapter 01   **장내파생상품 개요**

chapter 02   **선물 개요**

chapter 03   **옵션 개요**

certified derivatives investment advisor

chapter 01

장내파생상품 개요

파생상품의 개념과 유형

파생상품(derivatives)은 기초자산(underlying asset)의 가격에 의해 그 가치가 결정되는 계약으로서, 주가, 금리, 환율, 상품 가격의 변동 리스크뿐만 아니라 신용 리스크를 관리할 수 있는 저렴하고 효율적인 수단을 제공한다. 파생상품은 손익구조의 형태에 의해 크게 선도형과 옵션형으로 구분하고 파생상품의 결합으로 구성된 합성형도 존재한다.[1]

---

1 자본시장과 금융투자업에 관한 법률(이하 '자본시장법'이라 한다)은 금융투자상품을 증권과 파생상품으로 구분하고 있다. 증권과 파생상품은 모두 원본손실 가능성, 즉 투자위험이 존재한다는 측면에서는 동일하다. 증권은 투자자가 취득과 동시에 지급한 금전(원본) 이외에 어떠한 명목으로든지 추가로 지급의무를 부담하지 않는 금융투자상품을 의미하고, 파생상품은 투자자가 원본 이외에도 추가적인 지급의무를 부담할 수 있는 금융투자상품을 의미한다. 예를 들어, 파생결합증권 중 하나인 주식연계워런트(ELW)는 상품구조가 파생상품인 주식옵션과 유사하지만 주식옵션은 파생상품으로, ELW는 증권으로 인식되고 있다. 이는 주식옵션의 경우 투자자가 매도(발행)할 수 있는 반면, ELW의 경우 증권회사에게

또한 거래소와 같이 조직화된 시장에서 거래되며 계약조건이 정형화, 표준화되어 있는 파생상품을 장내파생상품이라고 하고, 선도, 스왑, 장외옵션 등 그 외의 파생상품을 장외파생상품이라 한다.

1 선도형 파생상품

선도형 파생상품의 종류에는 선도(forward), 선물(futures), 스왑(swap)이 있다. 선도계약은 미래의 일정 시점에 사전에 약정한 가격으로 기초자산을 인수도하기로 하는 계약(장외파생상품)이며, 선물은 선도거래와 개념이 유사한 장내파생상품이다. 스왑은 두 당사자가 일정한 기간 동안 일정한 조건에 따라 현금흐름을 서로 교환하기로 하는 계약으로 선도거래의 결합이라고 할 수 있다.

2 옵션형 파생상품

옵션은 미래의 일정 시점 또는 일정기간 동안에 일정한 가격(행사 가격)으로 기초자산을 매수 또는 매도할 권리를 말한다. 매수할 권리를 콜옵션(call option), 매도할 권리를 풋옵션(put option)이라 한다. 캡(cap)/플로어(floor)는 옵션형 장외파생상품을 말한다. 또한 표준형 옵션의 손익구조를 다양한 형태로 변형한 이색옵션(exotic option)이 있다.

3 합성형 파생상품

합성형 파생상품에는 선물과 옵션을 결합한 선물옵션(futures option), 스왑과 옵션을 결합한 스왑션(swaption) 등이 있다. 선물옵션의 거래대상은 선물이며 옵션을 행사하면 선물 포지션을 갖게 된다. 스왑션의 거래대상은 스왑이며 옵션을 행사하면 스왑 포지션을 갖게 된다.

만 발행이 허용된다는 점, 그리고 증권회사가 발행한 ELW를 매수한 일반투자자는 위험의 범위가 최초 투자한 금액의 범위 내로 제한되고 추가적인 지급의무가 발생하지 않는다는 점을 근거로 하기 때문이다. 또한 자본시장법에서는 파생상품 유형을 선도형, 옵션형, 스왑형으로 분류하고 있다.

section 02 | 파생상품의 경제적 기능

1 | 리스크의 전가(risk shifting)

장내파생상품의 가장 중요한 경제적 기능은 리스크의 전가이다. 즉, 파생상품시장은 리스크를 다른 사람에게 떠넘기려고 하는 사람(hedger)과 리스크를 떠안으려는 사람(speculator) 간에 리스크가 거래되는 시장이다. 파생상품시장은 주식, 채권을 포함한 금융자산뿐만 아니라 원자재, 농산물 등 상품 가격의 변동 리스크가 거래되어 시장참여자들 간에 리스크가 적절히 재분배되도록 기여한다.

예를 들어, 가격 변동 리스크를 회피하려는 헤저(hedger)는 현물시장에서 현재 보유하고 있거나 장래에 보유할 예정인 자산이나 부채의 가격 변동 리스크를 선물시장에서 반대 포지션을 설정하여 미래의 현물시장에서 발생하는 손실(이익)을 선물시장에서 얻어지는 이익(손실)으로 상쇄시킬 수 있다. 한편, 파생상품거래를 이용하여 가격 변동 리스크를 감수하면서 보다 높은 이익을 추구하려는 투기자(speculator)는 자신의 가격 전망에 기초하여 예상되는 가격 변화로부터 이익을 얻기 위해 파생상품 시장에 참여한다. 이 경우 가격 변동 리스크는 헤저로부터 투기자로 전가될 뿐이지 소멸하는 것은 아니다. 이와 같이 파생상품시장은 헤저로부터 투기자에게 리스크를 효율적으로 이전시키는 메커니즘을 제공한다.

2 | 가격발견(price discovery)

파생상품시장의 참여자들은 미래의 상품 가격에 대한 예측에 근거하여 거래하기 때문에 파생상품시장에서 형성되는 가격은 해당 상품의 수요와 공급에 관련된 각종 정보를 반영하게 된다. 파생상품 가격은 다양한 시장참가자들이 자신들의 정보와 분석능력을 이용하여 종합적으로 판단한 결과가 반영되어 형성되므로, 미래 현물 가격에 대한 시장참여자들의 평균 예측치라고 할 수 있다.

시간의 흐름에 따라 새로운 수급요인을 반영하여 시장참가자들의 미래에 대한 예측이 변동하면 파생상품 가격도 변동하게 된다. 물론 선물·옵션 가격이 미래의 시장 가격을 언제나 정확히 예측하는 것은 아니지만, 현재 시점에서 예상한 시장참가자들의 합리적 기대치를 나타낸다고 할 수 있다. 이러한 가격발견 기능을 통해 파생상품 가격은 각 경제주체들이 합리적인 의사결정을 할 수 있도록 돕는 역할을 한다.

3 자원배분의 효율성 증대

파생상품시장은 기업들에게 가격 변동 리스크를 관리할 수 있는 수단을 제공하며, 투자자들에게는 레버리지 효과로 인해 높은 투자이익을 얻을 수 있는 기회를 제공함으로써 효율적인 자원배분과 리스크 관리에 도움을 준다. 투자자는 파생상품시장을 활용하여 자신의 목적에 맞도록 보유자산 또는 보유예정자산을 구성함으로써 금리, 만기, 현금흐름 등을 조절할 수 있어 자금을 효율적으로 관리할 수 있다. 농산물의 경우 파생상품시장이 가져다 주는 가격발견 기능의 부차적인 효과로 장기간 보관이 가능한 농산물의 수급을 안정화시키고 이를 통해 자원배분의 효율성을 증대시킨다고 볼 수 있다.

투기자는 헤저가 회피하고자 하는 리스크를 적극적으로 인수하면서 미래의 상품 가격에 대한 전망을 토대로 파생상품시장에 참여하게 되는데, 수시로 시장의 수급동향, 정책방향 등에 관한 정보를 수집·분석하며, 그 결과는 파생상품 가격에 즉각 반영된다. 따라서 시장정보의 수집면에서 열세에 있는 다른 경제주체들도 파생상품 가격을 통하여 미래의 현물 가격에 대한 정보를 얻을 수 있고, 투자 및 소비활동을 합리적으로 할 수 있게 된다. 또한 파생상품시장에서는 다수의 시장참가자가 경쟁할수록 독점력이 감소되어 시장의 자원배분 기능이 보다 효율적으로 이루어질 수 있다.

4 시장효율성 제고

거래소의 회원 및 기타 금융기관들은 고객중개업무 수행을 통해 영리를 추구하게 되며, 이들은 고객의 파생상품 거래활동을 유도하기 위하여 파생상품 가격에 직접적인 영향을 미치는 해당 상품의 수요와 공급에 관련된 정보의 제공을 통해 경쟁력을 높이게 된다. 뿐만 아니라 파생상품시장에서는 다수의 시장참여자들에 의한 경쟁적인 가격결정이 이루어지므로 현물시장에 비해 적정 가격을 찾기 위한 노력의 절감과 동시에 거래비용도 상대적으로 저렴하므로 전체적인 시장의 효율성이 증대된다.

section 03 장내파생상품거래 메커니즘

1 장내파생상품의 특징

장내파생상품의 특징으로는 표준화된 계약, 거래소에 의한 채무이행과 청산기관(clearing house)의 존재, 결제안정화제도(일일정산 및 증거금제도) 등을 들 수 있다.

(1) 표준화된 계약

거래소에서 거래되는 장내파생상품은 거래의 내용이나 조건이 표준화되어 있으므로, 당사자 간의 합의에 따라 개개인의 다양한 수요를 충족시킬 수 있는 장외파생상품과는 차이가 있다. 특히, 거래단위, 결제월, 결제방법 등의 계약명세(contract specification)가 거래소에 의해 표준화되어 있다. 예를 들어, 선도계약(forward contract)의 경우 계약조건이 당사자 간의 합의에 따라 정해지나 선물거래(futures)는 표준화된 선물계약을 기준으로 거래가 이루어진다. 선물계약의 표준화는 선물시장의 참여자로 하여금 계약조건에 대한 명확한 이해와 거래의 편의성을 제공하기 때문에 선도거래와 달리 거래 시마다 거래 상대방을 찾아 계약조건을 협의해야 하는 번거로움을 줄일 수 있다.

(2) 청산기관에 의한 채무이행

장내파생상품은 조직화된 거래소에서 자격이 있는 회원의 중개를 통하여 거래된다. 회원의 자격은 거래소마다 차이는 있지만 일정 자격요건을 갖추는 경우에 취득할 수 있으며, 거래소 회원은 독점적인 중개권과 더불어 거래소 운영에 관여할 수 있는 권리를 갖는다. 그리고 거래소 회원은 거래소가 지정한 거래시간 동안 공개호가방식 또는 전산거래방식을 통하여 장내에서 자기거래 및 고객의 위탁거래를 수행할 수 있다.

거래소는 파생상품을 거래할 수 있도록 물리적인 장소와 시설을 제공하기 위하여 설립된 기관이며, 각국마다 운영형태에 약간의 차이가 있으나 대부분 회원제(membership)에 의해 운영되는 법인형태이다. 장내파생상품거래의 원활한 계약이행을 보증하기 위해 거래소는 청산기관(clearing house)을 운영하고 있다. 운영형태는 거래소의 별도 자회사나 산하부서 또는 별도의 청산전문기관에 의뢰하는 방식으로 거래소의 청산기능을 수행하고 있다.

청산기관은 매수자와 매도자의 중간에서 거래상대방의 역할을 맡아 계약 이행을 책임지는 역할을 하며, 이 역할은 재무적 건전도가 충실한 청산회원들에 의하여 수행된다. 청산회원의 자격은 신용위험에 대한 노출을 감소시키기 위하여 거래소 회원들 중 신용도와 경영능력에 관한 적절한 기준을 만족시키는 회원들에게만 부여된다. 청산기관은 투자자들이 파산하는 경우 또는 장내파생상품 거래 시 일어난 채무를 변제하지 못할 경우를 대비해 청산회원들로부터 상당한 금액의 보증기금(guarantee fund)을 확보한다. 청산회원이 아닌 거래소회원들은 청산회원을 통해 장내파생상품계약을 청산해야 하며, 그 대가로 일정한 수수료를 지급한다.

이와 같이 청산기관은 시장에서 거래되는 모든 파생상품거래에 따른 각 당사자의 채무를 '면책적으로 인수'하여 거래상대방이 된다. 즉, 청산기관은 매도자에 대해서는 매수자, 매수자에 대해서는 매도자가 되어 결제이행을 책임진다. 청산기관이 결제이행 책임을 부담하므로 투자자는 파생상품거래 시 상대방의 신용상태를 파악할 필요가 없는 것이다.

(3) 결제안정화제도

파생상품거래와 현물거래의 가장 큰 차이점은 계약 시점과 결제 시점 간에 시간적 간격이 길다는 점이다. 계약체결일로부터 긴 시간이 경과한 후에 결제하는 파생상품거래의 특성상 매도자 또는 매수자 일방이 결제를 이행하지 않을 위험이 있다. 따라서 거래소는 이러한 결제불이행을 사전에 방지하고자 반대매매, 일일정산 및 증거금제도를 갖추고 있다.

❶ 반대매매 : 원래 파생상품은 최종 거래일에 기초자산을 인수도하거나 차금을 수수하기로 하는 계약이므로, 거래 당사자는 최종 거래일까지 계약에서 벗어날 수 없게 되어 거래상 많은 불편을 겪게 된다. 장내파생상품거래에서는 이와 같은 불편을 해소하기 위해 최종 거래일 이전에 거래 당사자가 원할 경우 언제든지 계약에서 벗어날 수 있도록 반대매매를 제도적으로 허용하고 있다.

❷ 일일정산 : 원래 파생상품은 최종 결제일에 기초자산을 인수도하거나 차금을 수수하기로 하는 계약이므로 최초 계약체결 후 기초자산의 가격이 크게 변동하면 결제할 금액이 매우 커지게 된다. 이 경우 손실을 보는 거래 당사자는 결제금액이 부담될 수 있고 경우에 따라서는 결제를 하지 않을 수도 있다. 따라서 선물·옵션시장에는 전일 정산 가격과 당일 정산 가격과의 차이에 해당하는 금액을 익일에 결제하도록 하는 일일정산제도가 있다.

❸ 증거금제도 : 증거금은 거래 당사자가 결제를 이행하지 않을 경우 결제 당사자(거래소 회원 또는 거래소)가 결제대금으로 사용할 수 있도록 장내파생상품 거래자가 증권회사나 선물회사에 예치한 담보금을 의미한다. 특히 장내파생상품거래는 레버리지 효과가 커서 거래 당사자가 결제를 불이행할 가능성이 높으므로 거래 시 거래소 회원사는 위탁자로부터, 거래소는 회원사로부터 반드시 증거금을 징수하도록 하고 있다. 선물·옵션거래에서 증거금은 미래의 일정 시점에 계약을 반드시 이행하겠다는 약속(performance bond)의 증표, 즉 이행보증금의 성격을 갖는다.

선물거래에서는 최초 계약 체결 시 1계약당 증권회사나 선물회사에 납부하는 증거금을 개시증거금(initial margin)이라 하고, 계약 체결 후 계좌에서 유지해야 되는 잔액(일반적으로 개시증거금의 약 $\frac{2}{3}$ 수준)을 유지증거금(maintenance margin)이라고 한다. 여기서 유지증거금은 일종의 임계점(trigger point)의 역할을 하는데 이 수준 이하로 증거금 수준이 하락 시 추가 조치가 발동하게 된다. 추가 조치라 함은 증거금 수준을 원래 수준으로 회복시켜야 하는 의무가 부과되는 것을 의미한다. 일일정산 결과 계좌의 잔액이 유지증거금 수준 이하로 떨어지면 증권회사나 선물회사는 '마진콜(margin call)'을 통보한다. 이때 고객은 증거금 납부시한까지 증권회사나 선물회사에 추가 증거금(variation margin)을 개시증거금 수준의 현금으로 납입하여야 한다. 만약 증거금 납부시한까지 추가 증거금을 납입하지 못하면 증권회사나 선물회사는 고객의 미결제약정에 대해서 즉시 반대매매를 한다.

개시증거금 수준이 100, 유지증거금 수준이 75라 하고 일일정산 후 증거금 수준이 60까지 내려갔다고 할 때 증거금 수준을 100으로 회복시키려면 40의 추가증거금 납입이 필요하다.

그림 1-1 증거금 수준

개시증거금 = 100

유지증거금 = 75

추가 증거금 = 40

일일정산 후 증거금 수준 = 60

| 2 | 장내파생상품거래의 구성요소 |

장내파생상품시장은 국가별, 선물거래소별, 취급상품별로 자국의 실정에 맞게 각각 다르게 운영되고 있다. 각국은 공정하고 원활한 장내파생상품거래를 위해 거래와 관련한 제반 규정이나 규칙을 만들고 일정한 거래조건을 정하여 운영하고 있다. 장내파생상품거래의 특징은 표준화된 거래조건을 통하여 거래가 이루어지게 한다는 점이다.

(1) 거래대상 또는 기초자산(underlying asset)

장내파생상품의 거래대상이 되는 상품에는 특별히 제한이 있는 것은 아니다. 현재 미국을 비롯한 세계 각국의 거래소에서는 거래소의 특성에 따라 다양한 상품들을 상장하여 거래하고 있으며 거래대상을 점차 확대하고 있는 추세이다. 어떤 선물 또는 옵션 상품이 거래소에 상장되어 거래되기 위해서는 현물상품의 동질성, 가격 변동성, 가격 결정구조, 현물시장 규모와 활성화 정도, 파생상품에 대한 잠재적 헤지 및 투기수요 등 여러 가지 조건이 고려되어야 한다. 이 때문에 다양한 기초자산을 대상으로 하는 장내 파생상품들이 상장되고 있지만 성공적으로 거래되는 경우는 상대적으로 많지 않은 편이다.

장내파생상품의 대표적인 거래대상으로는 주가지수선물과 옵션의 거래대상인 주가지수(S&P 500, KOSPI 200 등), 금리선물과 옵션의 거래대상인 금리(SOFR, 연방기금금리 등),

채권선물과 옵션의 거래대상인 중장기채권(T-Bond, T-Note, KTB 등), 통화선물과 옵션의 거래대상인 주요국 통화(미국 달러, 유로, 엔, 파운드 등), 상품선물과 옵션의 거래대상인 원자재(농산물, 축산물, 에너지, 귀금속 등)를 들 수 있다.

(2) 계약단위(contract size)

계약단위란 거래되는 장내파생상품의 기본거래단위로서 한 계약의 크기를 나타낸다. 대부분의 거래소에서는 거래가 신속하게 이루어질 수 있도록 하기 위하여 파생상품별로 계약단위를 표준화하여 거래하고 있다. 예를 들어, CME Group에서 거래되는 T-Bond선물의 계약단위는 10만 달러이고, 유로달러선물의 계약단위는 100만 달러이다. 한국거래소(KRX)에서 거래되는 국채선물(3년·5년·10년)의 계약단위는 1억 원이고, 미국 달러선물은 10,000달러, 표준 KOSPI 200선물은 지수×250,000원이다. 참고로 1계약의 거래규모를 결정짓는 금액을 '거래 승수(multiple)'라고 부른다. 이러한 계약단위는 거래 초기에 파생상품의 성공과 실패를 가름할 만큼 매우 중요하다. 계약단위가 작을 경우 많은 투자자가 참여할 수 있어 유동성 확대에 도움을 줄 수 있으나 자금에 여유가 없는 투자자들이 참여하게 되어 시장을 불안정하게 할 수도 있다. 한편, 계약단위가 너무 클 경우에는 자금규모가 큰 기관투자자들만이 참여하게 됨으로써 시장의 안정성에 도움이 되지만 시장참여가 제한됨에 따라 유동성 확보 문제를 야기할 수도 있다.

(3) 결제월

결제월이란 파생상품계약이 만기가 되어 실물 인수도나 현금결제가 이루어지는 달(month)을 의미하며, 인도월(delivery month)이라고도 한다. 일반적으로 상품의 특성에 따라 1년 중 몇 개의 달이 결제월로 지정되고 있다. 예를 들어, 금융선물계약(주가지수, 금리, 통화선물)의 경우 통상 분기의 마지막월(3, 6, 9, 12월)이 결제월로 지정되며, 상품선물계약들은 상품의 수급요인에 따라 더 많은 결제월을 갖는 경향이 있다. 거래 가능한 최장 결제월은 통상 1~2년 이내지만, CME Group의 유로달러선물과 같이 필요에 따라 최장 10년 이상까지 결제월이 설정되어 있는 경우도 있다.

(4) 가격표시방법

장내파생상품의 가격표시방법(price quotation)은 대상 현물시장의 가격표시방식을 기준으로 거래소에서 규정하고 있다. 금리선물의 경우 일반적으로 금리를 지수화하는 방법(IMM Index 방식)을 가장 많이 사용한다. 예를 들어, 유로달러선물(CME Group)의 경우 100－금리(연율)로 가격을 호가하며, T-Bond선물(CME Group)이나 KTB선물(KRX)과 같은 국채선물의 경우 액면 100인 채권의 가격을 %로 표시하는 방법을 사용한다. 통화선물(CME Group)의 경우 해당 통화 1단위를 사기 위해 지불하는 달러로 표시된다. 한편, KRX의 미국 달러선물은 미국 달러 1달러를 사기 위해 지불하는 원화금액으로 표시된다.

(5) 최소 호가단위(tick)

최소 호가단위(tick)란 파생상품거래 시 호가할 수 있는 최소 가격 변동폭이며, 각 거래소마다 상품별로 그 크기를 표준화시켜 놓고 있다. 여기에 계약단위(contract size)를 곱하면 최소 호가단위가 1단위 변동할 때 계약당 손익금액(tick value)이 산출된다. 예를 들어, 유로달러선물(CME Group)의 최소 호가단위는 0.0025($6.25), T-Bond선물(CME Group)은 0.03125($31.25), 국채선물(KRX)은 0.01(10,000원), 표준 KOSPI 200선물(KRX)은 0.05포인트(12,500원)이다.

(6) 일일 가격제한폭

일일 가격제한폭이란 전일의 결제 가격을 기준으로 당일 거래 중 등락할 수 있는 최대한의 가격 변동 범위를 의미한다. 각 거래소에서는 시장 상황이 과열되는 것을 방지하기 위하여 상품별로 가격제한폭을 설정해놓고 있지만, 경우에 따라서는 가격제한폭이 적용되지 않는 상품도 있다. 예를 들어, CME Group의 주요 금리선물과 통화선물에는 가격제한폭이 없다. 반면, KRX의 KOSPI 200선물이나 KOSDAQ 150 선물의 경우 일정 범위의 가격제한폭을 설정하고 있다.

(7) 거래량과 미결제약정

거래량(volume)은 장내파생상품계약을 매도한 수량과 매수한 수량의 총합계로 표시하는 것이 아니라 한쪽의 수량만으로 표시한다. 미결제약정(open interest)은 어느 특정일 현재 만기일 도래에 의한 실물 인수도 또는 반대매매에 의해 청산되지 않고 남아 있는 매도 포지션 또는 매수 포지션의 총합이다. 미결제약정은 시장으로 유입 또는 유출되는 자금의 크기를 측정하는 데 이용된다. 크기가 증가하면 현재의 추세를 지속시킬 자금이 유입되고 있다고 보며, 크기가 감소하면 새로운 파생거래보다는 기존의 포지션을 청산시키는 거래가 많이 행해져 자금이 시장 밖으로 유출되므로 머지 않아 추세가 반전될 것을 암시한다.

> **예시**
>
> 선물시장에서 거래량과 미결제약정수는 시장 추세의 강도를 확인하는 중요한 지표로 활용된다. 거래량과 미결제약정수의 관계를 살펴보기 위해 어떤 특정 일의 거래상황이 다음과 같다고 하자.

거래	내용	누적거래량과 미결제약정수(거래 체결 직후)	
1	거래자 A가 50계약을 매수 거래자 B가 50계약을 매도	50	50
2	거래자 C가 30계약을 매수(신규매수) 거래자 D가 30계약을 매도(신규매도)	80	80
3	거래자 A가 20계약을 매도(반대매매) 거래자 D가 20계약을 매수(반대매매)	100	60
4	거래자 C가 30계약을 매도(반대매매) 거래자 E가 30계약을 매수(신규매수)	130	60

이때 하루 중 누적거래량은 130계약이고, 최종 거래가 성립한 직후 미결제약정수는 60계약이다.

section 04 장내파생상품거래 유형

장내파생상품거래는 이용목적이나 거래행태에 따라 헤지거래, 투기거래, 스프레드거래, 차익거래 등으로 구분할 수 있다. 헤지거래는 선물이나 옵션을 이용하여 미래 현물 가격의 불확실한 변동으로부터 발생할 수 있는 손실을 회피하기 위한 거래를 말한다. 투기거래는 현물자산의 보유 여부와 관계없이 단순히 미래 선물 가격 또는 옵션 가격의 움직임이나 현물 가격의 변동성을 예측하여 시세차익을 얻으려는 거래이다. 투기

거래는 장내파생상품시장에 유동성을 제공하는 역할을 한다.

선물 스프레드 거래는 한 선물(예를 들어, KOSPI 200 주가지수선물)의 서로 다른 결제월 간 가격차이나 또는 가격 움직임이 유사한 서로 다른 두 선물(예를 들어, 원유선물과 천연가스선물) 간의 가격차이의 변화를 예측하여 한 결제월물(또는 선물)을 매수하는 동시에 다른 결제월물(또는 선물)을 매도하는 거래전략이다. 옵션 스프레드 거래는 미래 기초자산 가격의 움직임을 예측하여 동일 만기의 행사가격이 다른 옵션이나 동일 행사가격의 만기가 다른 옵션(콜옵션 또는 풋옵션)을 동시에 매수/매도하는 거래전략이다. 스프레드 거래는 단순한 투기거래보다 투자금액 대비 손익규모가 작다는 점에서 보수적인 투자전략으로 알려져 있다. 차익거래는 선물의 시장 가격과 이론 가격 또는 풋옵션과 콜옵션 간의 균형관계를 이용하여 무위험 차익을 얻으려는 거래이다. 차익거래가 활발해질수록 시장 가격이 균형상태로 회복하는 시간이 단축된다.

1 헤지거래

헤지거래(hedging)는 미래 현물 가격의 불확실한 변동으로부터 발생할 수 있는 가격 변동 위험을 관리하기 위하여 선물·옵션시장에서 현물 포지션과 반대되는 포지션을 취하는 거래를 말한다. 이 같은 거래를 통해 헤저(hedger)는 현물 포지션에서 발생할 수 있는 손실 또는 이익을 선물·옵션 포지션의 이익 또는 손실로 상쇄시킬 수 있게 된다.

헤지거래는 크게 매도헤지(short hedge)와 매수헤지(long hedge)로 구분할 수 있다. 먼저 매도헤지는 현재 현물을 보유하고 있거나 미래에 현물을 불확실한 가격으로 매도해야 하는 경우 실행된다. 가령, 현물을 보유하고 있어서 미래 일정 시점에 현물을 매도해야 하는 경우 미래 현물 가격이 하락하면 손실을 보게 된다. 이 때 선물시장에서 현물 포지션과 반대되는 포지션(즉, 선물 매도 포지션)을 취한다면, 실제로 현물 가격이 하락한다 하더라도 (선물 가격도 동시에 하락하게 되므로) 현물거래에서의 손실을 선물거래에서의 이익으로 만회할 수 있어 전체적으로 손실을 피할 수 있게 된다. 물론, 매도헤저의 예상과 달리 현물 가격이 상승하게 된다면, 선물 포지션에서는 손실을 보게 되므로 결과적으로 헤지를 하지 않았던 것이 유리할 수 있다. 그러나 이 경우에도 현물 포지션에서의 이익으로 선물 포지션에서의 손실을 상쇄시켜 당초 목표했던 매도 가격 수준에 실제 매도 가격을 고정시킬 수 있다. 따라서 헤징의 목적은 미래 현물 가격의 불확실한 변동으로부터 발생할 수 있는 위험을 줄이는 데 있는 것이지 이익을 확대하려는 데 있지 않다.

매수헤지는 미래에 현물을 불확실한 가격으로 매수해야 하는 경우 실행된다. 이 경우 미래 현물 가격이 상승하면 손실을 보게 되는데, 이 때 선물시장에서 현물 포지션과 반대되는 포지션(즉, 선물 매수 포지션)을 취한다면, 실제로 현물 가격이 상승한다 하더라도 (선물 가격도 동시에 상승하게 되므로) 현물거래에서의 손실을 선물거래에서의 이익으로 만회할 수 있게 된다.

한편, 옵션을 이용한 매도헤지는 풋옵션(기초자산을 특정 가격에 매도할 수 있는 권리)을 매수함으로써 이루어질 수 있으며, 헤저는 가격 하락 위험으로부터 보호받을 수 있을 뿐만 아니라 가격이 상승하는 경우에도 높은 가격에 기초자산을 매도할 수 있는 이점이 있다. 옵션을 이용한 매수헤지는 콜옵션(기초자산을 특정 가격에 매수할 수 있는 권리)을 매수함으로써 가능하며, 헤저는 가격 상승 위험으로부터 보호받을 수 있을 뿐만 아니라 가격이 하락하는 경우에도 낮은 가격으로 기초자산을 매수할 수 있게 된다.

2 투기거래

선물을 이용하는 투기거래는 현물 포지션을 보유하고 있지 않은 상태에서 선물 가격이 상승할 것으로 예상되면 선물계약을 매입하고 선물 가격이 하락할 것으로 예상되면 매도하여, 이후에 선물 포지션을 청산했을 때 매입 가격과 매도 가격 간의 시세차익을 얻으려는 거래전략이다.

예를 들어, 투자자 A가 향후 주식시장의 상승세를 예상하여 KOSPI 200 주가지수선물을 250.00포인트(pt)의 가격에 10계약 매수하였다고 가정하자. 이후 A의 예상이 맞아떨어져 주가지수 선물 가격이 260.00pt로 상승하였고 이 가격에 반대매매(선물 매도)를 통해 선물 매수 포지션을 청산하였다면, 거래비용이 없다고 가정할 경우 그는 2,500만 원(=10pt×25만 원×10계약)의 이익을 얻게 된다.[2] 그러나 만약 투자자 A의 예상이 틀려 선물 가격이 240.00pt로 하락하였고 이 가격에 선물 매수 포지션을 청산하였다면, 그는 2,500만 원(=−10pt×25만 원×10계약)의 손실을 보게 된다.

투자자 A와는 달리, 투자자 B는 향후 주식시장의 하락세를 예상하여 KOSPI 200 주

---

2 KOSPI 200 주가지수 선물거래의 손익은 '(매도 가격−매수 가격)×거래승수×계약수'로 구한다.

가지수선물을 250.00pt에 10계약 매도하였다고 가정하자. 이후 B의 시장 전망이 적중하여 KOSPI 200 주가지수 선물 가격이 240.00pt로 하락하였고 이 가격에 반대매매(선물 매수)를 통해 선물 매도 포지션을 청산하였다면, 그는 2,500만 원의 이익을 얻게 된다. 그러나 만약 투자자 B의 예상이 틀려 선물 가격이 260.00pt로 상승하였고 이 가격에 선물 매도 포지션을 청산하였다면, 그는 2,500만 원의 손실을 보게 된다.

옵션을 이용한 투기거래는 기초자산 가격의 상승 또는 하락을 전망하여 거래하는 것 외에도 기초자산의 가격 변동성이 증가할 것인지 또는 감소할 것인지를 예상하여 거래할 수 있으며, 향후 기초자산 가격의 방향성(상승/하락)과 변동성을 함께 고려하는 거래전략도 가능하다. 가령, 향후 주식시장의 상승세와 더불어 변동성의 증가가 예상된다면 주가지수 콜옵션을 매수하는 것을 통해, 반대로 주식시장의 하락세와 더불어 변동성의 증가가 예상된다면 주가지수 풋옵션을 매수하는 것을 통해 수익을 추구할 수 있을 것이다. 또한 주식시장이 상승세를 보일 가능성이 낮고 변동성도 감소할 것으로 예상되는 경우 콜옵션을 매도하는 전략을, 반대로 주식시장이 하락세를 보일 가능성이 낮고 변동성도 감소할 것으로 예상되는 경우 풋옵션을 매도하는 전략을 통해 이익을 얻을 수도 있다.

일반적으로 선물·옵션거래는 거래를 실행하는 데 있어서 계약가치의 일부에 해당하는 증거금만을 필요로 하므로 투자금액에 비하여 손익규모가 확대되는 '손익 확대 효과' 또는 '레버리지 효과'(leverage effect)가 존재한다. 예를 들어, KOSPI 200 주가지수 선물의 개시증거금률이 10%라고 한다면, 선물거래의 손익 확대 효과는 10배에 달한다. 앞의 선물거래 예에서 KOSPI 200 주가지수 선물 가격이 250.00pt로부터 260.00pt로 상승했을 때, 투자자 A는 2,500만 원(계약당 250만 원)의 수익을 거두었다. 이 때 선물 가격의 상승률은 4%(=(260−250)/250)에 불과하지만, 투자자 A는 계약당 625만 원(=선물 1계약의 가치×개시증거금률=6,250만 원×10%)을 투자하여 250만 원의 이익을 얻었으므로 투자수익률은 40%, 즉 가격 상승률의 10배에 해당하는 수익률을 얻게 된다. 대조적으로, 투자자 A의 시장 전망이 틀릴 경우 투자수익률은 −40%에 이르게 된다. 한편, 옵션거래의 손익 확대 효과는 선물거래에서보다 훨씬 더 클 수 있다.

3 스프레드 거래

선물 스프레드 거래는 크게 상품 내 스프레드(intra-commodity spread)거래와 상품 간 스프레드(inter-commodity spread) 거래로 구분할 수 있다. 먼저 상품 내 스프레드 거래는 동일한 선물의 서로 다른 결제월 간 스프레드(가격차이)의 변화를 예측하여 한 결제월물을 매수하는 동시에 다른 결제월물을 매도하는 거래이다. 예를 들어, 주식시장에서 수개월내보다 그 이후 기간에서 상승세가 더욱 두드러질 것으로 예상되는 경우, 주가지수 선물의 근월물(만기가 가까운 결제월물)을 매도하는 동시에 원월물(만기까지의 기간이 아직 많이 남아있는 결제월물)을 매수하는 전략을 실행하여 이익을 추구할 수 있다. 즉, 원월물의 가격이 근월물의 가격보다 상대적으로 더 많이 오를 것으로 예상됨에 따라, 두 결제월 간 스프레드가 지금보다 더욱 확대될 것이란 기대하에 근월물을 매도하고 원월물을 매수하는 것이다. 예상한 대로 원월물의 가격이 더 오르게 되면, 원월물의 매입 포지션에서는 이익이 발생하지만 근월물의 매도 포지션에서는 손실이 발생하게 된다. 그러나 이익규모가 손실규모보다 크므로 순거래이익을 얻을 수 있다.

만약 예상한 것과는 정반대로 주식시장이 하락세를 보이고 원월물의 가격이 근월물의 가격보다 상대적으로 더 많이 하락한다면, 근월물의 매도 포지션에서는 이익이 발생하지만 원월물의 매수 포지션에서는 손실이 발생하게 된다. 그러나 이때는 손실규모가 이익규모보다 크기 때문에 순거래손실을 경험하게 된다.

상품 간 스프레드 거래는 기초자산은 다르지만 가격 움직임이 유사한 두 선물계약의 동일 결제월물 간 가격차이의 변화를 예측하여 한 선물의 결제월물은 매수하는 동시에 다른 선물의 동일 결제월물은 매도하는 거래이다. 예를 들어, 에너지 선물상품으로서 원유선물과 천연가스선물은 유사한 가격 흐름을 보이나 각 기초자산 시장의 수급여건에 따라 두 선물의 동일 결제월물 간 스프레드는 확대될 수도 또는 축소될 수도 있다. 만약 에너지 선물 가격의 상승세가 예상되고 그 중에서도 원유선물보다 천연가스선물의 가격이 더 많이 오를 것으로 예상되는 경우, 원유선물을 매도하고 동일 결제월의 천연가스선물을 매수하는 스프레드 거래를 실행할 수 있을 것이다.

스프레드 거래는 한 결제월물에 대한 투기거래보다 투자금액 대비 이익 또는 손실이 작게 발생하므로 상대적으로 안전한 거래라 할 수 있다. 그럼에도, 대량으로 거래할 경우 손익규모가 커지는 것에 비례하여 위험도 커진다는 사실을 간과해서는 안 된다.

옵션 스프레드 거래는 미래 기초자산 가격의 움직임을 예측하여 만기는 같으나 행사 가격이 다른, 또는 행사 가격은 같으나 만기가 다른 동일 유형의 옵션(콜옵션 또는 풋옵션)을 동시에 매수/매도하는 거래전략이다. 전자를 수직적 스프레드(vertical spread) 거래라 하고 후자를 수평적 스프레드(horizontal spread) 거래라 한다. 수직적 스프레드 거래는 기초자산 가격에 대한 전망에 따라 다시 강세 스프레드(bull spread) 전략과 약세 스프레드(bear spread) 전략으로 구분된다. 강세 스프레드 전략은 시장의 강세가 예상되나 확신이 서지 않을 때 선택하는 보수적인 투자전략으로 행사 가격이 낮은 옵션을 매수하는 동시에 행사 가격이 높은 옵션을 매도한다. 약세 스프레드 전략은 시장의 약세가 예상되나 확신이 서지 않을 때 선택하는 보수적인 투자전략으로 행사 가격이 높은 옵션을 매수하는 동시에 행사 가격이 낮은 옵션을 매도하는 전략이다.

수평적 스프레드 또는 시간 스프레드(time spread) 거래는 일반적으로 잔존만기가 적게 남은 근월물을 매도하는 동시에 행사 가격은 같으나 잔존만기가 많이 남아 있는 원월물을 매수하는 포지션으로 구성된다. 다른 조건이 일정할 경우, 근월물 옵션의 시간가치의 감소폭은 원월물 옵션의 시간가치의 감소폭보다 크기 때문에, 근월물의 만기 시점에 이르러서는 근월물로부터의 이익이 원월물로부터의 손실보다 크게 되어 이익을 얻을 수 있다. 반대로 근월물을 매수하고 원월물을 매도하는 거래도 가능하다. 일시적으로 시장의 변동성이 급등하는 상황이 예상된다면, 변동성에 상대적으로 민감하게 반응하는 근월물을 매수하고 원월물을 매도하여 이익을 기대할 수 있다.

4 차익거래

선물을 이용한 차익거래는 선물의 시장 가격과 이론 가격을 비교하여 고평가되어 있는 선물 또는 현물을 매도하는 동시에 상대적으로 저평가되어 있는 현물 또는 선물을 매수하여 무위험 차익을 추구하는 거래를 말한다. 선물의 이론 가격은 통상 보유비용 모형(cost of carry model)에 의해 계산된다. 예를 들어, 매수차익거래는 선물의 시장 가격이 이론 가격보다 고평가되어 있는 경우, 고평가된 선물을 매도하고 상대적으로 저평가된 현물을 동시에 매수한 후 선물의 만기 시점이나 선물의 고평가가 해소되는 시점에서 현·선물 포지션을 청산하여 무위험차익을 얻으려는 거래이다. 반면, 매도차익거래는 선물의 시장 가격이 이론 가격보다 저평가되어 있는 경우, 저평가된 선물을 매수하고 상대적으로 고평가된 현물을 동시에 (공)매도한 후 선물의 만기 시점이나 선물의 저평가가 해소되는 시점에서 현·선물 포지션을 청산하여 무위험 차익을 얻으려는 거래이다. 선물을 이용한 차익거래에서는 선물의 시장 가격과 이론 가격 간의 차이의 절대값이 차익거래에 소요되는 모든 비용의 합을 초과하는 경우에만 실질적인 차익을 얻을 수 있다.

옵션을 이용한 차익거래는 옵션 가격이 풋-콜 패리티(put-call parity)라 불리는 균형관계를 벗어났을 때, 이를 이용하여 무위험 차익을 얻을 수 있는 거래이다. 예를 들어, 컨버전(conversion)은 콜옵션이 풋옵션에 비해 상대적으로 고평가되었을 때, 고평가된 콜옵션을 매도하고 저평가된 풋옵션을 매수하는 동시에 무위험 이자율로 차입하여 기초자산을 매수하는 전략으로, 이후 옵션 가격이 균형을 회복하면 무위험 차익을 얻을 수 있다. 리버설(reversal)은 컨버전과 정반대의 차익거래전략으로, 풋옵션이 상대적으로 고평가되었을 때 사용할 수 있다. 고평가된 풋옵션을 매도하고 저평가된 콜옵션을 매수하는 동시에 기초자산을 매도하여 그 매도대금을 무위험 이자율로 대출한 후, 옵션 가격이 균형을 회복하면 무위험 차익을 얻을 수 있다. 옵션을 이용한 차익거래를 실제로 실행하기 위해서는 선물을 이용한 차익거래에서와 마찬가지로 거래비용을 감안해야 한다.

section 05 | 국내 파생상품시장

우리나라에서는 1996년 5월에 최초로 KOSPI 200 주가지수를 거래대상으로 한 주가지수선물거래가 시작되었다. 그 이듬해인 1997년 7월에는 주가지수선물과 동일한 기초자산을 거래대상으로 한 KOSPI 200 옵션이 증권거래소에 상장되었다. 또한 1999년 4월에 금융선물 및 상품선물거래를 통합·관리할 수 있는 선물거래소가 개설되었다. 선물거래소 개설 당시 상장상품은 미국 달러선물, 미국 달러옵션, CD금리선물 등 금융선물 3종류와 상품선물 1종류(금선물)였으며, 5개월 후인 1999년 9월에 3년국채(KTB)선물이 상장되었다.

선물거래소는 개설 이후 거래량이 꾸준히 증가하는 추세를 보였다. 상장상품의 종류도 3년국채선물, 3년국채선물옵션, 5년국채선물, CD금리선물, 통안증권금리선물, 미국달러선물, 미국 달러옵션, 금선물 등으로 다양화되었다. 현재 선물시장은 2005년 1월 27일 선물거래소, 증권거래소, 코스닥증권시장을 통합하여 설립된 한국거래소(KRX)의 파생상품시장본부에서 운영하고 있다.

표 1-1 국내 선물·옵션 상장 주요 연혁

일자	상품	비고
1996.5.3	KOSPI 200 지수선물 상장(KSE)	한국 최초 선물
1997.7.7	KOSPI 200 지수옵션 상장(KSE)	한국 최초 옵션
1999.4.23	CD금리선물, 미국 달러선물, 미국 달러옵션, 금선물상장 (KOFEX)	KOFEX 개장
1999.9.29	3년 국채선물 상장(KOFEX)	한국 최초 채권선물
2001.1.30	KOSDAQ50 지수선물 상장(KOFEX)	
2001.12.14	KOSDAQ50 지수옵션 상장(KOFEX)	
2002.1.28	개별 주식 옵션 상장(KSE) (삼성전자, SKT, 국민은행, POSCO, 한국전력, KT, 현대자동차 7종목)	한국 최초 개별 주식옵션
2002.5.10	국채선물옵션 상장(KOFEX)	한국 최초 선물옵션
2002.12.5	통안증권 금리선물 상장(KOFEX)	
2003.8.22	5년 국채선물 상장(KOFEX)	
2005.1.27	한국증권선물거래소(KRX) 설립*	
2005.9.26	개별 주식옵션 추가상장(23개 종목 추가)	
2005.11.7	스타지수선물 상장(KRX) KOSDAQ50 지수옵션 상장 폐지	
2005.12.8	KOSDAQ50 지수선물 상장 폐지	
2006.5.26	엔선물, 유로선물 상장(KRX)	
2007.12.26	CD 금리선물, 3년 국채선물옵션 상장 폐지	
2008.2.25	10년 국채선물 상장(KRX)	
2008.5.6	개별 주식선물(15개 종목) 상장(KRX)	
2008.7.21	돈육선물 상장(KRX)	
2009.2.4	한국거래소(KRX)로 명칭 변경	
2010.9.13	미니금선물 상장(KRX)	
2014.11.17	KOSPI 200변동성지수선물, KOSPI 200에너지/화학, KOSPI 200정보기술, KOSPI 200금융, KOSPI 200경기소비재 지수선물 상장	
2015.7.20	미니 KOSPI 200 지수선물 및 옵션 상장	
2015.10.5	위안화선물, KOSPI고배당50선물, KOSPI배당성장50선물 상장	
2015.11.23	KOSDAQ 150 지수선물 상장, 금선물 재상장 스타지수선물, 기존 금선물과 미니금선물 상장폐지	
2016.3.28	KOSPI 200 섹터지수 3개(건설, 중공업, 헬스케어) 추가 상장	
2016.6.27	유로스톡스50 지수선물 상장	
2017.6.26	ETF선물 상장	
2018.3.26	KRX300선물, KOSDAQ 150옵션 상장	
2019.9.23	코스피200 위클리옵션 상장	
2021.3.22	Eurex 연계 코스피 200 선물 상장	

* 현재 선물시장은 2005년 1월 27일 기존의 선물거래소(KOFEX), 증권거래소(KSE), 코스닥증권시장을 통합하여 설립된 한국거래소(KRX)의 파생상품시장본부에서 운영하고 있다.

통합 이후 거래소는 스타지수, 일본 엔화, 유로화, 10년 국채, 개별 주식, 돈육, 미니 (mini)금 등을 기초자산으로 하는 선물계약을 차례로 상장하였으며, 최근에는 KOSPI 200 변동성지수선물, 다수의 KOSPI 200 산업부문지수(sector index)선물, 미니 KOSPI 200 지수선물과 옵션, 위안화선물, KOSPI 고배당50선물, KOSPI 배당성장50선물, KOSDAQ 150 지수선물, 유로스톡스50 지수선물, ETF선물 등을 상장하였다. 한편, 그 동안 거래가 부진했던 CD선물, 3년국채선물옵션, 금선물은 상장폐지되었으며, 스타지수선물은 상장폐지 후 KOSDAQ 150 지수선물로 대체되었고, 미니금선물은 상품명세를 일부 수정하여 금선물로 재상장되었다.

chapter 02

선물 개요

선물의 개념

선물(futures)은 계약체결 시점에 정한 가격으로 미래 일정 시점에 기초자산을 인수도 하기로 하는 계약을 말한다.

선물거래에서 매수(long) 또는 매도(short) 포지션을 취한 거래자는 만기일에 현물을 인수 또는 인도하거나 가격 변화에 따른 현금결제를 하게 된다. 현재 시점(0)에서 선물 가격 F_0에 선물을 매수하고 만기 시점(1)에 선물 매수 포지션을 F_1에 청산하면 $F_1 - F_0$의 손익이 발생한다. 한편 선물 가격 F_0에 선물을 매도하고 만기 시점(1)에 선물 매도 포지션을 F_1에 청산하면 $F_0 - F_1$의 손익이 발생한다. 〈그림 2-1〉은 선물 또는 선도계약의 매수 포지션과 매도 포지션의 손익구조를 나타내고 있다.

선물과 선도(forward)는 장내파생상품과 장외파생상품이라는 차이점 외에는 개념적으로

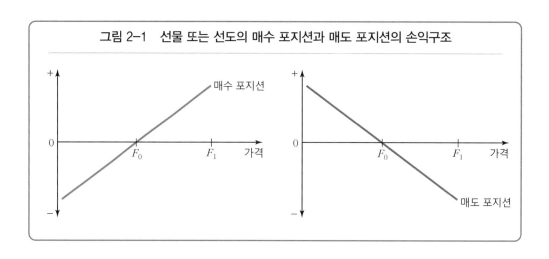

그림 2-1 선물 또는 선도의 매수 포지션과 매도 포지션의 손익구조

유사하다. 〈표 2-1〉은 선물과 선도의 차이를 비교하고 있다.

표 2-1 선물과 선도

구분	선물	선도
거래장소	거래소	특정한 장소가 없음
거래방법	공개호가방식(open outcry) 또는 전자거래시스템(electronic trading system)	거래 당사자 간의 계약
거래단위	표준단위	제한 없음
가격 형성	시장에서 형성됨	거래 당사자 간에 협의
신용위험	청산기관이 계약이행을 보증	계약불이행 위험 존재
증거금과 일일정산	증거금을 납부하고 일일정산이 이루어짐	은행 간 거래는 증거금이 없고 대고객의 경우 필요에 따라 증거금을 요구함(일일정산이 없고, 만기일에 정산)
인수도	실물 인수도 비율 낮음	대부분 실물 인수도(예외 : NDF)
만기일	특정 월의 특정 일(거래소에 의해 미리 정해짐)	거래 당사자 간 협의

선물의 종류

선물은 상품선물(commodity futures)과 금융선물(financial futures)로 크게 구별된다. 상품선물은 농축산물, 에너지, 금속 등의 실물상품을 거래대상으로 하여 만들어진 것이며, 금융선물은 주식 또는 주가지수, 채권(금리), 통화 등의 금융자산을 거래대상으로 한다. 최근에는 자연현상(날씨, 허리케인), 공해(탄소배출권), 경제변수(소비자물가지수), 신용(파산 등의 신용사건) 등을 기초자산으로 한 선물계약들도 속속 등장하고 있다.

표 2-2 선물의 종류

구분			거래대상
선물	상품선물	농산물	면화, 고무, 옥수수, 콩, 팥, 밀, 감자 등
		축산물	소, 돼지, 닭 등
		에너지	원유, 난방유 등
		임산물	목재, 합판 등
		비철금속	전기동, 알루미늄, 주석, 아연, 니켈, 납 등
		귀금속	금, 은, 백금 등
	금융선물	주가지수	S&P 500, Nikkei 225, KOSPI 200 등
		개별 주식	개별 주식
		금리/채권	유로달러, 연방기금금리, T-Bond/Note, KTB 등
		통화	달러, 파운드, 엔, 유로 등

선물의 가격결정

현물을 매수하여 선물 만기일까지 보유하는 것과 선물을 매수하는 것을 비교해보면, 다음과 같은 이유로 선물 가격과 현물 가격 간에는 차이가 발생한다는 것을 알 수 있다.

❶ 자본조달비용 : 현물을 매수하기 위해서는 현물 매수에 소요되는 자본을 조달하여야 하고 이에 따른 이자비용이 발생하나, 선물을 매수하는 경우 현물 매수비용이 필요하지 않다.

❷ 보관비용 : 현물을 매수하여 일정기간 보관하는 경우 보관비용이 발생하나 선물을 매수하는 경우 보관비용이 발생하지 않는다(보관비용은 상품선물의 가격결정 시 고려됨).

❸ 현금수입 : 현물을 보유하는 기간 동안 현물로부터 발생하는 수입을 말한다. 주식을 보유하는 경우 주식배당금을 받게 되고, 채권을 보유하는 경우 이자소득이 발생하며, 외국 통화를 보유하는 경우 외국 통화에 대한 이자소득이 발생한다(이러한 현금수입은 일부 금융선물의 가격결정 시 고려됨).

❹ 편의수익 : 현물을 실제로 보유할 때 선물 매수 포지션이 주지 못하는 편익을 갖게 된다. 현물재고를 충분히 보유한 경우 천재지변 등으로 인한 예상치 못한 수급변동에 대해 보다 탄력적으로 대응할 수 있는데, 이 때 얻게 되는 이점을 편의수익(convenience yield)이라 한다(일부 상품선물의 가격결정에서 이러한 편의수익을 고려함).

따라서 선물 이론 가격은 다음과 같이 결정되며, 이를 보유비용모형(cost-of-carry model)이라고 한다.

선물 가격(F) = 현물 가격(S) + 순보유비용(CC)

이때

순보유비용(CC) = 이자비용(r) + 보관비용(c) − 현금수입(d) − 편의수익(y)

현재 시점을 t, 선물 만기 시점을 T라고 할 때, 선물 이론 가격은 다음과 같이 표현할 수 있다.

$$F_t = S_t \left[1 + (r + c - d - y) \cdot \frac{T - t}{365} \right]$$

이때 금융선물의 경우, $c = y = 0$.

이와 같이 금융선물의 가격결정 시에는 현물 가격에 이자비용을 더하고 현금수입(배당금, 이표 등)을 차감한다. 순보유비용은 음(−)의 값을 가질 수 있으며, 이 경우 선물 이론 가격이 현물 가격보다 낮게 결정된다. 예를 들어, 금융선물인 채권선물의 경우 단기이자비용이 장기 이표수입보다 적게 되면 순보유비용이 음수가 된다.

chapter 03

옵션 개요

옵션의 개념

옵션은 미래의 일정 시점에 일정한 가격으로 주식, 통화, 상품 등의 기초자산을 매수하거나 매도할 수 있는 권리를 의미한다. 이때 매수할 수 있는 권리를 콜옵션, 매도할 수 있는 권리를 풋옵션이라고 한다. 거래대상인 기초자산이 주식(주가지수)인 경우 주식(주가지수)옵션, 통화인 경우 통화옵션, 상품인 경우 상품옵션, 금리(채권)인 경우 금리(채권)옵션이라 한다.

옵션은 매수자에게 나쁜 결과는 피하고 좋은 결과만을 얻을 수 있는 수단이라는 점에서 선물이나 스왑과는 달리 독특하다. 그러나 옵션이 주는 이러한 이점을 얻기 위해서는 그에 상응하는 대가를 지불하여야 한다. 옵션의 매수자는 기초자산의 가격과 '행사 가격'을 비교하여 유리한 경우에는 옵션을 행사할 권리를 갖지만 불리할 경우에는

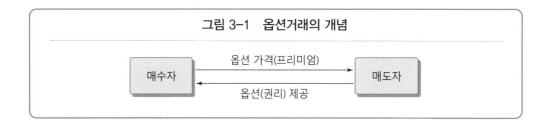

그림 3-1   옵션거래의 개념

매수자 → 옵션 가격(프리미엄) → 매도자
매도자 → 옵션(권리) 제공 → 매수자

옵션을 행사하지 않아도 된다. 한편, 옵션의 매도자는 옵션의 매수자가 옵션을 행사할 때 이에 응해야 하는 의무를 지며, 이에 대한 대가로 옵션거래 시 옵션의 매수자로부터 일정한 대금을 받는데 이를 옵션 가격(프리미엄)이라고 한다.

옵션 매수자는 ① 옵션 가격을 지불하고 옵션을 매수하는 사람이다. ② 기초자산의 가격이 자신에게 유리하게 움직일 경우 옵션 행사를 통해 상당한 이익을 얻을 수 있다. ③ 그러나 기초자산의 가격이 자신에게 불리하게 움직일 경우 옵션 행사를 포기하는 대신 이미 지불한 옵션 가격만큼 손실을 보게 된다.

옵션 매도자는 ① 매수자로부터 프리미엄을 받는 대신 기초자산을 행사 가격에 매수하거나 매도해야 할 의무를 지게 된다. ② 이익은 옵션 매수자로부터 받은 프리미엄으로 한정되지만 기초자산 가격의 움직임에 따라 막대한 손실을 볼 위험이 있다.

표 3-1   옵션 거래자의 권리와 의무

	매수자	매도자
콜옵션	기초자산 매수 권리	기초자산 매도 의무
풋옵션	기초자산 매도 권리	기초자산 매수 의무

이와 같은 옵션거래의 특징은 ① 유리한 리스크(이익 획득의 기회)와 불리한 리스크(손실 위험)를 분리시킨다. 즉, 일정액의 프리미엄을 지불하고 기초자산의 가격 변동에 따른 이익을 획득할 수 있는 반면, 가격 변동에 따른 손실 위험은 지불한 프리미엄에만 한정시킬 수 있다. ② 옵션은 매도자가 매수자에게 권리를 부여하는 대가로 프리미엄을 받으나 선물의 경우에는 프리미엄의 수수가 없다. 선물거래에서는 매수자와 매도자 쌍방이 계약이행의 의무를 진다. 반면, 옵션거래에서 매수자는 프리미엄을 지불하는 대가로 옵션 행사의 권리만을 갖게 되며, 매도자는 매수자로부터 프리미엄을 받는 대가로 매수자의 권리행사에 대하여 계약이행의무를 지게 된다.

옵션의 유형

1   콜옵션과 풋옵션

콜옵션(call option)이란 일정한 가격(행사 가격)으로 미래의 일정 시점 또는 일정기간 내에 기초자산을 매수할 수 있는 권리이다. 투자자는 기초자산의 가격이 옵션만기일 또는 만기일 이내에 행사 가격보다 상승할 것으로 예상할 때 콜옵션을 매수한다. 만기 시 기초자산 가격(S_T)이 행사 가격(K)보다 높을 경우 콜옵션 매수자는 옵션을 행사하게 되며, 기초자산 가격과 행사 가격의 차이에서 옵션 프리미엄(C)을 차감한 만큼의 이익을 보게 된다. 반면, 기초자산 가격이 행사 가격보다 낮을 경우에는 옵션을 행사하지 않기 때문에 지급한 프리미엄만큼 손실이 발생한다. 따라서 콜옵션의 매수자는 기초자산 가격이 행사 가격보다 높을수록 이익이 확대된다. 콜옵션의 매도자에게는 매수자의 경우와 정반대의 손익이 발생한다.

풋옵션(put option)이란 일정한 가격(행사 가격)으로 미래의 일정 시점 또는 일정기간 내에 기초자산을 매도할 수 있는 권리이다. 투자자는 기초자산의 가격이 옵션만기일 또는 만기 이내에 행사 가격보다 하락할 것으로 예상할 때 풋옵션을 매수한다. 만기 시 기초자산 가격(S_T)이 행사 가격(K)보다 낮을 경우 풋옵션 매수자는 옵션을 행사하게 되며, 행사 가격과 기초자산 가격의 차이에서 옵션 프리미엄(P)을 차감한 만큼의 이익을 보게 된다. 반면, 기초자산 가격이 행사 가격보다 높을 경우에는 옵션을 행사하지 않기 때문에 지급한 프리미엄만큼 손실이 발생한다. 따라서 풋옵션의 매수자는 기초자산 가격이 행사 가격보다 낮을수록 이익이 확대된다. 풋옵션의 매도자에게는 매수자의 경우와 정반대의 손익이 발생한다.

옵션 매수자는 옵션을 매수하여 보유하는 사람을 말한다. 옵션 매수자는 옵션 프리미엄을 지불하고 옵션을 매수하여 기초자산을 매수 또는 매도할 수 있는 권리를 갖는다. 옵션 매도자는 옵션 매수자가 옵션만기일 또는 만기일 이전에 옵션을 행사할 경우 이에 응해야 할 의무가 있다. 즉, 콜옵션 매수자가 콜옵션을 행사할 경우 콜옵션 매도자는 기초자산을 행사 가격에 매도할 의무가 있으며, 풋옵션 매수자가 풋옵션을 행사할 경우 풋옵션 매도자는 행사 가격에 매수할 의무가 있다. 이처럼 옵션 매도자는 옵션 매수자에게 옵션 행사의 권리를 제공하는 대가로 옵션 프리미엄을 받는 것이다.

선물 매수 포지션의 경우 가격이 상승하면 이익을 보고, 가격이 하락하면 손실이 발생하므로 가격 변화에 따른 이익과 손실이 서로 대칭이다. 선물의 매도 포지션도 가격이 오르면 손실이 나고 가격이 하락하면 이익이 발생하여 대칭적인 손익구조를 갖는다. 그러나 〈그림 3-2〉에서 보듯이 콜옵션 매수의 경우 기초자산 가격이 상승하면 이익을 보지만, 가격이 하락하더라도 프리미엄 이상의 손실은 없기 때문에 가격 상승 시와 하락 시의 손익구조가 비대칭적이다. 콜옵션 매도의 경우에도 역시 비대칭이고, 풋옵션도 마찬가지 이유로 손익구조가 비대칭적이다.

옵션을 행사함으로써 취득하게 되는 기초자산(현물 또는 선물)은 옵션의 가치를 결정하는 기준이 된다. 예를 들어, 주식옵션의 기초자산은 주식이 되며, 선물옵션에서의 기초자산은 선물계약이 된다. 이때, 옵션 행사란 기초자산의 현재 가격이 옵션 행사 가격에 비하여 유리할 때 옵션 매수자가 옵션계약내용을 옵션 매도자에게 이행하도록 요구하는 법적 행위를 말한다. 만약 옵션 매수자가 옵션을 행사하지 않을 경우 그 옵션은 만기일이 지남에 따라 무효가 된다. 그러나 옵션의 가치가 상당하여 당연히 행사되어야 할 옵션이 행사되지 않을 때에는 옵션거래소가 임의로 강제 행사하는 경우도 있다.

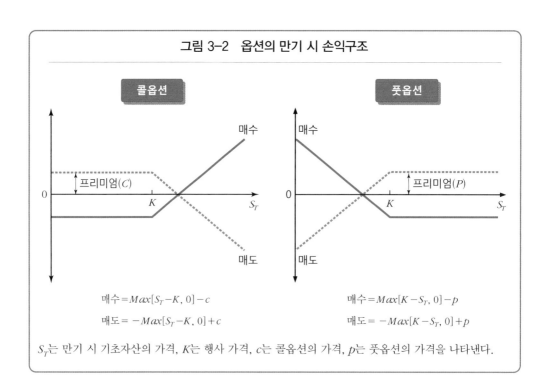

그림 3-2 옵션의 만기 시 손익구조

콜옵션

풋옵션

매수

매도

프리미엄(C)

프리미엄(P)

K

S_T

0

매수 = $Max[S_T - K, 0] - c$

매도 = $-Max[S_T - K, 0] + c$

매수 = $Max[K - S_T, 0] - p$

매도 = $-Max[K - S_T, 0] + p$

S_T는 만기 시 기초자산의 가격, K는 행사 가격, c는 콜옵션의 가격, p는 풋옵션의 가격을 나타낸다.

표 3-2 선물거래와 옵션거래의 차이점

구분	옵션거래	선물거래
권리와 의무	• 매수자는 권리를 가짐 • 매도자는 의무를 가짐	매수자와 매도자 모두 계약이행 의무를 가짐
거래의 대가	매수자가 매도자에게 권리에 대한 대가(옵션 프리미엄) 지급	계약대가를 지불할 필요가 없음(계약 당시의 기대이익이 서로 같아 계약의 가치가 영(0)임)

2 현물옵션과 선물옵션

옵션의 기초자산이 현물인 경우 현물옵션이라고 하며, 선물인 경우에는 선물옵션이라고 한다. 현물옵션은 행사 시 현금결제(또는 실물 인수도)가 이루어지나, 선물옵션의 경우 옵션 행사 시 선물 포지션을 취득하게 된다. 즉, 선물 콜옵션의 매수자가 권리를 행사하면 선물 가격이 행사 가격을 초과하는 만큼의 이익이 발생하는 선물의 매수 포지션을 취하게 된다. 선물 풋옵션의 매수자가 권리를 행사하면 행사 가격이 선물 가격을 초과하는 만큼의 이익이 발생하는 선물의 매도 포지션을 취하게 된다.

표 3-3 선물옵션 행사 후의 선물 포지션

	콜옵션	풋옵션
선물 옵션 매수자	선물 매수 포지션	선물 매도 포지션
선물 옵션 매도자	선물 매도 포지션	선물 매수 포지션

| 3 | 미국형 옵션과 유럽형 옵션 |

옵션은 만기일 전 옵션의 행사가능 여부에 따라 미국형 옵션(American option)과 유럽형 옵션(European option)으로 구분된다. 미국형 옵션은 옵션만기일 이전에 언제든지 옵션을 행사할 수 있는 반면에, 유럽형 옵션은 옵션만기일에만 옵션을 행사할 수 있다. 미국형 옵션은 조기행사할 수 있는 권리의 가치만큼 유럽형 옵션보다 가치가 높다.

유럽형 옵션과 미국형 옵션의 중간 형태로 버뮤다 옵션(Bermuda option)이라는 것도 있는데, 옵션 잔존만기 중에 사전에 정한 시점에 한해서 만기 이전에라도 권리를 행사할 수 있는 옵션이다. 예를 들어, 조기상환이 가능한 주가연계예금, 조기상환채권 등 구조화 상품에는 버뮤다 옵션이 내재되어 있다고 볼 수 있다.

section 03 옵션 가격결정

| 1 | 옵션 가격의 구성요소 |

옵션 가격은 내재가치(intrinsic value)와 시간가치(time value)로 구성된다. 옵션의 내재가치는 기초자산 가격과 옵션의 행사 가격 간의 차이를 말한다. 콜옵션의 경우 내재가치는 '기초자산 가격 − 행사 가격'이고, 풋옵션의 경우 내재가치는 '행사 가격 − 기초자산 가격'이다. 이러한 내재가치는 옵션이 내가격(ITM : In-The-Money) 상태일 때에 존재한다. 예를 들어, 콜옵션의 경우 기초자산 가격이 옵션의 행사 가격보다 높을 때 내재가치가 존재하고, 풋옵션의 경우 기초자산 가격이 옵션의 행사 가격보다 낮을 때 내재가치가 존재한다.

옵션 가격 = 내재가치(IV) + 시간가치(TV)

콜옵션의 내재가치 = $Max[S_t - K, 0]$

풋옵션의 내재가치 $= Max[K - S_t, 0]$

단, S_t는 t시점의 기초자산 가격, K는 행사 가격.

그러면 옵션의 시간가치란 무엇인가? 옵션 매수자의 경우 기초자산 가격이 자신에게 불리하게 움직이면 권리행사를 하지 않고 옵션 가격만큼을 손실로 한정시킬 수 있는 반면, 자신에게 유리하게 변하면 이익폭을 무한히 넓힐 수 있다. 옵션의 시간가치는 기초자산 가격이 옵션만기 시까지 옵션 매수자에게 유리한 방향으로 움직일 가능성에 대한 가치라고 할 수 있다. 만기까지의 기간이 길거나 기초자산 가격의 변동성이 클수록 시간가치는 커지게 되고 결국 옵션 가격도 비싸지는 것이다.

표 3-4 옵션의 내가격, 등가격, 외가격

	콜옵션	풋옵션
내가격 옵션	$S_t > K$	$S_t < K$
등가격 옵션	$S_t = K$	$S_t = K$
외가격 옵션	$S_t < K$	$S_t > K$

주) $S_t = t$시점에서의 기초자산 가격, $K =$ 행사 가격

이러한 시간가치는 옵션이 등가격(ATM : At-The-Money)이나 외가격(OTM : Out-of-The-Money)일 때도 존재하며, 이 경우 옵션 가격은 모두 시간가치를 반영한 값이라고 할 수 있다. 일반적으로 옵션의 시간가치는 옵션의 만기가 길수록 높으며, 만기일이 다가올수록 급속히 감소하게 된다(이를 시간가치 소멸(time decay) 현상이라 함).

〈그림 3-3〉은 행사 가격이 K인 콜옵션의 가치와 기초자산 가격 간의 관계를 나타내고 있다. 콜옵션의 만기 시 가치는 앞에서 설명했듯이 기초자산 가격(S_t)이 행사 가격(K)보다 작으면 옵션의 가치는 0이 되고, 행사 가격보다 클수록 옵션의 가치가 상승한다. 그리고 만기일 이전의 콜옵션의 가치와 기초자산 가격 간의 관계는 곡선으로 표시되어 있다. 그림에서 보듯이 콜옵션의 가치는 내재가치와 시간가치로 구성되어 있다. 만기일이 가까워짐에 따라 시간가치는 점점 작아져서 만기가 되면 시간가치는 소멸하게 된다. 이러한 의미에서 옵션을 소모성 자산(wasting assets)이라고도 한다. 옵션가치 중 시간가치는 만기일까지의 잔존기간, 기초자산의 가격 변동성 등 다양한 요소에 의해서 결정되기 때문에 내재가치와는 달리 간단하게 파악되지 않는 특성이 있다.

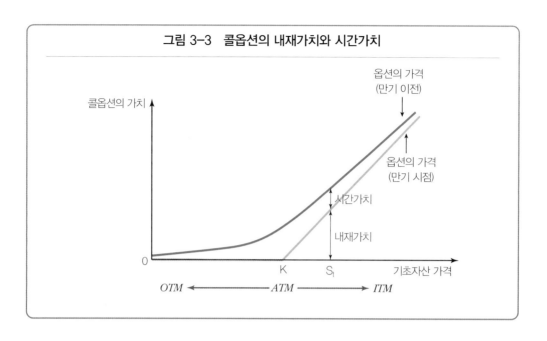

그림 3-3   콜옵션의 내재가치와 시간가치

옵션 가격의 결정요인

옵션 가격은 기초자산의 가격, 행사 가격, 기초자산 가격의 변동성, 옵션만기일까지
의 잔존기간, 이자율, 기초자산으로부터 발생하는 현금수입 등에 의해 영향을 받는다.

(1) 기초자산의 시장 가격과 행사 가격의 차이

콜옵션의 경우 기초자산의 현재 시장 가격이 행사 가격보다 크면 클수록 옵션의 가
격은 높아지는데, 이는 기초자산의 현재 시장 가격보다 낮은 행사 가격으로 매수할 권
리를 행사할 수 있기 때문이다. 풋옵션은 이와 반대로 행사 가격이 기초자산의 현재 시
장 가격보다 높을수록 높은 가격에 매도할 권리를 행사할 수 있기 때문에 옵션의 가격
이 높아진다.

(2) 기초자산 가격의 변동성

기초자산 가격의 변동성이 클수록 옵션의 가치는 상승한다. 옵션의 손실은 이미 지
불한 옵션 가격에 한정되는 반면 이익은 무한히 얻을 수 있는 특징을 지니고 있어, 변
동성이 클수록 만기 이전에 이익을 얻을 가능성이 커지기 때문이다.

(3) 만기까지 남은 기간

옵션의 만기까지 남은 기간이 줄어들수록 옵션의 가치는 작아진다. 이는 만기까지 남은 기간이 줄어들수록 옵션 투자자에게 유리한 상황이 발생할 가능성이 작아지기 때문이다. 따라서 옵션의 가치는 시간이 지남에 따라 시간가치가 점차 줄어들어 만기 직전에는 0이 되고 내재가치만 남게 된다.

(4) 이자율

이자율이 옵션 가격에 미치는 영향은 다른 요인들에 비해 작으며, 두 가지 경로를 통해 옵션 가격에 상반된 영향을 미칠 수 있다.

먼저, 콜옵션의 매수를 기초자산 매수의 대체계약으로, 콜옵션의 매도를 기초자산 매도의 대체계약으로 간주하자. 콜옵션의 매수자는 기초자산을 현재 시점에서 매수하는 대신에 미래에 매수할 수 있는 권리를 확보하는 것이다. 따라서 이자율이 상승하면 기초자산의 매수대금 지불을 미래로 연기할 수 있는 콜옵션이 유리하고 결국 옵션 가격은 상승할 것이다(콜옵션의 소유자가 지불할 행사 가격의 현재가치가 감소하므로 콜옵션의 가치는 증가함). 반대로 이자율이 상승하면 풋옵션의 가격은 하락할 것이다.

한편, 이자율이 상승하면 미래 현금흐름의 할인액이라 할 수 있는 기초자산(주식, 채권)의 가격은 하락하므로, 콜옵션의 가격은 하락하고 풋옵션의 가격은 상승할 것이다.

(5) 기초자산으로부터 발생하는 현금수입

기초자산에서 현금수입(예를 들어, 주식의 경우 배당금, 채권의 경우 이표)이 발생하면 기초자산의 가격이 그만큼 하락하여(예를 들어, 주식의 경우 배당락 발생) 콜옵션의 가격은 하락하고 풋옵션의 가격은 상승하게 된다.

3 옵션 가격의 상·하한선

현재 시점 t에서 기초자산 가격을 S_t, 만기일이 T이고 행사 가격이 K인 (유럽형) 콜옵션과 풋옵션 가격을 각각 c와 p라고 하자(현금수입은 없다고 가정).

(1) $0 \leq c \leq S_t$

콜옵션은 일정한 가격(행사 가격)에 기초자산을 매수할 권리를 옵션 매수자에게 부여하기 때문에 옵션 가격이 기초자산 가격보다 클 수 없고, 기초자산 가격이 행사 가격보다 클 경우에만 권리를 행사하므로 콜옵션의 가격은 음(-)의 값을 가질 수 없다.

(2) $c \geq S_t - Ke^{-r(T-t)}$

콜옵션의 가격은 기초자산 가격에서 행사 가격의 현재가치를 뺀 값보다 작을 수는 없다. 이를 증명하기 위해서는 다음과 같은 두 개의 포트폴리오의 가치를 비교하면 된다.

포트폴리오 A : 유럽형 콜옵션 1개 + $Ke^{-r(T-t)}$만큼의 예금(이자율 r)
포트폴리오 B : 기초자산 1개

포트폴리오 A의 만기 시 가치는 $Max[S_T, K]$이고 포트폴리오 B의 만기 시 가치는 S_T이므로 포트폴리오 A의 가치가 적어도 포트폴리오 B의 가치보다 크다.

즉, $c + Ke^{-r(T-t)} \geq S_t$가 성립하게 된다.

(3) $c \geq Max[S_t - Ke^{-r(T-t)}, 0]$

이는 (1)과 (2)로부터 도출된다.

> **예시**
>
> (유럽형) 풋옵션 가격의 하한선이 다음과 같음을 보일 수 있다.
>
> $$p \geq Max[Ke^{-r(T-t)} - S_t, 0]$$

4 옵션 가격의 관계(풋-콜 패리티(put-call parity))

현재 시점 t에서 기초자산의 가격을 S_t, 만기일이 T이고 행사 가격이 K인 (유럽형) 콜옵션과 풋옵션 가격을 각각 c와 p라고 하자(단, 현금수입은 없다고 가정).

$$c + Ke^{-r(T-t)} = p + S_t$$

이를 보이기 위해서 다음과 같은 포트폴리오를 생각해보자.

포트폴리오 A : 콜옵션 1개 + $Ke^{-r(T-t)}$만큼의 예금(이자율 r)

포트폴리오 B : 풋옵션 1개 + 기초자산 1개

포트폴리오 A와 B 모두 옵션만기일의 가치가 $Max[S_T, K]$가 된다. 따라서 현재 시점의 가치도 동일해야 한다. 즉,

$$c + Ke^{-r(T-t)} = p + S_t$$

이러한 풋-콜 패리티를 이용하면 다양한 합성 포지션을 만들 수 있다. 예를 들어, 콜옵션 매수와 기초자산 (공)매도로 풋옵션을 복제할 수 있다. 즉,

$$p = c - S_t + Ke^{-r(T-t)}$$

01 다음 중 선물(futures)과 선도(forward)에 관한 설명으로 적절하지 않은 것은?

① 선물은 장내 파생상품이고, 선도는 장외 파생상품이다.

② 선물은 거래소가 계약이행을 보증하는 반면, 선도의 경우 계약불이행 위험이 존재한다.

③ 선물의 경우 일반적으로 현금결제가 이루어지고, 선도는 실물 인수도만 이루어진다.

④ 선물거래의 경우 증거금을 반드시 납부하여야 하나, 선도거래의 경우 대고객 거래의 경우 필요시에만 증거금을 납부한다.

02 다음 중 선물거래의 증거금과 일일정산제도에 관한 설명으로 적절하지 않은 것은?

① 최초 선물계약 체결 시 1계약당 선물회사에 납부하는 증거금을 개시증거금 (initial margin)이라 한다.

② 계좌에서 유지해야 되는 잔액을 유지증거금(maintenance margin)이라 하며, 계좌의 잔액이 유지증거금 수준 이하로 떨어지면 선물회사는 '마진콜(margin call)'을 통보한다.

③ 마진콜을 받은 고객은 다음 날 증거금 납부시한 까지 선물회사에 추가 증거금 (variation margin)을 대용증권(주식/채권)으로 납입할 수 있다.

④ 증거금은 계약을 이행하겠다는 보증금의 성격을 지니며, 매수자와 매도자 모두 납부하여야 한다.

해설

01 ③ 선물의 경우 현금결제뿐만 아니라 실물 인수도도 이루어지고, 선도는 대부분 실물 인수도가 이루어진다(예외 : NDF).

02 ③ 마진콜을 받은 고객은 추가 증거금(variation margin)을 반드시 현금으로 납입하여야 한다.

03 다음 중 선물과 옵션거래에 관한 설명으로 적절하지 않은 것은?

① 내가격 콜옵션의 내재가치는 기초자산 가격에서 행사 가격을 차감하여 결정된다.

② 선물은 매수자와 매도자가 모두 계약이행 의무를 갖지만, 옵션의 경우 매수자는 권리를 갖고 매도자는 의무를 가진다.

③ 풋옵션의 경우 기초자산 가격이 행사 가격보다 높을 때 내재가치가 음(−)의 값을 갖는다.

④ 선물거래 시 매수자와 매도자 모두 증거금을 내지만, 옵션 매수자는 옵션가격(프리미엄)을 지불하고 옵션 매도자는 옵션가격(프리미엄)을 수취한다.

04 다음 중 옵션에 관한 설명으로 적절하지 않은 것은?

① 내가격 풋옵션의 내재가치는 행사 가격에서 기초자산 가격을 차감하여 결정된다.

② 옵션의 시간가치는 옵션 가격과 내재가치의 차이이다.

③ 옵션의 내재가치는 옵션이 내가격(in-the-money) 상태에서 거래될 때만 존재한다.

④ 옵션의 시간가치는 기초자산의 변동성과는 무관하다.

해설

03 ③ (콜/풋)옵션의 내재가치는 음(−)의 값을 가질 수 없다.

04 ④ 옵션의 시간가치를 결정짓는 변수는 다양하며 변동성이 클수록 옵션가격이 상승하는 경향이 존재한다.

05 현재 ○○전자 주식 가격이 48만 원이라고 할 때 ○○전자 주식옵션의 투자자는 만기 3개월, 행사 가격 50만 원인 콜옵션을 1만 원에 매수하였다. 콜옵션의 시간 가치는?

① 1만 원   ② 2만 원
③ 3만 원   ④ 답이 없음

06 다음 중 선물 가격결정에 관한 설명으로 적절하지 않은 것은?

① 편의수익이란 현물을 실제로 보유할 때 선물 매수 포지션이 주지 못하는 편의를 말하며, 상품선물의 가격결정 시 현물 가격에 이자비용과 보관비용을 더하고 편의수익을 차감한다.

② 보유비용모형에 의하면 선물 이론 가격은 현물 가격에 순보유비용을 더하여 결정된다.

③ 금융선물의 가격결정 시 현물 가격에 이자비용을 더하고 현금수입(배당금, 이표 등)을 차감한다.

④ 보유비용모형에 의하면 금융선물의 경우 순보유비용은 항상 양(+)의 값을 갖는다.

해설

05 ① 내재가치 = Max[48 − 50, 0] = 0. 시간가치 = 옵션 가격−내재가치 = 1 − 0 = 1

06 ④ 순보유비용은 음(−)의 값을 가질 수 있으며, 이 경우 선물이론 가격이 현물 가격보다 낮게 결정된다. 예를 들어, 금융선물인 채권선물의 경우 단기이자비용이 장기 이표수입보다 적으면 순보유비용이 음수이며, 선물이론 가격이 현물 가격보다 낮게 형성된다.

정답 01 ③ | 02 ③ | 03 ③ | 04 ④ | 05 ① | 06 ④

part 02

주식 관련
선물 · 옵션

chapter 01   주식 관련 선물

chapter 02   주식 관련 옵션

certified derivatives investment advisor

chapter 01

주식 관련 선물

주식 관련 선물의 개요

　　주식 관련 선물은 거래대상이 주식 또는 주가지수로서 미래 시점에 형성될 주식가치 또는 주가지수를 거래하는 파생상품이다.[1] 주식의 가치는 기본적으로 해당 기업의 펀더 멘털(매출액, 순이익, 현금흐름, 배당규모 등)에 의해 결정되며, 해당 주식이 포함되어 있는 업 종과 전체 경제상황도 해당 주식의 가치를 결정짓는 중요한 변수로 작용한다. 특히 주 가는 기업의 미래 성장성(P/E)과 자산가치(P/B)를 종합적으로 반영하지만, 해당 주식을 거래하는 투자자들의 불완전한 정보와 정보비대칭으로 인해 기업의 펀더멘털에 비해 주가의 등락은 매우 심한 편이다. 이 때문에 주식투자는 불확실한 미래의 기업가치를 거래하는 고수익-고위험투자라고 볼 수 있다.

1　최근에는 주가지수의 변동성을 기초자산으로 하는 변동성 지수선물도 상장되어 거래되고 있다.

주식투자의 본질적인 특성이 위험자산에 대한 투자이기 때문에 리스크를 관리하기 위한 다양한 방법이 활용된다. 예를 들어, 주식과 채권의 투자비율을 조정하여 전반적인 포트폴리오의 안정성과 수익성을 추구하는 자산배분 전략을 통해 주가 변동 위험을 관리할 수 있다. 또한 해당 주식과 연관이 있는 파생상품을 통해 가격 변동 위험을 관리할 수 있으며, 이때 주식 관련 선물과 옵션이 많이 활용된다.

개별 주식뿐만 아니라 다수의 주식으로 구성된 주식 포트폴리오는 개별 주식의 고유한 리스크(비체계적 리스크)와 함께 해당 주식이 포함되어 있는 업종과 전체 시장의 리스크(체계적 리스크)에도 동시에 노출되어 있다. 개별 주식의 리스크를 회피할 수 있는 방법의 하나가 분산투자이시만, 분산투자 역시 전체 시장의 체계적 리스크로부터 완전하게 벗어날 수는 없다. 이 때문에 주식 포트폴리오를 운용하는 기관투자자 입장에서는 개별 주식의 리스크뿐만 아니라 종합적인 시장 리스크도 관리할 필요가 있으며, 주가지수선물은 시장 리스크를 관리할 수 있는 적절한 수단을 제공한다.

section 02 | **주가지수선물**

1 | 주가지수선물의 특징

주가지수선물은 주식시장을 대표하는 주가지수를 거래대상으로 하고 있고 거래비용이 저렴하기 때문에 분산투자가 잘 이루어진 주식 포트폴리오의 가격 변동 리스크를 헤지하는 데 매우 유용하다. 포트폴리오 이론에 따르면 주식투자의 리스크인 체계적 리스크(systematic risk)와 비체계적 리스크(unsystematic risk) 중에서 비체계적 리스크는 분산투자를 통해 상당 부분 희석될 수 있다. 그런 점에서 주가지수는 분산투자의 효율성을 상품화시킨 것이다. 특히 액티브(active) 운용자의 성과가 장기간 주식시장의 평균적인 성과를 뛰어넘을 확률이 극히 낮다는 점에서 패시브(passive) 운용의 전형인 인덱스 투자가 현대 기관투자자에게는 보편화되어 있다.

다만, 분산투자의 효율성을 살린 투자 역시 주식시장 전반에 영향을 미치는 천재지

변이나 글로벌 금융위기, 국가시스템의 붕괴위기 등의 체계적 리스크에 대해서는 피해 갈 도리가 없다. 이런 점에서 주가지수선물은 주식시장 전반의 체계적 리스크를 관리할 수 있는 최적의 파생상품이다.

주가지수선물거래의 가장 큰 특징은 숫자인 주가지수를 거래한다는 점이다. 물론 주가지수를 추적하는 상장지수펀드(ETF : Exchange Traded Fund)가 출시되어 주가지수를 주식처럼 매매할 수 있다. 단, ETF 역시 주가지수를 추적하는 펀드를 주식처럼 매매할 수 있다는 점에서 주가지수 자체를 매매하는 것과는 거리가 있다. 또한 주가지수는 실물이 아닌 추상물이기 때문에 결제일에 기초자산(주가지수)을 인도 또는 인수할 수가 없다. 따라서 주가지수 선물거래에서는 결제일 이전에 반대매매를 통하여 포지션을 정리하거나 결제일에 계약 시점의 주가지수선물 가격과 결제 시점의 선물 가격 간의 차이에 대해 일정한 금액을 곱한 금액을 현금으로 결제하게 된다.

2 　주가지수

주가지수선물의 거래대상인 주가지수는 개별 주식들로 이루어진 주식 포트폴리오이며, 해당 포트폴리오의 가치 변동을 일정한 수치로 계산하여 발표하는 것이 바로 주가지수이다. 특히 주가지수는 해당 주식 포트폴리오의 전반적인 주가 상황을 하나의 숫자(주가지수)로 표현한 것이기 때문에 대표성을 띤다. 또한 한국거래소와 같은 공식적인 기관에서 발표하는 주가지수는 해당 산업 또는 해당 국가의 경제력을 측정할 수 있는 중요한 판단지표로 활용되기도 한다.

주가지수는 개별 주식시장의 전체를 반영하는 시장(market) 주가지수와 특정 업종 내 기업들로 구성되어 산출되는 업종(sector) 주가지수, 그리고 다수 국가의 대표종목으로 구성된 글로벌(global) 주가지수 등이 있다. 한편, 시장 주가지수는 해당 시장의 전체 구성종목을 포함하는 종합주가지수와 시장 내 대표종목으로 구성되는 대표주가지수로 구분할 수 있다. 우리나라의 KOSPI와 KOSPI 200이 전자와 후자에 속한다. 한편, 업종 주가지수와 더불어 성장주 또는 가치주 등으로 구성종목의 유형(style)에 따라 구분한 스타일 주가지수도 있다.

주가지수의 구성은 해당 시장 또는 업종의 주가 수준을 정확히 반영하여 실제의 투자수익률과 상관관계가 높아야 한다. 또한 시장의 정보가 지수에 즉시 반영되도록 구성종목의 편재를 고려해야 하며, 무엇보다 구성종목의 선정과 교체방식이 투명하고 공정해야 한다. 특히 주가지수선물의 거래대상이 되는 주가지수의 경우 현물시장과 선물시장을 효율적으로 연계하는 매개체로 작동되어야 한다.

주가지수는 주가지수 선물과 옵션의 거래대상이 될 뿐만 아니라 주가지수 연계 상품의 기초지수가 된다. 주가지수는 주가지수에 포함되는 구성종목들의 가중방법에 따라 시가총액 가중지수와 가격 가중지수로 분류된다.

(1) 시가총액 가중지수

시가총액 가중지수는 기준 시점의 시가총액과 현재 시점의 시가총액을 비교하여 산출하는 주가지수이다.

$$주가지수 = \frac{비교\ 시점의\ 시가총액}{기준\ 시점의\ 시가총액} \times 기준지수$$

시가총액 가중지수의 경우 단순히 주가가 높다고 지수에 미치는 영향이 큰 것이 아니라, 시가총액(발행주식수×주가)이 큰 기업의 주가가 지수에 미치는 영향이 크다. 기업 측면에서도 증권시장에서 평가되는 기업의 시가총액이 해당 기업의 가치를 가장 적절하게 평가하기 때문에 시가총액 가중지수는 기업가치의 변동을 잘 나타내주는 장점이 있다.

한편, 최근에는 총발행주식수에 기반한 시가총액 산출방식에서 실제 주식시장에서 유통되는 유통주식비율만을 반영한 시가총액 산출방식으로 발전하고 있다. 총발행주식수가 많아 시가총액 상위기업인데도 불구하고 대주주 보유지분이 많거나 정부투자지분이 많은 경우 실제 유통주식이 적어 미세한 가격 변동에도 전체 주가지수에 미치는 영향력이 높을 수 있다. 따라서 실제 시장에서 유통되는 주식비율을 고려한 시가총액을 기준으로 산출하는 주가지수가 시장의 흐름을 보다 정밀하게 반영할 수 있다. 대표적인 시가총액 가중지수에는 S&P 500, KOSPI 200, KOSDAQ 150 등이 있다.

KOSPI 200은 주가지수 선물 및 옵션의 거래대상으로 개발된 주가지수로서 선물 및 옵션거래에 적합하도록 유가증권시장에 상장된 전체 종목 중에서 시장대표성, 업종대표성, 유동성을 감안하여 선정된 200개 종목으로 구성된다. KOSPI 200은 1990년 1월 3일을 100pt로 하여 1994년 6월 15일부터 산출, 발표되었다.

$$KOSPI\ 200 = \frac{비교\ 시점의\ 시가총액}{기준\ 시점의\ 시가총액} \times 100$$

한편 지수를 산출할 때 연속성을 유지하기 위하여 유가증권시장 상장종목 중 유·무상증자, 주식배당, 합병 등에 의해 주가에 락(落)이 발생하거나 상장 주식수에 변동이 있는 경우에는 기준시가총액과 비교시가총액을 수정한다.

KOSPI 200은 2007년 12월 14일부터는 순수하게 「유동주식수」만 가중한 시가총액 가중 방식으로 산출되고 있다.

KOSDAQ 150 지수는 코스닥시장의 새로운 대표지수로서 코스닥시장에 6개월 이상 상장된 보통주 중 시장 대표성, 섹터 대표성, 유동성 등을 고려하여 선정된 150개 종목으로 구성되어 있다. 이 지수는 2010년 1월 4일을 기준 시점(기준지수 1,000pt)으로 하여 유동 시가총액 가중방식으로 산출·발표되고 있으며, 현재 KOSDAQ 150 선물의 거래 대상으로 활용되고 있다.

(2) 가격 가중지수

가격 가중방식 주가지수는 기본적으로 구성종목의 가격에 가중치를 둔 주가지수이다. 이를 다우식으로 부르는 이유는 미국 다우존스산업평균지수(Dow Jones Industrial Average, DJIA)가 대표적이기 때문이다.

$$가격\ 가중지수 = \frac{구성종목의\ 주가\ 합계}{제수}$$

가격 가중지수의 경우 구성종목의 가격이 높을수록 지수에 미치는 영향이 크다. 주가지수에 포함되는 구성종목의 가격 평균으로 주가지수를 산출하기 위해서는 평균값을 구하는 제수(divisor)가 필요하다. 예를 들어, 단순하게 구성종목의 수를 제수로 사용하면 가격 가중지수는 구성주식들의 평균 주가가 된다. 대표적인 가격 가중지수에는 DJIA, Nikkei 225 등이 있다.

다우식 주가지수의 장점은 채용종목을 우량주 위주로 유지하기 때문에 해당 시장의 핵심적인 종목들을 한눈에 볼 수 있으며, 평균적인 주가를 산출하기 때문에 주식시장의 주가 등락을 민감하게 반영할 수 있다는 점이다. 또한 계산방식이 매우 단순하다는 장점도 있다.

그러나 일부 종목만을 채용하므로 업종 간의 편차가 심하게 나타날 수 있으며, 전체 시장을 한꺼번에 볼 수 없다는 단점이 있다. 한편, 고주가종목이 소수임에도 이들 종목의 움직임에 의해 전체 지수가 종속될 수 있다. 또한 고주가종목이 액면분할 등으로 저주가종목으로 바뀔 경우 해당 종목이 주가지수에 미치는 영향력은 그만큼 줄어들 수 있다.

3 국내 주가지수선물

(1) KOSPI 200 지수선물

1996년 5월 4일 거래소(KRX)에 상장된 KOSPI 200 선물의 거래대상은 KOPSI 200 주가지수이다. 계약금액은 KOSPI 200 선물 가격에 거래승수 25만 원을 곱하여 산출한다. 예를 들어, KOSPI 200 선물 가격이 200.00pt이면 계약금액은 1계약당 200.00pt×25만 원인 5천만 원이다. 최소 호가단위는 0.05포인트이다. 결제월은 3, 6, 9, 12월이며, 최종 거래일은 각 결제월의 두 번째 목요일(공휴일인 경우 순차적으로 앞당김), 최종 결제일은 최종 거래일의 다음 거래일이다. 결제방법은 현금결제방식을 택하고 있다. 시장안정화장치로서 가격제한폭과 프로그램 매매호가를 일시적으로 중단하는 제도(circuit breakers, side car 등)가 있다.

거래소는 2015년 7월 KOSPI 200 선물계약의 거래단위를 1/5로 줄인 미니 KOSPI 200 선물을 상장한 바 있다.

(2) KOSDAQ 150 지수선물

2015년 11월 23일 거래소에 상장된 KOSDAQ 150 지수신물은 KOSDAQ 150 주가지수를 기초자산으로 하고 있으며, 거래승수는 1만 원, 호가단위는 0.10포인트(따라서 계약가치의 최소 가격 변동금액은 1,000원)이다. 그 외 나머지 상품명세는 KOSPI 200 주가지수선물과 유사하다.

표 1-1　KOSPI 200 선물의 상품명세

기초자산	코스피200지수
거래단위	코스피200선물가격 × 25만(거래승수)
결제월	3, 6, 9, 12월
상장결제월	3년 이내 7개 결제월(3, 9월: 각 1개, 6월: 2개, 12월: 3개)
가격의 표시	코스피200선물 수치(포인트)
호가가격단위	0.05포인트
최소가격변동금액	12,500원(25만원 × 0.05)
거래시간	08:45~15:45(최종거래일 08:45~15:20)
최종거래일	각 결제월의 두 번째 목요일(공휴일인 경우 순차적으로 앞당김)
최종결제일	최종거래일의 다음 거래일
결제방법	현금결제
가격제한폭	기준가격 대비 각 단계별로 확대 적용(08:45~09:00에는 1단계만 적용) ① ±8% ② ±15% ③ ±20%
정산가격	최종 약정가격(최종 약정가격이 없는 경우, 선물이론정산가격)
기준가격	전일의 정산가격
단일가격경쟁거래	개장시(08:30~08:45) 및 거래종료시(15:35~15:45)
필요적 거래중단	현물가격 급변으로 매매거래 중단 시 선물거래 일시중단 및 단일가로 재개

출처 : www.krx.co.kr

(3) 기타 지수선물

거래소는 2014년 11월과 2015년 10월 KOSPI 200 섹터지수선물과 배당지수선물을 각각 상장하였다. KOSPI 200 섹터지수선물은 KOSPI 200지수 구성종목을 산업군별로 재분류하여 산출한 KOSPI 200 섹터지수들(에너지/화학, 정보기술, 금융, 경기소비재 등)을 거래대상으로 하고 있으며, 거래승수는 1만 원이고, 최종 결제방법으로 현금결제방식을 채택하고 있다. 배당지수선물은 KOSPI고배당50지수와 KOSPI배당성장50지수를 거래대상으로 하고 있으며, 거래승수는 2,000원이고, 현금결제방식으로 최종 결제된다.

거래소는 또한 2016년 6월 유로스톡스50 선물을 상장하였는데, 이 선물계약은 유로존 12개 국가의 증권시장에 상장된 주권 중 50종목에 대하여 지수산출전문기관인 STOXX가 산출하는 'EURO STOXX 50지수'(산출기준시점 1991. 12. 31, 기준지수 1,000pt)를 거래대상으로 하는 상품이다.

각 지수선물의 구체적인 상품명세는 거래소의 홈페이지(www.krx.co.kr)를 참조하기 바란다.

주식선물

1 주식선물의 개요

개별 주식선물의 기초자산은 특정 개별 주식이며, 따라서 선물 가격은 전체 시장에 영향을 미치는 거시(macro)변수에 비해 상대적으로 해당 주식 가격을 결정짓는 미시(micro)변수에 의해 더욱 영향을 받게 된다. 물론 해당 기업이 속한 산업의 업황과 전반적인 거시변수도 간접적인 영향을 미치지만, 해당 기업의 자본상태와 현금흐름, 그리고 성장성과 안정성 등 기업 고유의 요인에 의해 개별 주식선물의 가격이 민감하게 반응하게 된다.

주식선물은 주식시장의 다양한 규제로 인해 거래가 어려운 공매도 등의 거래수요를 상대적으로 저렴하고 편리한 방법으로 충족시켜 준다. 공매도를 위한 주식대차는 각종 금융비용을 발생시키고 규제가 많지만, 투자자는 주식선물의 매도거래를 통해 거래소 시장에서 손쉽게 공매도 효과를 볼 수 있다. 예를 들어, 주식을 이용한 공매도 거래 시에는 공매도 호가제한(uptick rule)을 적용받지만, 주식선물의 경우 제한받지 않는다. 더구나 주식선물은 레버리지(증거금 거래)가 내재화된 상품이기 때문에 투기적 거래자의 수요를 충족시킬 수 있다. 주식선물은 특정 주식에 대한 선물거래이므로, 해당 종목에 특화된 헤지거래 또는 차익거래를 수행할 수 있다.

주식과 주식선물은 유가증권과 파생상품의 특성으로 구분할 수 있다. 주식 보유자가 갖는 주주총회 의결권이나 배당청구권이 주식선물에는 부여되지 않으며, 상장폐지 이전까지 주식은 만기의 개념이 없지만 주식선물은 특정 시점의 만기가 존재한다. 유사점도 있는데, 주식투자와 주식선물투자 모두 시세차익을 목적으로 하는 투기거래가 가능하며, 제한적이지만 주식거래에서는 공매도가 가능하고 주식선물거래에서는 매도거래가 가능하다.

주식선물은 실물 인수도 또는 현금결제로 최종 결제될 수 있다. 물론 현금결제와 실물결제를 동시에 허용하는 곳(유럽 EUREX)도 존재한다. 주식옵션의 최종 정산방식을 실물 인수도로 채택하고 있는 국가에서는 개별 주식선물의 최종 결제방식 역시 실물 인수도를 채택하고 있다.

2 국내 주식선물

2008년 5월 6일 거래소에 상장된 주식선물은 '주식시장에 상장되어 있고 유통주식 수가 200만 주 이상, 소액주주수가 2,000명 이상, 1년간 총거래대금이 5,000억 원 이상인' 보통주 중에서 시가총액과 재무상태를 감안하여 선정한 기업(2024년 8월 말 기준 233 개)이 발행한 주식을 거래대상으로 하는 선물이다.

거래단위는 계약당 주식 10주 단위이다. 따라서 주식선물 1계약은 해당 주식 10주의 가치와 동일하다. 예를 들어, A기업의 주식선물 가격이 10만 원이면 1계약의 가치는 A 기업 주식 10주의 가치인 100만 원을 거래하는 것과 동일하다.

표 1-2 KRX 주식선물의 상품명세

기초자산	유가증권시장 176개 종목, 코스닥시장 47개 종목(기준일: 2024. 8. 31)	
1계약금액	주식선물 가격×10(거래승수)	
결제월	기타월(1, 2, 4, 5, 7, 8, 10, 11월) 2개, 분기월(3, 9월) 2개, 반기월(6월) 2개, 연월(12월) 3개	
상장결제월	3년 이내의 9개 결제월	
가격의 표시	주식선물 가격(원)	
호가 가격단위	선물가격	호가단위
	① 2,000원 미만	1원
	② 2,000원 이상~5,000원 미만	5원
	③ 5,000원 이상~20,000원 미만	10원
	④ 20,000원 이상~50,000원 미만	50원
	⑤ 50,000원 이상~200,000원 미만	100원
	⑥ 200,000원 이상~500,000원 미만	500원
	⑦ 500,000원 이상	1,000원
거래시간	08:45~15:45(최종 거래일 08:45~15:20)	
최종 거래일	각 결제월의 두 번째 목요일(휴장일인 경우 순차적으로 앞당김)	

최종 결제일	최종 거래일의 다음 거래일
가격제한폭	기준 가격 대비 각 단계별로 확대 적용(08:45~09:00에는 1단계만 적용) ① ±10% ② ±20% ③ ±30%
단일 가격경쟁거래	개장 시(08:30~08:45) 및 최종 거래일 이외의 거래 종료 시(15:35~15:45)
필요적 거래중단 (Circuit Breakers)	현물 가격 급변 시 주식선물 거래 일시 중단

출처 : www.krx.co.kr

주식선물의 최종 거래일은 각 결제월의 두 번째 목요일이며, 최종 결제방법은 현금 결제이다. 대부분의 주식선물의 위탁증거금률은 KOSPI 200선물의 위탁증거금률보다 약간 높게 설정되어 있는데, 이는 주가지수에 비해 개별 주식의 변동성이 상대적으로 높기 때문이다.

section 04 주식 관련 선물의 가격결정

1 보유비용모형

제1부에서 보유비용모형(cost-of-carry model)에 의하면 선물 가격은 다음과 같이 현물 가격에 순보유비용을 더하여 결정된다고 설명하였다.

선물 가격(F) = 현물 가격(S) + 순보유비용(CC)

주식 관련 선물의 경우 순보유비용은 다음과 같이 결정된다.

순보유비용(CC) = 이자비용(r) - 배당금(d)

이제 보유비용과 차익거래 불가 논리에 의한 선물 가격결정의 논리를 구체적으로 살펴보자. 현재 시점을 t, 선물 만기 시점을 T, 현물 가격을 S, 선물 가격을 F라고 하자. 거래비용과 공매도에 대한 제약이 없고 차입금리와 대출금리가 동일한 완전시장을 가정하자. 현재 시점 t에서 이자율 r로 S_t만큼 차입하여 현물을 매수하고 선물 가격 F_t에 선물을 매도하면, 선물 매도의 경우 현금지출을 수반하지 않으므로 t시점에서 투자금액(포트폴리오의 가치)은 영(0)이다. 선물 만기 시점에서 차입금을 이자 포함하여 $S_t\left[1 + r \cdot \dfrac{T-t}{365}\right]$만큼 상환하고, 현물을 만기 시점의 가격 S_T에 매도한다. 선물 매도 포지션을 F_T에 청산하면 $F_t - F_T$의 손익이 발생한다. 이때 현물을 보유하는 동안 발생한 현금수입의 만기 시 가치를 $D(t, T)$라고 하자. 선물 만기 시점에서 현물 가격(S_T)과 선물 가격(F_T)이 일치하게 된다는 사실을 이용하여 포트폴리오의 가치를 구하면 다음과 같다.

$$\left\{S_T - S_t\left[1 + r \cdot \frac{T-t}{365}\right]\right\} + (F_t - F_T) + D(t, T)$$
$$\Rightarrow F_t - S_t\left[1 + r \cdot \frac{T-t}{365}\right] + D(t, T), \quad 단\ S_T = F_T$$

현재 시점 t에서 투자금액이 0이므로 차익거래 기회를 배제하려면 선물 만기 시점에서 포트폴리오의 가치는 0이 되어야 한다. 즉, 다음 식이 성립해야 한다.

$$F_t = S_t\left[1 + r \cdot \frac{T-t}{365}\right] - D(t, T)$$

이 식은 선물 가격결정의 논리를 나타내는 일반화된 식이며, 선물 가격은 현물 가격에 순보유비용(이자비용-현금수입)을 더하여 결정된다는 것을 의미한다. 주식 또는 주가지수선물의 경우 현금수입은 배당금이고, 채권선물의 경우 채권의 이표이며, 통화선물의 경우 외국 통화에 대한 이자수입을 의미한다.

주식 관련 선물에 대해 순보유비용은 이자비용에서 배당수입을 차감하여 결정된다. 현재 시점을 t, 선물 만기 시점을 T라고 할 때, 주식 관련 선물의 이론 가격(F_t)은 다음과 같이 결정된다(이산복리 가정).

$$F_t = S_t\left[1 + r \cdot \frac{T-t}{365}\right] - D$$

$\quad\quad S_t$: 주식 가격 또는 주가지수

$\quad\quad r$: 이자율

$\quad\quad D$: 배당금의 만기 시 가치

KRX에서 발표하고 있는 KOSPI 200 지수선물 및 개별 주식선물의 이론 가격도 이와 유사한 방식으로 결정된다.

앞의 주식 관련 선물의 이론 가격은 다음과 같이 표현할 수도 있다.

$$F_t = S_t \left[1 + (r - d) \times \frac{T - t}{365} \right]$$

여기서 d는 연간배당수익률이다. $d = D/S_t$이므로 $D = S_t \times d$에서 앞 식의 배당금의 만기시 가치 D는 $S_t \times d \times \frac{T - t}{365}$가 된다.

예시

▶ 주식선물의 이론 가격결정

A 주식의 주가는 10만 원, 배당수익률은 연 3%, 선물 만기일까지 남은 기간은 3개월(90일), 이자율이 연 5%라고 할 때, 주식선물의 이론 가격은 다음과 같이 결정된다.

$$F_t = S_t \left[1 + (r - d) \cdot \frac{T - t}{365} \right] = 10\text{만 원} \times \left[1 + (0.05 - 0.03) \times \frac{90}{365} \right] = 100,493\text{원(소수점 이하 절사)}$$

2   콘탱고(contango)와 정상 백워데이션(normal backwardation)

선물 가격이 미래 현물 가격의 기대치보다 높다면 선물 만기일에 근접하면서 선물 가격은 하락할 것이다. 이와 반대로 선물 가격이 미래 현물 가격의 기대치보다 낮다면 선물 가격은 상승할 것이다.

경제학자인 케인즈(John M. Keynes)와 힉스(John Hicks)는 헤저들이 매도 포지션을 취하고 투기자들이 매수 포지션을 취하는 경향이 있다면, 선물 가격은 미래 현물 가격의 기대치보다 낮게 형성될 것이라고 주장하였다. 이는 투기자들이 그들이 부담하는 리스크에 대해 보상을 요구하기 때문이다. 반면 헤저들이 매수 포지션을 취하고 투기자들이 매도 포지션을 취하는 경향이 있다면, 선물 가격은 미래 현물 가격의 기대치보다 높게 형성될 것이라고 주장하였다. 선물 가격이 미래 현물 가격의 기대치보다 낮은 상황을 정상 백워데이션(normal backwardation)이라 하고, 선물 가격이 미래 현물 가격의 기대치보다 높은 상황을 콘탱고(contango)라고 한다. 한편, 실무자들은 선물 가격이 현물 가격보다 높은 상황을 콘탱고, 선물 가격이 현물 가격보다 낮은 상황을 백워데이션이라고 하기도 한다.

(1) 주식 관련 선물의 베이시스

베이시스는 선물 가격과 현물 가격의 차이를 의미한다. 따라서 베이시스는 다음과 같이 정의된다.

$$B_t = F_t - S_t$$

선물 만기일에 가까워질수록 보유비용이 감소하기 때문에 베이시스는 0으로 수렴하게 된다. 선물이론 가격과 현물 가격의 차이를 '이론 베이시스'라고 하며, 이는 보유비용과 같다. 한편 '시장 베이시스'는 선물시장 가격과 현물 가격의 차이를 의미한다. 따라서 실무자들은 가격괴리(선물시장 가격과 이론 가격의 차이)를 시장 베이시스와 이론 베이시스의 차이로 표현하기도 한다.

(2) 베이시스 리스크

현물 가격의 변동 리스크를 선물로 헤지하는 경우 헤지 시점의 베이시스와 청산 시점의 베이시스가 변함에 따라 헤지 성과에 영향을 미치게 된다. 즉, 만기일 전에 헤지 포지션을 청산하는 경우 베이시스 리스크(basis risk)에 노출되게 된다.

만기 이전에는 베이시스의 변화가 매우 불규칙하게 발생한다. 이는 현물 가격과 선물 가격이 다양한 변수에 의해 영향을 받기 때문이다. 헤저의 입장에서 이러한 베이시스의 변동을 쉽게 예측하기 힘들기 때문에 베이시스 리스크에 노출될 수밖에 없다. 만일 선물 가격과 현물 가격의 변동폭이 동일하다면 항상 일정한 베이시스가 유지되기 때문에 선물을 이용하여 현물 가격의 변동 리스크를 거의 완벽하게 헤지할 수 있다. 그러나 베이시스 리스크가 있는 경우 완벽한 헤지란 불가능하다.

현물을 보유한 상태에서 선물로 매도헤지하는 경우를 생각해보자. 이 경우 헤지 포트폴리오의 손익은 다음과 같이 결정된다.

$$손익 = 현물손익 + 선물손익 = (S_1 - S_0) + (F_0 - F_1) = (F_0 - S_0) - (F_1 - S_1)$$
$$= B_0 - B_1$$

$B_0 = $ 0시점(헤지 시점)의 베이시스, $B_1 = $ 1시점(청산 시점)의 베이시스

결국 현물과 선물로 이루어진 헤지 포지션의 손익은 헤지 시점과 청산 시점의 베이시스 차이임을 알 수 있다. 따라서 베이시스가 감소하면($B_0 - B_1 > 0$인 경우) 헤지 포트폴리오는 이익이 발생하고, 베이시스가 증가하면($B_0 - B_1 < 0$인 경우) 손실이 발생하게 된다.

section 05 | 주식 관련 선물의 거래유형

1 투기거래(speculation)

투기거래는 시세차익을 얻기 위한 것이 목적이며, 이를 위해 미래의 가격 변동 리스크를 감수하게 된다. 특히 선물거래는 레버리지가 높기 때문에, 선물시장 참여자의 상당수가 투기거래에 주력하고 있다. 헤지거래자는 자신의 리스크를 다른 투자자에게 이전시키려는 목적을 갖고 있는 반면에, 투기거래자는 리스크를 감수한다. 따라서 헤지거래의 상대방 역할을 투기거래자가 수행함으로써 선물시장의 가격형성을 원활히 하고 유동성을 제공하는 데 일조한다.

예를 들어, A주식선물을 매수한 투자자의 경우 해당 선물 가격이 상승할 경우에는 수익을 얻을 수 있지만, 해당 선물 가격이 하락할 경우에는 손실이 불가피하다. 반면에 동일한 A주식선물을 매도한 투자자는 해당 선물 가격이 상승할 경우에는 손실을 보지만, 선물 가격이 하락할 경우에는 수익을 얻을 수 있다. 즉, 동일한 주식선물에 대해

표 1-3 투기거래 예시

초기 거래	선물 가격 변동	투자 손익
A주식선물 10,000원에 5계약 매수	12,000원으로 상승	$(12,000 - 10,000) \times 5$계약$\times 10 = +100,000$원
	8,000원으로 하락	$(8,000 - 10,000) \times 5$계약$\times 10 = -100,000$원
A주식선물 10,000원에 5계약 매도	12,000원으로 상승	$(10,000 - 12,000) \times 5$계약$\times 10 = -100,000$원
	8,000원으로 하락	$(10,000 - 8,000) \times 5$계약$\times 10 = +100,000$원

주 : 투자손익계산에서 10을 곱해준 이유는 거래승수 때문임.

거래하는 방향에 따라 해당 선물 가격의 변동에 대해 상이한 투자 결과가 발생한다. 〈표 1-3〉은 A주식선물 5계약을 매수 또는 매도한 투자자의 선물 가격 변동에 따른 투자수익을 보여주고 있다.

한편, 주식선물을 이용한 투기거래는 낮은 위탁증거금을 이용한 레버리지 투자와 같다. KOSPI 200 주가지수선물은 거래대금의 15%를 위탁증거금으로 납부하고 개별 주식선물은 거래대금의 20%를 납부하는 것을 가정해 보자. 그렇다면, 1억 원의 선물거래를 위해 실제 필요한 증거금은 KOSPI 200 주가지수선물의 경우 1,500만 원, 개별 주식선물의 경우 2,000만 원이 소요된다. 이를 레버리지 개념으로 바꾸어 말하면 KOSPI 200 주가지수선물은 투자자금(증거금)의 6.67배에 해당하는 거래를 하는 것이며, 개별 주식선물은 5배의 레버리지를 유발하는 것이다. 이를 선물투자의 손익 확대 효과(leverage effect)라고 한다.

〈표 1-4〉의 예에서 선물 가격의 상승률은 20% 또는 -20%이나 투자원금(증거금) 대비 실제 수익률은 +100% 또는 -100%에 이른다. 즉, 5배의 손익 확대 효과가 발생한 것이다.

표 1-4 ─ 투기거래 예시 - 증거금 고려

초기 거래	선물 가격 변동	투자손익과 실제 수익률
A주식선물 10,000원에 5계약 매수 (거래대금＝10,000원×5×10＝50만 원, 증거금＝50만 원×20%＝10만 원)	12,000원으로 상승 (가격 상승률＝20%)	투자손익＝+100,000원. 증거금 대비 수익률＝10만 원/10만 원＝+100%
	8,000원으로 하락 (가격 상승률＝-20%)	투자손익＝-100,000원. 증거금 대비 수익률＝-10만 원/10만 원＝-100%

결국 투기거래는 투자자의 예상대로 선물 가격이 움직이면 상당한 이익을 얻을 수 있지만, 시장의 가격 방향과 반대의 선물 포지션을 취하였을 경우에는 막대한 손실을 입을 수 있다. 특히 보유자금을 모두 투자자금으로 활용할 경우 선물 가격이 불리하게 움직인다면 추가로 위탁증거금을 납부해야 하는 마진콜(margin call)을 받을 수 있다. 이런 의미에서 선물거래는 주식거래에 비해 고수익-고위험의 특징을 갖는다.

선물거래는 증거금 거래이며, 따라서 선물거래의 정산방식은 일반적인 주식투자의 정산방식과는 상이한 측면이 있다. 일반적인 주식투자는 매수 가격과 매도(청산) 가격의 차이가 실제 손익이지만, 선물거래는 일일정산(mark to market)이라는 특수한 정산방식을 취한다. 일일정산이란 선물거래 손익을 매일 정산하는 것이다. 즉, 당일 청산하지 않는 포지션의 경우, 매수(매도) 이후 매일 기준가를 대상으로 정산하게 된다. 즉, 전일의 종가가 매수(매도) 가격이 되며, 당일 종가의 변동에 따라 수익 또는 손실이 발생하게 된다.

예를 들어, KOSPI 200 주가지수선물의 일일정산방식을 소개하면 다음과 같다. 12월 1일 선물 1계약을 100.00에 매수한 투자자의 12월 4일까지 최종 손익은 0원이다. 그러나 12월 2일은 전일 대비 100만 원의 정산차익이 발생하였으며, 12월 3일 −50만 원과 12월 4일 −50만 원의 정산차손이 발생하였다. 최종 손익은 주식투자와 동일하지만 매일 일일정산이 이루어지기 때문에 선물 포지션의 보유기간 중 가격 변동이 크게 발생할 경우에는 상당한 현금흐름이 발생한다. 이 과정에서 증거금 대비 현금유출이 크게 발생할 경우에는 추가 증거금의 납입 또는 보유 미결제약정의 강제청산이 발생할 수도 있다. 이 때문에 선물거래에서는 증거금 관리와 현금 유출입에 따른 유동성 관리가 매우 중요하다.

한편, 지수선물을 이용하면 시장 전체의 움직임에 대한 투기적 거래를 할 수 있다. 지수선물시장에서 시장 전체에 대해 투자하는 방법은 지수의 변화를 예측하여 지수선물을 매수하거나 매도한다. 시장의 강세를 예상하는 투자자는 지수선물을 매수하고, 시장의 약세를 예상하는 투자자는 지수선물을 매도한다.

! 예시

○○년 1월 30일 투자자 A는 향후 주식시장이 상승할 것으로 예상하고 KOSPI 200 지수선물을 10계약 매수하기로 결정하였다. 현재 3월물은 100.00에 거래되고 있다. 위탁증거금률을 15%로 가정할 경우, 1계약당 증거금은 375만 원(100.00포인트 × 25만 원 × 1계약 × 15%)이므로 총 3,750만 원의 증거금이 필요하다. 이제 KOSPI 200 지수선물 매수 후 예상대로 주식시장이 상승하여 3월물 가격이 10% 상승하였다고 하자. 투자자 A는 이익실현을 하기 위해 2월 2일 110.00에 매수 포지션을 청산(전매)한다. 주식을 3,750만 원어치 매수한 경우 투자수익률은 10%로서 375만 원의 이익을 보게 되나, KOSPI 200 지수선물에 투자한 경우 2,500만 원의 이익(계약당 250만 원)을 보게 되므로 수익률은 66.67%이다. 즉, 주식에 투자하는 경우보다 6.67배의 손익 확대 효과가 발생한다. KOSPI 200 지수선물 투자는 적은 증거금으로 높은 수익률을 올릴 수 있는 장점이 있는 반면, 가격 예측이 틀릴 경우 손실폭도 그만큼 크게 된다.

표 1-5　KOSPI 200 지수선물을 이용한 투기거래

날짜	선물시장
1.30	KOSPI 200 지수선물 3월물 100.00에 10계약 매수
2.2	KOSPI 200 지수선물 3월물 110.00에 10계약 매도
결과	이익 $= (110.00 - 100.00) \times 10$계약 $\times 250,000 = 25,000,000$

2　헤지거래와 시장 리스크 관리

(1) 헤지거래

헤지거래는 일반적으로 선물시장에서 현물 포지션과는 반대의 포지션을 취함으로써 현물 가격의 변동 리스크를 제거하고자 하는 거래이다. 이 경우 현물 포지션의 손실이 선물 포지션의 이익으로 상쇄되거나 현물 포지션의 이익이 선물 포지션의 손실로 상쇄된다.

헤지거래에는 매도헤지와 매수헤지가 있다. 매도헤지(short hedge)의 경우 현물주식 보유자는 보유주식의 가격이 하락하면 손해를 보게 되므로 보유주식과 대응되는 주식선물을 매도함으로써 향후 가격 하락 리스크를 제거할 수 있다. 한편, 매수헤지(long hedge)는 향후 현물 가격의 상승에 따른 기회손실을 회피하기 위해 선물을 미리 매수하는 것이다.

한 가지 중요한 사항은, 보유한 주식 포트폴리오와 지수선물이 추적하는 주가지수와 동일하지 않을 수 있다. 따라서 보유하고 있는 주식 포트폴리오의 수익률과 주가지수의 수익률의 차이, 즉 추적오차(tracking errors)가 발생한다. 이 경우 지수선물을 이용한 헤지거래는 교차헤지에 해당한다. 헤지의 대상인 현물과 동일한 기초자산을 가진 선물로 헤지하는 방법을 직접헤지(direct hedge)라고 하며, 가격 움직임이 유사하지만 다른 특성을 갖는 선물로 헤지하는 방법을 교차헤지(cross-hedge)라고 부른다. 펀드 운용자가 지수선물을 이용하여 자신이 운용하는 주식형 펀드를 헤지하기 위해서는 주가지수를 가장 잘 추적하는 인덱스 펀드를 구성하여야 한다. 왜냐하면, 주식형 펀드의 수익률 중 주가지수와 관련되지 않은 요인은 지수선물에 의해 헤지되지 않을 것이기 때문이다.

따라서 지수선물을 이용한 주식 포트폴리오의 헤지효율성은 다음과 같은 요인에 의해 결정된다.

❶ 주식 포트폴리오와 선물거래의 대상이 되는 주가지수 간의 관계(추적오차)

❷ 헤지가 설정될 때와 해제될 때의 지수와 지수선물 가격 간의 관계(베이시스 리스크)

> **예시**

▶ 시장 리스크의 헤지

상황 : ○○년 3월 12일 현재 KOSPI 200 지수를 완전 복제하는 인덱스 펀드에 10억 원을
    투자하고 있는 펀드 운용자가 향후 시장의 불리한 변동에 대해 인덱스 펀드를 3개월
    동안 헤지하기 위해 KOSPI 200 지수선물(6월물)을 이용하고자 한다(잔존기간은 91일).

• 3월 12일 현재 KOSPI 200 지수는 100이고, KOSPI 200 지수선물 6월물은 100.75에 거래
  되고 있음
• 현재 91일물 CD 금리는 연 5%이고, 예상 배당금의 만기 시 가치는 0.5임(0.5% 배당수익
  률 반영한 지수 환산치)

$$6월물의 이론 가격 : F_t = S_t \cdot \left[1 + r \times \frac{T-t}{365}\right] - D = 100 \cdot \left[1 + 0.05 \times \frac{91}{365}\right] - 0.5$$
$$= 100.75$$

즉, 시장 가격과 이론 가격이 같으므로 가격 괴리가 없음을 알 수 있다. KOSPI 200 지수선
물의 현재 시장 가격이 100.75라면, 매도해야 할 지수선물의 계약수(N)는 다음과 같이 결정
된다.

$$N = \frac{10억 \ 원}{100.75 \times 25만 \ 원} \approx 40(계약)$$

〈표 1-6〉이 나타내는 것처럼 3개월 후의 헤지 포트폴리오의 수익은 1,250만 원(헤지손익 40
계약 × 0.75 × 25만 원 + 배당수익 10억 × 0.5%)이 된다. 이는 원래의 투자액에 대한 무위험수
익(5% × (91/365) × 10억 원 = 1,247만 원)과 큰 차이가 없다는 것을 알 수 있다(추적오차가
존재).

표 1-6 KOSPI 200 지수선물을 이용한 인덱스 펀드의 헤지

구분	현재	3개월 후	손익
KOSPI 200 지수	100.0	90.0	−10.0
연 배당률 2%			0.5
KOSPI 200 지수선물	100.75	90.0	10.75

지수선물의 시장 가격이 보유비용모형에 의해 결정되는 이론 가격과 같고 완전복제 인덱스 펀드를 구성한 경우 또는 주식 포트폴리오의 지수 추적오차(index tracking error)가 없다면, 완전 헤지된 포트폴리오의 시장 리스크는 0이 되며 그 수익률은 무위험수익률이 된다. 즉,

+주식 포트폴리오(인덱스 펀드) −주가지수선물 = +무위험자산

(2) 시장 리스크 관리 : 베타조정

시장 시기 선택(market timing)은 주가가 상승할 것으로 예상될 때 베타(개별 주식의 시장 지수에 대한 민감도)가 높은 주식을 편입시킴으로써 주식 포트폴리오의 체계적 리스크(베타)를 증가시키고, 주가가 하락할 것으로 예상될 때에는 베타가 낮은 주식을 편입시킴으로써 주식 포트폴리오의 체계적 리스크를 감소시키는 적극적인 포트폴리오 관리전략을 의미한다. 그러나 개별 주식의 교체로 주식 포트폴리오의 체계적 리스크를 조정하는 것은 비체계적 리스크의 분산이나 주식 교체성과가 왜곡될 수 있으며, 높은 거래비용을 유발하게 된다.

지수선물을 이용하면 개별 주식의 교체 없이 주식 포트폴리오의 체계적 리스크를 조정함으로써 효율적으로 시장 시기 선택 전략을 구사할 수 있다. 논의를 단순화시키기 위해서 베이시스 리스크는 없고 지수 추적오차만 있다고 가정하자. 아래의 식은 지수선물을 이용하여 주식 포트폴리오의 체계적 리스크, 즉 베타를 조정할 때 매도 또는 매수해야 할 지수선물 계약수(N)를 결정해 준다.

$$N = (\beta_T - \beta_P) \cdot \frac{P}{F}$$

β_T : 포트폴리오의 목표베타(target beta)

β_P : 주식 포트폴리오의 시장인덱스(market index)에 대한 베타

P : 주식 포트폴리오의 현재가치

F : 지수선물 한 계약의 현재가치

이때 N이 음이면 매도 포지션을 취해야 할 지수선물 계약수를 나타내고, N이 양이면 매수 포지션을 취해야 할 지수선물 계약수를 의미한다.

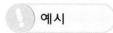 예시

▶ 베타조정(시장 시기 선택)

현재(○○년 12월 15일) 펀드 운용자가 보유하고 있는 주식 포트폴리오의 현재가치가 10억 원이고 베타가 0.9라고 하자. 만기가 3개월 후인 지수선물 가격은 현재 100.0이다.

① 펀드 운용자는 시장이 상승할 것으로 예상하여 주식 포트폴리오의 베타를 0.9로부터 1.4로 증가시키기를 원한다. 이때 펀드 운용자의 목표베타(β_T)는 1.4이고, 앞서 제시된 식을 이용하여 '매수'해야 할 지수선물 계약수를 구할 수 있다.

$$N = (1.4 - 0.9) \times \frac{10억\ 원}{100 \times 25만\ 원} = 20(계약)$$

② 펀드 운용자는 시장이 하락할 것으로 예상하여 주식 포트폴리오의 베타를 0.9로부터 0.4로 감소시키기를 원한다. 이때 펀드 운용자의 목표베타(β_T)는 0.4이고, 위의 식을 이용하여 '매도'해야 할 지수선물 계약수를 구할 수 있다.

$$N = (0.4 - 0.9) \times \frac{10억\ 원}{100 \times 25만\ 원} = -20(계약)$$

③ 펀드 운용자가 포트폴리오의 시장 리스크를 완전히 제거하고 싶을 때, 즉 포트폴리오의 목표베타가 0일 때는 최소분산 헤지전략을 따르면 된다.

$$N = (0 - 0.9) \times \frac{10억\ 원}{100 \times 25만\ 원} = -36(계약)$$

즉, 주가지수선물에 36개의 매도 포지션을 취하면 보유하고 있는 주식 포트폴리오의 가격변동 리스크를 최소화할 수 있다.

한편, 종목 선택은 저평가된 주식을 매수하고 고평가된 주식을 매도함으로써 시장수익률 이상의 투자성과를 실현하는 적극적인 투자전략을 의미한다. 특정 주식의 수익률은 해당 기업에 속하는 요인(비체계적 리스크)과 시장 전체의 요인(체계적 리스크)에 의해 영향을 받는다. 펀드운용의 성과는 종목 선택의 능력뿐만 아니라 얼마나 시장 시기 선택을 잘 하느냐에 의해서도 좌우되는데, 이 두 가지는 때때로 상충하기도 한다. 예를 들어, 과소평가되어 있다고 믿어지는 종목이 있다고 하더라도 그 종목의 체계적 리스크가 높은 경우, 약세 시장이 예상되어 체계적 리스크가 높은 종목에게 불리할 것으로 판단되면 그 종목에 투자하지 않을 수도 있는 것이다.

지수선물을 이용하면 포트폴리오 관리자는 시장의 종목 선택에서 초과성과를 달성하기 위해 저평가된 주식을 매수하고 동시에 지수선물을 이용하여 시장 리스크를 헤지할 수 있다. 만약 시장이 하락세가 될 것이 확실하다고 믿는다면, 포트폴리오 관리자는 시장 리스크를 제거하는 데 필요한 지수선물을 더 매도할 수도 있고, 그럼으로써 약세장에도 불구하고 이익을 얻을 수 있다. 결과적으로, 펀드 운용자에게는 'Bad News'이지만, 저평가되어 있는 주식을 선택함에 있어서 주식운용의 실패를 약세시장의 탓으로 돌릴 수 없게 된다. 왜냐하면, 기업고유의 위험을 감수하면서 초과수익률을 올리고자 할 때 시장 리스크는 이제 더 이상 통제 불가능한 요소가 아니기 때문이다. 지수선물을 이용하여 현물시장의 리스크를 제거 또는 최소화시키면서 종목 선택에 초점을 맞춤으로써 투자성과를 현저히 개선할 수 있다. 따라서 종목 선택과 시장 시기 선택이 투자성과에 상충적으로 미치는 영향을 제거할 수 있다.

3 차익거래(arbitrage)

(1) 주식 관련 차익거래의 개념

주식 관련 선물의 시장 가격은 주식 가격 또는 주가지수에 선물 만기일까지의 순보유비용을 고려하여 산출한 이론 가격과 유사한 가격으로 형성된다. 그러나 시장참여자별로 보유비용을 구성하는 이자율의 기준이나 향후 시장에 대한 전망이 다르므로 시장 가격이 이론 가격과 반드시 일치하지는 않는다. 일반적으로 많은 투자자들이 향후 주식시장이 상승할 것으로 전망하면 시장 가격이 이론 가격보다 높게 형성되고, 하락할 것으로 전망하면 시장 가격이 이론 가격보다 낮게 형성되는 경향이 있다.

차익거래(arbitrage)는 선물의 시장 가격과 이론 가격 사이에 괴리가 발생할 경우 고평가 되어 있는 것을 매도하고 상대적으로 저평가되어 있는 것을 동시에 매수함으로써 무위험 수익을 얻고자 하는 거래이다. 즉,

선물의 시장 가격 > 이론 가격 ⇒ 선물 고평가 ⇒ 현물보유(cash & carry) 전략

이는 주식(cash)을 매수(carry)하고 선물을 매도하는 차익거래를 의미한다. 반대로,

선물의 시장 가격 < 이론 가격 ⇒ 선물 저평가 ⇒ 역현물보유(reverse cash & carry) 전략

이는 주식을 공매도(short)하고 선물을 매수하는 차익거래를 의미한다.

개별 주식을 대상으로 한 차익거래에서 고려해야 할 부분은 보유비용과 거래비용의 불확실성이다. 개별 주식선물의 이론 가격에 산정되는 보유비용에는 이자율과 배당수익률이 포함된다. 배당수익률은 기업의 영업실적에 따라 배당성향이 변화할 수 있기 때문에 다소 불확실한 변수이다. 이자율 역시 유동적인 변수이다. 시장의 기준금리와 차익거래자의 차입 이자율 간의 스프레드가 존재하기 때문이다. 한편, 매도차익거래를 위해 주식을 대차하여 공매도를 할 경우 대차비용(대차수수료＋대차증거금)은 물론 대여자의 환수요청(recall) 위험이 존재한다. 또한 공매도에 대한 각종 제도적인 제약이 존재하기 때문에 명시적인 거래비용 이외에도 암묵적인 거래비용이 상당한 비중을 차지할 수 있다.

(2) 주가지수 차익거래(index arbitrage)

주가지수 차익거래란 주가지수선물 가격과 이론 가격 간에 일시적으로 나타나는 가격 불균형 상태를 이용하여 일정한 수익을 얻고자 하는 거래이다. 이 경우 주가지수를 실제 거래할 수 없기 때문에 주가지수를 추적하는 주식 포트폴리오(이하 현물바스켓)를 거래해야 한다.

매수차익거래는 주가지수선물의 이론 가격에 비해 주가지수선물의 시장 가격이 거래비용을 초과하는 수준으로 고평가되어 있을 때, 고평가된 주가지수선물을 매도하고 상대적으로 저평가된 현물바스켓을 매수한 이후 선물 만기 시점이나 고평가가 해소되는 시점에서 포지션을 청산하는 거래이다. 한편, 매도차익거래는 주가지수선물의 이론 가격에 비해 주가지수선물의 시장 가격이 거래비용을 초과하는 수준으로 저평가되어 있을 때, 저평가된 주가지수선물을 매수하고 상대적으로 고평가된 현물바스켓을 공매도한 이후 선물 만기 시점이나 저평가가 해소되는 시점에서 포지션을 청산하는 거래이다.

주가지수선물을 이용한 차익거래는 개별 주식선물에 비해 현물바스켓의 구성과 거래시스템의 완비, 그리고 정산과 비용처리 등 비교적 복잡한 거래과정이 수반된다. 주가지수 차익거래의 실행 과정은 차익거래의 규모와 투자정책의 수립을 전제로 현물바스켓의 구성과 관리, 차익거래기회 포착과 거래실행, 그리고 차익거래 청산 시점 포착과 포지션 해소의 단계를 밟는다.

> **!** **예시**

▶ 지수선물 차익거래

○○년 3월 12일 현재 KOSPI 200 지수는 100이고, KOSPI 200 지수선물 6월물은 101.25에 거래되고 있다. 현재 91일물 CD 금리는 연 5%이고, 예상 배당금의 만기 시 가치는 0.5이다. 그렇다면, 지수선물의 이론 가격은 다음과 같이 구할 수 있다.

$$F_t = S_t \cdot \left[1 + r \times \frac{T-t}{365} \right] - D = 100 \cdot \left[1 + 0.05 \times \frac{91}{365} \right] - 0.5 = 100.75$$

차익거래자는 현재 거래되고 있는 지수선물 6월물의 시장 가격이 고평가(가격괴리 : 0.5 = 101.25 − 100.75)되어 있기 때문에 매수차익거래를 하고자 한다. 이 경우 100억 원을 연 5%의 이자율로 차입하여 인덱스 펀드를 구성하고, 지수선물 6월물을 101.25에 400계약 매도한다.

$$N = \frac{100억\ 원}{101.25 \times 25만\ 원} \approx 400(계약)$$

지수선물 6월물의 최종 거래일인 6월 11일에 KOSPI 200 지수가 5% 하락하여 95가 되었다고 하자.

최종 거래일에는 현물지수와 선물 가격이 수렴하므로 지수선물 6월물의 최종 결제 가격도 95가 된다. 지수가 5% 하락하여 인덱스 펀드의 가치는 95억 원으로 5억 원 감소하였다. 지수선물 가격은 6.25포인트 하락하여 선물 매도 포지션에서는 6억 2천 5백만 원(6.25 × 25만 원 × 400계약)의 이익이 발생한다. 배당금 5천만 원(0.5/100 × 100억)과 차입금이자 124,660,000원(100억 × 5% × $\frac{91}{365}$)를 고려할 때, 매수차익거래의 순이익은 50,340,000원이다. 사전적 차익거래이익은 5,000만 원(= 0.5 × 25만 원 × 400계약)이나 오차는 선물계약수를 계산할 때 반올림에 의한 것이라고 볼 수 있다. 해당 거래에서 주식 바스켓 매매과정에서 발생하는 수수료와

표 1-7	**지수선물을 이용한 매수차익거래**			(단위 : 만 원)
날짜	현물시장	현금흐름	선물시장	현금흐름
3.12	연 5%로 차입하여 100억 규모의 인덱스 펀드 구성	0	6월물 101.25에 400계약 매도	0
6.11	배당금(만기 시 가치)	+5,000		
6.11	인덱스 펀드 매도	−50,000	6월물 95에 400계약 환매수	+62,500
	차입금 이자 상환	−12,466		
결과	손실	−57,466	이익	+62,500

• 매수차익거래 손익 : 62,500 − 57,466 = 5,034

세금, 선물 매매과정에서의 수수료를 포함하지 않았다. 거래비용을 포함하면 매수차익거래 순이익은 줄어들 수 있다.

(3) 주가지수 차익거래의 유의점

주가지수선물을 활용한 차익거래는 주가지수가 아닌 주식의 현물바스켓을 매매의 대상으로 삼기 때문에 거래규모가 비교적 대규모이며, 현물바스켓의 구성종목 관리는 물론 현물바스켓의 지수 추적성과도 지속적으로 관찰해야 한다. 차익거래의 대상이 개별 주식이 아닌 다수의 주식묶음인 현물바스켓이라는 점에서 주가지수를 추적하는 인덱스 펀드와 유사한 개념이다. 주가지수를 추적하는 현물바스켓을 구성하는 방법에는 지수의 구성종목 전체를 시가총액 비중대로 편입하는 완전복제법과 소수의 대표종목으로 바스켓을 구성하는 부분복제법이 있다.

완전복제법은 대상 주가지수를 정확히 추적한다는 점에서 추적 오차가 제거된 이론적으로 가장 완벽한 방법이다. 그러나 지수의 구성종목수가 많아질수록 구성비용이 증가한다. 부분복제법은 주가지수 구성종목의 일부로 주가지수를 최대한 정확하게 추적할 수 있도록 구성하는 방법이다. 여기에는 업종별로 대표 종목을 선별하여 구성하는 층화추출법(stratified sampling), 업종 및 종목별 특성치 등의 기준에 의해 종목을 선정한 뒤에 일정한 제약조건(filtering)을 만족하는 종목으로 구성하는 최적화법(optimization)이 있다. 복합법 또는 층화-최적화법은 위의 두 가지 방식을 통계적으로 결합하여 인덱스 펀드를 구성하는 방식이다.

일반적으로 부분복제법을 이용하여 현물바스켓을 구성하지만 대상 주가지수와의 괴리가 발생할 위험이 존재한다. 즉, 최초에 설정한 종목별 편입비중이 개별 종목의 가격 변화와 구성종목의 편출입으로 인해 상이해질 수 있다. 이처럼 대상 주가지수와 인덱스 펀드 간의 추적오차가 발생하게 될 경우에는 인덱스 펀드의 재조정(rebalancing)이 필요하다. 이 과정에서 추가적인 비용이 소요되며, 따라서 추적오차가 적은 인덱스 펀드를 구성하는 것이 중요하다. 이는 선물과 현물의 베이시스 리스크와 유사한 개념이다.

주가지수선물을 이용하는 차익거래에서 리스크는 추적 오차, 유동성 리스크(liquidity risk), 그리고 시장 충격 비용(market impact cost)으로 분류된다. 우선 주가지수 차익거래를 실행하는 과정에서 대상 주가지수를 제대로 추적하지 못하여 추적오차가 확대될 경우에는 기대한 차익거래 이익을 얻지 못할 수 있다. 추적오차를 제거하기 위해서는 현물바스켓을 일정한 주기로 재조정하는 작업이 필요하다. 그러나 잦은 재조정작업은 그만큼 비용을 수반하기 때문에 거래비용을 감안한 주가지수 차익거래 기회가 그만큼 줄어들게 된다.

한편, 유동성 리스크는 미청산위험과 동일한 개념이다. 주가지수 차익거래를 실행하는 과정에서 현물바스켓의 일부 종목이 유동성 부족으로 미체결되거나 매우 불리한 가격에 체결되는 경우를 의미한다. 또한 주가지수선물의 유동성이 갑작스럽게 축소되어 주가지수 차익거래의 포지션을 집행 또는 청산하지 못하는 상황에 노출될 수 있는 경우도 의미한다. 그리고 시장 충격 비용은 현물바스켓을 주문집행할 때 순간적으로 대규모 주문을 체결하기 때문에 개별 종목이나 선물의 가격 변동이 불리하게 되는 경우를 의미한다. 유동성 위험과 더불어 시장 충격 비용은 최초 주가지수 차익거래 시점을 포착한 수준과 실제 주가지수 차익거래 포지션을 집행하여 체결된 수준이 상이해지는 데 큰 영향을 미친다.

(4) 거래비용과 차익거래 불가 영역(no-arbitrage band)

베이시스를 현물과 선물 간의 보유비용으로 설명하였지만 실제 선물시장에서는 보유비용 이외에도 다양한 거래비용이 존재하며, 따라서 이론 가격과 실제 시장에서 결정되는 시장 가격과는 차이가 발생할 수 있다. 앞에서 선물의 이론 가격을 산출하는 식 $F_t = S_t \{1 + [(r-d) \cdot (T-t)/365]\}$는 완전경쟁시장을 가정하고 거래비용을 고려하지 않은 상태에서 도출한 것이다. 그러나 현물보유전략(cash & carry) 또는 역현물보유전략(reverse cash & carry)에서 확인하였듯이 실제 차익거래 실행 시 발생하는 거래비용을 고려해야 한다.

현물과 선물의 거래과정에서 고려해야 할 비용에는 거래와 직접 관련된 명시적인 비용과 암묵적인 비용이 존재한다. 우선 거래와 관련된 명시적인 비용은 거래로 인해 발생되는 제반 수수료와 세금이다. 주식 또는 선물을 거래하기 위해서 증권회사 창구 또는 HTS(홈트레이딩 시스템)를 이용하는데, 이때 일정한 금액의 거래수수료를 증권회사에 납부하게 된다. 또한 현물인 주식을 매매할 때에는 정부가 부과하는 일정한 거래세를 납부하여야 한다. 따라서 실제 거래에서 활용할 수 있는 이론 가격 산출식에는 거래비용으로서 수수료와 세금을 반영하여야 한다.

한편, 암묵적인 비용에는 호가 스프레드와 시장 충격 비용, 그리고 제도적인 마찰요인에 따른 비용이 포함된다. 호가 스프레드는 매수와 매도 간 호가 차이에서 발생하는 기회비용이다. 선물을 매매하는 투자자는 자신이 원하는 가격에 체결할 수 없는 상황이 발생할 수 있다. 즉, 매수하고자 하는 가격보다 비싸게 체결될 가능성과 매도하고자 하는 가격보다 낮게 거래해야 하는 상황에서 발생하는 비용이다.

　시장 충격 비용은 자신의 매매주문으로 인해 시장에서 발생할 수 있는 가격 변동, 즉 시장에 대한 충격 비용을 의미한다. 특히 거래대상의 유동성이 풍부할 경우에는 이 같은 시장 충격 비용이 크지 않지만, 유동성이 부족할 경우에는 자신의 매매주문체결을 위해 현 수준의 가격보다 높거나 낮게 주문을 내야 하며, 이 때문에 체결 가격 역시 자신이 의도한 가격보다 불리해질 가능성이 높다.

　제도적인 마찰요인으로는 차입과 공매에 대한 제도적인 제약, 조달비용과 운용수익의 불일치 등이 이에 해당된다. 보유비용모형에 따라 선물 이론 가격과 주식 가격 사이에 불균형이 발생할 경우에 차익거래 과정에서 선물 매도(매수)와 현물 매수(매도)을 통해 균형가격을 찾게 된다. 그러나 실제 매매과정에서는 현물을 매도하기 위해 공매도를 해야 하지만, 공매도에 대한 제도적인 제약으로 거래비용이 추가로 발생하게 된다. 또한 현물을 매수하기 위해 자금을 차입하는 과정에서도 차입자금의 한도와 차입비용이 발생한다. 이외에도 이론 가격 산출모형에서는 시장참여자들이 동일한 이자율로 자금을 차입하거나 운용할 수 있다고 가정하지만, 실제로는 차입이자율(조달비용)과 운용수익(자금운용 이자율) 간에 차이가 존재한다.

　따라서 실제 차익거래 전략을 실행하기 위해서는 선물 이론 가격에 실제 거래비용을 감안해야 한다. 다시 말해 거래비용을 감안하지 않은 순수 이론 가격 이외에 거래비용을 감안한 실질적인 이론 가격이 존재하게 된다. 특히 현물보유전략 또는 역현물보유전략을 통해 무차익 균형 가격을 찾아가는 과정에서 소요되는 거래비용을 감안한다면 이론 가격 주변에는 거래비용을 고려할 때 차익이 발생하지 않는 가격 구간이 발생할 수 있다. 다시 말해 선물 이론 가격에 일정한 거래비용을 감안한 범위 이내에서는 차익거래에 따른 이익이 존재하지 않는 소위 '차익거래 불가 영역(no-arbitrage band)'이 존재하게 된다. 선물 시장 가격이 일시적으로 선물 이론 가격으로부터 벗어나서 차익거래를 시도한다 하더라도 거래비용을 고려하면 오히려 손실을 볼 수 있다.

　우선 차익거래 불가능 영역의 상한선은 주가지수선물의 시장 가격이 차익거래 불가 영역 이상으로 높아졌을 때 주가지수선물을 매도하고 주식을 매수함으로써 차익거래 이익을 확보할 수 있는 가격대의 가장 낮은 수준이다. 차익거래 불가 영역의 상한선을 결정하는 거래비용에는 주식매수자금과 주식매수수수료, 그리고 선물 매도 수수료와 선물증거금 등 최초 포지션을 설정하는 과정에서 필요한 모든 비용과 이후 최종 매매일에 이를 청산하기 위해 필요한 거래비용이 포함된다. 이 같은 거래비용을 모두 감안할 경우 차익거래를 통해 이익을 얻을 수 있는 가장 낮은 가격대가 차익거래 불가 영역의 상한선이다.

반면, 차익거래 불가 영역의 하한선은 주가지수선물의 시장 가격이 차익거래 불가 영역 이하로 낮아졌을 때 주가지수선물을 매수하고 주식을 (공)매도함으로써 차익거래 이익을 확보할 수 있는 가격대의 가장 높은 수준이다. 이 경우 소요되는 거래비용에는 주식을 공매하기 위해 필요한 주식 공매도 수수료와 거래세, 선물 매수 수수료와 선물 매수 증거금 등 최초 포지션 설정과정에서 필요한 거래비용과 청산 시점에서 부담해야 할 거래비용이 모두 포함된다. 이 같은 거래비용을 모두 감안할 경우 차익거래를 통해 이익을 얻을 수 있는 가장 높은 가격대가 차익거래 불가 영역의 하한선이다.

예시

현재 KOSPI 200은 100.00이며, 배당수익률은 연 2%이다. 무위험이자율이 연 6%이며, 잔존만기 3개월인 KOSPI 200선물의 이론 가격은 다음과 같다.

$$\text{KOSPI 200 선물 이론 가격} = 100.00 \times \{1 + (0.06 - 0.02) \times 1/4\} = 101.00$$

만일 선물거래수수료가 0.02pt(매도＋매수), 주식거래수수료가 0.06pt(매도＋매수)이면 거래비용(TC)은 0.08pt이므로 차익거래 불가능 영역은 $101.00 - 0.08 \leq F \leq 101.00 + 0.08$이다. 즉, 선물 가격이 100.92 이하이거나 101.08 이상일 경우에는 차익거래 기회가 있지만, 이론 가격에 근접한 100.95 또는 101.06과 같이 거래비용을 고려할 때 차익거래가 성립하지 않는 구간이 발생한다. 이 가격대를 차익거래 불가 영역이라고 한다. 여기서, 101.08은 차익거래 불가영역의 상한이며, 100.92는 차익거래 불가 영역의 하한이다.

4 스프레드 거래

선물은 '손익 증폭 효과'로 인해 선물 가격이 움직이는 방향의 예측이 맞을 경우 큰 수익을 올릴 수 있으나, 투자자의 예상과 반대로 선물 가격이 움직였을 때는 막대한 손실을 보게 된다. 이 경우 투기거래에서의 위험을 줄이기 위해 투자자는 스프레드 거래를 할 수 있다. 스프레드 거래는 개별 선물종목 가격의 상승 또는 하락에 베팅하기보다는 2개의 선물의 가격차이를 이용한 거래이다. 따라서 스프레드 거래의 손익은 두 선물의 절대 가격의 변화보다는 상대 가격의 변화에 따라 결정된다.

스프레드 거래는 상이한 두 개의 선물계약을 반대방향으로 거래하기 때문에 한 종목에서 생기는 이익이 다른 종목에서 생기는 손실에 의해 상쇄된다. 따라서 한 종목으로만 거래하는 단순 투기거래보다 리스크가 적은 대신 수익도 낮은 것이 특징이다. 스프레드 거래에는 결제월 간(또는 만기 간) 스프레드(intra-commodity spread 또는 inter-delivery spread) 거래와 상품 간 스프레드(inter-commodity spread) 거래가 있다.

(1) 결제월 간 스프레드 거래

결제월 간(또는 만기 간) 스프레드 거래란 향후 스프레드의 변화를 예측하여 거래대상이 동일한 선물 중에서 한 결제월물은 매수하고 다른 결제월물은 매도하는 거래를 말한다. 주식 관련 선물의 경우 일반적으로 순보유비용(이자비용-배당금수입)이 양(+)이므로 만기가 먼 원월물 가격이 만기가 가까운 근월물 가격보다 높게 형성된다. 따라서 향후 스프레드(=원월물 가격-근월물 가격) 확대를 예상할 경우, 근월물을 매도하고 원월물을 매수하는 스프레드 매수전략을 택한다. 반대로 향후 스프레드 축소를 예상할 경우 근월물을 매수하고 원월물을 매도하는 스프레드 매도전략을 택한다.

! 예시

▶ 결제월 간 스프레드 거래

투자자가 스프레드 확대를 예상한다면 근월물(예를 들면, 3월물)을 매도하고, 동시에 원월물(예를 들면, 6월물)을 매수하는 스프레드 매수거래를 한다.

표 1-8 KOSPI 200 지수선물을 이용한 결제월 간 스프레드 거래

날짜	선물시장
2.10	KOSPI 200 지수선물 3월물 170.00에 1계약 매도 KOSPI 200 지수선물 6월물 172.00에 1계약 매수
2.15	KOSPI 200 지수선물 3월물 172.00에 1계약 반대매매(환매) KOSPI 200 지수선물 6월물 176.00에 1계약 반대매매(전매)
결과	3월물 손실 = (170.00-172.00)×1계약×250,000 = -500,000 6월물 이익 = (176.00-172.00)×1계약×250,000 = +1,000,000
	순이익 : 1,000,000-500,000=500,000

상황 : ○○년 2월 10일 KOSPI 200 지수선물의 3월물은 170.00에 거래되고 있고, 6월물은 172.00에 거래되고 있다. 투자자는 앞으로 스프레드가 확대될 것으로 예상하고, KOSPI 200 지수선물의 3월물을 170.00에 1계약 매도하고, 6월물은 172.00에 1계약 매수한다.

투자자의 예상과 같이 스프레드는 확대되었으며, ○○년 2월 15일 투자자는 KOSPI 200 지수선물의 3월물을 172.00에 반대매매(환매), 6월물은 176.00에 반대매매(전매)하여 포지션을 청산하였다고 하자. 이 경우 순이익은 〈표 1-8〉과 같이 6월물 이익 1,000,000원에서 3월물 손실 500,000원을 차감한 500,000원이 된다.

거래소에서는 KOSPI 200 지수선물에 결제월물 스프레드 거래를 도입하였다. 일반적인 스프레드 거래는 최근월물과 차근월물에 대해 각각의 매매를 통해 포지션을 구성하지만, KOSPI 200 지수선물의 스프레드 매매는 최근월물과 차근월물의 가격 차이, 즉 스프레드를 별도의 매매대상으로 설정한 것이 특징이다. 최근월물과 차근월물의 스프레드가 현재 2.0pt(=차근월물 가격−최근월물 가격)라고 한다면, 2.0pt를 별도의 매매대상으로 간주하여 2.0pt에 대한 (스프레드)매도 또는 (스프레드)매수거래를 한다. 2.0pt에 대한 스프레드 매수거래는 최근월물에 대한 매도와 함께 '최근월물의 현재 시장 가격+2.0pt'에 해당하는 차근월물을 매수하는 구조이다. 만일 최근월물과 차근월물의 스프레드가 현재 −1.0pt(차근월물이 최근월물보다 1.0pt 낮은 상태)라고 한다면, 스프레드 −1.0pt에 대한 (스프레드)매수거래는 최근월물을 매도하면서 최근월물보다 1.0pt 낮은 차근월물을 매수하는 포지션이다.

KRX 선물 스프레드 종목	포지션 구성
제1스프레드	최근월물~차근월물
제2스프레드	최근월물~차차근월물
제3스프레드	최근월물~최원월물

이처럼 스프레드를 별도의 매매 가능한 종목으로 독립시킴에 따라 차근월물의 유동성이 풍부하지 않은 상태에서도 차근월물과 최근월물의 스프레드 거래가 원활하게 이루어질 수 있다. 특히 헤징기간이 긴 경우, 최근월물의 매도 헤지 포지션을 차근월물로 이월하기 위해서 차근월물의 유동성 확보를 기다릴 필요없이 스프레드 시장에서 기대하는 가격 수준으로 스프레드 매도(차근월물 매도+최근월물 매수)를 수행하면 된다. 최근월

물의 매도 헤지 포지션은 스프레드 매도의 최근월물 매수로 반대매매가 이루어지고 실제로는 차근월물의 매도 포지션만 남기 때문이다.

(2) 상품 간 스프레드

기초자산이 동일한 선물계약 중에서 결제월이 상이한 두 개의 선물계약을 동시에 매매하는 것이 결제월 간 스프레드 거래라면, 상품 간 스프레드 거래는 결제월은 같으나 기초자산이 상이한 두 개의 선물계약을 동시에 매매하여 두 선물계약 간 스프레드의 변동으로부터 이익을 얻으려는 거래이다. 이를 시장 간 스프레드 거래라고 부르기도 한다. 상품 간 스프레드는 각기 상이한 선물계약을 대상으로 하는 거래이기 때문에 각각의 선물계약에 미치는 다양한 변수로 인해 결제월 간 스프레드에 비해서 변동폭이 훨씬 크다.

예를 들어, ○○전자 선물과 KOSPI 200선물 간의 상품 간 스프레드 거래를 수행한다면, KOSPI 200과 ○○전자의 선물 가격 등락폭과 방향에 따라 스프레드 거래의 수익이 결정될 것이다. 거래의 유형상 이 같은 상품 간 스프레드는 헤지펀드 등에서 수행하는 Long/Short 거래와 유사한 점이 많다. 〈표 1-9〉는 ○○전자 선물을 매수하고 동일 결제월의 KOSPI 200선물을 매도하는 스프레드 거래의 예시를 보여주고 있다. ○○전자 선물 가격이 상승함에 따라 매수 포지션에서 이익이 발생하고, KOSPI 200 선물 가격의 상승으로 인해 매도 포지션에서 손실이 발생하지만 이익이 손실보다 커서 전체적으로는 이익을 보고 있다.

표 1-9	주식선물과 주가지수선물 상품 간 스프레드 예시		
구분	상품 및 매매	가격 및 수량	손익
초기	○○전자 선물 매수	25만 원×10계약	0
	KOSPI 200선물 매도	100.00pt×1계약	0
청산	○○전자 선물 매도	27만 원×10계약	2만 원×10계약×10배＝200만 원
	KOSPI 200선물 매수	107.00pt×1계약	−7.0pt×1계약×25만 원＝−175만 원

• KOSPI 200선물의 승수는 25만 원이고, ○○전자선물의 승수는 10이다.

chapter 02

주식 관련 옵션

주식 관련 옵션의 개요

주식 관련 옵션은 기초자산에 따라 현물옵션과 선물옵션으로 분류된다. 현물옵션은 옵션의 기초자산이 주식 또는 주가지수인 옵션을 의미하며, 선물옵션은 옵션의 기초자산이 주식선물 또는 주가지수선물인 옵션을 의미한다. 현물옵션은 일반적으로 기초자산을 만기에 인수도할 수 있는 권리를 매매하는 옵션이다.

현물옵션, 특히 주식옵션은 대부분의 선진국에서 실제 기초자산인 주식을 만기에 실물 인수도하는 방식을 취하고 있다. 물론 한국을 비롯하여 일부에서는 현금결제방식을 택하는 곳도 있다. 주가지수옵션은 주가지수를 기초자산으로 하는 옵션이며, 주가지수선물과 동일하게 실물결제가 아닌 현금결제방식을 택한다. 주가지수는 해당 주식시장 전반적인 동향을 반영하기 때문에 주가지수옵션거래를 이용하여 전체 주식시장의 동향이나 시장의 변동성 추이를 전망하여 주식시장 전체에 대한 투자를 할 수 있다. 한편, 주가지수선물옵션은 만기에 약정된 가격(행사 가격)으로 기초자산인 선물 포지션을 취할 수 있는 권리이다. 주가지수선물 콜옵션은 행사 가격으로 주가지수선물 매수 포지션을 취할 수 있는 권리이고, 주가지수선물 풋옵션은 행사 가격으로 주가지수선물 매도 포지션을 취할 수 있는 권리를 의미한다.

주식옵션이 주가지수옵션과 다른 점은 기초자산이 개별 주식이라는 점이다. 이로 인해 발생하는 차이점은 기초자산의 배당에 관한 문제이다. 주식옵션의 경우 기초자산인 주식의 배당이 수시로 발생하지만, 예측 가능한 이벤트라는 점에서 주식옵션의 가격에 미치는 영향은 비교적 단순하다. 그러나 주가지수옵션의 경우에는 해당 주가지수를 구성하는 구성종목의 배당시기와 규모가 상이하기 때문에 배당에 따른 주가지수옵션의 가격결정이 매우 복잡하다. 개별 주식의 배당은 이산적으로 이루어지지만, 해당 주가지수의 구성종목에서 발생하는 배당은 비교적 연속적이라고 간주할 수 있다. 또한 주식옵션은 해당 기초자산의 주식이 분할되거나 주식 배당락 또는 권리락이 이루어지는 경우, 이에 따라 주식옵션의 행사 가격도 같이 조정된다. 1 : n배의 주식분할이 이루어질 경우 주주의 지분변동은 나타나지 않지만 주가는 1/n배로 축소된다. 이에 맞추어 주식옵션의 행사 가격 역시 1/n배로 조정된다. 권리락이나 배당락도 이와 유사한 조정을 거친다.

<hr>

section 02 국내 주식 관련 옵션

1 KOSPI 200 지수옵션

KOSPI 200 지수옵션시장은 1997년 7월에 개설된 이후 한국 장내파생상품 중에서 가장 많은 거래량을 기록하고 있는 시장이다. KOSPI 200 주가지수옵션은 KOSPI 200 주가지수를 기초자산으로 하는 유럽형 옵션으로 만기일에만 권리행사가 가능하다. 거래승수는 계약당 25만 원으로 KOSPI 200 지수선물의 거래승수와 동일하다. 결제월은 매월이고, 최종 거래일은 각 결제월의 두 번째 목요일이다. 최종 결제일은 최종 거래일

구분	내용
표 2-1	KOSPI 200 지수옵션 상품명세(결제월 거래)

구분	내용
기초자산	코스피200지수
거래단위	코스피200옵션 가격×25만(거래승수)
결제월	매월
상장결제월	비분기월 4개 및 분기월 7개(3, 9월 각 1개, 6월 2개, 12월 3개)
행사 가격의 설정	• 신규 결제월 상장시 행사가격 설정방법 ① 비분기월 및 3월, 9월물: ATM, ATM±120포인트 범위 및 5포인트 간격 ② 6월 및 12월물: ATM, ATM±120포인트 범위 및 10포인트 간격 • 지수 변동에 따라 항상 ATM 기준으로 아래 행사가격 범위 이내에서 해당 간격이 유지되도록 추가 설정 ① 최근 3개 근월물(3개월 이내): ATM±80포인트 및 2.5포인트 간격 ② 제 4~8근월물(1년 이내): ATM±120포인트 및 5포인트 간격 ③ 최종결제월이 가장 나중에 도래하는 3개 월물(3년 이내): ATM±120포인트 및 10포인트 간격
호가 가격단위	프리미엄 10포인트 미만 : 0.01포인트 프리미엄 10포인트 이상 : 0.05포인트
최소 가격 변동금액	프리미엄 10포인트 미만 : 2,500원(25만×0.01포인트) 프리미엄 10포인트 이상 : 12,500원(25만×0.05포인트)
거래시간	08:45~15:45(최종 거래일 08:45~15:20)
최종 거래일	각 결제월의 두 번째 목요일(공휴일인 경우 순차적으로 앞당김)
최종 결제일	최종 거래일의 다음 거래일
결제방법	현금결제
가격제한폭	기초자산 기준 가격 대비 다음에 해당하는 옵션이론 가격을 단계적으로 확대적용(08:45~09:00에는 1단계만 적용) : ① ±8% ② ±15% ③ ±20%
단일 가격 경쟁거래	개장 시(08:30~08:45) 및 거래 종료 시(15:35~15:45)
필요적 거래중단 (circuit breakers)	현물 가격 급변으로 매매거래 중단시 선물거래 일시 중단 및 단일가로 재개

출처 : www.krx.co.kr

의 다음 거래일이며, 현금결제방식으로 결제된다. 〈표 2-1〉은 KRX KOSPI 200 지수옵션의 상품명세를 소개하고 있다.

거래소는 2015년 7월 KOSPI 200 지수옵션의 거래승수를 1/5로 축소한 미니 KOSPI 200 지수옵션도 상장하여 소액투자가 가능하도록 편의를 제공하고 있다. 또한 2019년 9월 기준 KOSPI 200 지수옵션의 만기를 주간(weekly)으로 단축시킨 위클리 KOSPI 200

지수옵션도 상장하였다.

2   주식옵션

거래소는 2002년 1월 개별 주식 옵션을 상장(삼성전자, SKT, 국민은행, POSCO, 한국전력, KT, 현대자동차 등 7종목)하였고, 2024년 8월 말 기준 52개 종목(유가증권시장 49개, 코스닥시장 3개) 옵션거래가 이루어지고 있다. KRX의 주식옵션 또한 최종 거래일에만 권리행사가 가능한 유럽형 옵션이다. 거래승수는 1계약당 10주이고, 기타 상품명세는 지수옵션과 매우 유사하다. KRX의 주식옵션은 현금 결제방식을 취하고 있다. 구체적인 상품명세는 거래소 홈페이지(www.krx.co.kr)를 참조하기 바란다.

section 03   주식 관련 옵션의 가격결정

1   이항분포 옵션 가격결정모형

이항분포를 이용하여 옵션 가격을 결정하는 방법론은 1975년 이스라엘의 Ein Bokek에서 열린 한 학회에서 노벨상 수상자인 William Sharpe와 Mark Rubinstein이 대화하는 가운데 생긴 아이디어에서 그 기원을 찾을 수 있다. 당시 그들은 기초자산과 옵션을 이용하여 무위험수익을 창출할 수 있다는 Black-Scholes의 옵션 가격결정방법론에 관해 토론을 하였고, Sharpe는 2개의 상태(states)와 3개의 증권(기초자산, 무위험자산, 그리고 옵션)이 존재하는 세계에서 어떤 한 증권이 다른 두 개의 증권으로 복제될 수 있지 않을까 하는 생각에 골몰하였다. 그들은 이러한 직관이 확률이론의 중심극한정리(central limit theorem)와 결합되면 이항분포모형이 궁극적으로 Black-Scholes 모형으로 수렴될 수 있을 것으로 보았으며, Sharpe는 이러한 아이디어를 그의 교과서(Investments, 1978)에 처음 소개하였다. 후에 John Cox와 Stephen Ross의 도움을 받아 Mark Rubinstein은 1979

년의 논문에서 이항분포 옵션 가격결정이론을 정형화시켰다.

이항분포모형에 전제되어 있는 가정은 다음과 같다.

❶ 주식 가격(S)은 이항분포 생성과정(binomial generating process)을 따른다.

❷ 주식 가격은 상승과 하락의 두 가지 경우만 계속해서 반복된다.

❸ 주가 상승 배수(1+주가 상승률)는 1+무위험수익률보다 크고, 주가 하락 배수(1+주가 하락률)는 1+무위험수익률보다 작다. 만일 이러한 관계가 성립되지 않으면 무위험 차익거래기회가 존재하게 된다.

❹ 주식보유에 따른 배당금지급은 없다. 이 가정은 쉽게 완화될 수 있다.

❺ 거래비용, 세금 등이 존재하지 않는다.

이제 이항분포모형을 도출하기 위하여 부호를 다음과 같이 정의하자.

S : 주식 가격

q : 주식 가격 상승확률

u : 주식 가격 상승 배수(1+주가 상승률)

d : 주식 가격 하락 배수(1+주가 하락률)

r : 무위험수익률

c : 콜옵션 가격

c_u : 주가 상승 시 콜옵션 가격

c_d : 주가 하락 시 콜옵션 가격

K : 행사 가격

현재 시점부터 만기까지의 기간을 단일기간으로 가정하자. 이때 만기 시 주식 가격은 〈그림 2-1〉이 보여주는 바와 같이 q의 확률로 uS의 값을 갖거나(상승), $1-q$의 확률로 dS의 값을 가질 것이다(하락).

이제 행사 가격이 K인 콜옵션을 생각해보자. 단일기간 콜옵션의 손익은 q의 확률로 $Max[uS-K, 0]$이거나 $1-q$의 확률로 $Max[dS-K, 0]$이 된다. 이때 중요한 질문은 이러한 콜옵션에 대해 투자자는 현재 얼마를 지불해야 하는가이다.

이 질문에 답하기 위하여 현재의 주식 가격이 S인 주식 1주와 그 주식에 대한 콜옵션 m개의 매도 포지션으로 구성된 헤지 포트폴리오를 가정하자. 주식 1주를 사기 위해 투

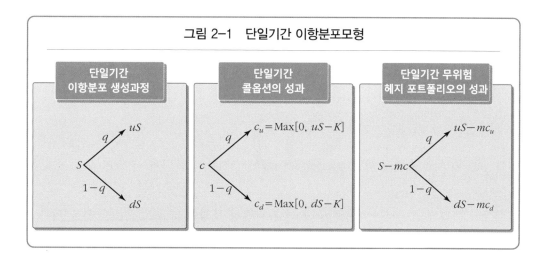

그림 2–1 단일기간 이항분포모형

| 단일기간 이항분포 생성과정 | 단일기간 콜옵션의 성과 | 단일기간 무위험 헤지 포트폴리오의 성과 |

단일기간 이항분포 생성과정

q → uS

S

$1-q$ → dS

단일기간 콜옵션의 성과

q → $c_u = \text{Max}[0,\ uS-K]$

c

$1-q$ → $c_d = \text{Max}[0,\ dS-K]$

단일기간 무위험 헤지 포트폴리오의 성과

q → $uS-mc_u$

$S-mc$

$1-q$ → $dS-mc_d$

자자는 S원이 필요하고 m개의 콜옵션에 매도 포지션을 취함으로써 mc원의 수입이 생기므로 현재 시점의 순투자금액은 $S-mc$가 된다. 이때 주식 가격의 변동과는 독립적으로 헤지 포트폴리오의 성과가 동일하다면 헤지 포트폴리오의 성과는 다음과 같은 식을 만족시켜야 한다.

$$uS - mc_u = dS - mc_d$$

따라서 주식 1주에 대한 콜옵션의 매도계약 수, 즉 헤지비율 m에 대하여 풀면 다음과 같은 식을 얻는다.

$$m = \frac{S(u-d)}{c_u - c_d}$$

주식 가격의 변화와는 무관하게 헤지 포트폴리오의 성과가 동일하다면 이는 무위험 포트폴리오이며 차익거래의 기회를 배제한다면 무위험수익률을 얻어야 한다. 즉, 헤지 포트폴리오의 현재가치에 무위험수익률을 곱한 값이 만기 시 헤지 포트폴리오의 성과와 동일해야 한다.

$$\frac{(uS - mc_u)}{(S - mc)} = (1+r)$$

따라서

$$c = \frac{[S(1+r-u) + mc_u]}{m(1+r)}$$

앞의 식에 헤지비율 m을 대입하여 정리하면 다음과 같은 단일기간 콜옵션 가격을 얻을 수 있다.

$$c = \frac{pc_u + (1-p)c_d}{r}$$

$$p = \frac{r-d}{u-d}, \quad 1-p = \frac{u-r}{u-d}$$

이때 p는 리스크 중립적 확률(risk neutral probability)이라고 불리며, 확률의 모든 속성을 지닌다.

이상의 논의에서 우리는 이항분포 옵션 가격결정 모형이 다음과 같은 특성을 지니고 있다는 사실을 발견할 수 있다.

첫째, 옵션 가격은 주식 가격의 상승 또는 하락 확률과는 독립적으로 결정된다. 즉, 투자자들이 주식 가격을 제외한 옵션 가격결정 변수들에 대하여 동일한 예측을 하고 있다면 주식 가격의 상승 또는 하락 확률에 대하여 이견이 있다 하더라도 옵션 가격은 동일한 값을 갖는다.

둘째, 옵션 가격은 투자자의 리스크에 대한 태도와 독립적으로 결정된다. 즉, 옵션 가격의 결정에서 투자자의 리스크 선호도를 전혀 고려하지 않아도 된다.

셋째, 투자자들이 리스크 중립적이라고 가정하면 p는 상승확률 q와 동일한 값을 갖는다. 만일 투자자들이 리스크 중립적이라면 주식에 투자하는 경우 무위험수익률만을 요구할 것이다. 즉,

$$rS = q \times uS + (1-q) \times dS$$

이를 q에 대하여 풀면 다음 결과를 얻을 수 있다.

$$q = \frac{r-d}{u-d}$$

따라서 리스크 중립적 투자자들에게는 $p=q$의 관계가 성립함을 알 수 있으며, 이러한 이유 때문에 p는 리스크 중립적 확률(risk-neutral probability)이라 불린다. 그리고 리스크 중립적인 세계에서 콜옵션의 가격은 바로 '콜옵션의 미래 기대성과의 현재가치'임을 알 수 있다.

KRX는 주식옵션과 주가지수옵션의 이론 가격 산출에 이항모형을 채택하고 있다.

블랙-숄즈 모형(Black-Scholes Model)

Black과 Scholes는 주식 가격이 투자자들의 예상에 의해 결정되고, 그 주식에 대한 옵션 가격도 주식 가격의 예상에 의해 결정된다는 사실에 근거하여 주식과 옵션을 서로 반대 포지션으로 결합시키면, 산수에서 '빼기(−)'를 하는 것처럼, 옵션 가격결정에 있어서 미래의 불확실성에 대한 투자자의 예상을 전혀 고려할 필요가 없다고 보았다.

그러면 불확실성이 전혀 없는 증권은 무엇인가? 바로 정부에서 발행하는 채권과 같은 것이다. 다시 말해 주식에서 옵션을 빼면(즉, 서로 반대 포지션을 취하면) 무위험 채권을 얻게 되는데, 이를 다시 정렬하여 주식에서 채권을 빼면 옵션을 얻게 된다는 논리이다. 이와 같은 멋진 아이디어로 인해 옵션 가격을 얻는 과정이 대폭 단순화되었으며, Black-Scholes 옵션 가격결정식을 보면 알겠지만 개인의 리스크에 의해 결정되는 '주식의 예상수익률'이란 변수는 옵션의 가격에 영향을 미치지 않게 된다.

Fischer Black과 Myron Scholes는 1973년 옵션의 가격결정 모형을 발표하였다. 주식과 (유럽형) 콜옵션으로 무위험 포트폴리오를 구성할 수 있으며, 차익거래 기회를 배제한다면 이 포트폴리오의 수익률은 무위험수익률이어야 한다는 논리로부터 그들은 (유럽형) 콜옵션의 가격(c)이 기초자산인 주식의 가격(S_t), 옵션의 행사 가격(K), 무위험수익률(r), 주식 가격의 변동성(σ), 그리고 만기까지의 잔존일수($\tau = T - t$) 등의 함수로 표현됨을 보였다.

$$c = S_t N(d_1) - Ke^{-rt}N(d_2)$$

이때

$$d_1 = \frac{\ln\left(\frac{S_t}{K}\right) + \left(r + \frac{1}{2}\sigma^2\right)(\tau)}{\sigma\sqrt{t}}, \quad d_2 = d_1 - \sigma\sqrt{\tau}$$

Black-Scholes(1973)의 옵션 가격결정의 논리는 당시 학계에서 상당히 생소하게 받아 들여 졌으며, 편미분방정식의 해를 구하는 방법 등 그들이 논문에서 사용한 수학적 기법은 난해하였기 때문에 이 논문은 Journal of Political Economy에 1970년에 접수된 후 발표되기까지 무려 3년이란 기간이 소요되었다.

section 04 | 옵션 가격의 관계

1 풋-콜 패리티(Put-Call Parity)

제1부에서 동일한 기초자산에 대하여 동일한 만기와 행사 가격을 가진 콜옵션과 풋옵션이 거래될 때 풋-콜 패리티(put-call parity)라는 이론적인 관계가 성립함을 보였다. 현재 시점 t에서 기초자산의 가격을 S_t, 만기일까지의 잔존일수가 $\tau(=T-t)$ 이고 행사 가격이 K인 (유럽형) 콜옵션과 풋옵션 가격을 각각 c와 p라고 할 경우, 풋-콜 패리티는 다음과 같다.

$$c+Ke^{-r\tau}=p+S_t$$

이러한 풋-콜 패리티를 이용하여 콜옵션과 기초자산으로 풋옵션을 복제할 수 있다. 즉,

$$p=c-S_t+Ke^{-r\tau}$$

2 풋-콜-선물 패리티(Put-Call-Futures Parity)

동일한 선물을 거래하는 선물옵션에 대해 행사 가격이 같은 (유럽형) 콜옵션과 풋옵션이 거래될 때 콜옵션가격, 풋옵션 가격, 선물 가격 간에는 이론적인 관계가 성립하는데 이를 풋-콜-선물 패리티(put-call-futures parity)라고 한다.

표 2-2　풋-콜-선물 패리티

포트폴리오 구성	포트폴리오 현재가치	만기 시 가치	
		$F_T < K$	$F_T \geq K$
선물 매수(F_t)	0	$F_T - F_t$	$F_T - F_t$
풋옵션 매수	p	$K - F_T$	0
콜옵션 매도	$-c$	0	$-(F_T - K)$
무이표채 매수	$(F_t - K)e^{-r\tau}$	$F_t - K$	$F_t - K$
	$p - c + (F_t - K)e^{-r\tau}$	0	0

이러한 풋-콜-선물 패리티의 관계를 알아보기 위해 다음과 같은 포트폴리오를 구성해보자. 선물 1계약을 F_t에 매수, 행사 가격이 K인 선물풋옵션 1계약을 p에 매수, 동일한 행사 가격의 선물콜옵션 1계약을 c에 매도, 무이표채를 $(F_t - K)e^{-r\tau}$만큼 매수하면 이러한 포트폴리오의 현재가치는 $p - c + (F_t - K)e^{-r\tau}$가 된다.

만기 시 선물 가격(F_T)이 행사 가격(K)보다 낮거나 높거나 똑같이 포트폴리오의 가치는 0이 되므로 현재 시점(t)에서 포트폴리오의 가치도 당연히 0이 되어야 한다. 즉,

$$c - p = (F_t - K)e^{-r\tau}$$

이 식을 풋-콜-선물 패리티라고 하며, 콜옵션 가격과 풋옵션 가격의 차이는 선물 가격과 행사 가격 차이의 현재가치와 같아야 함을 의미한다.

3　풋-콜 패리티의 변형

풋-콜 패리티는 특정 행사 가격과 만기일을 갖는 콜옵션의 가치는 행사 가격과 만기일이 같은 풋옵션의 가치로부터 추론할 수 있음을 의미하기도 한다.

풋-콜 패리티를 변형하면,

$$c = p + S_t - Ke^{-r\tau}$$

위 식에 의하면 행사 가격과 동일한 주가지수를 기초자산으로 하는 등가격 콜옵션의 경우 등가격 풋옵션의 가치보다 커야 한다는 것을 쉽게 알 수 있다.

위 식을 정리하면,

$$c-p=S_t-Ke^{-r\tau}$$

등가격 옵션의 경우에는 $S=K$이므로 위 식은 다음 식과 같이 표현할 수 있다.

$$c-p=S_t-S_t e^{-r\tau}$$

이때 이자율 r이 0의 값이 아닌 한 위 식의 우변은 항상 0보다 크다. 결국 등가격 콜옵션의 경우 등가격 풋옵션에 비해 가치가 커야 한다.

이같이 풋-콜 패리티를 통해 특정 행사 가격과 기초자산의 콜옵션의 가치를 동일한 행사 가격과 기초자산을 갖는 풋옵션의 가치에서 유추할 수 있으며, 또한 해당 기초자산의 평가를 콜옵션과 풋옵션의 조합으로도 추론할 수 있다.

4 주식 배당금을 고려한 풋-콜 패리티

지금까지의 논의에서는 주식의 배당금을 고려하지 않았다. 그러나 주식옵션이나 주가지수옵션 모두 기초자산이 배당을 지급하는 주식 또는 주식바스켓이라는 점에서 옵션의 가치와 풋-콜 패리티에 대해서도 주식 배당금의 효과를 고려해야 한다.

주식옵션의 만기일 내에 지급되는 주식 배당금의 현재가치를 D로 표기하자. 이 경우 콜옵션의 내재가치는 $Max\{(S_t-D)-Ke^{-r\tau},\ 0\}$이다. 즉, 배당금 지급으로 배당락이 발생하면 주가가 하락하기 때문에 콜옵션의 가치에는 배당금이 음(−)의 효과를 갖는다.

반면, 풋옵션의 내재가치는 $Max\{Ke^{-r\tau}-(S_t-D),\ 0\}$이다. 풋옵션의 경우 배당금으로 인한 주가 하락이 옵션가치에 양(+)의 효과를 갖기 때문이다. 따라서 주식 배당금을 고려한 풋-콜 패리티는 다음과 같이 조정된다.

$$c+Ke^{-r\tau}=p+S_t-D$$

옵션의 민감도 분석

옵션 가격은 주식 가격, 주식 가격의 변동성, 옵션 만기일까지의 잔존기간, 이자율 등에 의해 복합적으로 결정되기 때문에 옵션 포지션의 리스크를 측정하기 위해서는 이러한 변수들이 옵션 가격에 미치는 영향을 계량화하여야 한다. 분석의 편의상 다른 변수들은 일정하다는 가정하에 어느 한 변수(예를 들어, 주식 가격)가 한 단위 변할 때 옵션 가격이 얼마만큼 변하는지를 측정한 것이 바로 옵션의 민감도 지표(greek letters)이다. 옵션투자전략을 수립하기 위해서는 옵션의 민감도를 이해하여야 한다.

기초자산 가격의 변화에 따라 옵션 가격은 등락을 보이며, 잔존기간과 변동성의 변화에 따라 옵션 가격은 각각 상이한 움직임을 보인다. 즉, 옵션 가격의 변동을 유발하는 각 변수들에 따라 옵션 가격은 각각의 민감도를 보인다. 민감도는 각 변수가 옵션 가격에 미치는 영향의 '크기'를 말한다. 민감도가 크다면 그 변수가 옵션 가격에 미치는 영향이 그만큼 크다는 것을 의미한다. 민감도가 각 변수의 움직임에 따른 옵션 가격의 반응 정도를 의미하기 때문에, 역으로 말하면 옵션 가격의 반응 정도를 고려하여 보유하고 있는 옵션의 위험 노출 정도를 파악할 수 있다. 즉, 민감도는 옵션 포트폴리오에 대한 위험관리지표라고 할 수 있다. 이하에서는 옵션의 각 민감도에 대해 살펴보자.

1 델타(delta : Δ)

델타는 주식 가격의 변화에 대한 옵션 가격의 변화를 측정한다. 수학적으로는 옵션 가격(c 또는 p)을 주식 가격(s)으로 편미분한 값으로서 다음과 같이 표시된다.

콜옵션의 델타 : $\Delta_c = \dfrac{\partial c}{\partial S} = N(d_1) > 0$

풋옵션의 델타 : $\Delta_p = \dfrac{\partial p}{\partial S} = N(d_1) - 1 < 0$

따라서 델타는 주식 가격이 한 단위 변화했을 때 옵션 가격이 얼마만큼 변화하는지를 나타내며, 〈그림 2-2〉에서 옵션가치를 나타내는 곡선의 접선의 기울기로 측정된다. 델타값은 콜옵션의 경우 주가가 상승할수록 1의 값에 근접하며 주가가 하락할수록

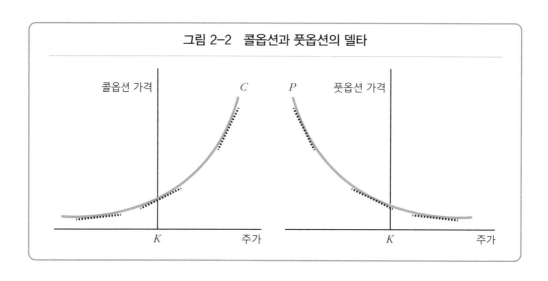

그림 2-2 콜옵션과 풋옵션의 델타

콜옵션 가격   *C*   *P*   풋옵션 가격

K   주가   *K*   주가

0의 값에 가까워진다. 반면, 풋옵션의 경우는 주가가 상승할수록 0의 값에 근접하며 주가가 하락할수록 −1의 값에 가까워진다.

델타와 잔존만기의 관계는 잔존만기가 줄어들수록 옵션의 가격 곡선이 곡선에서 직선으로 점차 변하기 때문에(〈그림 2-4〉 참조) 등가격 옵션의 델타는 큰 변화가 없지만 내가격 옵션의 델타의 절대값은 커지고 외가격 옵션의 델타의 절대값은 작아진다.

한편, 동일한 행사 가격의 콜옵션의 경우 잔존만기에 따라 델타의 변동폭이 상이하다. 즉, 잔존만기가 긴 콜옵션의 델타는 주가가 변함에 따라 완만하게 변하는 반면, 만기가 짧은 콜옵션의 델타는 급하게 변한다는 것을 알 수 있다.

델타는 특성상 여러 가지 의미로 해석할 수 있다. 우선 델타는 옵션 가격과 기초자산 가격 간의 관계를 나타내는 곡선의 기울기이다. 즉, 옵션 가격의 변화 속도를 의미한다. 또한 델타는 해당 행사 가격의 콜옵션이 내가격(ITM)으로 만기를 맞을 확률로도 해석이 가능하다. 델타가 0.5인 등가격(ATM) 콜옵션은 현 시점에서 만기를 맞을 경우 내가격으로 결제될 확률이 50%라는 의미이다. 델타가 0.1인 외가격(OTM) 콜옵션은 내가격결제 확률이 10%에 불과하다는 것을 의미한다.

델타는 기초자산으로 옵션을 헤지할 때 헤지비율로도 사용된다. 현재의 델타 수준에서 델타 중립, 즉 델타가 0의 값을 가지도록 하기 위해 기초자산을 얼마나 가져가야 하는지 보여주는 지표이다. 예를 들어, 델타가 +0.4인 옵션의 경우 델타 중립(델타=0)을 만들기 위해 −0.4의 델타값을 갖는 기초자산을 매매해야 한다. 이를 델타헤지(delta hedge)라고 한다. 델타헤지는 기초자산 가격의 변화에 따른 옵션 가격의 변동 중 선형

변동량만을 표현하는 지표이다. 즉, 옵션 가격과 기초자산 가격 간 곡선의 어느 한 지점에서 나타난 기울기를 델타라고 할 때, 곡선의 다른 지점에서 나타난 기울기는 직전의 델타와 다른 값을 갖는다.

델타의 개념은 블랙-숄즈 옵션 가격결정 모형과 밀접하게 연관되어 있다. 블랙-숄즈 모형의 옵션 가격결정식이 주식과 옵션으로 리스크 중립적 (또는 델타중립적) 헤지포트폴리오를 구성하고 이러한 무위험 포트폴리오의 수익률은 무위험이자율과 이론적으로 같아야 한다는 논리에 근거하여 도출된다는 것을 이해한다면 독자들은 델타가 의미하는 것을 쉽게 이해할 수 있다. 일반적으로 콜옵션의 델타(Δ_c)는 투자자가 콜옵션 1개에 매도 포지션을 취했을 때 몇 개의 주식을 매수해야 헤지 포지션(콜옵션 매도+주식)의 가치가 변하지 않겠는가 하는 개념이다. 이에 대한 답은 바로 콜옵션의 델타인 $N(d_1)$만큼의 주식을 매수하는 것이다.

감마(gamma : Γ)

감마는 주식 가격의 변화에 따른 델타의 변화로 정의된다. 수학적으로 델타가 옵션 가격과 주식 가격 간 곡선의 한 점에서의 기울기를 의미한다면, 감마는 이 기울기의 변화를 의미한다.

$$콜옵션의 감마 : \Gamma_c = \frac{\partial^2 c}{\partial S^2} = \frac{\partial}{\partial S}\left(\frac{\partial c}{\partial S}\right)$$

$$풋옵션의 감마 : \Gamma_p = \frac{\partial^2 p}{\partial S^2} = \frac{\partial}{\partial S}\left(\frac{\partial p}{\partial S}\right)$$

따라서 델타는 선형적인 민감도를 표시하는 반면, 감마는 옵션 수익구조의 특성인 비선형적인 민감도를 측정하는 지표이나. 감마의 값이 작으면 델타는 주가 변화에 대해 완만하게 변화하며, 감마의 값이 크면 델타는 주가 변화에 대해 매우 민감하게 반응한다. 감마는 콜옵션과 풋옵션의 경우 모두 옵션 포지션이 매수일 경우에는 +의 값을 갖는 반면, 매도일 경우에는 −의 값을 갖는다. 감마가 +값을 갖는 옵션의 포지션 상태를 롱감마(long gamma)라고 하며, 감마가 −값을 갖는 경우 숏감마(short gamma)라고 한다.

콜옵션 매수 : 델타값의 변화분(+)/주가의 변화(+) = 감마(+)

풋옵션 매수 : 델타값의 변화분(−)/주가의 변화(−) = 감마(+)

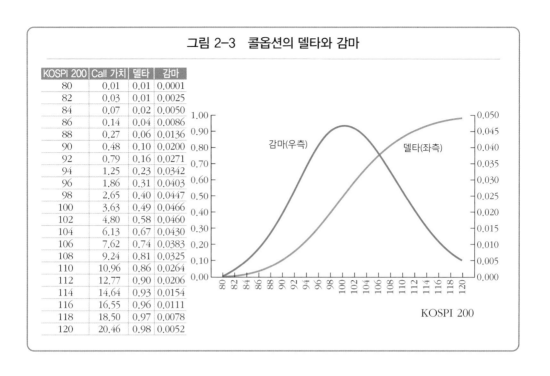

그림 2-3   콜옵션의 델타와 감마

KOSPI 200	Call 가치	델타	감마
80	0.01	0.01	0.0001
82	0.03	0.01	0.0025
84	0.07	0.02	0.0050
86	0.14	0.04	0.0086
88	0.27	0.06	0.0136
90	0.48	0.10	0.0200
92	0.79	0.16	0.0271
94	1.25	0.23	0.0342
96	1.86	0.31	0.0403
98	2.65	0.40	0.0447
100	3.63	0.49	0.0466
102	4.80	0.58	0.0460
104	6.13	0.67	0.0430
106	7.62	0.74	0.0383
108	9.24	0.81	0.0325
110	10.96	0.86	0.0264
112	12.77	0.90	0.0206
114	14.64	0.93	0.0154
116	16.55	0.96	0.0111
118	18.50	0.97	0.0078
120	20.46	0.98	0.0052

콜옵션 매도 : 델타값의 변화분(−)/주가의 변화(+)＝감마(−)

풋옵션 매도 : 델타값의 변화분(+)/주가의 변화(−)＝감마(−)

〈그림 2-3〉에서 알 수 있듯이 감마는 등가격일 때 가장 높은 반면, 외가격과 내가격으로 갈수록 낮아지는 종모양의 곡선을 형성한다. 델타는 양극단에서는 변화가 거의 없기 때문에 델타의 변화분인 감마 역시 외가격과 내가격으로 갈수록 크기가 작아진다. 〈그림 2-4〉에서처럼, 만기일에 가까워질수록 옵션 가격 곡선은 곡선에서 직선에 가까워지므로 등가격 인근에서는 주가의 작은 움직임에도 델타값(옵션 가격 곡선의 기울기)이 크게 변하게 되어 감마값이 커진다. 반면 외가격과 내가격에서는 만기가 가까워질수록 기울기의 변화가 크지 않아 그렇지 않아도 작은 감마값이 더욱 작아진다.

감마는 델타의 변화분이기 때문에 주식 가격이 상승할 때 델타 값은 기존 델타와 감마의 합계로 산출할 수 있다. 반면, 주식 가격이 하락할 경우에는 기존 델타의 값에서 감마를 차감하면 된다. 예를 들어, 현재의 콜옵션 매수 포지션의 델타가 0.35이고 감마가 0.05라면 기초자산 가격이 1단위 상승할 경우 최종적인 델타는 0.35＋0.05＝0.40이다. 반면, 기초자산 가격이 1단위 하락할 경우에는 0.35－0.05＝0.30이 최종적인 델타값이다.

따라서 감마의 절대값이 클 경우에는 옵션의 델타값의 변화분 역시 커진다. 이와 같이 감마는 델타의 변동분을 관리할 수 있기 때문에 델타헤지에도 이용된다. 즉, 델타헤지를 취한 투자자는 기준물의 가격이 변동할 경우 새로운 델타값이 나타나며, 계속해서 델타헤지를 유지하기 위해서는 헤지 포트폴리오를 조정해야 한다. 이때 감마값이 클 경우에는 헤지 포트폴리오의 조정폭 역시 커진다.

3   세타(theta : θ)

세타는 시간의 경과에 따른 옵션 가격의 변화를 나타낸다.

$$콜옵션 : \theta_c = \frac{\partial c}{\partial t}$$

$$풋옵션 : \theta_p = \frac{\partial p}{\partial t}$$

세타는 일반적으로 음수(−)이다. 〈그림 2-4〉에서 볼 수 있듯이 시간이 지남에 따라 즉, 옵션의 만기일이 가까워질수록 옵션의 시간가치는 하락하게 되는데, 이를 시간가치 감소(time decay)라고 한다. 세타의 공식에서 시간은 년(年)으로 측정된다. 세타가 −18.5인 콜옵션은 1일 잔존기간의 감소로 인해 콜옵션 가격이 0.05만큼 감소한다는 것을 의미한다. 달력일 기준 세타를 구하기 위해서는 세타값 −18.5를 365일로 나누어 주어야 한다.[1]

그러면 단순히 시간이 흐름에 따라 옵션의 가치가 변하는 이유는 무엇일까? 간단한 예로서 옵션 만기가 2주일 남은 등가격 콜옵션의 경우를 생각해 보자. 앞으로 2주일 동안 이 옵션이 내가격 옵션이 될 가능성이 있으므로 이 옵션은 현재 양(+)의 가치를 지닌다고 할 수 있다. 만일 2주일 후에 기초자산의 가격에 변화가 없었고, 옵션도 만기일에 등가격이 되어(S=K) 옵션의 가치가 소멸되었다고 하자. 이 경우 2주일 동안 옵션의 가치는 단지 시간이 흐름에 따라 감소되었다고 할 수 있다.

시간의 변화는 다른 옵션 가격결정 변수들과는 달리 예측 가능하기 때문에 옵션의 시간가치 감소는 옵션 거래자에게 중요한 개념 중의 하나이다. 옵션의 세타를 파악하는 것은 옵션의 가치가 시간이 흐름에 따라 어떻게 움직일 것인가를 예측하는 데 도움이 된다. 왜냐하면 기초자산의 가격에 변화가 없더라도 옵션의 가치는 변할 수 있으므로 옵션의 가치변화에서 시간효과를 분리할 수 있기 때문이다. 즉, 옵션가치의 변화는

---

1 거래일 기준의 세타를 구하기 위해서는 영업일수(예 : 252일)로 나누어 준다.

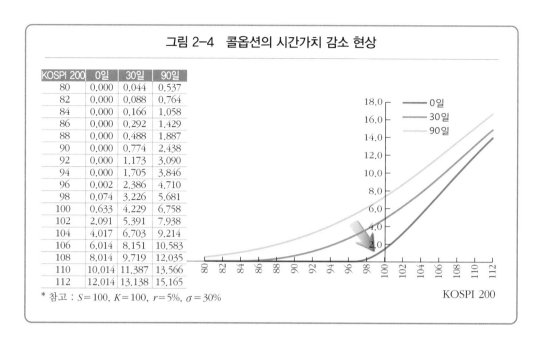

그림 2-4 콜옵션의 시간가치 감소 현상

KOSPI 200	0일	30일	90일
80	0.000	0.044	0.537
82	0.000	0.088	0.764
84	0.000	0.166	1.058
86	0.000	0.292	1.429
88	0.000	0.488	1.887
90	0.000	0.774	2.438
92	0.000	1.173	3.090
94	0.000	1.705	3.846
96	0.002	2.386	4.710
98	0.074	3.226	5.681
100	0.633	4.229	6.758
102	2.091	5.391	7.938
104	4.017	6.703	9.214
106	6.014	8.151	10.583
108	8.014	9.719	12.035
110	10.014	11.387	13.566
112	12.014	13.138	15.165

* 참고 : $S=100$, $K=100$, $r=5\%$, $\sigma=30\%$

KOSPI 200

시간가치 감소에 의해 영향을 받는 결정적인 요소와 델타에 의해 영향을 받는 확률적인 요소로 분리된다.

만기일까지의 기간이 많이 남아 있는 경우 등가격 옵션의 시간가치는 크며 내가격과 외가격 옵션의 시간가치는 작다. 그러므로 만기에 가까워질수록 등가격 옵션의 시간가치는 빠르게 잠식되는 반면, 내가격과 외가격 옵션의 시간가치는 느리게 잠식된다. 따라서, 옵션의 세타는 등가격일 때 가장 크고 내가격이나 외가격으로 갈수록 작아진다. 옵션 매수자는 시간가치 감소로 인해 옵션가격의 하락을 감수해야 하기 때문에, (−)세타 상태이다. 반면 옵션 매도자는 시간가치 감소에 따른 옵션가격의 하락으로 수익을 볼 수 있기 때문에 (+) 세타 상태라고 할 수 있다.

4   베가(vega : Λ)

베가는 주식 가격의 변동성의 변화에 따른 옵션 가격의 변화를 측정한다.

$$\Lambda_c = \Lambda_p = \frac{\partial c}{\partial \sigma^2} = \frac{\partial p}{\partial \sigma^2}$$

다른 변수들이 일정할 때 가격 변동성이 높을수록 옵션 가격은 상승한다. 이는 만기

그림 2-5 변동성과 콜옵션의 가치

KOSPI 200	25% 변동성	50% 변동성
80.00	0.00	0.65
82.00	0.01	0.90
84.00	0.02	1.21
86.00	0.05	1.60
88.00	0.12	2.07
90.00	0.24	2.62
92.00	0.46	3.27
94.00	0.82	4.02
96.00	1.36	4.87
98.00	2.10	5.81
100.00	3.06	6.85
102.00	4.25	7.99
104.00	5.63	9.23
106.00	7.19	10.54
108.00	8.89	11.94
110.00	10.69	13.42
112.00	12.57	14.96
114.00	14.50	16.57
116.00	16.46	18.23
118.00	18.43	19.95
120.00	20.42	21.70

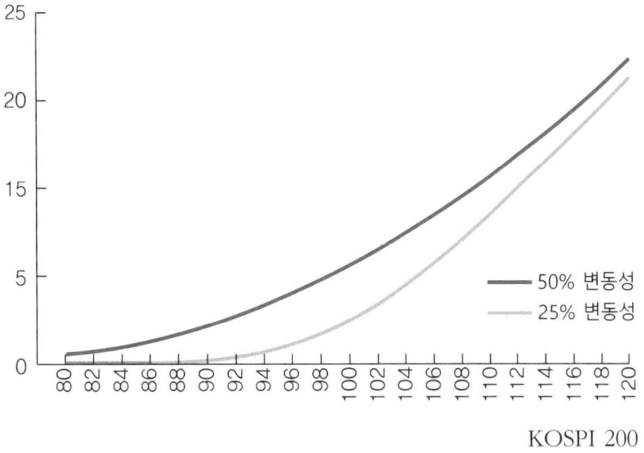

시 주식 가격이 콜옵션의 행사 가격 이하인 경우 손실이 한정되고, 반대의 경우 주가 상승에 비례하여 이익이 증가하기 때문이다. 즉, 가격 변동성이 클수록 옵션투자의 기대수익률이 증가한다. 또한, 옵션의 베가가 크면 변동성의 변화에 따른 옵션 가격의 변화도 크다.

〈그림 2-6〉은 주식 가격과 콜옵션 베가 간의 관계를 보여주고 있는데, 감마와 유사하게 등가격 옵션의 베가가 가장 높게 형성되며, 외가격과 내가격 옵션의 베가는 낮은 수치를 갖는다. 등가격 옵션은 가격 변동성이 작더라도 언제든지 내가격으로 전환될 가능성이 높은 반면, 내가격이나 외가격 옵션은 가격 변동성이 크더라도 내가격에서 외가격으로 또는 외가격에서 내가격으로 전환될 가능성이 낮기 때문이다.

한편, 잔존만기가 많이 남아 있을수록 주가의 변동 가능성 역시 높아지며, 잔존만기가 짧을수록 변동폭 역시 예측 가능한 범위 내로 좁혀진다. 즉, 잔존만기가 길수록 베가는 높아지며, 잔존만기가 짧을수록 베가 역시 낮아진다. 따라서 만기일에 근접하여 주식 가격의 변동성이 높아지더라도 외가격 옵션의 가격 변화는 크지 않다는 것을 알 수 있다.

투자자는 가격 변동성의 예측을 바탕으로 옵션투자전략을 수립할 수 있다. 가격 변

그림 2-6   주식 가격과 콜옵션 베가의 관계

KOSPI 200	매수 베가	매도 베가
80.00	0.004	−0.004
82.00	0.008	−0.008
84.00	0.015	−0.015
86.00	0.026	−0.026
88.00	0.041	−0.041
90.00	0.060	−0.060
92.00	0.081	−0.081
94.00	0.101	−0.101
96.00	0.118	−0.118
98.00	0.128	−0.128
100.00	0.131	−0.131
102.00	0.127	−0.127
104.00	0.116	−0.116
106.00	0.101	−0.101
108.00	0.083	−0.083
110.00	0.066	−0.066
112.00	0.050	−0.050
114.00	0.036	−0.036
116.00	0.025	−0.025
118.00	0.017	−0.017
120.00	0.011	−0.011

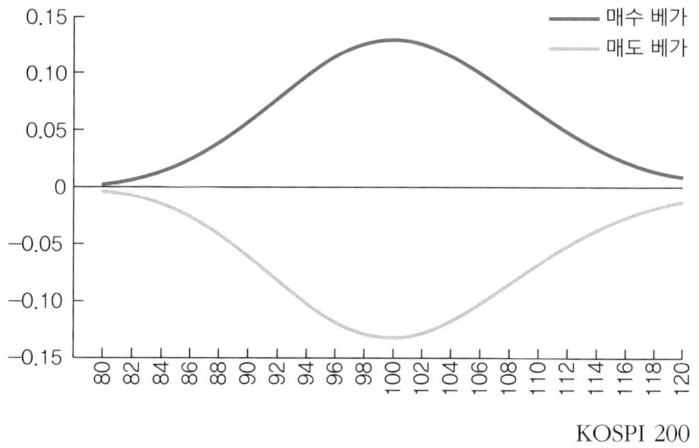

동성이 상승할 것으로 예상하면 등가격 옵션의 매수를 고려하고, 가격 변동성이 하락할 것으로 예상하면 등가격 옵션의 매도를 고려한다. 이는 등가격 옵션의 베가가 가장 크기 때문이다.

5   로(rho)

로는 이자율의 변화에 대한 옵션 가격의 변화를 나타낸다.

$$콜옵션 : \rho_c = \frac{\partial c}{\partial r}$$

$$풋옵션 : \rho_p = \frac{\partial p}{\partial r}$$

이자율이 상승하면 행사 가격의 현재가치를 감소시키기 때문에 콜옵션의 경우 만기 시 옵션 매입자가 매도자에게 지불할 금액의 현재가치가 감소하고, 풋옵션의 경우 만기 시 옵션 매입자가 받을 금액의 현재가치가 감소하게 된다. 따라서 이자율 상승은 콜옵션의 가치를 감소시키고 풋옵션의 가치를 증가시킨다. 그러나 다른 변수들과는 달리 이

그림 2-7 주식 가격과 로(rho)의 관계

KOSPI 200	Call 매수	Put 매수
80.000	0.000	−0.109
82.000	0.001	−0.108
84.000	0.002	−0.107
86.000	0.004	−0.105
88.000	0.007	−0.102
90.000	0.012	−0.097
92.000	0.018	−0.091
94.000	0.026	−0.083
96.000	0.035	−0.074
98.000	0.045	−0.064
100.000	0.056	−0.053
102.000	0.066	−0.043
104.000	0.075	−0.034
106.000	0.084	−0.025
108.000	0.090	−0.019
110.000	0.096	−0.013
112.000	0.100	−0.009
114.000	0.103	−0.006
116.000	0.105	−0.004
118.000	0.107	−0.002
120.000	0.108	−0.001

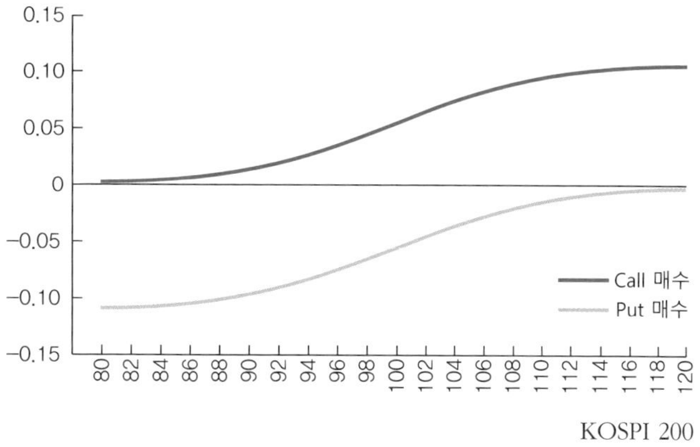

자율 변동이 옵션 가격에 미치는 영향은 매우 미미하다. 일반적으로 이자율이 상승(하락)하면, 주가가 하락(상승)하여 콜(풋)옵션의 가치가 하락(상승)하는 상반된 효과가 존재하기 때문이다. 〈그림 2-7〉은 주식 가격과 로의 관계를 보여주고 있다. 내재가치가 높은 옵션일수록 보유해야 하는 기회비용이 증가하므로 내가격 옵션의 로가 가장 높고 등가격, 그리고 외가격 옵션의 순으로 로의 값은 낮아진다.

6 옵션 민감도의 특징과 활용

(1) 옵션 민감도 종합

콜옵션과 풋옵션의 매수 · 매도 포지션에 따른 민감도의 부호는 〈표 2-3〉과 같다. 감마와 세타의 부호가 서로 반대방향이라는 것과 감마와 세타, 그리고 베가의 부호가 옵션의 종류에 관계없이 매수 · 매도에 따라 부호가 같다는 것을 알 수 있다.

표 2-3		옵션의 매수 · 매도 포지션에 대한 민감도 부호			
		델타	감마	세타	베가
Call	매수	+	+	−	+
	매도	−	−	+	−
Put	매수	−	+	−	+
	매도	+	−	+	−

(2) 민감도의 가법성

민감도들은 가법성이 있어 개별 옵션의 계약수가 늘어나거나 콜옵션과 풋옵션이 혼재하는 포지션일 경우에도 각 민감도의 크기를 합산하여 구할 수 있다. 즉, 델타의 경우 델타가 0.5인 콜옵션 10계약과 델타가 −0.3인 풋옵션 20계약을 매수한다면 전체 델타 포지션은 $(0.5 \times 10) + (-0.3 \times 20) = -1.0$이다. 이는 동 포지션의 가치는 기초자산의 방향과 정반대로 움직인다는 것을 의미한다. 또한 감마의 경우 감마가 0.05인 콜옵션 6계약 매수와 감마가 −0.06인 풋옵션 4계약 매도인 경우 전체 감마 포지션은 $(0.05 \times 6) + (-0.06 \times 4) = 0.06$이다.

한편, 델타가 0.6이고 감마는 0.02인 콜옵션 10계약 매수와 델타가 −0.8이며 감마는 0.03인 풋옵션 10계약 매수의 포지션에서 기초자산의 가격이 1단위 상승하는 경우 전체 포지션의 델타는 $(0.6 + 0.02) \times 10 + (-0.8 + 0.03) \times 10 = -1.5$이다. 즉, 주가지수가 1단위 상승하였을 경우 동 포지션의 가치는 −1.5단위만큼 하락하는 민감도를 갖게 되는 것이다.

section 06 주식 관련 옵션의 투자전략

기본적으로 옵션투자를 통해 얻을 수 있는 이익에는 옵션의 권리행사에 따른 이익, 옵션 가격의 변화에 따른 매매차익, 옵션 매도 시 프리미엄 등이 있다. 옵션투자의 형태는 옵션의 개별 종목에 투자하거나 여러 종류의 옵션을 결합한 포트폴리오에 투자하는 것이다. 또한 현물과 선물, 옵션을 다양한 형태로 결합하는 투자도 가능하다.

옵션 가격을 결정하는 변수에는 기초자산의 가격 이외에도 변동성과 잔존만기 등이 있으며, 투자자는 이러한 변수들을 복합적으로 고려해야 한다. 투자자는 기초자산의 가격과 변동성을 예측하고 어떤 전략으로 옵션 포트폴리오를 구성할 것인가를 결정해야 한다. 개별 옵션을 활용한 기초적인 전략부터 다수의 옵션을 활용한 응용전략까지 옵션을 이용하는 투자전략은 매우 다양하다.

1 방향성 매매

가장 기초적인 방향성 거래전략은 가격 전망에 근거하여 옵션을 매수하는 것이다. 즉, 가격 상승을 예상하는 경우 콜옵션을 매수하고, 가격 하락을 예상하는 경우 풋옵션을 매수한다.

단순히 선물을 매수 또는 매도하는 것과 다른 점은 콜옵션 또는 풋옵션의 매수자는 옵션의 기초자산 가격과 행사 가격을 비교하여 유리한 경우에는 옵션을 행사할 권리를 갖고, 불리할 경우에는 옵션을 행사하지 않아도 된다는 것이다. 즉, 콜옵션 또는 풋옵션의 매수는 레버리지가 높고 행사 가격에서 저절로 손절매가 이루어지는 투자전략이라고 할 수 있다.

(1) 강세전략

❶ 콜옵션 매수

ㄱ. 전략 : 주가가 강세일 것으로 예상되고 가격 변동성도 증가할 것으로 예상하는 경우 투자자는 콜옵션을 매수하는 전략을 선택할 수 있다. 주가 상승과 가격 변동성의 증가에 따른 이익을 원하며, 예상이 틀릴 경우 제한된 손실만을 감수하는 전략이다. 주가가 단기간에 상승할 것으로 예측되면 옵션 가격의 상승속도가 빠르고 레버리지가 높은 근월물 외가격 콜옵션을 매수한다. 한편, 주가가 장기간에 걸쳐 안정적인 상승세를 보일 것으로 예상하는 경우에는 원월물 등가격(또는 내가격) 콜옵션을 매수한다.

ㄴ. 손익구조 : 주가 상승 시에는 주가와 손익분기점(행사 가격＋프리미엄)의 차이만큼을 무한정 수취할 수 있고, 주가 하락 시에는 지불한 프리미엄으로 손실이 한정된다(S_T : 만기 시 주가, K : 행사 가격, C : 콜옵션 가격).

구분	내용
손익분기점	$K+C$
만기 시 이익	$(S_T-K)-C$
최대 손실	C

ㄷ. 예시 : KOPSI 200 콜 100을 3포인트에 1계약 매수한 경우$(K=100, C=3)$

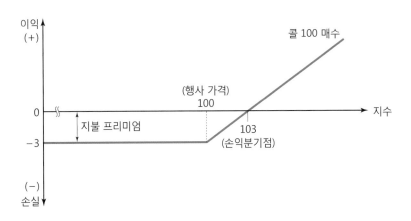

❷ 풋옵션 매도

ㄱ. 전략 : 주가가 하락할 가능성이 낮고(보합 또는 상승) 가격 변동성은 증가하지 않을 것으로 예상하는 경우 택할 수 있는 전략이다. 투자자는 옵션의 내재가치나 시간가치의 하락으로 프리미엄의 이익을 얻고자 한다. 주가가 상승하면 풋옵션의 내재가치가 하락하여 풋옵션 매도자는 이익을 볼 수 있다. 또한 주가가 보합이라 하더라도 가격 변동성이 낮아지면 옵션의 시간가치가 하락하여 풋옵션 매도자에게 유리하다. 따라서 투자자는 내재변동성이 높으면서 고평가되어 있는 근월물 등가격 풋옵션을 매도하는 것이 바람직하다.

ㄴ. 손익구조 : 투자자는 주가가 손익분기점(행사 가격−프리미엄)보다 높으면 옵션이 소멸되고 프리미엄 이익을 얻는다. 반면에 주가가 손익분기점보다 낮을 경우 주가 하락에 비례하여 손실이 증가하게 된다$(S_T$: 만기 시 주가, K : 행사 가격, P : 풋옵션 가격).

구분	내용
손익분기점	$K-P$
최대 이익	P
만기 시 손익	$(S_T-K)+P$

ㄷ. 예시 : KOPSI 200 풋 100을 2포인트에 1계약 매도한 경우$(K=100, P=2)$

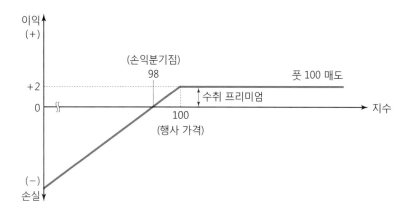

(2) 약세전략

❶ 풋옵션 매수

ㄱ. 전략 : 주가가 약세일 것으로 예상되고 가격 변동성도 증가할 것으로 예상되는 경우 투자자는 풋옵션을 매수하는 전략을 선택할 수 있다. 주가 하락과 가격 변동성의 증가에 따른 이익을 원하며, 예상이 틀릴 경우 제한된 손실만을 감수하는 전략이다. 주가가 단기간에 큰 폭으로 하락할 것으로 예측하면 옵션 가격의 상승 속도가 빠르고 레버리지가 높은 근월물 외가격 풋옵션을 매수한다. 한편, 주가가 장기간에 걸쳐 서서히 하락세를 보일 것으로 예상하는 경우에는 원월물 등가격(또는 내가격) 풋옵션을 매수한다.

ㄴ. 손익구조 : 만기 시 주가가 손익분기점(행사 가격－프리미엄)보다 낮으면 주식 가격의 하락에 비례하여 이익이 발생한다. 반면에 주가가 손익분기점보다 높으면 손실을 보며 최대 손실은 프리미엄으로 한정된다.

구분	내용
손익분기점	$K-P$
만기 시 이익	$(K-S_T)-P$
최대 손실	P

ㄷ. 예시 : KOPSI200 풋 100을 2포인트에 1계약 매수한 경우($K=100$, $P=2$)

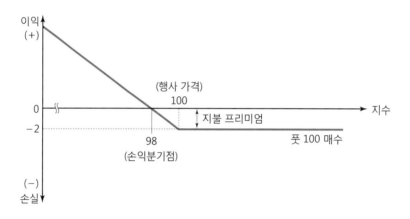

❷ 콜옵션 매도

ㄱ. 전략 : 주가가 상승할 가능성이 낮고(보합 또는 하락) 가격 변동성은 감소할 것으로 예상하는 경우 택할 수 있는 전략이다. 투자자는 옵션의 내재가치나 시간가치의 하락으로 프리미엄의 이익을 얻고자 한다. 주가가 하락하면 콜옵션의 내재가치가 하락하여 콜옵션 매도자는 이익을 볼 수 있다. 한편 주가가 보합이라 하더라도 가격 변동성이 낮아지면 옵션의 시간가치가 하락하여 콜옵션 매도자에게 유리하다. 따라서 투자자는 내재변동성이 높으면서 고평가되어 있는 근월물 등가격 콜옵션을 매도하는 것이 바람직하다.

ㄴ. 손익구조 : 투자자는 주가가 손익분기점(행사 가격+프리미엄)보다 낮으면 옵션이 소멸되고 프리미엄 이익을 얻는다. 반면에 주가가 손익분기점보다 높을 경우 주가 상승에 비례하여 손실이 증가하게 된다.

구분	내용
손익분기점	$K + C$
최대 이익	C
만기 시 손익	$(K - S_T) + C$

ㄷ. 예시 : KOPSI 200 콜 100을 3포인트에 1계약 매도한 경우(K=100, C=3)

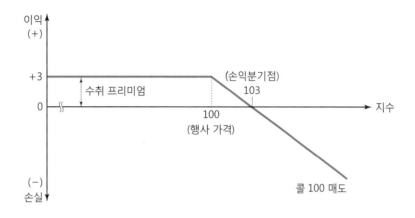

2 스프레드 거래

옵션을 이용한 스프레드 거래의 한 유형으로는 만기는 같으나 행사 가격이 다른 콜옵션 또는 풋옵션을 동시에 매수/매도하는 전략이 있다. 이러한 전략을 수직적 스프레드(vertical spread) 전략이라고도 한다. 한편, 행사 가격은 같으나 만기가 다른 콜옵션 또는 풋옵션을 동시에 매수·매도하는 전략을 수평적 스프레드(horizontal spread) 전략이라고 한다. 그러면 투자자들이 이러한 스프레드 전략을 택하는 이유는 무엇인가?

첫째, 만기가 같은 콜옵션 또는 풋옵션을 매수/매도하기 때문에 두 옵션의 세타(theta)는 반대부호를 갖게 되므로 시간가치 소멸 효과(time decay effect)가 미미하다. 따라서 옵션 포지션의 장기보유가 가능하다는 장점이 있다.

둘째, 매수·매도하는 두 옵션의 베가(vega)는 반대부호이다. 따라서 옵션 포지션의 손익이 기초자산 가격의 변동성에 덜 민감하다.

셋째, 이익과 손실이 한정되어 있어 강세장 또는 약세장이 예상되나 확신이 서지 않을 때 택하는 보수적인 투자 전략이다.

옵션을 이용한 수직적 스프레드 전략은 가격 전망에 따라 두 가지 유형으로 분류된다. 가격 상승이 예상될 때 강세 스프레드 전략(bull spread strategy), 가격 하락이 예상될 때 약세 스프레드 전략(bear spread strategy)을 선택한다. 또한 수직적 스프레드 전략은 콜옵션을 이용할 수도 있고, 풋옵션을 이용할 수도 있다.

(1) 강세 스프레드 전략(bull spread strategy)

강세 스프레드 전략은 시장의 강세가 예상되나 확신이 서지 않을 때 택하는 보수적인 투자전략으로서, 행사 가격이 낮은 옵션을 매수하고 행사 가격이 높은 옵션을 매도한다.

❶ 강세 콜옵션 스프레드 전략(bull call spread strategy)

ㄱ. 전략 : 시장의 강세가 예상되나 확신이 높지 않을 때 이용하는 보수적인 투자전략이다. 주가의 상승과 하락에 대해 제한적인 리스크를 노출하고자 할 때 적절하다. 만기가 같은 콜옵션 중에서 행사 가격이 낮은 콜옵션(K_1)을 매수하고 행사 가격이 높은 콜옵션(K_2)을 매도한다. 이때 K_2가 현재 주가에 가까울수록 좋다. 그 이유는 ATM 콜옵션 매도 시 시간가치 소멸 효과에 의한 이익을 최대화할 수 있기 때문이다. 따라서 ITM 콜옵션을 매수하고 ATM 콜옵션을 매도하는 것이 바람직하다.

ㄴ. 손익구조 : ITM 콜옵션을 매수하고 ATM 콜옵션을 매도하므로 초기에 프리미엄 순지출이 발생한다. 행사 가격이 낮은 콜옵션의 프리미엄을 C_1, 행사 가격이 높은 콜옵션의 프리미엄을 C_2라고 할 때, 만기 시점의 주가(S_1)에 따른 각 옵션의 손익과 이들의 합계를 계산하면 다음과 같다(단, $K_2>K_1$, $C_1>C_2$).

	$S_1 \leq K_1$	$K_1<S_1<K_2$	$S_1 \geq K_2$
콜(K_1)매입	$-C_1$	$S_1-K_1-C_1$	$S_1-K_1-C_1$
콜(K_2)매도	C_2	C_2	$-(S_1-K_2)+C_2$
합계	$-(C_1-C_2)$	$S_1-(K_1+C_1-C_2)$	$(K_2-K_1)-(C_1-C_2)$

따라서 옵션만기에 주가가 K_1 이하이면 C_1-C_2 만큼의 손실이 발생하고 K_2 이상이면 $(K_2-K_1)-(C_1-C_2)$ 만큼의 이익이 발생한다. 손익분기점이 되는 주가는 $S_1-(K_1+C_1-C_2)$를 영(0)으로 만드는 S_1의 값이므로 $K_1+(C_1-C_2)$가 된다. 이를 표로 정리하면 다음과 같다.

구분	내용
손익분기점	$K_1 + (C_1 - C_2)$
최대 이익	$(K_2 - K_1) - (C_1 - C_2)$
최대 손실	$C_1 - C_2$
프리미엄의 수취 여부(포지션 설정시)	프리미엄 차액$(C_1 - C_2)$ 지불

ㄷ. 예시 : KOSPI 200 콜 98을 5포인트에 1계약 매수함과 동시에 콜 102를 2포 인트에 매도한 경우$(K_1 = 98, K_2 = 102, C_1 = 5, C_2 = 2)$

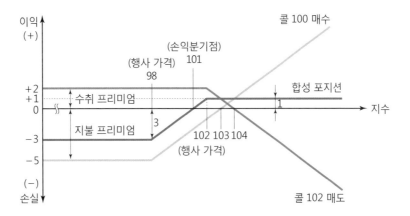

❷ 강세 풋옵션 스프레드 전략(bull put spread strategy)

ㄱ. 전략 : 주가 상승이 예상되나 확신이 높지 않을 때 이용하는 보수적인 투자 전략이란 측면에서 강세 콜옵션 스프레드 전략과 유사하나, 콜옵션 대신 풋 옵션을 활용하는 점이 다르다. 만기가 같은 풋옵션 중에서 행사 가격이 낮 은 풋옵션(K_1)을 매수하고 행사 가격이 높은 풋옵션(K_2)을 매도한다. 이 경우 OTM 풋옵션을 매수하고 ATM 풋옵션을 매도하는 것이 바람직하다.

ㄴ. 손익구조 : 프리미엄이 낮은 OTM 풋옵션을 매수하고 프리미엄이 높은 ATM 풋옵션을 매도하므로 초기에 프리미엄 순수입이 발생한다. 행사 가격이 낮은 풋옵션의 프리미엄을 P_1, 행사 가격이 높은 풋옵션의 프리미엄을 P_2라고 할 때, 이러한 전략의 손익분기점과 최대 이익/최대 손실은 다음과 같이 결정된 다$(K_2 > K_1, P_2 > P_1)$.

구분	내용
손익분기점	$K_2 - (P_2 - P_1)$
최대 이익	$P_2 - P_1$
최대 손실	$(K_2 - K_1) - (P_2 - P_1)$
프리미엄의 수취 여부(포지션 설정시)	프리미엄 차액($P_2 - P_1$) 수취

ㄷ. 예시 : KOSPI 200 풋 98을 1포인트에 1계약 매수함과 동시에 풋 100을 2포인트에 매도한 경우($K_1 = 98$, $K_2 = 100$, $P_1 = 1$, $P_2 = 2$)

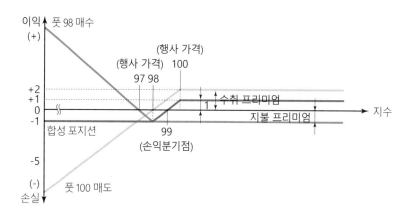

(2) 약세 스프레드 전략(bear spread strategy)

약세 스프레드 전략은 시장의 약세가 예상되나 확신이 높지 않을 때 택하는 보수적인 투자전략으로서, 행사 가격이 높은 옵션을 매수하고 행사 가격이 낮은 옵션을 매도함으로써 주식 가격의 변동성이나 옵션의 시간가치 소멸 효과에 의해 영향을 많이 받지 않는 전략이다.

❶ 약세 콜옵션 스프레드 전략(bear call spread strategy)

ㄱ. 전략 : 주가 하락이 예상되나 확신이 높지 않을 때 이용하는 보수적인 투자전략이다. 약세국면에서 수익과 손실을 제한적으로 노출하고자 하는 투자자에게 적합하다. 만기가 같은 콜옵션 중에서 행사 가격이 낮은 ITM 또는 ATM 콜옵션(K_1)을 매도하고 행사 가격이 높은 OTM 콜옵션(K_2)을 매수한다.

ㄴ. 손익구조 : 초기에 프리미엄 순수입이 발생한다. 행사 가격이 낮은 콜옵션의 프리미엄을 C_1, 행사 가격이 높은 콜옵션의 프리미엄을 C_2라고 할 때, 이

러한 전략의 손익분기점과 최대 이익/최대 손실은 다음과 같이 결정된다($K_2 > K_1$, $C_1 > C_2$).

구분	내용
손익분기점	$K_1 + (C_1 - C_2)$
최대 이익	$C_1 - C_2$
최대 손실	$(K_2 - K_1) - (C_1 - C_2)$
프리미엄의 수취 여부(포지션 설정시)	프리미엄 차액($C_1 - C_2$) 수취

ㄷ. 사례 : KOSPI 200 콜 98을 5포인트에 1계약 매도함과 농시에 콜 102를 2포인트에 매수한 경우($K_1 = 98$, $K_2 = 102$, $C_1 = 5$, $C_2 = 2$)

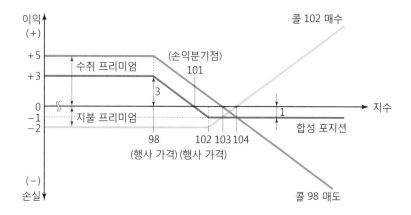

❷ 약세 풋옵션 스프레드 전략(bear put spread strategy)

ㄱ. 전략 : 시장의 약세가 예상되나 확신이 높지 않을 때 이용하는 투자전략이란 측면에서 약세 콜옵션 스프레드 전략과 유사하나, 콜옵션 대신 풋옵션을 활용하는 점이 다르다. 만기가 같은 풋옵션 중에서 행사 가격이 낮은 OTM 풋옵션(K_1)을 매도하고 행사 가격이 높은 ITM 풋옵션(K_2)을 매수한다.

ㄴ. 손익구조 : 프리미엄이 낮은 OTM 풋옵션을 매도하고 프리미엄이 높은 ITM 풋옵션을 매수하므로 초기에 프리미엄 순지출이 발생한다. 행사 가격이 낮은 풋옵션의 프리미엄을 P_1, 행사 가격이 높은 풋옵션의 프리미엄을 P_2라고 할 때, 이러한 전략의 손익분기점과 최대 이익/최대 손실은 다음과 같이 결정된다($K_2 > K_1$, $P_2 > P_1$).

구분	내용
손익분기점	$K_2 - (P_2 - P_1)$
최대 이익	$(K_2 - K_1) - (P_2 - P_1)$
최대 손실	$P_2 - P_1$
프리미엄의 수취 여부(포지션 설정시)	프리미엄 차액$(P_2 - P_1)$ 지불

ㄷ. 예시 : KOSPI 200 풋 98을 1포인트에 1계약 매도함과 동시에 풋 100을 2포
인트에 매수한 경우($K_1 = 98$, $K_2 = 100$, $P_1 = 1$, $P_2 = 2$)

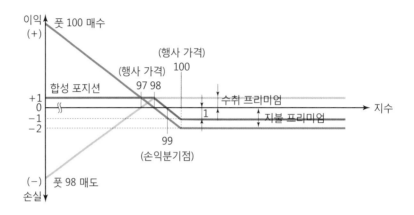

(3) 시간 스프레드(time spread)

시간 스프레드는 수평 스프레드(horizontal spread) 또는 캘린더 스프레드(calendar spread)라고도 한다. 행사 가격은 동일하지만 만기가 다른 콜옵션이나 풋옵션을 이용하여 매수와 매도를 조합하기 때문에 만기가 동일하지만 행사 가격이 상이한 옵션을 이용하는 수직 스프레드(vertical spread)와 차별성을 갖는다. 시간 스프레드는 일반적으로 잔존만기가 짧은 근월물을 매도하고 잔존만기가 긴 원월물을 매수하는 포지션으로 구성된다.

시간 스프레드의 특징은 시간가치의 감소가 잔존만기별로 다르게 이루어진다는 점을 이용하는 것이다. 다른 조건이 일정하다면 근월물의 시간가치 감소폭이 원월물의 시간가치 감소폭보다 크기 때문에 근월물 만기 시점에 가서는 전자의 가치 감소에 따른 이익이 후자의 가치 감소에 따른 손실보다 커서 이익을 얻게 되는 전략이다. 즉, 시간가치의 상대적 변화 차이를 이용하는 것이 시간 스프레드이다. 시간 스프레드를 둘러싼 두 가지의 상반세력, 즉 '시간경과에 따르는 옵션가치의 소모'와 '변동성 변화에 따른

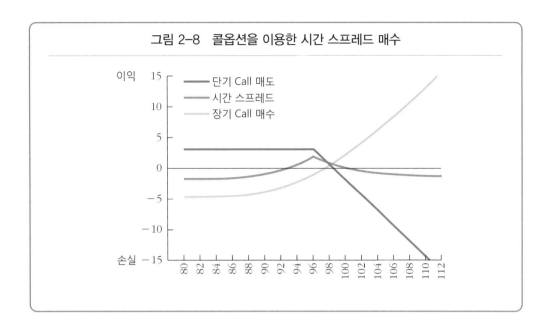

그림 2-8 콜옵션을 이용한 시간 스프레드 매수

- 단기 Call 매도
- 시간 스프레드
- 장기 Call 매수

옵션가치의 변화'는 시간 스프레드 고유의 특성이다.

> **예시**
>
> ○○년 3월 1일 행사 가격이 96.00인 KOSPI 200 5월물 콜옵션 1계약을 4.00포인트에 매수하고 동일한 행사 가격의 4월물 콜옵션 1계약을 3.00포인트에 매도하는 경우를 생각해보자. 근월물의 만기일인 4월 두 번째 목요일에 KOSPI 200 지수가 96.00이고 5월물 콜옵션 가격은 3.50포인트가 되었다. 이 경우 4월물의 옵션가치는 소멸되기 때문에 이러한 시간 스프레드 거래의 이익은 $3.00 - (4.00 - 3.50) = 2.50$ 포인트가 된다. 이와 같은 결과는 시간이 흐름에 따라 근월물의 시간가치 감소가 원월물보다 크다는 특성에서 나온다.

원월물 매수로 구성된 포지션을 시간 스프레드 매수(long time spread)라 하고, 그 반대의 경우를 시간 스프레드 매도(short time spread)라 한다. 그 이유는 옵션 포지션에서는 거래시 현금지출이 요구되는 포지션을 매수 포지션이라 하고, 현금수입이 전제되는 포지션을 매도 포지션이라 하는데, 원월물 옵션의 가치가 근월물 옵션의 가치보다 크기 때문이다. 특히 주가가 안정적일 것으로 예상되는 상황에서는 시간 스프레드 매수가 상대적으로 유리하며, 주가 변동성이 클 것으로 예상될 때는 시간 스프레드 매도거래가 유리하다.

(1) 변동성 매매의 개념

선물의 경우에는 가격이 상승 또는 하락할 것을 예상하여 전략을 수립한다. 이에 비하여 옵션의 경우에는 기초자산의 가격이 상승 또는 하락하는 것 외에 기초자산의 가격 변동성이 커지는지 작아지는지를 예상한 전략을 세우는 것도 가능하다. 이처럼 가격 변동성에 근거한 전략을 세울 수 있다는 점이 옵션거래의 특징이다.

기초자산의 가격 변동성이 커질 것으로 예상하는 경우에 이용되는 전략을 '변동성에 대한 강세(bullish)전략'이라 하며, 대표적인 전략으로는 스트래들(straddle) 매수, 스트랭글(strangle) 매수, 버터플라이(butterfly) 매도 등이 있다. 이들 전략을 이용하면 기초자산의 가격이 오르거나 반대로 내린 경우라 하더라도 그 방향에는 관계없이 변동이 크면 이익을 얻을 수 있다.

이에 반해 기초자산의 가격 변동성이 작아질 것으로 예상하는 경우에 이용되는 전략을 '변동성에 대한 약세(bearish)전략'이라고 하며, 대표적인 것으로 스트래들 매도, 스트랭글 매도, 버터플라이 매수 등이 있다. 이들 전략을 이용하면 기초자산의 가격이 크게 변동하지 않고 일정한 범위 내에 머물러 있는 경우에 이익을 얻을 수 있다.

대부분의 변동성 거래는 구성포지션의 방향 위험을 제거한 후, 즉 델타 중립(delta neutral)을 만든 후 변동성의 변화에 따른 수익을 올리고자 하는 거래전략으로서 당연히 변동성 거래를 하는 투자자는 기초자산 가격의 변화보다는 기초자산 가격 변동성에 관심을 갖게 된다.

(2) 변동성 매수전략

❶ 스트래들(straddle) 매수

ㄱ. 전략 : 스트래들 매수는 최근에 보합세를 유지해 왔던 주식 가격이 단기간 내에 큰 폭으로 움직일 것으로 예상될 때(변동성 증가가 예상될 때) 적합한 투자전략이다. 동일 만기와 동일 행사 가격의 콜옵션과 풋옵션을 동시에 매수하는 거래이다. 스트래들 매수 후 예상대로 가격 변동성이 증가하면 즉시 포지션을 청산하여 이익을 실현시키는 것이 바람직하다. 왜냐하면 콜옵션과 풋옵션을 모두 매수하므로 시간가치 소멸 효과에 의해 포지션의 가치가 급속히

하락하기 때문이다.

ㄴ. 손익구조 : 가격 변동성이 증가하여 만기일에 주식 가격이 높은 손익분기점보다 높거나 낮은 손익분기점보다 낮을 때 이익이 발생하는데 주가 변동이 클수록 이익이 증가한다. 그러나 만기일에 주식 가격이 두 손익분기점 사이에 머물러 있으면 손실이 발생하며 최대 손실은 지불한 프리미엄 총액으로 한정된다(K : 행사 가격, C : 콜옵션 가격, P : 풋옵션 가격).

구분	내용
손익분기점	• 주식 가격 하락 시 $K-(C+P)$ • 주식 가격 상승 시 $K+(C+P)$
만기 이익	손익분기점 이상 또는 이하의 주가 변동폭
만기 손실	두 손익분기점 사이에서 주식 가격 형성 시 손실 발생 (최대 손실=$C+P$)
프리미엄의 수취 여부 (포지션 설정시)	프리미엄 총액($C+P$) 지불

ㄷ. 예시 : KOSPI 200 콜 100을 3포인트에 1계약 매수함과 동시에 KOSPI 200 풋 100을 2포인트에 1계약 매수한 경우($K=100$, $C=3$, $P=2$)

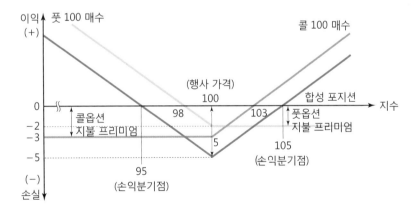

❷ 스트랭글(strangle) 매수

ㄱ. 전략 : 스트래들 매수와 유사하게 주가 변동성이 확대될 가능성이 높을 때 사용할 수 있다. 스트래들 매수는 동일한 행사 가격의 콜옵션과 풋옵션을 매수하는 구조이지만, 스트랭글 매수는 낮은 행사 가격의 풋옵션과 높은 행사 가격의 콜옵션을 동일 수량만큼 매수하는 구조이다.

ㄴ. 손익구조 : OTM 옵션들을 매수하기 때문에 ATM 옵션들을 매수하는 스트래들 매수보다 초기에 지불하는 옵션 프리미엄은 적다. 따라서 시간가치 소멸에 따른 최대 손실액도 스트래들보다 작아서 포지션을 장기간 보유할 수 있다. 주가가 만기일에 각 손익분기점보다 낮거나 높으면 이익이 발생하고, 두 손익분기점 사이에 머무르면 손실이 발생한다. 스트래들 매수에 비해 손실구간이 넓은 반면 최대 손실금액은 적다(K_1 : 낮은 행사 가격, K_2 : 높은 행사 가격, C_2 : 콜옵션 가격, P_1 : 풋옵션 가격).

구분	내용
손익분기점	• 주식 가격 하락 시 $K_1 - [C_2 + P_1]$ • 주식 가격 상승 시 $K_2 + [C_2 + P_1]$
만기 이익	손익분기점 이상 또는 이하의 주가 변동폭
만기 손실	두 손익분기점 사이에서 주식 가격 형성 시 손실 발생 [최대 손실$= C_2 + P_1$]
프리미엄의 수취 여부 (포지션 설정시)	프리미엄 총액$[C_2 + P_1]$ 지불

ㄷ. 예시 : KOSPI 200 콜 102를 2포인트에 1계약 매수함과 동시에 KOSPI 200 풋 98을 1포인트에 1계약 매수한 경우($K_1 = 98$, $K_2 = 102$, $C_2 = 2$, $P_1 = 1$)

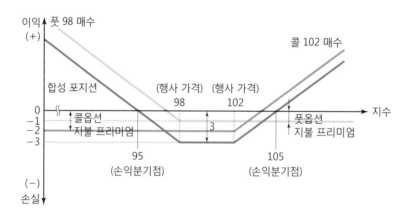

❸ 버터플라이(butterfly) 매도

ㄱ. 전략 : 주가 변동성이 증가할 가능성이 높을 때 택하는 전략이란 점에서는 스트래들 매수나 스트랭글 매수와 유사하지만 손실과 이익을 제한시키는 보수적인 투자전략이다. 낮은 행사 가격의 콜옵션을 1계약 매도하고, 중간 행

사 가격의 콜옵션을 2계약 매수하는 동시에 가장 높은 행사 가격의 콜옵션을 1계약 매도한다. 이때 옵션의 만기는 동일하고 행사 가격의 간격이 일정해야 한다.

ㄴ. 손익구조 : 가격 변동성이 증가하면 이익이 발생하나 제한적이다. 물론 최대 손실액도 제한되어 있다(K_1 : 가장 낮은 행사 가격, K_2 : 중간 행사 가격, K_3 : 가장 높은 행사 가격, C_i : 콜옵션 가격).

구분	내용
옵션 프리미엄	$C_1 > C_2 > C_3$, 프리미엄 차액 $= (C_1 + C_3) - 2C_2$
손익분기점	• 주식 가격 하락 시 K_1 + 프리미엄 차액 • 주식 가격 상승 시 K_3 − 프리미엄 차액
만기 이익	• 주식 가격이 두 손익분기점을 위 또는 아래로 벗어나면 이익 발생 • 주식 가격이 K_1 이하 또는 K_3 이상에 있을 때 최대 이익은 프리미엄 차액
만기 손실	• 주가가 두 손익분기점 이내에 있을 때 손실 발생 • 최대 손실 : $(K_2 - K_1)$ − 프리미엄 차액 또는 $(K_3 - K_2)$ − 프리미엄 차액

ㄷ. 예시 : KOSPI 200 콜 98을 5포인트에 1계약을 매도함과 동시에 KOSPI 200 콜 100을 3포인트에 2계약 매수하고, KOSPI 200 콜 102를 2포인트에 1계약 매도한 경우($K_1 = 98$, $K_2 = 100$, $K_3 = 102$, $C_1 = 5$, $C_2 = 3$, $C_3 = 2$)

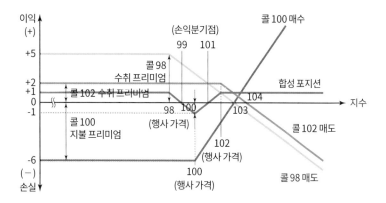

(3) 변동성 매도 전략

❶ 스트래들(straddle) 매도

ㄱ. 전략 : 스트래들 매도는 변동성이 감소하여 향후 주가가 현재 수준에서 횡보할 것으로 예상될 때 적합한 투자전략이다. 동일 만기와 동일 행사 가격의 콜옵션과 풋옵션을 동시에 매도하는 거래이다. 초기에 콜옵션과 풋옵션을 모두 매도하여 프리미엄 수입이 발생하므로 시간이 흐름에 따라 시간가치 소멸 효과를 이용하는 전략이다. 시간가치 소멸 효과를 극대화하기 위하여 근월물 옵션을 매도하는 것이 적합하다.

ㄴ. 손익구조 : 가격 변동성이 감소하여 주가가 두 손익분기점 사이에 머물러 있을 때 이익이 발생하고 최대 이익은 수취한 프리미엄 총액이다. 한편, 가격 변동성이 오히려 증가하여 주가가 두 손익분기점을 벗어나면 손실이 증가하게 된다(K : 행사 가격, C : 콜옵션 가격, P : 풋옵션 가격).

구분	내용
손익분기점	• 주식 가격 하락 시 $K-(C+P)$ • 주식 가격 상승 시 $K+(C+P)$
만기 손실	손익분기점 이상 또는 이하의 주가 변동폭(손실 무제한)
만기 이익	• 수취한 프리미엄 총액$(C+P)$ 이내 • 최대 이익 : 수취한 프리미엄 총액$(C+P)$
프리미엄의 수취 여부 (포지션 설정시)	프리미엄 총액$(C+P)$ 수취

ㄷ. 예시 : KOSPI 200 콜 100을 3포인트에 1계약 매도함과 동시에 KOSPI 200 풋 100을 2포인트에 1계약 매도한 경우($K=100$, $C=3$, $P=2$)

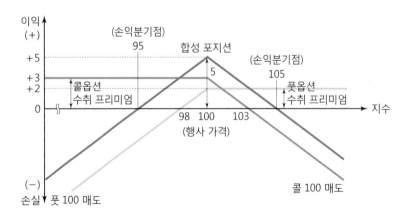

❷ 스트랭글(strangle) 매도

ㄱ. 전략 : 스트래들 매도와 유사하게 주가 변동성이 감소될 가능성이 높을 때 사용할 수 있는 전략이다. 스트래들 매도는 동일한 행사 가격의 콜옵션과 풋 옵션을 매도하는 구조이지만, 스트랭글 매도는 낮은 행사 가격의 풋옵션과 높은 행사 가격의 콜옵션을 동일 수량만큼 매도하는 구조이다.

ㄴ. 손익구조 : 일반적으로 OTM 옵션들을 매도하기 때문에 ATM 옵션들을 매도하는 스트래들 매도보다 초기에 수취하는 옵션 프리미엄은 적다. 스트래들 매도에 비해 최대 이익이 상대적으로 감소하는 대신 이익이 발생하는 주가의 범위가 더 넓다. 이 전략도 옵션의 시간가치 소멸 효과를 극대화하기 위하여 근월물 옵션들을 매도하는 것이 유리하다(K_1 : 낮은 행사 가격, K_2 : 높은 행사 가격, C_2 : 콜옵션 가격, P_1 : 풋옵션 가격).

구분	내용
손익분기점	• 지수 하락 시 $K_1 - (C_2 + P_1)$ • 지수 상승 시 $K_2 + (C_2 + P_1)$
만기 손실	손익분기점 이상 또는 이하의 주가 변동폭(손실 무제한)
만기 이익	• 수취한 프리미엄 총액($C_2 + P_1$) 이내 • 최대 이익 : 수취한 프리미엄 총액($C_2 + P_1$)
프리미엄의 수취 여부 (포지션 설정시)	프리미엄 총액($C_2 + P_1$) 수취

ㄷ. 예시 : KOSPI 200 콜 102를 2포인트에 1계약 매도함과 동시에 KOSPI 200 풋 98을 1포인트에 1계약 매도한 경우($K_1 = 98$, $K_2 = 102$, $C_2 = 2$, $P_1 = 1$)

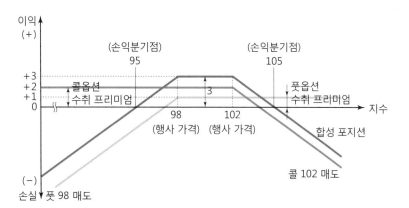

❸ 버터플라이(butterfly) 매수

ㄱ. 전략 : 주가 변동성이 감소할 가능성이 높을 때 택하는 전략이란 점에서는 스트래들 매도나 스트랭글 매도와 유사하지만 손실과 이익을 제한시키는 보수적인 투자전략이다. 낮은 행사 가격의 콜옵션을 1계약 매수하고, 중간 행사 가격의 콜옵션을 2계약 매도하는 동시에 가장 높은 행사 가격의 콜옵션을 1계약 매수한다. 이때 옵션의 만기는 동일하고 행사 가격의 간격이 일정해야 한다.

ㄴ. 손익구조 : 가격 변동성이 감소하면 이익이 발생하나 제한적이다. 물론 최대 손실액도 제한되어 있다(K_1 : 가장 낮은 행사 가격, K_2 : 중간 행사 가격, K_3 : 가장 높은 행사 가격, C_i : 콜옵션 가격).

구분	내용
옵션 프리미엄	$C_1 > C_2 > C_3$, 프리미엄 차액 $= 2C_2 - (C_1 + C_3)$
손익분기점	• 주식 가격 하락 시 K_1+프리미엄 차액 • 주식 가격 상승 시 K_3−프리미엄 차액
만기 손실	• 주식 가격이 두 손익분기점을 위 또는 아래로 벗어나면 손실 발생 • 주식 가격이 K_1 이하 또는 K_3 이상에 있을 때 최대 손실은 프리미엄 차액$[2C_2 - (C_1 + C_3)]$
만기 이익	• 주식 가격이 두 손익분기점 사이에 있을 때 이익 발생 • 최대 이익$= (K_2 - K_1)$−프리미엄 차액, 또는 $(K_3 - K_2)$−프리미엄 차액

ㄷ. 예시 : KOSPI 200 콜 98을 5포인트에 1계약과 매수, 콜 100을 3포인트에 2계약 매도, 콜 102를 2포인트에 1계약 매수한 경우($K_1 = 98$, $K_2 = 100$, $K_3 = 102$, $C_1 = 5$, $C_2 = 3$, $C_3 = 2$)

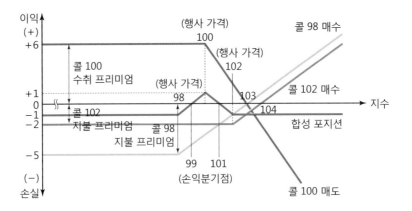

4   **방향성 매매와 변동성 매매의 결합**

❶ 비율 스프레드(ratio vertical spread)

ㄱ. 전략 : 방향성 전략에서 살펴본 수직적 스프레드 전략은 행사 가격이 다른 콜옵션 또는 풋옵션을 동일 수량으로 매수·매도하는 포지션이다. 비율 스프레드는 매수 옵션에 비해 수배의 매도 옵션으로 포지션을 구성하는 전략이다. 가격의 변동성이 다소 높은 시기에 주가의 흐름을 어느 정도 확신할 수 있는 상황에서 활용이 가능하다. 따라서 비율 스프레드는 방향성이 가미된 변동성 전략으로 이해할 수 있다.

전략	포지션 구성
콜 비율 스프레드	낮은 행사 가격 콜옵션 매수 + 높은 행사 가격 콜옵션 x배 매도
풋 비율 스프레드	높은 행사 가격 풋옵션 매수 + 낮은 행사 가격 풋옵션 x배 매도

ㄴ. 손익구조 : 매도 옵션의 프리미엄을 추가로 수취함으로써 매도 시점에서의 수익을 늘릴 수 있지만, 주가가 매도한 옵션의 행사 가격 이상으로 상승할 경우에는 손실이 추가로 발생하는 구조이다(K_1 : 낮은 행사 가격, K_2 : 높은 행사 가격, C_1 : 낮은 행사 가격의 콜옵션 가격, C_2 : 높은 행사 가격의 콜옵션 가격).

ㄷ. 예시 : KOSPI 200 콜 100을 3포인트에 1계약과 매수, 콜 104를 2포인트에 2계약 매도한 경우($K_1 = 100$, $K_2 = 104$, $C_1 = 3$, $C_2 = 2$)

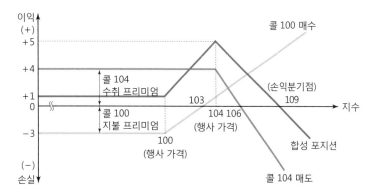

❷ 스트립(strip) 또는 스트랩(strap)

ㄱ. 스트립 : 스트립 매수는 스트래들 매수 포지션 구성과 유사하나 동일한 행사
가격의 풋옵션 두 개와 콜옵션 하나를 매수하는 구성이다. 풋옵션이 추가됨
에 따라 주식 가격의 변동성 확대를 예상하면서 주가의 하락 가능성에 더 큰
비중을 두는 거래전략이다.

ㄴ. 스트랩 : 스트랩 매수는 스트래들 매수 포지션 구성과 유사하나 동일한 행사
가격의 콜옵션 두 개와 풋옵션 하나를 매수하는 구성이다. 콜옵션이 추가됨
에 따라 주식 가격의 변동성 확대를 예상하면서 주가의 상승 가능성에 더 큰
비중을 두는 거래전략이다.

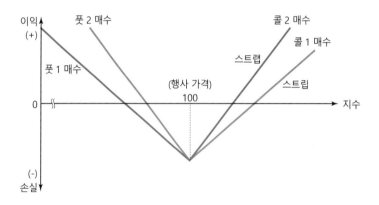

5 　헤지거래

주식 포트폴리오를 주가지수선물로 헤지하는 경우 보유하고 있는 주식 포트폴리오의
가치 상승 기회를 포기하는 단점이 있다. 반면, 옵션을 이용하면 보유 주식 포트폴리오
의 가치 하락 리스크를 제한시키는 반면, 가치 상승에 따른 이익 기회를 보존할 수 있
다. 대표적인 헤지전략으로는 현물보유를 전제로 한 보호적 풋매수(protective put)와 커
버드 콜매도(covered call writing) 등이 있다.

(1) 보호적 풋매수

주식 포트폴리오를 보유하고 있는 투자자가 향후에 시장이 하락할 위험이 있는 경우
에 주가지수 풋옵션을 매수하여 시장 하락 시 발생하는 손실을 회피하기 위한 방법을

보호적 풋매수라고 하고 포트폴리오보험[1]에서 활용될 수 있다. 실제로 주식시장이 하락한 경우에는 주식 포트폴리오의 가치 하락에 의한 손실이 발생하지만, 풋옵션의 권리행사를 통해 풋옵션의 이익으로 주식 포트폴리오의 손실을 상쇄할 수 있다. 주식시장이 상승한 경우에는 주식 포트폴리오의 가치 상승에 의한 이익을 획득할 수 있으나 주식 포트폴리오를 단독으로 보유한 경우에 비하여 풋매수 시 지불한 프리미엄만큼 이익이 줄어든다.

> ❗ **예시**

현재 KOSPI 200이 100인 시점에서 KOSPI 200을 추적하는 주식 포트폴리오를 보유하고 있는 펀드매니저가 주가 하락에 대비하여 KOSPI 200 풋옵션(행사 가격=102)을 매수하는 경우(풋옵션 가격 4포인트)를 생각해보자.

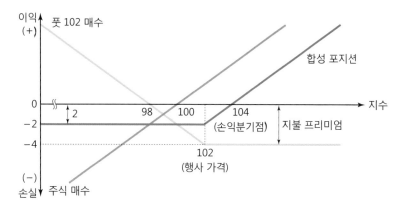

만기에 KOSPI 200이 손익분기점보다 낮으면 KOSPI 200의 손실분과 풋옵션 수익분의 차이가 최대 손실이 된다. KOSPI 200이 손익분기점보다 높으면 KOSPI 200의 수익분과 풋옵션 프리미엄의 차이가 수익이 되며, 주가가 상승할수록 수익은 늘어난다. 보호적 풋매수 전략은 결과적으로 콜옵션 매수 포지션과 동일한 수익구조를 갖는다. 이에 대해서는 이미 풋-콜 패리티에서 확인한 바 있다.

주가지수 풋옵션을 이용한 포트폴리오 보험은 다음과 같은 문제점이 있다. 첫째, 주가지수 풋옵션의 가격(프리미엄)이 보험료에 해당하므로 비용이 높은 편이다. 둘째, 해당 포트폴리오에 적절한 옵션이 존재하지 않을 수도 있다. 즉, 포트폴리오 보험의 대상이

---

1 투자한 자산의 가격변화로 포트폴리오 가치가 일정 수준 이하로 하락하는 것을 방지하며 포트폴리오 가치를 상승하도록 하는 투자전략

되는 펀드가 주가지수옵션의 기초자산으로 구성되거나 밀접하게 연관되어 있는 경우를 제외하고는 포트폴리오 보험의 효과가 의문시된다. 셋째, 옵션은 일반적으로 장기의 만기를 가지지 않는다. 이로 인해 옵션 포지션을 자주 롤오버(roll-over)해야 하기 때문에 높은 비용을 유발하게 된다. 넷째, 상장옵션은 행사 가격과 만기가 표준화되어 있기 때문에 포트폴리오 보험에 필요한 행사 가격과 만기를 자유로이 선택할 수 없다. 다섯째, 옵션 포지션에 대한 제한은 포트폴리오 보험의 효과를 제한하게 되며, 이로 인해 완전한 포트폴리오 보험이 이루어지기 힘들다.

(2) 커버드 콜 매도

주식 포트폴리오를 보유하고 있는 투자자가 향후에 시장이 횡보국면을 유지하거나 약간 하락할 가능성이 있는 경우에 콜옵션을 매도하여 옵션 프리미엄을 획득함으로써 자산운용수익률의 향상을 도모하는 전략을 커버드 콜 매도라고 한다.

주식시장이 횡보국면을 지속하는 경우에는 주식 포트폴리오의 가치는 거의 변화하지 않지만 콜옵션 매도 시 받은 프리미엄의 시간가치 감소로 인한 수익 확보가 가능하기 때문에 주식 포트폴리오를 단독으로 보유한 경우와 비교하여 옵션 프리미엄만큼 운용수익률의 향상을 기대할 수 있다.

커버드 콜 매도 전략은 주식 포트폴리오와 콜옵션의 매도 포지션으로 구성되기 때문에 풋-콜 패리티에 의해 결과적으로 풋옵션 매도 포지션과 동일하다. 주가 상승 시에는 콜옵션 매도의 손실로 주가 상승으로 인한 수익이 상쇄되며, 주가 하락 시에는 콜옵션의 매도 프리미엄만큼 손익분기점이 하향 조정되지만 결과적으로 주가 하락의 손실을 막을 수 없다. 또한 풋옵션 매도 포지션과 동일하기 때문에 최고 수익률은 풋옵션 매도 프리미엄과 동일하게 제한적이다.

> **❗ 예시**
>
> KOSPI 200이 100인 상황에서 KOSPI 200을 추적하는 주식 포트폴리오를 보유하고 있는 매니저가 KOSPI 200 콜옵션(행사 가격＝100)을 매도(프리미엄 3포인트)한 경우를 살펴보자. 콜옵션의 만기에 손익분기점보다 주가가 상승하더라도 최대 수익은 콜옵션 매도 프리미엄 수준에 국한된다. 반면, 주식 포트폴리오만 보유하였을 경우의 손익분기점보다 커버드 콜 매도 포트폴리오의 손익분기점이 하향 조정되었다. 콜옵션 매도 프리미엄이 일종의 쿠션역할을 한 것이다.

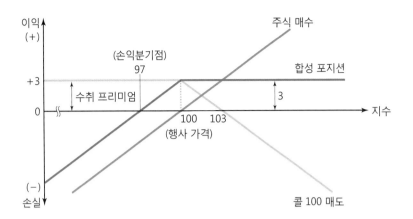

커버드 콜매도가 단순히 수익률 제고의 전략으로 잘못 이해되는 경우가 있다. 커버드 콜매도는 특정 상황에서 수익률을 향상시키거나 반대로 수익률을 악화시킴으로써 전체적인 리스크·수익구조를 재구성할 뿐이다. 그러면 어떤 투자자가 커버드 콜매도를 고려하는가? 첫째, 새로운 수익률 분포를 얻고자 하는 경우이다. 보합이나 약세장에서는 원래의 포트폴리오보다 더 높은 수익률을 얻고 강세장에서는 더 낮은 수익률을 얻게 되는 구조를 원한다면, 비록 포트폴리오의 수익률을 절대적으로 제고하지는 못하더라도 의미가 있다. 둘째, 콜옵션이 고평가되어 있다고 판단할 경우 고평가된 콜옵션 매도를 통해 포트폴리오의 수익률을 제고하는 것이다. 셋째, 목표 수준에서 주식을 무조건 매도하고자 하는 투자자는 콜옵션 매도를 통해 포트폴리오의 성과를 관리할 수 있다.

6 합성 포지션 구성

동일한 기초자산에 대해 동일한 만기와 행사 가격을 가진 콜옵션과 풋옵션 간에는 아래의 식과 같이 일정한 등가관계, 즉 풋-콜 패리티가 성립한다는 것을 앞에서 확인하였다.

$$c + Ke^{-r\tau} = p + S_t$$

이하에서는 위의 풋-콜 패리티가 성립한다는 조건하에 기초자산과 옵션의 합성에 대해 살펴본다.

(1) 기초자산 합성

동일한 만기와 행사 가격을 가진 콜옵션과 풋옵션을 결합하면 기초자산과 동일한 포지션을 얻을 수 있다. 즉, 콜옵션을 매수하고 풋옵션을 매도하면 마치 기초자산을 매수한 경우와 동일하게 된다. 이를 합성 기초자산 매수 포지션이라고 한다.

예를 들어, 만기가 30일 남은 주가지수옵션이 있다고 하자. 행사 가격(K)이 100인 콜옵션의 가격(C)이 1.50이고 풋옵션의 가격(P)이 1.00이라고 할 때, 콜옵션을 매수하고 풋옵션을 매도하면 이는 주가지수를 $K+c-p$에 매수하는 계약을 체결한 것과 동일한 포지션이 된다. 즉, 만기 시에 이 포지션의 손익은 $S_T-100+p-c$가 된다.

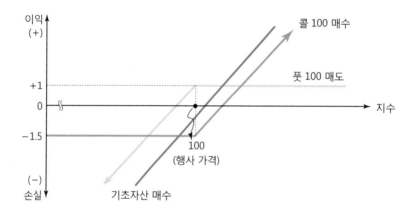

	$S_T \leq 100$	$S_T > 100$
100 콜옵션 매수	$-C$	$(S_T-100)-C$
100 풋옵션 매도	$-(100-S_T)+P$	P
만기 시 손익	$S_T-100+P-C$	$S_1-100+P-C$

이 포지션을 구성하기 위해서 투자자는 콜옵션 매수 비용으로 프리미엄 1.50을 지불하고 풋옵션 매도에 따라 프리미엄 1.00을 수취하므로, 결과적으로 0.50의 현금순지출이 발생한다. 따라서 합성된 주가지수 포지션의 실제 매수 가격은 행사 가격에 이러한 현금순지출을 더해야 한다. 즉, 합성 기초자산 매수 가격＝행사 가격＋포지션 구성 시 순지출금액＝100＋0.50＝100.50이다. 순현금지출의 (연속 복리) 이자비용-(r)을 고려하면

합성 매수 가격은 다음과 같이 결정된다.

$$합성\ 기초자산\ 매수\ 가격 = K + e^{r\tau}(C - P)$$

한편, 기초자산의 매도 포지션은 기초자산에 대한 콜옵션을 매도하고 풋옵션을 매수하여 합성할 수 있다. 이를 합성 기초자산 매도 포지션이라고 한다.

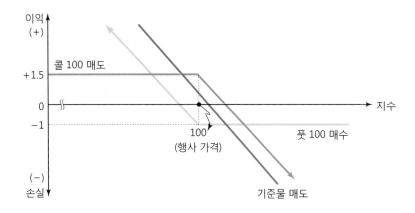

	$S_T \leq 100$	$S_T > 100$
100 콜옵션 매도	C	$-(S_T - 100) + C$
100 풋옵션 매수	$(100 - S_T) - P$	$-P$
만기 시 손익	$100 - S_T + C - P$	$100 - S_T + C - P$

이 포지션의 만기 시 손익은 $100 - S_T + C - P$로서 마치 $K + C - P$에 기초자산을 매도하는 계약을 체결한 것과 동일하다. 이 경우에도 합성 포지션을 구성하기 위해 발생한 순현금흐름을 감안하면 합성 기초자산의 매도 포지션의 가격은 행사 가격에 순현금유입만큼을 더해야 한다. 따라서 합성 기초자산 매도 가격은 다음과 같이 나타낼 수 있다.

$$합성\ 기초자산\ 매도\ 가격 = K + e^{r\tau}(C - P)$$

(2) 합성옵션

앞에서 콜옵션과 풋옵션을 결합하여 기초자산을 합성하는 방법을 설명하였는데, 반대로 기초자산과 어느 한 옵션을 결합하여 다른 종류의 옵션을 합성할 수도 있다. 기초자산을 매수하고 풋옵션을 매수하면 콜옵션의 매수 포지션을 합성할 수 있다. 이를 합성 콜옵션 매수(synthetic long call)라고 하고, 앞에서 설명한 보호적 풋매수(protective put)와 동일한 수익구조이다. 또한 콜옵션을 매수하고 기초자산을 매도하면 합성 풋옵션 매수(synthetic long put) 포지션을 얻게 된다.

한편, 합성콜옵션 매도 포지션(synthetic short call)은 합성콜옵션 매수 포지션의 정반대로서 풋옵션을 매도하고 기초자산을 매도함으로써 얻을 수 있다. 또한 합성풋옵션 매도 포지션도 합성풋옵션 매수 포지션의 정반대로서 콜옵션을 매도하고 기초자산을 매수함으로써 구성할 수 있다. 이를 요약하면 다음과 같다.

합성 포지션 구성방법				
합성 콜 매수	=	풋 매수	+	기초자산 매수
합성 콜 매도	=	풋 매도	+	기초자산 매도
합성 풋 매수	=	콜 매수	+	기초자산 매도
합성 풋 매도	=	콜 매도	+	기초자산 매수
합성 기초자산 매수	=	콜 매수	+	풋 매도
합성 기초자산 매도	=	콜 매도	+	풋 매수

7 차익거래

옵션을 이용한 차익거래는 옵션 가격이 균형 상태(풋-콜 패리티)를 벗어났을 때 무위험 이익을 얻을 수 있는 전략이다. 옵션을 이용한 대표적인 차익거래로는 옵션과 기초자산을 이용하는 컨버전(conversion)과 리버설(reversal), 그리고 옵션만을 이용하는 박스(box) 전략이 있다.

(1) 컨버전(conversion)

컨버전은 콜옵션이 풋옵션에 비해 상대적으로 고평가된 상태를 활용하는 차익거래 전략이다. 따라서 고평가된 콜옵션을 매도하는 반면, 저평가된 풋옵션을 매수하여 균형 가격에 도달할 때 그 차익을 수익으로 얻는다.

풋-콜 패리티에서 $C + Ke^{-rt} > P + S_t$인 경우 고평가된 콜옵션을 매도하고 저평가된 풋옵션을 매수하는 과정을 수행하게 된다. 앞서 기초자산의 합성에서 살펴보았듯이 콜옵션 매도와 풋옵션 매수의 결합은 기초자산의 합성 매도 포지션이다. 이와 함께 무위험 이자율로 차입하여 기초자산(주식)을 매수하게 되면 기초자산의 합성 매도와 실제 기초자산의 매수 포지션이 구성된다. 만일 콜옵션과 풋옵션, 기초자산을 모두 1단위씩 거래한다고 가정하고 이자비용이 무시할 정도로 작다면 컨버전의 수익은 다음과 같이 결정된다.

$$\Phi = (S_T - S_t) - \{Max(S_T - K, 0) - C\} + \{Max(K - S_T, 0) - P\}$$

Φ : 컨버전 수익, C : 콜옵션 프리미엄, P : 풋옵션 프리미엄

K : 행사 가격, S_T : 만기 시 기초자산 가격, S_t : 현재 기초자산 가격

따라서 주식 가격의 수준에 따른 컨버전의 수익은 다음과 같이 결정된다는 것을 알 수 있다.

$$\Phi = (S_T - S_t) - (S_T - K) + C - P = (C - P) - (S_t - K) \text{ if } S_T \geq K$$
$$\Phi = (S_T - S_t) + C + (K - S_T) - P = (C - P) - (S_t - K) \text{ if } S_T < K$$

즉, 만기 시 주식 가격의 수준과 상관없이 컨버전의 수익은 일정하게 확정된다.

$$\Phi = (C - P) - (S_t - K)$$

따라서 컨버전이 발생할 수 있는 상황은 풋-콜 패리티가 일시적으로 불균형 상태를 보이는 시점이며, 기초자산 매수 또는 선물 매수와 함께 기초자산의 합성 매도를 결합하여 무위험 차익을 얻을 수 있는 전략이다. 물론 선물을 이용한 차익거래와 마찬가지로 실제 거래에 있어서는 거래비용을 감안한 차익거래 불가능 영역을 벗어나는 시점에서 컨버전의 실행이 가능하다.

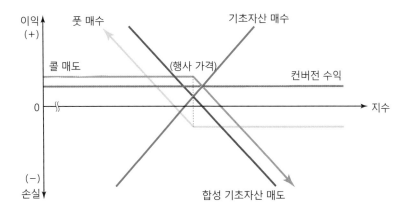

(2) 리버설(reversal)

리버설은 리버스 컨버전(reverse conversion)이라고도 칭하는데, 명칭 그대로 컨버전과 정반대의 차익거래전략이다. 즉, 풋옵션이 풋-콜 패리티에 비추어 볼 때 상대적으로 고평가된 상황에서 사용할 수 있는 전략으로, 과대평가되어 있는 풋옵션을 매도하고 저평가되어 있는 콜옵션을 매수하여 균형가격에 도달할 때 그 차익을 얻는 전략이다.

리버설의 구성은 고평가된 풋옵션을 매도하고 상대적으로 저평가된 콜옵션을 매수하는, 다시 말해 합성 기준물을 매수하는 포지션과 함께 실제 기준물을 매도하는 것으로 구성된다. 콜옵션을 매수하고 옵션 기준물을 매도하게 되면 이는 마치 풋옵션 매수포지션을 복제한 것과 같은 상황이 만들어지기 때문이다. 기준물을 매도하는 것은 공매도로 처리하거나 기준물의 선물을 매도하는 것으로 대체할 수 있다. 만일 콜옵션과 풋옵션, 기초자산을 모두 1단위씩 거래한다고 가정하고 이자비용이 무시할 정도로 작다면 리버설의 수익은 다음과 같이 결정된다.

$$\Phi = -(S_T - S_t) + \{Max[S_T - K, 0] - C\} - \{Max[K - S_T, 0] - P\}$$

Φ : 리버스 수익, C : 콜옵션 프리미엄, P : 풋옵션 프리미엄

K : 행사 가격, S_T : 만기 기준물 가격, S_t : 현재 기준물 가격

$$\Phi = -(S_T - S_t) + (S_T - K) - C + P = (S_t - K) - (C - P) \text{ if } S_T \geq K$$
$$\Phi = -(S_T - S_t) - C - (K - S_T) + P = (S_t - K) - (C - P) \text{ if } S_T < K$$

리버설의 수익도 컨버전과 마찬가지로 주식 가격의 상황에 무관하게 동일한 값을 갖는다. 즉,

$$\Phi = (S_t - K) - (C - P)$$

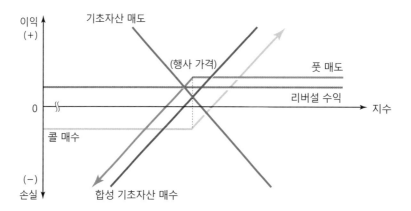

(3) 박스(box) : 크레딧 박스(credit box)와 데빗 박스(debit box)

박스는 옵션을 이용한 합성 포지션 간의 차익거래이다. 박스 거래는 포지션 설정 시 옵션 프리미엄을 수취하는가 지불하는가에 따라 크레딧 박스와 데빗 박스로 구분된다.

$$
\begin{aligned}
\text{박스} =\ & \text{컨버전}(K_1) + \text{리버설}(K_2) \\
=\ & \text{기초자산 매수} + \text{콜 매도}(K_1) + \text{풋 매수}(K_1) \\
& + \text{기초자산 매도} + \text{콜 매수}(K_2) + \text{풋 매도}(K_2) \\
=\ & (\text{기초자산 매수} + \text{기초자산 매도}) \\
& + \text{콜 매도}(K_1) + \text{풋 매수}(K_1) + \text{콜 매수}(K_2) + \text{풋 매도}(K_2) \\
=\ & \text{합성 기초자산 매도}(K_1) + \text{합성 기초자산 매수}(K_2), \\
& \text{단, 합성 기초자산 매도(매수)} = \text{콜 매도(매수)} + \text{풋 매수(매도)}
\end{aligned}
$$

이때 합성 포지션의 행사 가격 크기에 따라 차익거래 초기의 현금흐름이 달라진다. 즉, $K_1 < K_2$이면 초기에 프리미엄의 순수입이 발생하고(크레딧 박스의 경우) 차익거래 이익은 '초기 프리미엄 순수입 $-(K_2 - K_1)$'이 된다. 반면, $K_1 > K_2$이면 초기에 프리미엄의 순지출이 발생하고(데빗 박스의 경우) 차익거래 이익은 '$(K_1 - K_2) -$ 초기 프리미엄 순지출'이 된다.

❶ 크레딧 박스(credit box) : 크레딧 박스는 기초자산의 합성 매수 포지션(콜옵션 매수+풋옵션 매도)에 이용된 행사 가격이 합성 매도 포지션(콜옵션 매도+풋옵션 매수)에 이용된 행사 가격보다 높은 경우의 박스 거래를 말한다. 크레딧 박스의 특징은 거래 당시 옵션의 프리미엄을 수취하는 구조이기 때문에 박스 매도(selling a box)라고도 한다. 크레딧 박스는 포지션을 설정하는 시점에서는 옵션거래에 따른 순현금이 유입되지만, 만기 시점에서는 옵션의 행사 가격 간의 차이만큼 순유출된다. 이때 만기 시 순유출의 크기가 최초 순유입을 넘지 않기 때문에 일정한 차익을 얻을 수 있다.

　예를 들면, 3월물 선물 가격이 100일 때 3월물 행사 가격이 100인 풋옵션 프리미엄과 콜옵션 프리미엄이 각각 1.00이고 3월물 행사 가격 98인 풋옵션 프리미엄과 콜옵션 프리미엄이 각각 0.30, 2.80이라고 하자. 이 경우 크레딧 박스 거래전략을 이용하여 0.50의 순이익을 볼 수 있다.

　차익거래 시점인 현재 크레딧 박스거래를 했을 경우 거래 시점의 손익과 만기 시의 손익을 알아보면 다음과 같다.

차익거래 시점의 손익			
98 콜 매도	+2.80	100 콜 매수	−1.00
98 풋 매수	−0.30	100 풋 매도	+1.00
합성 선물 매도 포지션 수령액	2.50	합성 선물 매수 포지션 수령액	0

즉, 거래 시점에서는 2.50의 수익을 얻게 된다. 그러나 앞에서와 같은 크레딧 박스 포지션을 개설하게 되면 만기 시에는 시황의 변동에 관계없이 두 합성 선물 포지션에 이용된 행사 가격의 차이(＝100−98)만큼 손실을 보게 된다. 이는 다음 표에서 알 수 있다.

만기 시 포지션의 손익			
	$S_T \leq 98$	$98 < S_T < 100$	$100 \leq S_T$
98 콜 매도	0	$-(S_T-98)$	$-(S_T-98)$
100 콜 매수	0	0	S_T-100
98 풋 매수	$98-S_T$	0	0
100 풋 매도	$-(100-S_T)$	$-(100-S_T)$	0
순손익	−2.00	−2.00	−2.00

즉, 크레딧 박스거래는 거래 시점에서 옵션의 매매에 따른 순현금흐름을 수익으로 하고, 만기에는 크레딧 박스의 구성에 사용된 옵션의 행사 가격 차이만큼 손실이 발생하게 된다. 따라서 수취한 옵션 프리미엄에 비해 만기 시 지급해야 할 현금유출이 적다면 일정한 차익을 확보할 수 있다. 여기서는 항상 0.50의 순이익이 발생한다.

크레딧 박스에 관한 이상의 논의를 요약하면,

개념 : 합성 매수 포지션의 행사 가격＞합성 매도 포지션의 행사 가격인 경우
특징 : 포지션 설정 시 순이익＞만기 시 순손실

순이익＝포지션 설정 시 순이익−만기 시 순손실
순이익＝$[(C_1+P_2)-(C_2+P_1)]-(K_2-K_1)$, 단 $K_1 < K_2$

❷ 데빗 박스(debit box) : 데빗 박스는 합성 선물 매수 포지션(콜옵션 매수+풋옵션 매도)에 이용된 행사 가격이 합성 선물 매도 포지션(콜옵션 매도+풋옵션 매수)에 이용

된 행사 가격보다 낮은 경우를 말한다. 데빗 박스의 특징은 거래 당시 매수, 매도하는 옵션 프리미엄을 지출하는 구조이다. 때문에 데빗 박스 포지션 개설 시 현금이 필요하며, 데빗 박스를 박스 매수(buying a box)라고도 칭한다.

데빗 박스에 관한 이상의 논의를 요약하면,

개념 : 합성 매수 포지션의 행사 가격 < 합성 매도 포지션의 행사 가격인 경우

특징 : 포지션 설정 시 순손실 < 만기 시 순이익

순이익 = 만기 시 순이익 − 포지션 설정 시 순손실

순이익 $= (K_1 - K_2) - [(C_2 + P_1) - (C_1 - P_2)]$, 단 $K_1 > K_2$

01 A주식의 주가가 10만 원, 주식의 연배당수익률이 1%, 선물만기가 3개월(90일), 이자율이 5%라고 할 때 주식선물의 이론 가격은? (단, 이산복리 가정)

① 100,630원   ② 100,986원

③ 101,986원   ④ 198,630원

02 현재 단기 이자율이 6%, 주가지수의 배당수익률은 2%, 주가지수는 100.00이며, 선물 잔존만기가 6개월인 주가지수선물의 시장 가격이 104.00이다. 거래비용이 없다고 할 때 시장 상황에 관한 다음 설명 중 옳은 것은?

① 보유비용모형에 의하면 주가지수 선물의 이론 가격은 101.00이다.

② 주가지수선물이 저평가되어 있으므로 역현물보유전략(reverse cash & carry)이 적합하다.

③ 선물을 매도하고 주식 현물을 매수하는 차익거래가 적합한 시장 상황이다.

④ 콘탱고 상황이므로 선물을 매도한다.

03 주식시장의 하락을 걱정하는 주식형 펀드매니저가 주가지수선물을 이용하여 완전 헤지하고자 할 때 적절한 전략은? (단, 현재 보유하고 있는 주식 포트폴리오의 현재가치는 15억 원, 주식 포트폴리오의 베타는 1.3, KOSPI 200 선물 가격은 120이라고 가정)

① KOSPI 200 선물 65계약을 매도

② KOSPI 200 선물 61계약을 매도

③ KOSPI 200 선물 65계약을 매수

④ KOSPI 200 선물 62계약을 매도

해설

01 ② $F_t = S_t\left[1 + (r-d)\cdot\frac{T-t}{365}\right] = 100,000\times\left[1+(0.05-0.01)\cdot\frac{90}{365}\right] = 100,986$

02 ③ 선물 이론 가격은 102.000이다. 현재 선물 가격이 이론 가격보다 높은 고평가 상태이므로 선물을 매도하고 현물을 매수하는 현물보유전략이 적합하다.

03 ① 선물계약수=(β×주식 포트폴리오 가치)/(선물 가격×거래승수)=(1.3×1,500,000,000)/(120×250,000원)=65계약. 따라서 KOSPI 200 선물 65계약을 매도하면 된다.

04 현재 500억 원 규모의 인덱스 펀드(KOSPI 200을 정확히 복제)를 운용하는 펀드매니저는 향후 주식시장이 단기적으로 조정받을 가능성이 높다고 판단하여 펀드의 목표베타를 0.75로 줄이고자 한다. 이때 매도해야 할 주가지수선물 계약수는? (단, KOSPI 200 선물 가격은 200, 인덱스 펀드의 베타는 1.0이라고 가정)

① 240계약　　　　　　　　　　② 250계약

③ 260계약　　　　　　　　　　④ 270계약

05 현재 주식 가격은 50만 원이고, 1년후에 70만 원으로 상승하거나 30만 원으로 하락한다고 하자. 무위험 이자율은 연 10%이다. 이 주식에 대한 유럽형 풋옵션(만기 : 1년, 행사 가격 : 50만 원)의 현재가치는? (단, 이산복리 가정)

① 5.80만 원　　　　　　　　　　② 6.05만 원

③ 6.82만 원　　　　　　　　　　④ 7.63만 원

06 매크로 환경의 불안정으로 인해 주식시장이 조만간 변동성이 높아질 가능성이 높은 편이다. 이 상황에서 가장 적절하지 않은 옵션 거래전략은 무엇인가?

① 버터플라이 매수　　　　　　② 스트랭글 매수

③ 스트래들 매수　　　　　　　④ 버터플라이 매도

해설

04 ② $N = (0.75 - 1) \cdot \dfrac{500억\ 원}{200 \times 25만\ 원} = -250(계약)$

05 ③ 상승 배수(u) = 1.4, 하락 배수(d) = 0.6 $r = 1 + 0.10 = 1.10$,

리스크 중립적 확률(q) = $\dfrac{r - d}{u - d} = \dfrac{1.10 - 0.6}{1.4 - 0.6} = 0.625$,

풋옵션가치 = $\dfrac{qP_u + (1-q)P_d}{r} = \dfrac{0.625 \times 0 + (1 - 0.625) \times 20}{1 + 0.10} = 6.82(만\ 원)$

06 ① 버터플라이 매수는 변동성이 진정되는 상황에서 활용할 수 있음

07 현재 시점 t에서 기초자산의 가격을 S_t, 만기일이 T이고 행사 가격이 K인 (유럽형) 콜 옵션과 풋옵션 가격을 각각 c와 p라고 하자. 풋-콜 패리티에 관한 다음 식 중 틀린 것은?

① $S_t = c - p + Ke^{-r\tau}$　　　　　② $c = p + S_t - Ke^{-r\tau}$

③ $p = c - S_t + Ke^{-r\tau}$　　　　　④ $p - c = S_t - Ke^{-r\tau}$

08 배당금을 지급하지 않는 주식의 가격이 50,000원, 30일 만기 유럽형 콜옵션(행사 가격=50,000원)의 가격이 5,000원, 무위험 이자율이 10%(연율)라고 할 때, 동일한 만기와 동일한 행사 가격을 갖는 유럽형 풋옵션의 가격은 어떻게 형성되어야 차익거래 기회를 제공하지 않는가? (단, 이산복리 가정)

① 4,552원　　　　　　　　　② 4,592원

③ 4,605원　　　　　　　　　④ 4,635원

09 델타가 0.4이고, 감마가 0.02인 콜옵션 10계약 매수와 델타가 −0.5이고 감마가 0.03인 풋옵션 5계약 매수의 포지션에서 기초자산 가격이 1단위 상승하는 경우 포트폴리오의 델타는?

① 0.5로 변화함　　　　　　　② 1.25으로 변화함

③ 1.85로 변화함　　　　　　　④ 변화가 없음

해설

07 ④ 풋-콜 패리티: $c - p = S_t - Ke^{-r\tau}$

08 ② 풋-콜 패리티: $c + \dfrac{K}{1 + r \times \frac{\tau}{365}} = p + S_t.$ $5,000 + \dfrac{50,000}{1 + 0.10 \times \frac{30}{365}} = p + 50,000.$ $p = 4,592$원

09 ③ $(0.4 + 0.02) \times 10 + (-0.5 + 0.03) \times 5 = 1.85$로 변화함.

정답 01 ② | 02 ③ | 03 ① | 04 ② | 05 ③ | 06 ① | 07 ④ | 08 ② | 09 ③

part 03

금리선물 · 옵션

chapter 01 금리 및 채권의 기초개념

chapter 02 금리선물

chapter 03 금리옵션

certified derivatives investment advisor

chapter 01

금리 및 채권의 기초개념

section 01 | 금리의 개념

금리란 자본 서비스에 대하여 지불하는 대가이다. 즉, 현재 시점에서 자본을 사용하는 권리를 얻는데 대하여 지급하는 가격이 바로 금리라고 할 수 있다. 다시 말해 자본 차입에 따른 비용이 금리이다. 일반적으로 금리는 화폐자본의 대가를 의미하며, 금리 상승은 포기해야 할 미래의 재화를 척도로 할 때 현재 재화를 소비하는 비용이 상승한다는 것을 의미한다. 이러한 의미에서 금리는 시간을 통하여 개인, 기업, 정부 등 경제 주체들의 경제적 의사결정에 영향을 미치게 된다.

금리는 기업 및 금융기관의 유동성 수준, 금융상품의 만기, 시중자금의 수급여건 등에 따라 일정한 금리체계를 형성하고 있다. 금융시장에서 형성되는 각 금리는 다양한 요인들에 의하여 끊임없이 변동하고 있다. 금리가 변동하는 이유는 자금의 수요와 공급이 일치하지 않기 때문이라고 할 수 있다. 금리를 변동시키는 주요 요인으로는 국내외 경제여건, 중앙은행의 통화정책기조, 기업·가계·금융기관의 유동성 수준, 물가상승률 등을 들 수 있다.

국내외 경제여건은 금리 수준을 변동시키는 주요 요인인데, 경기순환과 금리는 일정한 시차를 두고 변동하고 있다. 일반적으로 경기 호황 시에는 기업의 투자증대로 자금수요가 증대하여 금리가 상승하고, 경기 하락 시에는 금리가 하락한다. 중앙은행의 긴축적인 통화정책은 일반적으로 금리 상승으로 이어진다. 금융기관의 자금공급 능력에 비해 기업 및 가계의 자금수요가 많으면 당연히 금리 수준은 올라가게 된다. 또한 채권의 공급물량 증대(수요 감소)와 금융시장에서 신용리스크의 증대는 금리 상승을 초래한다. 이외에 물가상승률도 금리 수준을 변동시키는데, 물가가 오를수록 금리도 상승한다. 이는 물가가 상승하여 돈의 실질구매력이 떨어지면 자금을 빌려주는 사람은 이를 보상받기 위하여 자금의 사용 가격인 금리를 올리기 때문이다. 이와 같이 시장금리는 다양한 요인에 의해 결정되므로 금리변동의 원인을 분석하기 위해서는 이러한 요인들의 상대적 중요성과 함께 경제환경을 면밀히 파악해야 한다. 금리는 한 경제의 거시경제적 지표에 의존한다는 면에서 아주 중요한 역할을 하며, 금리 자체가 경제의 상황을 나타내는 척도라고 할 수 있다.

국내 금융시장에서 형성되는 주요 금리로는 한국은행 기준금리(정책금리), 콜(call)금리, CD 91일물 수익률, 만기 1년·3년·5년·10년·30년 국고채수익률, 만기 3년 회사채수익률(AA-) 등을 들 수 있다. 이 중에서 한국은행 기준금리는 한국은행이 금융회사와 Repo 매매, 자금조정 예금 및 대출 거래를 할 때 기준이 되는 정책금리이다. 기준금리의 변화는 콜금리에 즉각적인 영향을 미치고, 장단기 시장금리, 예금/대출금리의 변화를 가져와 실물경제에 영향을 미치게 된다.

콜금리는 주로 금융회사 간에 자금을 초단기로 차입하거나 대여하는 시장에서 거래되는 금리이다. 금융회사는 고객을 상대로 예금을 받고 대출 또는 투자를 하는 과정에서 수시로 자금이 남기도 하고 모자라기도 하는데, 이러한 자금 과부족을 콜시장에서 금융회사 간 자금거래를 통해 조절한다. 빌려주는 돈을 콜론(call loan)이라고 하고, 빌리는 돈을 콜머니(call money)라고 한다. 이처럼 콜시장에서의 자금거래는 금융회사의 일시적인 자금 과부족을 조절하는 거래이기 때문에 1일물 거래가 대부분이다. 또한 콜자금 거래에 적용되는 금리도 다른 시장금리와 마찬가지로 주로 콜시장의 자금 수급 상황에 따라 결정되는데 금융회사의 단기유동성 사정이 호전(악화)되면 콜자금 공급이 늘어나(줄어들어) 콜금리는 하락(상승)한다.

　한국은행의 기준금리 변경은 다양한 경로를 통하여 경제 전반에 영향을 미치며, 일반적으로 다음과 같은 경로를 통하여 통화정책의 효과가 파급된다고 할 수 있다.

❶ 금리경로 : 기준금리 변경은 단기시장금리, 장기시장금리, 은행 예금 및 대출 금리 등에 영향을 미친다. 예를 들어 한국은행이 기준금리를 인상할 경우 콜금리 등 단기시장금리는 즉시 상승하고 은행 예금 및 대출 금리도 대체로 상승하며 장기시장금리도 상승 압력을 받는다. 이와 같은 각종 금리의 움직임은 소비, 투자 등 총수요에 영향을 미친다.

❷ 자산 가격경로 : 기준금리 변경은 주식, 채권, 부동산 등 자산 가격에도 영향을 미친다. 예를 들어 기준금리가 인상되면 주식, 채권, 부동산 등 자산을 통해 얻을 수 있는 미래 수익의 현재가치가 낮아지게 되어 자산가격이 하락하게 된다. 이는 가계의 자산 감소로 이어져 가계소비의 감소 요인이 된다.

❸ 신용경로 : 기준금리 변경은 은행의 대출태도에 영향을 미치기도 한다. 예를 들어, 기준금리가 상승하면 은행은 차주의 상환능력에 대한 우려 등으로 이전보다 대출에 더 신중해질 수 있다. 이는 은행대출을 통해 자금을 조달하는 기업의 투자는 물론 대출자금을 활용한 가계의 소비도 위축시킨다.

❹ 환율경로 : 기준금리 변경은 환율에도 영향을 미치게 된다. 예를 들어, 여타국의 금리가 변하지 않은 상태에서 우리나라의 금리가 상승할 경우 국내 원화표시 자산의 수익률이 상대적으로 높아져 해외자본이 유입될 것이다. 이는 원화를 사려고 하는 사람들이 많아진다는 의미이므로 원화 가치의 상승으로 이어진다. 원화 가치 상승은 원화표시 수입품 가격을 하락시켜 수입품에 대한 수요를 증가시키고 외화표시 수출품 가격을 상승시켜 우리나라 제품 및 서비스에 대한 해외 수요를 감소시킨다.

❺ 기대경로 : 기준금리 변경은 기대인플레이션 변화를 통해서도 물가에 영향을 미친다. 예를 들어 기준금리 인상은 한국은행이 물가상승률을 낮추기 위한 조치를 취한다는 의미로 해석되어 기대인플레이션을 하락시킨다. 기대인플레이션은 기업의 제품 가격 및 임금근로자의 임금 결정에 영향을 미치기 때문에 결국 실제 물가상승률을 하락시키게 된다.

이같은 경로를 통한 총수요, 즉 소비·투자·수출(해외 수요)의 변동은 다시 물가에 영향을 미친다. 예를 들어 금리 상승으로 인한 소비, 투자, 수출 등 총수요의 감소는 물가 하락 압력으로 작용한다. 특히 환율경로에서는 원화 가치 상승으로 인한 원화표시 수입 물가의 하락이 국내 물가를 직접적으로 하락시키는 요인으로 작용한다.

section 02 금리의 유형

1 단리(simple add-on rate)와 복리(compound rate)

단리는 100의 자금이 1년 후에 110이 되면 100에 대해 10이 부가(add-on)되면서 금리가 10%가 된다는 식으로 표시하는 가장 간단한 금리 개념이다. 이 경우 투자금액은 시간이 흐름에 따라 선형으로 증가하게 된다. 단기금융시장(money market)에서 금리는 만기에 일시불로 지급되므로 단리의 개념이 적용된다. 가장 중요한 것은 기간개념으로서 일반적으로 1년 단위로 금리를 표시하는데, 1년 금리를 360일 단위로 표시하는 방법과 365일 단위로 표시하는 방법이 있다. SOFR 금리의 경우 360일 단위로 표시가 되므로 365일 단위로 표시할 경우 5일분의 이자가 차이가 나게 된다.

예를 들어, 백만 달러를 3%(act/360) SOFR 금리가 적용되는 예금에 180일 동안 예치하였을 경우 만기시 받게 되는 이자는 다음과 같이 계산된다(act : 실제 이자기간).

$$US\$1,000,000 \times 0.03 \times \frac{180}{360} = US\$15,000$$

한편, 복리의 개념은 일정기간을 여러 개의 부분기간으로 나누고 부분기간마다 원리금 합계를 계속 재투자해서 얻게 되는 금리이다. 예를 들어, 복리채(accrual bond)의 경우 이자지급기간 동안 이자가 복리로 재투자되어 만기일에 원금과 이자를 동시에 지급한다. 연 단위 복리계산의 방법으로 연 r의 이자율로 n년간 A금액을 투자한 경우의 원리금 합계는 다음과 같다.

$$A(1+r)^n$$

만약 1년에 m회 복리로 n년간 투자한다면 원리금 합계는 다음과 같이 된다.

$$A\left(1 + \frac{r}{m}\right)^{mn}$$

이제 m을 무한대로 한다면 즉, 연속 복리로 계산하면 n년 후에 얼마가 될까? 그 값은 무한히 커질 것 같지만 실제로 유한의 값을 갖는다. 다음 식을 이용하면 연속 복리 기준의 미래가치를 쉽게 이해할 수 있다.

$$\lim_{m \to \infty}\left(1 + \frac{r}{m}\right)^{mn} = e^{rn}$$

연 r의 연속 복리 이자율로 n년간 A금액을 투자한 경우의 원리금 합계는 다음과 같다.

$$Ae^{rn}$$

이때 e는 자연대수의 밑수이며 $\lim_{m \to \infty}\left(1 + \frac{1}{m}\right)^m$으로 정의되는 무리수로서 2.7182…정도의 값을 가지는 숫자이다.

연속 복리로 계산한 투자금액의 미래가치는 일간 복리로 계산한 값과 거의 비슷하다. 따라서 실무적으로 파생상품의 가격결정에서 연속 복리계산은 일간 복리계산과 동일한 것으로 간주한다.

2 명목금리(nominal rate)와 실효금리(effective rate)

연간 이자 지급 횟수가 상이할 경우 금융상품 간 수익률을 비교하기 위해서는 명목금리와 실효금리의 차이를 이해할 필요가 있다. 명목금리를 NR, 실효금리를 ER이라고 할 때 다음과 같은 관계가 있다.

$$1 + ER = \left(1 + \frac{NR}{m}\right)^m$$

이때 m은 연간 이자를 계산하는 횟수를 나타낸다. 따라서

$$ER = \left(1 + \frac{NR}{m}\right)^m - 1, \quad NR = [(1 + ER)^{\frac{1}{m}} - 1] \times m$$

예를 들어, 명목금리가 연 5%인 대출에서 이자를 분기별로 복리계산을 한다면 실효금리는 다음과 같이 결정할 수 있다.

$$ER = \left(1 + \frac{NR}{m}\right)^m - 1 = \left(1 + \frac{0.05}{4}\right)^4 - 1 = 0.05095 (5.095\%)$$

3 할인수익률(discount yield)과 채권 등가 수익률(bond equivalent yield)

만기 1년 이하의 미국 정부 채권을 Treasury Bill(T-Bill)이라고 하는데, 무이표채이므로 할인 수익률(discount yield)로 호가된다. 이때 할인 수익률은 액면 가격 기준으로 얼마나 할인되어 있는가를 나타내는 개념이다. 즉,

$$d = \frac{100 - P}{100} \times \frac{basis}{n}$$

이때 d는 할인 수익률, P는 채권 가격, n은 만기일까지 남은 일수, $basis$는 360일이다.

따라서 채권 가격(P), 즉 정산금액은 다음과 같이 결정된다.

$$P = 100 \times \left[1 - d \times \frac{n}{basis}\right]$$

예를 들어, 1년 후 만기에 100을 받게 되는 T-Bill의 현재 가격이 95라고 하면 할인 수익률은 5%이다. 95를 투자해서 1년 만에 100을 받으므로 위에서 실펴 본 단리개념으로는 5/95=5.3%의 금리를 받게 되는 것이다. 90일 후에 만기가 되어 100을 받게 되는 T-Bill의 가격이 98이라면 할인율은 360일 기준으로는 8%가 된다.

> **! 예시**
>
> 액면 US $1,000,000, 만기 50일의 미국 T-Bill의 할인 수익률의 호가가 매수 2. 15~매도 12일 때 매도호가에 매수 체결 시 정산금액은?

$$\text{정산금액}(P) = 100 \times \left[1 - d \times \frac{n}{basis}\right] = 100 \times \left[1 - 0.0212 \times \frac{50}{360}\right] = 99.706^{*}(\%)$$

*소수점 넷째 자리에서 반올림

이때

$$d = 2.12\%\text{(할인 수익률의 매도호가)}, \ n = 50, \ basis = 360.$$

이는 액면금액 US \$1,000,000의 99.706%를 의미하므로, 정산금액은 US \$997,060이 된다. 이와 같이 할인 수익률의 개념은 수익률이라는 명칭에도 불구하고 실질적으로 수익률의 개념이 아니며, 단지 할인채권을 호가하는 방식에 지나지 않는다.

할인 수익률(discount yield)은 1년이 360일이라고 가정하고, 할인액을 액면금액(100)으로 나눈다. 할인 수익률보다 실제 거래에 맞는 개념이 채권 매수 가격 기준 무이표채 할인율인 채권 등가 수익률(BEY : Bond Equivalent Yield)이다. 즉,

$$BEY = \frac{100 - P}{P} \times \frac{365}{n}$$

이 식을 이용하면 채권딜러들이 호가하는 할인 수익률(d)과 채권 등가 수익률(BEY)의 관계를 다음과 같이 표현할 수 있다.

$$BEY = \frac{365 \times d}{360 - (d \times n)}$$

앞의 예시에서 만기가 50일 남은 T-Bill의 할인 수익률이 2.12%(매도호가)일 때 위의 식을 이용하여 채권 등가 수익률을 계산하면 2.156%(소수점 넷째자리 반올림)가 된다.

유로달러시장에서는 360일 기준의 단리(add-on-rate)를 기준으로 수익률이 표시되고 있고, T-Bond 시장에서는 365일 기준의 채권 상당 수익률(BEY)로 수익률이 표시되고 있다. 따라서 이러한 시장에서의 수익률의 의미를 이해하는 것은 매우 중요하다고 볼 수 있다.

4 현물금리(spot rate)와 선도금리(forward rate)

n년 만기 현물금리는 현재부터 n년간의 투자로부터 얻을 수 있는 금리를 의미한다. 여기서 고려하는 투자는 투자기간 동안 현금의 지급이 전혀 없는 투자를 의미한다. 즉,

원금과 이자는 모두 n년 후 투자자에게 환급된다. 결국 n년 만기 현물금리는 이표를 지급하지 않는 무이표채권의 수익률을 의미한다.

선도금리는 현재의 현물금리에 내재되어 있는 미래의 일정기간에 대한 금리를 말한다. 현재(0)부터 t_1까지의 기간 동안에 대한 현물금리가 r_1이고, 현재(0)부터 t_2까지의 기간 동안에 대한 현물금리가 r_2인 경우, t_1과 t_2 사이의 기간 동안에 대한 선도금리 $R(1, 2)$는 이산복리를 가정하는 경우 다음과 같이 계산된다.[1]

$$R(1, 2) = \left[\frac{1 + r_2 \times \frac{t_2}{360}}{1 + r_1 \times \frac{t_1}{360}} - 1 \right] \times \frac{360}{t_2 - t_1}$$

예를 들어, 현재 시점에서 1개월 현물금리가 연 2%, 4개월 현물금리가 연 3%라고 가정할 때 향후 1개월 후에 3개월 선도 금리는 다음과 같이 결정된다.

$$R(1, 2) = \left[\frac{1 + 0.03 \times \frac{120}{360}}{1 + 0.02 \times \frac{30}{360}} - 1 \right] \times \frac{360}{120 - 30} = 0.0332 \,(\text{연 } 3.32\%)$$

한편, 연속 복리를 가정하는 경우 선도금리는 다음과 같이 결정된다.

$$R(1, 2) = \frac{r_2 t_2 - r_1 t_1}{t_2 - t_1}$$

선도금리가 어떻게 결정되는가를 보기 위하여 현물금리가 〈표 1-1〉의 두 번째 열에 표시된 것과 같다고 하자. 〈표 1-1〉에서 두 번째 연도에 대한 선도금리(1년물 현물금리 5%와 2년물 현물금리 5.5%가정시 1년 후 1년물 선도금리)는 6.0%가 됨을 알 수 있다. 이는 지금부터 1년간 투자에 대한 현물금리와 2년간 투자에 대한 현물금리의 관계에 내재되어 있는 금리이다.

위의 식을 변형시키면 r_2는 r_1과 $R(1, 2)$의 가중평균임을 알 수 있다. 즉,

$$r_2 = \frac{t_1}{t_2} \times r_1 + \frac{t_2 - t_1}{t_2} \times R(1, 2)$$

이는 연속 복리의 경우 전체기간 동안의 금리는 각 부분기간에 대한 금리의 가중평

---

1 선도금리 $R(1, 2)$는 다음 식으로부터 구한다. $[1 + r_1 \times \frac{t_1}{360}] \times [1 + R(1, 2) \times \frac{t_2 - t_1}{360}] = [1 + r_2 \times \frac{t_2}{360}]$

균으로 결정된다는 것을 의미한다.

표 1-1 선도금리의 계산

	현물금리	선도금리
1	5.0	–
2	5.5	6.0
3	5.8	6.4
4	6.0	6.6
5	6.1	6.5

5 실질수익률(real yield)과 예상 인플레이션

실질수익률은 명목수익률(nominal yield)에서 예상 인플레이션을 뺀 것으로 정의된다. 이를 피셔방정식(Fisher equation)이라고 한다. 이때 실질수익률은 물가연동국채(ILB : Inflation-Linked Bond)의 수익률로 관측되고, 명목수익률은 일반적인 국채수익률로 관측된다.[2] 따라서 일반적인 국채수익률에서 인플레이션연계 국채수익률을 차감하여 시장 가격에 반영된 예상 인플레이션을 산출하는 방법을 생각해볼 수 있다. 예를 들어, 한국 정부가 발행한 10년 만기 물가연동국채의 발행수익률이 3%라고 하자. 이때 10년 만기 국채수익률이 5.0%라면 예상 인플레이션은 약 2% 정도가 된다고 해석하는 것이다.

만일 상당기간 인플레이션 변동폭이 일정하다면 명목수익률과 실질수익률의 차이가 예상 인플레이션을 상당 부분 반영하게 될 것이고, 인플레이션 연계 국채 수익률은 미래의 인플레이션에 대한 시장의 예상을 적절히 반영한다고 볼 수 있다. 그러나 피셔방정식에 의한 분석은 다음과 같은 문제점을 안고 있다. 첫째, 시장참여자들의 인플레이션 리스크 프리미엄은 시간이 흐름에 따라 변한다는 사실이다. 둘째, 상이한 만기의 명목수익률은 인플레이션으로 인한 명목수익률의 변화뿐만 아니라 유동성 프리미엄도 함께 반영한다는 사실이다. 셋째, 인플레이션 연계 국채의 발행규모가 적고 유동성이 부족할 경우 만기별로 예상 인플레이션을 정확하게 추정하기 어렵다. 따라서 명목수익률

---

2 물가연동국채(ILB : Inflation-Linked Bond)는 채권의 현금흐름(이표와 원금)이 인플레이션 지수(예를 들어, 소비자물가지수)에 연동되어 있는 국채를 말한다. 미국에서는 Treasury Inflation Protected Securities(TIPS), 영국에서는 Index Linked Bond로 불린다.

과 실질수익률(인플레이션 연계 국채수익률)의 차이로부터 예상 인플레이션을 산출하는 것은 그리 간단한 문제가 아님을 알 수 있다.

피셔방정식을 이용할 때 가장 큰 문제점은 명목수익률과 실질수익률만 관측이 가능하기 때문에 인플레이션 리스크 프리미엄으로부터 시장참여자들의 예상 인플레이션을 추출하기가 매우 어렵다는 사실이다. 따라서 실무적으로는 다음과 같이 동일한 만기의 인플레이션 연계 국채의 실질수익률을 얻게 되는 손익분기 인플레이션(BEI : Break-Even Inflation)을 계산한다.

$$\left(1 + \frac{y_n}{t}\right)^t = \left(1 + \frac{y_r}{t}\right)^t \times (1 + BEI)$$

이때 y_n는 일반적인 국채의 명목수익률, y_r은 동일 만기의 인플레이션 연계 국채(ILB)의 수익률, t는 연이자 지급 횟수를 나타낸다.

따라서 손익분기 인플레이션(BEI)은 다음과 같이 결정된다.

$$BEI = \frac{\left(1 + \frac{y_n}{t}\right)^t}{\left(1 + \frac{y_r}{t}\right)^t} - 1$$

! 예시

만기 1년, 연 4%의 이표를 지급하는 국채의 현금 가격이 99.05라고 하자. 만기 1년 물가연동국채의 실질수익률이 1.5%라고 하면 1년 손익분기 인플레이션(BEI)은 다음과 같이 구한다.

$$명목수익률 = \frac{100 + 4}{99.05} - 1 = 0.04997(5\%)$$

$$BEI = \frac{\left(1 + \frac{0.05}{1}\right)^1}{\left(1 + \frac{0.015}{1}\right)^1} - 1 = 0.03448(3.45\%)$$

이는 향후 1년 동안 3.45%의 인플레이션을 예상하는 투자자는 일반적인 국채에 투자하는 것과 물가연동국채에 투자하는 것 간에 차이가 없다는 것을 의미한다. 만일 투자자가 3.45%보다 높은 인플레이션을 예상한다면 물가연동국채에 투자할 것이고, 반대로 3.45%보다 낮은 인플레이션을 예상한다면 일반적인 국채에 투자할 것이다.

1 채권의 가격결정

고정 이표채권이란 만기 이전에 일정기간마다 이표(coupon)를 지급하는 채권이다.[3] 따라서 이러한 채권의 가치를 정확히 평가하기 위해서는 각 현금흐름의 현재가치를 정확히 계산하여야 한다. 이를 위해서는 현금흐름이 발생하는 시점에 따라 해당 현금흐름의 할인율(금리)을 알아야 한다.

이표가 1년에 한 번 지급되는 고정 이표채가 있다고 하자. 각각의 이표가 지급되는 시점을 1, 2, 3, …, N이라 하고, 각 시점에 대응하는 금리를 y_1, y_2, y_3, …, y_N이라고 하자. 이러한 경우 채권의 가치는 N개의 현금흐름의 현재가치들의 합으로 나타낼 수 있다. 즉,

$$P = \sum_{t=1}^{N} \frac{C}{(1+y_t)^t} + \frac{F}{(1+y_N)^N}$$

이때 P는 채권 가격, C는 이표지급액, F는 액면금액, N은 만기, y_t는 만기별 금리(할인률)을 나타낸다.

이와 같이 여러 개의 현금흐름의 현재가치를 정확히 평가하기 위해서는 만기와 수익률의 관계를 나타내는 수익률 곡선상에서 현금흐름의 발생 시점에 대응하는 금리(할인률)을 정확히 추정해야 하며, 이는 채권의 가격결정에 있어서 매우 중요한 부분이다.

일반적으로 채권수익률이라 하면 만기수익률(YTM : Yield-To-Maturity)을 의미한다. 만기수익률이란 채권의 미래 현금흐름(지급이자＋액면가)의 현재가치와 채권의 시장 가격(투자금액)을 일치시키는 수익률을 의미한다. 구체적으로 만기수익률은 아래의 식이 성립하도록 하는 y를 말한다.

$$P = \sum_{t=1}^{N} \frac{C}{(1+y)^t} + \frac{F}{(1+y)^N}$$

---

3 이표(coupon)란 채권 보유자에게 정기적으로 지급되는 일정 금액의 이자를 말한다.

이때 P는 채권의 현금 가격(dirty price), C는 이표지급액, F는 액면금액, N은 만기, y는 만기수익률을 나타낸다. 채권의 현금 가격은 순수 가격(clean price)에 경과이자 (accrued interest)를 더한 값이다. 채권 매수자는 채권의 호가(순수 가격)에 이전이자지급일로부터 채권매매일까지 발생한 경과이자를 더하여 지급해야 한다. 이때 경과이자는 다음과 같이 계산한다.

$$경과이자 = 명목원금 \times \frac{이표율(연)}{연간이자\ 지급\ 횟수} \times 이자기간$$

앞서 만기이자율 식에서 채권 가격(P)은 미래의 현금흐름을 현새의 수익률(y)로 할인한 값을 의미한다. 채권의 액면금액(F), 이표지급액(C), 만기(N)는 채권의 발행조건에 따라 결정되므로, 채권 가격(P)과 만기 수익률(y)은 역의 상관관계가 있다. 즉, 금리가 전반적으로 상승하여 채권의 수익률이 상승하면 채권 가격은 하락하고, 반대로 금리가 전반적으로 하락하여 채권의 수익률이 하락하면 채권 가격은 상승하게 된다.

2 수익률과 채권 가격의 관계

채권의 현금흐름이 주어져 있을 경우 채권의 가격과 만기수익률 간에는 일대일의 관계가 성립한다. 그러나 〈그림 1-1〉에서 보듯이 수익률 상승 시 가격 하락폭보다 수익률 하락 시 가격 상승폭이 더 크다. 이는 채권 가격과 수익률이 직선형의 반비례가 아니라 볼록성(convexity)을 지니기 때문이다(볼록성에 대한 자세한 내용은 나중에 설명함).

채권 가격은 수익률에 의해서만 영향을 받는 것은 아니다. 만기나 표면금리(액면이자율 : 액면금액 대비 이표지급액의 비율)도 채권 가격의 민감도에 영향을 미친다. 채권 가격은 미래 현금흐름(이자지급과 만기 시 원금상환)의 현재가치를 나타내므로 금리 변화는 현금흐름 전체에 영향을 미친다. 따라서 만기가 긴 장기채일수록 단기채보다 금리 변화에 더 큰 영향을 받는다. 또한 동일 만기의 채권에 대해 표면금리가 높은 채권보다 표면금리가 낮은 채권의 가격 변동성이 더 크게 나타난다. 그 이유는 표면금리가 높은 채권일수록 현금흐름이 그만큼 빨라져 듀레이션(5절에서 설명)은 짧아지고 가격 민감도가 낮아지기 때문이다.

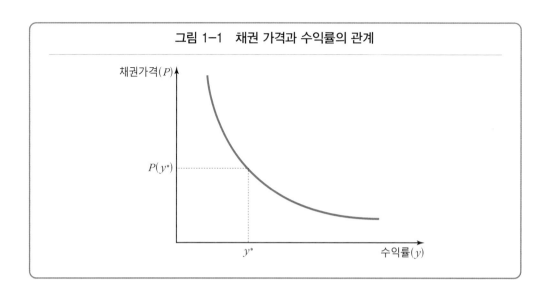

그림 1-1 채권 가격과 수익률의 관계

채권가격(P)

$P(y^*)$

y^*

수익률(y)

채권 가격과 수익률의 관계를 요약하면 다음과 같다.

❶ 채권 가격과 수익률은 반비례의 관계가 있다.
❷ 만기가 긴 장기채가 만기가 짧은 단기채보다 수익률 변동에 대한 가격 변동폭이
 크다.
❸ 만기가 일정할 때 수익률 하락으로 인한 가격 상승폭이 수익률 상승으로 인한 가
 격 하락폭보다 크다.
❹ 표면금리가 낮은 채권이 높은 채권보다 수익률 변동에 따른 가격 변동률이 크다.

section 04 수익률 곡선

1 수익률 곡선의 의미

고정금리채권의 분석에서 가장 중요한 개념 중의 하나가 수익률이다. 수익률을 결정하는 요소에는 채권의 만기와 관련된 조건, 발행자의 신용도, 담보의 양과 질, 수의상환 조건과 같은 채권 고유의 특징 등이 포함된다. 이와 같은 요인들 중 가장 중요한 것은 만기와 채무불이행 위험(default risk)이다.

일단 채무불이행 위험이 일정하다고 가정하면 만기와 수익률 사이의 관계를 파악할 수 있다. 예를 들어 채무불이행 위험이 없는 국채는 만기에 따라 시장 가격이 결정되며 이 가격으로부터 각 만기와 수익률 사이의 관계를 얻을 수 있다. 만기별 수익률의 변동 관계를 기간구조(term structure)라 하며, 특정 시점에서 관찰한 만기별 수익률의 분포형태를 바로 수익률 곡선(yield curve)이라고 할 수 있다.

2 이표채 수익률 곡선과 무이표채 수익률 곡선

다양한 만기를 가진 각각의 채권에 대하여 만기에 상응하는 수익률을 그림으로 표시한 것이 수익률 곡선인데, 중요한 점은 수익률 곡선의 형태가 현재의 채권시장의 정보를 잘 나타낼 뿐만 아니라 미래의 금리에 대한 기대가 반영되어 있다는 것이다. 수익률 곡선으로부터 경기예측이나 기대 인플레이션과 같은 유용한 정보를 추출할 수 있고, 채권시장 참여자들은 금리예측과 투자정보 획득의 수단, 그리고 효율적인 채권 투자전략의 지표로 수익률 곡선을 활용하고 있다. 수익률 곡선을 이용함으로써 채권 투자자는 채권의 잔존만기별로 채권수익률의 측정이 가능하므로 만기별 채권의 가격 행태를 예상할 수 있고, 채권을 발행하는 기업은 자금조달에 있어서 판단기준으로 활용할 수 있다.

수익률 곡선이라 하면 일반적으로 무위험 무이표채권(zero-coupon bonds)의 만기수익률과 만기 간의 관계를 의미한다. 무이표채는 이자를 지급하지 않는 채권으로서 액면가에

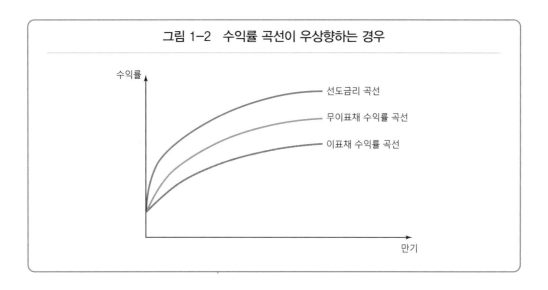

그림 1-2   수익률 곡선이 우상향하는 경우

수익률

선도금리 곡선

무이표채 수익률 곡선

이표채 수익률 곡선

만기

서 할인하여 거래되는 순수할인채이다. 무이표채 수익률 곡선과 이표채의 수익률 곡선을 구별하는 것은 매우 중요하다. 〈그림 1-2〉에서 보여주는 것과 같이 수익률 곡선이 우상향하는 상황에서 무이표채 수익률 곡선이 이표채 수익률 곡선보다 항상 위쪽에 위치한다. 이는 이표채에 투자한 투자자는 만기 이전에 이자를 지급받게 되며, 이러한 이자지급액에 해당되는 할인율이 만기일에 적용되는 할인율보다 낮기 때문이다.

현재(0)부터 t_1까지의 기간 동안에 대한 현물금리가 r_1이고, 현재(0)부터 t_2까지의 기간 동안에 대한 현물금리가 r_2인 경우, t_1과 t_2 사이의 기간 동안에 대한 선도금리 $R(1, 2)$은 연속 복리를 가정하는 경우 다음과 같이 계산된다.[4]

$$R(1, 2) = \frac{r_2 t_2 - r_1 t_1}{t_2 - t_1}$$

이 식은 다음과 같이 변형시킬 수 있다.[5]

$$R(1, 2) = r_2 + (r_2 - r_1) \times \frac{t_1}{t_2 - t_1}$$

이 식에서 우리는 만일 무이표채 수익률 곡선이 우상향하면$(r_2 > r_1)$, $R(1, 2) > r_2$이 성립함을 알 수 있다. 즉, 선도금리는 무이표채 수익률보다 높다. 반대로, 만일 무이표채

---

4   연속 복리를 가정하는 경우 선도금리는 다음 식으로부터 구할 수 있다. $1 \times e^{r_1 t_1} \cdot e^{R(1,2) \cdot (t_2 - t_1)} = 1 \times e^{r_2 t_2}$
5   분자항을 $r_2 t_2 - r_1 t_1 + r_2 t_1 - r_2 t_1$으로 조작하면 된다.

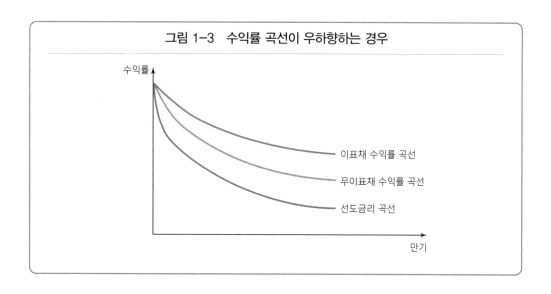

그림 1-3 수익률 곡선이 우하향하는 경우

수익률

이표채 수익률 곡선

무이표채 수익률 곡선

선도금리 곡선

만기

수익률 곡선이 우하향하면($r_2 < r_1$), $R(1, 2) < r_2$가 성립한다. 즉, 선도금리는 무이표채 수익률보다 낮다. 〈그림 1-2〉와 〈그림 1-3〉은 이표채 수익률 곡선, 무이표채 수익률 곡선, 그리고 선도금리 곡선 간의 관계를 보여주고 있다.

3 수익률 곡선의 형태에 관한 이론

수익률 곡선의 형태는 일반적으로 우상향의 형태를 취하나, 시장 여건에 따라서 우하향의 형태를 나타내기도 한다. 수익률 곡선의 형태를 설명하는 이론에는 기대가설(expectations hypothesis), 유동성선호가설(liquidity preference hypothesis), 시장분할가설(market segmentation hypothesis) 등 세 가지가 있다.

(1) 기대가설

기대가설에 따르면 수익률 곡선은 미래 시장금리의 움직임에 대한 투자자의 기대에 의해 결정된다는 것이다. 즉, 현재 시점에서 수익률 곡선에 내재된 선도금리(forward rates)는 미래의 현물금리(future spot rates)의 편향되지 않은 추정치(unbiased predictors)라는 논리이다. 예를 들어, t_1시점과 t_2시점 사이의 선도금리는 투자자들이 t_1시점에서 존재할 것이라고 현재 시점(t)에서 기대하는 ($t_2 - t_1$) 만기의 현물금리와 같다. 이를 수식으로

표현하면

$$_1R_2 = E_t[_1\tilde{r}_2]$$

이때 $_1\tilde{r}_2$는 t_1시점의 현물금리(만기 t_2-t_1), $_1R_2$는 t_1시점과 t_2시점 사이의 선도금리를 나타낸다.

이는 장기금리가 미래의 단기금리를 반영하는 것으로 보는 견해이다. 예를 들어, 수익률 곡선이 수평인 것은 투자자들이 금리가 장기적으로도 현재와 비슷할 것이라고 기대하기 때문이라고 볼 수 있다. 만일 포트폴리오 관리자가 향후 금리가 하락하여 채권 가격이 상승할 것으로 예상하면 그는 운용기간을 장기로 늘려 단기채를 장기채로 전환하여 투자할 것이다. 왜냐하면 금리 하락 시 장기채 가격의 상승폭이 단기채 가격의 상승폭보다 클 것이기 때문이다. 따라서 금리 하락이 예상될 때는 단기채 수요가 줄고 장기채 수요가 늘어 수익률 곡선의 기울기는 완만해진다. 반대로 금리 상승이 예상될 때는 일반적으로 장기채 가격의 하락이 더 크게 되므로 수익률 곡선의 기울기는 급해진다.

(2) 유동성선호가설

유동성선호가설에 의하면, 채권의 만기가 길수록 채권 가격의 변화 가능성이 증가하기 때문에 리스크 회피적인 투자자는 단기채와 장기채의 기대수익률이 비슷하더라도 장기채보다 단기채를 더 선호하는 경향이 있다. 이는 장기채에 투자함으로써 장기간에 걸쳐 자금을 묶어두는 것보다 유동성이 높은 단기채에 투자하는 것이 더 효율적이기 때문이다. 이와 같이 유동성선호가설에 따르면, 장기채 수익률은 장기투자에 따른 '유동성 프리미엄(liquidity premium)'을 감안해야 하기 때문에 단기채 수익률보다 높아야 한다는 것이다. 즉,

$$_1R_2 = E_t[_1\tilde{r}_2] + {_1LP_2}$$

이때 $_1\tilde{r}_2$는 t_1시점의 현물금리(만기 t_2-t_1), $_1R_2$는 t_1시점과 t_2시점 사이의 선도금리, $_1LP_2$는 (t_2-t_1) 기간에 대한 유동성 프리미엄을 나타낸다.

유동성선호가설에서 선도금리는 투자자들이 미래에 존재할 것으로 예상하는 미래의 현물금리보다 유동성 프리미엄만큼 항상 크다. 미래의 금리가 현재 수준을 유지할 것으로 예상하더라도 유동성 프리미엄으로 인해 수익률 곡선이 우상향하는 형태를 가질 수

있다는 논리이다.

(3) 시장분할가설

시장분할가설은 투자자들이 채권의 만기에 대해 서로 다른 선호도를 가지고 있어 채권시장이 몇 개(예를 들어, 단기, 중기, 장기)의 하부시장으로 분할되어 있다고 본다. 즉 장기채는 장기채 나름의 수요와 공급이 존재하고 단기채는 단기채 나름의 수요와 공급이 존재하기 때문에 각 시장에서의 수요와 공급에 의해 수익률이 결정된다는 것이다. 따라서 수익률 곡선의 모양은 각 시장의 수급에 따라 형성된 결과로 파악할 수 있다.

시장분할가설에 따르면 채권시장의 투자자들은 개인, 투신, 보험, 연기금 등과 같이 이질적인 투자자 집단으로 구성되어 있고, 각 집단들은 그 집단의 제도적 또는 법률적 여건이나 자금의 성격, 운용방식의 차이에 따라 채권 투자기간에 대하여 민감한 선호도를 갖고 있다는 것이다. 따라서 수익률 곡선은 만기별로 체계적인 관련성을 갖지 않고 각 시장 나름대로의 수익률 곡선을 갖게 되며, 각 시장에서의 채권수급에 따라 단기채권의 수익률이 장기채권의 수익률보다 높을 수도, 낮을 수도 있다는 논리이다.

시장분할가설에 의하면 우상향 형태의 수익률 곡선은 단기채권에 대한 수요가 장기채권에 대한 수요에 비해 상대적으로 큰 것을 의미하며, 우하향 형태의 수익률 곡선은 그 반대를 의미한다. 그러나 이 가설은 만기가 다른 채권의 금리 간의 높은 상관관계를 설명하지 못하고 있다.

section 05 | 금리 리스크

1 | 금리 리스크의 개념

금리 리스크란 금리가 변함에 따라 금리에 민감한 자산이나 부채의 가치가 변하는 리스크를 의미한다. 금리 리스크는 채권을 발행하여 자금을 조달하는 발행자나 채권을 자산으로 보유하는 투자자 모두에게 영향을 미친다. 발행자의 입장에서는 금리 변화가 자금조달비용에 영향을 미치고, 투자자의 입장에서는 투자자산의 수익률에 영향을 미친다.

만약 금리 변화에 민감한 자산으로부터 얻은 수익으로 부채에 대한 이자비용을 충당해야 한다면 자산과 부채의 금리 민감도의 중요성은 더욱 커진다. 금융기관의 경우 수익의 원천은 자산으로부터 얻는 수입이자와 부채에 대해 지급하는 이자의 차이이고, 리스크의 원천은 주로 금리의 변동이다. 따라서 금리변동에 따라 금융기관의 순이자소득, 자기자본의 가치가 어떻게 변동하는가를 파악해야 한다.

그런데 금리의 종류는 현물금리, 선도금리, 스왑 이자율 등 다양하여 이 중에서 어느 금리에 대한 노출을 리스크로 인식해야 하는가 하는 문제가 있다. 넓은 의미의 금리 리스크라 하면 금리의 만기구조의 각 시점에서 모든 종류의 금리변동에 대한 노출을 포함하는데, 일반적으로 금리 리스크 노출은 다음과 같은 세 가지 범주 중의 하나에 속한다.

첫째, 특정 만기를 가지면서 미래의 일정기간 동안만 단기금리 리스크에 노출되는 경우가 있다. 예를 들어, 6개월 후부터 3개월간의 차입을 필요로 하는 기업의 자금담당자는 6개월 후부터 3개월 동안의 금리 리스크에 노출된다. 즉, 단기 선도금리 리스크에 노출된다.

둘째, 특정 만기를 가진 단기금리 리스크에 대하여 미래의 여러 기간에 걸쳐서 노출되는 경우이다. 예를 들어, 매 6개월마다 이자율이 재조정되는 5년 만기 변동금리채(floating rate note)를 매수한 투자자는 향후 10개 기간에 걸쳐 매 기간마다 6개월 금리 리스크에 노출되어 있다. 이는 여러 개의 단기 선도금리 리스크에 노출된 것이라고 할 수 있다.

셋째, 어느 특정 만기의 금리 리스크에 노출되는 경우이다. 20년 만기 고정금리채권을 매수한 연기금은 20년 만기 채권수익률의 변동 리스크에 노출되어 있고, 5년 만기 금리스왑을 거래한 은행은 5년 만기 스왑 이자율 리스크에 노출된다. 이러한 금리 리스크 노출은 지금부터 미래 어느 특정한 시점까지의 기간 동안의 수익률에 대한 리스크 노출이다.

채권 거래자나 포트폴리오 관리자가 금리 리스크를 관리하기 위해서는 먼저 금리 변화가 채권 가격에 미치는 영향을 측정할 필요가 있다. 이러한 목적으로 실무자들이 가장 많이 사용하는 금리 리스크 측정방법에는 듀레이션, 수정 듀레이션, 베이시스 포인트가치(BPV: Basis Point Value), 유효 듀레이션(effective duration), 볼록도(convexity) 등이 있다.

채권의 특징으로서 만기, 수익률, 이표의 세 가지를 들 수 있다. 이 3가지 요소는 채권을 서로 비교하는 데 이용되는데, 이 중 한 가지 기준만으로 각 채권을 비교하는 데는 한계가 있다.

첫째, 만기는 최종 현금흐름이 발생하는 시점이라는 의미는 있으나 그 이전에 발생하는 이표지급의 빈도와 시간가치를 고려하지 못한다. 둘째, 만기수익률의 경우 향후 지급되는 이표도 만기수익률로 재투자된다는 비현실적인 가정을 하고 있어 시장금리가 만기 이전에 변동하는 경우 그 의미가 축소된다. 셋째, 이표의 경우 채권의 발행 시점마다 당시의 시장금리를 반영하여 각 채권에 따라 상이하게 결정되므로 이를 비교 기준으로 이용하는 것도 적절치 않다. 현실적으로는 이표와 만기가 상이한 채권들의 금리 리스크를 비교할 필요가 있으며, 이 경우 사용되는 대표적인 측정치가 바로 듀레이션(duration)이다.[6]

금리변동에 따른 채권의 가격 민감도인 듀레이션은 채권 투자분석에 있어서 가장 중요한 역할을 하는 개념이며, 만기와 이표가 다른 채권을 하나의 기준을 가지고 비교할 수 있는 지표이다. 듀레이션은 최종 현금흐름의 발생 시점인 만기와는 달리 현금흐름의 시기 및 상대적 크기(발생금액 비율), 시간가치를 고려하는 개념이다. 따라서 듀레이션은 표면금리, 채권수익률, 만기의 함수로 표현할 수 있다. 즉,

$$듀레이션 = f(\text{표면 금리, 채권수익률, 만기})$$

---

6 1930년대 말 영국의 통계학자 F. R. Macaulay는 금리변동에 따른 채권의 가격 민감도(price sensitivity)를 연구하고 있었다. 그 당시만 해도 채권의 만기가 가격 민감도 지표로 사용되고 있었다. 그러나 맥콜레이는 채권수익률이 만기 시의 원금뿐만 아니라 중도에 지급되는 이자와도 함수관계에 있다는 사실에 주목하여 1938년에 듀레이션(duration)이라는 지표를 개발하였다.

이제 듀레이션의 개념에 대해 좀 더 자세히 알아보자. 채권 가격이 다음과 같이 결정된다는 것은 앞에서 언급하였다.

$$P = \sum_{t=1}^{N} \frac{CF_t}{(1+y)^t}$$

이때 P는 채권 가격, $CF_t = C$(만기이전), $CF_N = C + F$(만기시), C는 이자수익, F는 액면금액, N은 만기, y는 만기수익률을 나타낸다.

수익률 변화에 따른 채권 가격의 민감도를 측정하기 위하여 채권 가격 공식을 수익률로 미분하면 다음과 같은 식을 얻게 된다.

$$\frac{dP}{dy} = \frac{dP}{d(y+1)} \times \frac{d(y+1)}{dy} = -\sum_{t=1}^{N} \frac{CF_t \times t}{(1+y)^{t+1}}$$

수익률 변화와 채권 가격의 변화율 간의 관계를 얻기 위해 위식을 다음과 같이 변형시킨다.

$$\frac{dP}{P} = -\frac{dy}{(1+y)} \times \frac{1}{P} \times \sum_{t=1}^{N} \frac{CF_t \times t}{(1+y)^t} = -\frac{dy}{(1+y)} \times D = -dy \times D_m$$

이때 $D = \frac{1}{P} \times \sum_{t=1}^{N} \frac{CF_t \times t}{(1+y)^t}$를 듀레이션이라 정의하며, $D_m = \frac{1}{1+y} \times D$를 수정 듀레이션(modified duration)이라고 정의한다.

❶ 현금흐름 기간의 가중평균 : 듀레이션은 채권의 현금흐름을 회수하는 데 소요되는 가중평균(weighted average) 기간이며, 이때 가중치(w_t)는 각 시점의 현금흐름(CF_t)의 현재가치가 채권투자금액(P)에서 차지하는 비율이다.

$$D = \sum_{t=1}^{N} w_t \times t, \quad w_t = \frac{\dfrac{CF_t}{(1+y)^t}}{P} \quad \text{이때} \quad \sum_{t=1}^{N} w_t = 1$$

❷ 금리 탄력성(elasticity of interest rates) : 앞에서 듀레이션과 채권 가격의 변화율 간에는 다음과 같은 관계가 있음을 보였다.

$$\frac{dP}{P} = -\frac{dy}{(1+y)} \times D$$

이 식으로부터 우리는 듀레이션이 금리 변화율에 따른 채권 가격의 변화율, 즉 금리 탄력성이라는 사실을 확인할 수 있다. 즉,

$$D = -\frac{\dfrac{dP}{P}}{\dfrac{dy}{(1+y)}}$$

❸ 현금흐름의 현재가치들의 무게중심 : 듀레이션을 구하는 과정은 다소 복잡하지만, 채권 현금흐름의 현재가치들의 무게중심이 바로 듀레이션이라고 이해하면 된다. 각 현금흐름의 현재가치들을 저울위에 나열해 놓았을 때, 저울을 수평으로 만드는 중심점이 바로 채권의 듀레이션이 된다.

듀레이션은 다른 조건이 일정하다는 가정하에 만기, 수익률, 표면금리, 이표 지급 빈도에 의해 영향을 받는다. 첫째, 채권의 만기가 길수록 듀레이션이 크다(무게중심이 오른쪽으로 이동). 둘째, 채권의 수익률이 높을수록 듀레이션은 작다(무게중심이 왼쪽으로 이동). 셋째, 표면금리가 클수록 듀레이션은 작다. 넷째, 이표 지급 빈도가 많을수록 듀레이션은 작다. 다섯째, 이표 지급이 없는 순수할인채의 경우 듀레이션은 만기와 일치한다(무게중심이 만기와 일치).

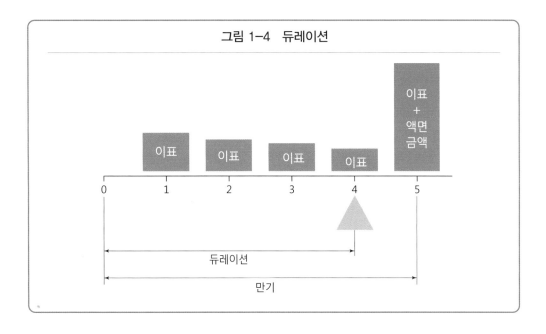

그림 1-4 듀레이션

3   베이시스 포인트 가치(BPV : Basis Point Value)

일반적으로 BPV는 1베이시스 포인트(basis point, bp)의 수익률 변화에 따른 채권 가격의 변화(ΔP)로 정의된다. 앞에서 수정 듀레이션과 채권 가격의 변화율 간의 관계가 다음과 같다고 설명하였다.

$$\frac{dP}{P} = -D_m \times dy$$

수정 듀레이션(D_m)의 개념이 수익률 1%p 변화에 따른 채권 가격의 변화율이므로, 이를 수익률 1bp 변화에 따른 채권 가격의 변화를 측정하는 개념으로 전환한 것이 바로 BPV이다. 즉, BPV는 수정 듀레이션(D_m)을 이용하여 다음과 같이 구할 수도 있다.

$$BPV = -D_m \times 1\,basis\,point \times P$$
$$D_m : \text{수정 듀레이션}$$
$$P : \text{채권 가격}$$

이는 1%p의 금리 변화에 따른 채권 가격 변화율인 수정 듀레이션을 금리 1bp만큼의 변화에 대한 채권 가격 변화율로 바꾸고 여기에 채권 가격을 곱함으로써 변화율을 가격으로 전환하여 나타낸 것임을 알 수 있다. 이와 같이 BPV는 채권 가격의 리스크를 채권 가격의 변화율로 측정하지 않고 채권 가격(액면가 100 기준)의 변화로 측정하는 것이다.

4   볼록도(convexity)

듀레이션에 의한 채권 가격의 평가는 수익률 변화에 따른 새로운 채권의 가격을 일차식 형식을 사용하여 추정하는 것으로서 〈그림 1-5〉에서 점 A에 접하는 직선을 의미한다. 수익률의 변화가 아주 작은 경우 점 B와 점 C의 차이가 크지 않으므로 듀레이션은 채권 가격 변동 리스크를 거의 정확하게 나타낸다.

그러나 수익률 변화폭이 증가할수록 아래로 볼록한 가격-수익률 곡선은 듀레이션을 나타내는 접선으로부터 멀리 떨어지게 되어 오차(듀레이션을 통해 추정한 채권 가격 변동과 실

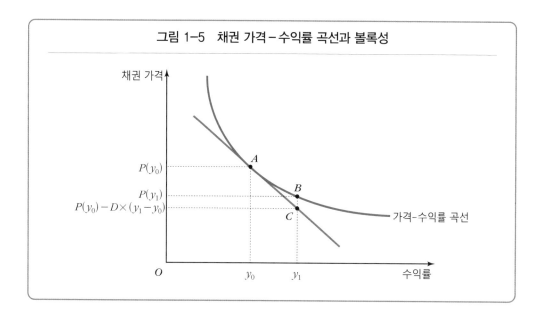

그림 1-5   채권 가격 – 수익률 곡선과 볼록성

채권 가격

$P(y_0)$ A

$P(y_1)$ B

$P(y_0) - D \times (y_1 - y_0)$ C

가격-수익률 곡선

O y_0 y_1 수익률

제의 채권 가격 변동의 차이)가 커진다. 이와 같은 채권 가격과 수익률 간의 볼록성(convexity) 때문에 금리 상승 시 가격 하락폭보다 금리 하락 시 가격 상승폭이 더 크게 된다. 따라서 채권 가격의 볼록성을 반영하는 새로운 지표를 도입하여 직선보다 좀더 부드러운 곡선으로 근사화 한다면 추정 오차를 줄일 수 있다.

이제 테일러 공식(Taylor's formula)을 이용하여 $P(y_0 + \varDelta_y)$를 $\varDelta y$를 포함한 두 번째 항까지로 확장하면, 수정 듀레이션(D_m)과 볼록도(C)를 이용하여 채권 가격의 변화율을 측정하는 다음 식을 얻을 수 있다.

$$P(y_0 + \varDelta y) \approx P(y_0) - D_m P(y_0) \varDelta y + \frac{1}{2} C \, P(y_0) \varDelta y^2$$

$$P(y_0 + \varDelta y) - P(y_0) \approx - D_m P(y_0) \varDelta y + \frac{1}{2} C \, P(y_0) \varDelta y^2$$

$$\frac{P(y_0 + \varDelta y) - P(y_0)}{P(y_0)} \approx - D_m \varDelta y + \frac{1}{2} C \, \varDelta y^2$$

또는

$$\frac{dP}{P} = (- D_m \times dy) + \left[\frac{1}{2} \times C \times (dy)^2 \right]$$

여기서

표 1-2   듀레이션과 볼록도의 계산

t	CF_t	$CF_t \times t$	$\dfrac{CF_t \times t}{(1+y)^t}$	$\dfrac{CF_t \times t(t+1)}{(1+y)^{t+2}}$
1	5	5	4.76	8.64
2	5	10	9.07	24.68
3	5	15	12.96	47.01
4	5	20	16.45	74.62
5	5	25	19.59	106.60
6	105	630	470.12	2,984.86
			532.95	3,246.41

$$C = \frac{1}{P} \frac{d^2P}{dy^2} = \frac{1}{P} \times \sum_{t=1}^{N} \frac{CF_t \times t(t+1)}{(1+y)^{t+2}}$$

즉, 채권 가격의 변화율은 듀레이션에 의한 채권 가격의 변화율과 볼록도에 의한 채권 가격의 변화율로 구성됨을 알 수 있다. 이처럼 듀레이션과 볼록도를 함께 고려하면 채권 가격의 변화율을 좀 더 정확하게 구할 수 있다.

! 예시 1

▶ 듀레이션과 볼록도의 계산

액면 100, 만기 3년, 이표율 연 10%, 이표의 지급은 연 2회, 만기수익률 10%인 채권의 듀레이션(D)과 볼록도(C)는 다음과 같이 구할 수 있다.

$$D = \frac{1}{P} \times \sum_{t=1}^{N} \frac{CF_t \times t}{(1+y)^t}, \quad C = \frac{1}{P} \times \sum_{t=1}^{N} \frac{CF_t \times t(t+1)}{(1+y)^{t+2}}$$

이때 $P=100$(이표율과 만기수익률이 동일하므로 액면가에 거래됨), $y=5\%$, $N=6$.
따라서 듀레이션은 $D = \dfrac{532.95}{100} = 5.33$(기간 : 반년 기준)이다. 1년 기준으로 전환하면 2.66년이다. 볼록도는 $C = \dfrac{3,246.41}{100} = 32.46$(기간^2 : 반년 기준)이다. 볼록도는 기간의 제곱으로 표시되므로 반년이 1기간인 볼록도를 1년 기준의 볼록도로 전환시키기 위해서는 4로 나누어야 한다. 즉, 1년 기준 볼록도는 8.12(년^2)가 된다.[7]

---

7 듀레이션(1년 기준) $= \dfrac{1}{k}$(기간 듀레이션), 볼록도(1년 기준) $= \dfrac{1}{k^2}$(기간 볼록도), k는 연 이자지급 횟수

표면금리 6%, 만기수익률 7%, 듀레이션이 4.38년, 볼록도가 24이며 현재 가격이 95.83인 채권에 1억 원을 투자한 투자자에게 수익률이 1% 상승할 때 얼마만큼의 손실이 발생하는지 살펴보도록 하겠다.

먼저 수정 듀레이션(D_m)을 계산한다. 듀레이션(D)=4.38(년), 만기수익률(y)=7%이므로 수정 듀레이션과 채권 가격의 변화율은 다음과 같이 산출된다.

$$D_m = \frac{D}{1+y} = \frac{4.38}{1+\frac{0.07}{2}} = 4.23$$

$$\frac{dP}{P} = -D_m \times dy = -4.23 \times 1\% = -4.23\%$$

$\frac{dP}{P}$: 채권 가격 변화율

D_m : 수정 듀레이션

d_y : 수익률변화

따라서 채권의 수익률이 연 7%에서 연 8%로 1%p 상승할 때 발생할 손실은 다음과 같이 계산된다.

여기에서 채권의 수익률이 연 7%에서 8%로 1%p 상승할 때 발생할 손실은 다음과 같다. 즉, 수익률이 1bp 상승할 때의 채권 가격 100원당 변화량인 BPV는

$$BPV = -D_m \times 1bp \times P = (-4.23) \times 0.0001 \times 95.83 = -0.0405 \text{이고,}$$

수익률이 1%p(100bps) 상승하면 채권가격은 100원당 4.05원 하락하게 되므로 이를 액면금액 1억 원에 대해 적용하면 수정 듀레이션만을 고려했을 경우 1억 원 × (−4.05)/100 = −4,050,000원의 손실이 발생하는 것으로 계산된다.

다음으로 볼록도를 추가로 고려해서 채권 가격의 변화율과 손실액을 계산해보자.

$$\frac{dP}{P} = -D_m \times dy + \frac{1}{2} \times C \times (dy)^2$$
$$= -4.23 \times 0.01 + \frac{1}{2} \times 24 \times (0.01)^2 = -0.0411$$

$\frac{dP}{P}$: 채권 가격 변화율

D_m : 수정 듀레이션

d_y : 수익률 변화

C : 볼록도

따라서 수정 듀레이션과 볼록도를 모두 고려하게 되면 1억 원×(−0.0411)×95.83/100 = −3,938,613원의 손실이 발생한다.

5   **채권 포트폴리오의 듀레이션과 볼록도**

채권 포트폴리오의 듀레이션과 볼록도는 개별 채권의 듀레이션과 볼록도의 가중평균으로 계산된다. 예를 들어, 어떤 채권 포트폴리오가 J개의 채권으로 구성되어 있다고 하자. 이 채권 포트폴리오의 가치는 각 채권의 가치의 가중합계가 된다. 채권 j의 듀레이션과 볼록도를 각각 D_j, C_j라 하고 채권 j에 투자된 금액과 전체 포트폴리오의 가치의 비율을 w_j라고 하면, 이 채권 포트폴리오의 듀레이션(D_p)과 볼록도(C_p)는 다음과 같다.

$$D_p = \sum_{j=1}^{J} w_j D_j, \quad C_p = \sum_{j=1}^{J} w_j C_j$$

chapter 02

금리선물

금리선물의 개념

금리선물이란 금리 또는 금리에 의해 가격이 결정되는 채권을 기초자산으로 하는 선물계약이다. 기관투자자는 금리변동에 의한 금융자산의 가격 변동 리스크를 헤지하기 위하여 장래 일정 시점에서의 미래 금리를 매매하는 선물계약으로 이해를 하고, 일반투자자는 만기일의 금리(또는 채권 가격)에 대한 투기적인 거래로 생각하면 금리선물을 이해하기 쉽다.

금리선물의 유용성은 우선 금리 리스크를 효율적으로 저렴하게 관리할 수 있다는 데 있다. 채권 포트폴리오를 관리하는 펀드매니저는 향후 금리가 상승하여 채권 가격이 하락할 것을 우려하는 경우 채권 포트폴리오의 듀레이션을 감소시키면 된다. 장기채 비중을 축소하고 단기채 비중을 늘리는 방법도 있지만 시장 충격 비용이나 거래비용이 높다. 이 경우 금리선물을 매도함으로써 포트폴리오의 듀레이션을 감소시킬 수 있다.

은행, 증권, 보험 등 금융기관뿐만 아니라 기업들도 금리선물을 활용하여 조달금리와 운용금리를 확정할 수 있고, 금리변동 리스크를 제거하거나 감소시킬 수 있다. 또한 금리선물은 유통시장에서 채권투자자로 하여금 가격 변동에 따르는 리스크와 불확실성을 극복하여 일정 수준의 기대수익을 얻을 수 있게 하고, 채권의 인수에 따른 리스크를 회피할 수 있는 수단을 제공하여 인수기관이 적극적으로 발행시장에 참여할 수 있게 함으로써 전반적으로 현물시장의 성장에 기여한다.

금리선물은 기초자산의 만기를 기준으로 1년 이하를 단기, 1년 이상 10년 미만을 중기, 10년 이상을 장기로 구분한다. 단기 금리선물은 연방기금 금리선물, SOFR 선물, 중기 금리선물은 한국 국채선물, T-Note선물, 장기금리선물은 T-Bond선물이 활발하게 거래되고 있다. 한편, 금리선물을 거래방식에 의해 분류하면 각 상품의 특성과 가격결정논리를 이해하기 쉽다.

첫째, 기초자산의 실물 인수도가 없고 기초자산의 금리를 지수화하여 거래하는 방식이 있다. 예를 들어, 미국 CME Group에서 거래되는 SOFR선물, 연방기금 금리선물(fed funds futures) 등을 들 수 있다. 둘째, 기초자산을 만기에 인수도하는 동시에 채권 가격으로 거래하는 방식이다. 예를 들어, CME Group에서 거래되는 T-Bond선물과 T-Note 선물을 들 수 있다. 셋째, 첫 번째 방식과 두 번째 방식의 혼합형으로 기초자산의 실물 인수도가 없고 채권 가격으로 거래하는 방식이다. 예를 들어, 한국거래소에서 거래되는 국채선물을 들 수 있다.

section 02 단기금리선물

단기금리선물은 현재 각국의 선물거래소에서 활발하게 거래되는 상품 중의 하나이다. 미국 CME Group에서 거래되는 SOFR선물은 단기금리선물들 중 거래가 가장 많은 대표적인 상품이다. 단기금리선물은 금리를 연율로 표시하여 지수로 만들어서 거래하는 경우가 대부분이다. 이 중 대표적인 경우가 IMM(International Monetary Market)방식으로서 이자율을 연율로 표시한 후 100에서 차감한 값을 가격으로 거래하는 방식이다. 이러한 방식의 대표적인 장점은 가격이 금리와 반대방향으로 움직인다는 점이다. 채권 가격은 금리와 반대방향으로 움직이는데, IMM방식의 지수도 금리와 반대방향으로 움직이므로 투자자들이 이해하기 쉽다는 장점을 가지고 있다.

1   SOFR 선물(SOFR Futures)

(1) SOFR이란?

SOFR(Secured Overnight Financing Rate)은 리보(LIBOR)를 대체하기 위해 미국 연준이 제시하는 달러 표시 단기 자금의 기준금리로, 달러 변동금리의 준거금리 역할을 한다. 뉴욕 연은(Federal Reserve Bank of New York)이 미국 국채를 담보로 하는 하루짜리 레포 (Repo·환매조건부채권) 거래를 기반으로 산출해 일별로 발표한다. SOFR은 미국 국채를 담보(Secured)로 하는 거래에서 산출되기 때문에 무위험금리로 인식된다. 리보(LIBOR, London Interbank Offered Rate)가 런던 은행 간 금리로 무담보(Unsecured)로 크레딧 리스크가 있었던 것과 차이가 있다. 리보는 1960년대 중반 이후 국제적으로 자금을 조달할 때 변동금리 기준으로 활용되었으나 '2012년 리보금리 담합사건'을 계기로 약 60년만에 퇴출되었다. 2022년부터 단계적으로 사용이 중단되었으며 2023년 6월 달러 리보의 남은 만기 산출이 모두 중단되었다.

(2) 상품명세

미국 CME Group에는 SOFR 금리에 기반한 3개월(3-Month SOFR Futures), 1개월 (1-Month SOFR Futures) SOFR 선물이 상장되어 있다. 3개월 선물은 3개월간 SOFR 금리의 일일 복리평균이 거래대상이다. 1개월 선물은 1개월간 SOFR 금리의 단순 산술평균이 거래대상이다. 3개월 선물은 39개의 분기물(3, 6, 9, 12월 주기)과 분기물을 제외한 6개의 매월물이 상장되어 있다. 1개월 선물은 최근 13개월의 매월물이 상장되어 있다. 3개월 선물이 1개월 선물보다 거래가 활발하며, 3개월 선물의 경우 월물 표기가 참조기간 (3개월)의 초기에 있는 점이 특이하다. 예를 들어, 3월물은 3월부터 3개월, 6월물은 6월부터 3개월 기간을 참조한다. 따라서 7월과 8월에도 최근월물은 여전히 6월물이다. 이 상품의 또 다른 중요 특징 중 하나는 만기에 현금결제방식(cash settlement)을 택하고 있다는 데 있다. 즉, 만기일에 뉴욕 연은에서 발표한 SOFR 금리를 이용하여 정산하며 거래가 종결된다. 이처럼 기초가 되는 상품의 인수도가 일어나지 않는 현금결제방식은 현물의 인수도에 따른 부담을 낮춰 투자자들이 선물 가격의 움직임에만 초점을 두어 거래에 수월하게 참여할 수 있도록 한다. SOFR 금리 관련 선물은 CME Group 외에 ICE 거래소에도 상장되어 있다.

표 2-1 SOFR 선물(CME Group)의 상품명세

상품명칭	CME 3-Month SOFR Futures	CME 1-Month SOFR Futures
거래대상	3개월간 SOFR 금리 일일 복리평균	1개월간 SOFR 단순 산술평균
거래단위	액면 $1,000,000	액면 $5,000,000
결제방법	현금결제	
가격표시방법	IMM 지수방식: 100 − 금리 (예 : 금리 4.03% → 95.97(= 100 − 4.03))	
계약단위	1bp당 $25 ($1,000,000 × 0.01% × 90/360)	1bp당 $41.67 ($5,000,000 × 0.01% × 30/360)
최소호가단위	잔존만기 4개월 이하 : 0.0025($\frac{1}{4}$ bp)=$6.25 기타 월물 : 0.0050($\frac{1}{2}$ bp)=$12.50	최근 월물 : 0.0025($\frac{1}{4}$ bp)=$10.4175 기타 월물 : 0.0050($\frac{1}{2}$ bp)=$20.835
결제월	최근 39개 분기물(3, 6, 9, 12월 주기) 분기물 제외한 최근 6개 매월물	최근 연속 13개 매월물
최종 거래일	3개월 뒤 3번째 수요일 전일 (예 : 20X4년 6월물은 9월 3번째 수요일 전일)	만기월 마지막 영업일 (예 : 20X4년 3월물은 3월 마지막 영업일)
최종 결제가	100 − 3개월 SOFR 금리 일일 복리평균	100 − 1개월 SOFR 금리 단순 산술평균

출처 : CME Group

3개월 SOFR 선물의 거래대상이 되는 액면은 100만 달러이므로 선물 가격이 0.01 움직일 경우 $25의 변동에 해당된다. 왜냐하면 3개월 선물의 0.01은 1bp인데 이는 3개월 이자율을 연율로 표시한 것이므로 $\frac{1}{4}$bp의 움직임을 의미하기 때문이다. 즉, 0.01의 가격 변동은 100만 달러×0.01%×90/360=25달러가 움직이는 것이다.

1개월 SOFR 선물의 거래대상이 되는 액면은 500만 달러이므로 선물 가격이 0.01 움직일 경우 $41.67의 변동에 해당된다. 왜냐하면 1개월 선물의 0.01은 1bp인데 이는 1개월 이자율을 연율로 표시한 것이므로 $\frac{1}{12}$bp의 움직임을 의미하기 때문이다. 즉, 0.01의 가격 변동은 500만 달러×0.01%×30/360=41.67달러가 움직이는 것이다.

3개월 또는 1개월 SOFR 선물의 매수(매도) 포지션은 SOFR 금리가 하락(상승)하면 이익을 보게 된다. 따라서 SOFR 선물 매수(매도) 포지션을 통해 SOFR 변동금리 대출(차입)시 금리를 확정시키는 효과가 있다.

(3) 만기 최종결제가 계산

뉴욕 연은은 매영업일 동부시간 8시까지 이전 영업일의 실제 Repo 거래 데이터를 수집해 가중 평균방식으로 이전 영업일의 벤치마크 SOFR 금리를 공시한다. 금요일이 영업일인 경우 다음 영업일인 월요일에 금요일 벤치마크 SOFR 금리가 공시되며 토요일과 일요일은 금요일 공시값이 적용된다. 만약, 수요일이 휴일인 경우 다음 영업일인 목요일에 화요일 벤치마크 SOFR 금리가 공시되며 휴일인 수요일은 화요일 공시값이 적용된다.

3개월 SOFR 선물은 3번째 수요일부터 3개월 뒤 3번째 수요일 전일까지(참조기간) 공시된 SOFR 금리를 복리평균한다. 월물 표기가 참조기간의 시작점에 있다. 예를 들어, 20X7년 6월물의 경우 6월 3번째 수요일부터 3개월 뒤인 9월의 3번째 수요일 전일까지의 벤치마크 SOFR 금리를 대상으로 한다.

최종결제가: 100 − 3개월간 일일 복리 평균

3개월간 일일 복리 평균 계산

$$[\prod_{i}^{n} (1+(\frac{d_i}{360}) \times (\frac{r_i}{360})) - 1] \times (\frac{360}{D}) \times 100$$

d_i : 공시된 SOFR 금리가 적용되는 일수
r_i : 공시된 SOFR 금리
D : 참조기간의 전체 일수(캘린더 기준)

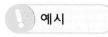 예시

▶ 3개월 SOFR 선물 20X7년 6월물 최종 결제가 계산

거래일	공시일	SOFR(%)	적용일	DIAF[1]
20X7. 6. 21 (수)	20X4. 6. 22 (목)	1.02	1	1.00002833
20X7. 6. 22 (목)	20X4. 6. 23 (금)	1.02	1	1.00002833

---

1   DIAF: Daily Interest Accumulation Factor = {1+(day count/360)×SOFR(%)}

20X7. 6. 23 (금)	20X4. 6. 26 (월)	1.06	3	1.00008833
20X7. 6. 26 (월)	20X4. 6. 27 (화)	1.05	1	1.00002917
⋮	⋮	⋮	⋮	⋮
⋮	⋮	⋮	⋮	⋮
20X7. 9. 14 (목)	20X4. 9. 15 (금)	1.09	1	1.00003028
20X7. 9. 15 (금)	20X4. 9. 18 (월)	1.10	3	1.00009167
20X7. 9. 18 (월)	20X4. 9. 19 (화)	1.04	1	1.00002889
20X7. 9. 19 (화)	20X4. 9. 20 (수)	1.01	1	1.00002806

$\prod_{i}^{n}$	1.002655388
연율화(빼기 1, 곱하기 360/91일)	1.05048%
1/100bp로 반올림	1.05050%
최종 결제가	**98.9495(100−1.0505)**

출처 : CME Group

1개월 SOFR 선물은 매월 1일부터 해당월의 마지막일까지(참조기간) 공시된 SOFR 금리를 단순 산술평균한다. 예를 들어, 20×7년 7월물의 경우 7월 1일부터 7월 31일까지 벤치마크 SOFR 금리를 대상으로 한다.

 예시

▶ 1개월 SOFR 선물 20X7년 7월물 최종 결제가 계산

거래일(적용일)	공시일	SOFR(%)	메모
20X7. 7. 1 (토)	20X7. 7. 3 (월)	1.20	휴일
20X7. 7. 2 (일)	20X7. 7. 3 (월)	1.20	휴일
20X7. 7. 3 (월)	20X7. 7. 5 (수)	1.10	
20X7. 7. 4 (화)	20X7. 7. 5 (수)	1.10	휴일
20X7. 7. 5 (수)	20X7. 7. 6 (목)	1.05	
⋮	⋮	⋮	
20X7. 7. 29 (토)	20X7. 7. 31 (월)	1.03	휴일
20X7. 7. 30 (일)	20X7. 7. 31 (월)	1.03	휴일
20X7. 7. 31 (월)	20X7. 8. 1 (화)	1.08	

20X7년 7월 금리 산출평균	1.04129%
1/10bp로 반올림	1.04100%
최종 결제가	**98.959(100-1.041)**

출처 : CME Group

2 연방기금 금리선물(Fed Funds Futures)

(1) 연방기금(fed funds)이란?

미국 은행들은 법에 의해 지급준비금(reserves)을 보유해야 하는데, 은행들은 준비금을 초과하는 현금을 자금이 필요한 다른 은행들에게 빌려준다. 이러한 거래가 일어나는 단기자금시장을 연방기금시장(fed funds market)이라 하며, 국내에서는 금융기관들 간에 자금을 초단기로 차입하거나 대여하는 시장인 콜시장이 이에 해당된다.

이러한 시장에서 은행들 간의 일일거래(overnight fed funds)에 적용되는 금리를 연방기금금리(fed funds rate)라고 한다. 뉴욕 연방준비은행은 은행 간 거래에서 형성된 금리를 가중평균하여 매일 발표하는데 이를 '유효연방기금금리(effective fed funds rate)'라고 한다. 1994년부터 연방공개시장위원회(FOMC : Federal Open Market Committee)는 통화정책의 변경 시 이를 공개적으로 발표하였으며, 1995년부터는 통화정책수단으로서 '연방기금 목표금리(fed funds target rate)'를 명시적으로 사용하였다.[2] 또한 연방준비은행의 정책결정자들은 통화정책의 목표가 어느 정도 달성되는지 판단하기 위하여 유효연방기금금리의 추이를 항상 주시하고 있다(www.federalreserve.gov 참조).

미국의 중앙은행인 FRB(Federal Reserve Board)는 물가안정과 최대 고용을 달성하기 위해 실질성장률, 실업률, 물가상승률 등을 고려하여 연방기금 목표금리를 적정한 수준으로 유지하려고 노력한다. Taylor(1993)는 연방기금 목표금리가 다음과 같은 요인에 의해 결정되는 것으로 분석하고 있다.

---

2 FOMC는 미국의 12개 연방준비은행을 총괄하는 기관인 연방준비제도이사회(FRB) 산하에 있는 단체로 공개시장조작에 관한 정책을 담당하는 기구이다. FOMC는 공개시장조작에 관한 정책지침서를 작성, 발표하는데 금융 상황에 관한 종합적인 분석과 연방준비제도이사회가 추진해야 할 금융정책의 기본 방향이 제시되며, 통화량의 분기별 증가율에 대한 방안과 이에 맞는 공개시장조작의 운영 방향이 주 내용이다. www.federalreserve.gov/fomc 참조.

$$연방기금 \ 목표금리 = 균형 \ 실질성장률 + 물가상승률$$
$$+0.5 \times [실제 \ 물가상승률 - 목표 \ 물가상승률]$$
$$+0.5 \times GDP \ Gap$$

이때 GDP Gap은 실제 GDP와 잠재 GDP의 % 차이를 의미한다. 이를 '테일러 준칙 (Taylor's rule)'이라고 하는데, 실제 물가상승률이 FRB의 목표 물가상승률을 초과하거나 실제 GDP가 잠재 GDP보다 높을 경우 FRB는 연방기금 목표금리를 상향조정해야 한다는 논리이다.

(2) 연방기금 금리선물의 상품명세

연방기금 금리선물(fed funds futures)은 유효연방기금금리(effective fed funds rate)를 거래대상으로 하는 단기금리선물이다. 거래단위는 5백만 달러로 가격표시방법은 100에서 결제월의 일평균 유효연방기금금리를 차감한다. 호가단위는 0.5bp, 즉 $20.84 ($5,000,000×0.005%×30/360)이다. 계약월은 60개 연속월이며, 최종 거래일은 결제월의 최종 영업일이다. 결제방법은 결제월의 일평균 유효연방기금금리(뉴욕연방은행 산출)에 의해 현금결제한다.

표 2-2 | 연방기금 금리선물의 계약명세

거래소	미국 CME Group
거래대상 액면	연방기금금리(fed funds rate)
거래단위	액면 $5,000,000
가격표시방법	100 − 결제월의 일평균 유효연방기금금리
호가단위	최근월물 : 0.25bp($10.4175), 기타월물 : 0.5bp($20.835)
계약월	60개 연속월
최종 거래일	결제월의 최종 영업일
결제방법	결제월의 일평균 유효연방기금금리(뉴욕연방은행 산출)에 의해 현금결제
거래시간(시카고시간)	GLOBEX(전산거래) : 일~금 5:00 p.m.~4:00 p.m.(미국중부시간(CT)) 최종 거래일 : 2:00 p.m. 거래 종료.

출처 : www.cmegroup.com

(3) 만기월의 선물 가격결정

만기월의 연방기금 금리선물의 가격은 다음과 같이 결정된다.

$$만기월의\ 선물\ 가격 = 100 - \left[\frac{n}{n+m} \frac{\sum_{i=1}^{n} R_i}{n} + \frac{m}{n+m} \frac{\sum_{i=n+1}^{T} R_i^*}{m} \right]$$

R_i : 실제(realized) 유효연방기금금리

R_i^* : 기대(expected) 유효연방기금금리

n : 현재 시점까지의 일수

m : 최종 거래일까지 남은 일수

T : 최종 거래일

즉, 만기월 특정일의 연방기금 금리선물의 시장 가격은 유효연방기금금리의(현재 시점까지의) 실제 평균치와(만기일까지의) 기대평균치의 가중평균을 반영하게 된다.

> **예시**
>
> 2××3년 6월 9일 연방기금금리선물 6월물의 선물 가격이 98.515라고 하자. 이는 연방기금 선물금리(fed funds futures rate)가 $100-98.515=1.485\%$임을 의미한다. 또한 6월 9일까지 9일 동안의 유효연방기금금리의 평균이 1.488%라고 하면,
>
> $$1.485 = (9/30) \times 1.488 + (21/30) \times x$$
> $$x = 1.484(\%)$$
>
> 즉, 6월 9일 현재 시점의 선물 가격에 내재된 (21일 잔존기간 동안의) 유효연방기금금리의 평균 예상치가 1.484%임을 의미한다.

(4) 연방기금선물과 FRB 통화정책 변경 가능성

2××3년 3월 27일 현재 연방기금 목표금리가 1.25%라고 하자. 연방기금 금리선물 5월물의 시장 가격이 98.86이고, FRB가 향후 목표금리를 0.25% 내리든가 아니면 그대로 유지할 것이라는 견해가 많다고 하자. 이와 같은 상황에서 연방기금 금리선물의 현재 시장 가격은 향후 FRB가 FOMC 회의(5월 6일)에서 목표금리를 0.25% 내릴 가능성에 대해 어떠한 정보를 주고 있는가?

이를 살펴보기 위해서 FRB가 목표금리를 0.25% 내릴 확률을 p라고 하자. 따라서 목

표금리를 그대로 유지할 확률은 $1-p$가 된다. 또한 현재 시장 가격에 내재되어 있는 연방기금 선물금리는 $100-98.86=1.14(\%)$이다. 따라서 다음과 같은 식을 설정하고 p를 구하면 된다.

$$1.25\% \times (6/31) + [1.00\% \times p + 1.25\% \times (1-p)] \times (25/31) = 1.14\%$$
$$p = 0.5456(55\%)$$

즉, 2××3년 3월 27일 현재 연방기금 금리선물의 시장 참여자들은 FRB가 향후 연방기금 목표금리를 0.25% 내릴 가능성을 55%라고 보고 있다고 해석할 수 있다. 시장 참여자들은 FRB가 0.25% 인하할 가능성을 절반보다 높게 보는 정도로 이해할 수 있다.

위의 분석에서 FRB의 선택이 두 가지 중 하나라고 가정한 사실에 유의할 필요가 있다. FRB의 선택 메뉴가 0.25% 인하, 0.5% 인하, 현 수준 유지 등과 같이 다양하다면 계산과정이 훨씬 복잡해질 것이다. 자세한 내용은 CME 선물거래소의 'CME Fed Watch'를 참고할 수 있다(www.cmegroup.com 참조).

section 03 채권선물

1 미국 국채선물(Treasury Bond Futures)

(1) T-Bond

T-Note는 만기 2년~10년의 이자지급 재정증권이며, T-Bond는 만기 20년~30년의 이자지급 재정증권이다. 할인율로 호가되는 T-Bill과는 달리 가격(액면가의 %)으로 호가된다. 소수점 이하의 가격은 1%의 1/32 단위로 표시한다. 즉, 99-05는 액면가의 (99+5/32)%를 의미한다.

(2) T-Bond선물의 상품내역

미국의 장기 국채(이하 T-Bond로 표기) 선물은 미국 재무부가 발행한 T-Bond를 기초자산으로 하는 채권선물이다. T-Bond 선물계약에서 인도 가능한 채권은 인도월의 첫 영업일(first delivery day) 기준으로 잔존만기가 15년 이상 25년 미만인 T-Bond이다. 발행자 조기상환권(call option)이 있는 채권(callable bond)의 경우에는 조기상환 시점(first call date)까지 15년 이상 남아있으면 인도가 가능하다.

왜 이렇게 인도 가능한 채권의 범위를 넓게 허용한 것일까? 표준물이 아닌 T-Bond도 인도가 가능하도록 한 이유는 인도 가능한 채권을 정확히 이표율이 6%인 채권으로만 한정할 경우 문제가 발생할 수 있기 때문이다. 정확히 6%의 이표율을 가지는 채권이 존재하지 않을 수도 있을 뿐만 아니라 그러한 채권이 있다 하더라도 유통규모가 선물거래의 규모에 비해 매우 작다면 채권선물시장은 가격 조작의 위험에 직면할 수 있다.

예를 들어, 막대한 자금력을 가진 투자자들이 담합을 하여 T-Bond선물을 매수하고 동시에 인도 가능한 T-Bond를 매집한다고 하자. 인도월이 가까워지면 선물 매도자는 포지션을 청산하기 위해서 선물을 매수하거나 기초자산을 매수하여 인도해야 한다. 그런데 선물 매수 포지션을 가지고 있는 동시에 인도 가능한 채권의 대부분을 보유하고 있는 투자자들이 선물 매도자의 선물 매수나 채권의 매수의사에 응하지 않는 경우, 선물 가격과 채권 가격은 계속 상승하게 되고, 결국 투자자들은 손쉽게 수익을 올릴 수 있다. 이러한 현상을 숏-스퀴즈(short squeeze)라고 하는데, 선물거래 규모에 비해 채권거래 규모가 작을 경우 발생할 수 있는 현상이다.

표 2-3	T-Bond선물의 계약명세
거래소	미국 CME Group
거래대상	T-Bond(만기 30년, 표면금리 6%)
인도 가능 채권	잔존만기 15년(인도월 첫 영업일 기준) 이상 25년 미만인 T-Bond
계약단위	액면 $100,000
가격표시방법	액면가의 백분율
호가단위	1/32%(계약당 $31.25)
일일 가격 변동 제한폭	없음
인도월	3개의 연속적 분기월
인도일	인도월의 최종 영업일 이전의 모든 영업일
최종 거래일	인도월의 최종 영업일부터 7영업일 전 12시 1분
결제방법	연방준비은행 book-entry상의 전산 계좌 이체(실물 인수도)
거래시간	GLOBEX(전산거래) : 일~금 5:00 p.m.~4:00 p.m.(미국중부시간(CT)) 최종 거래일 : 12:00 p.m. 거래 종료.

출처 : www.cmegroup.com

선물 가격은 액면가에 대한 백분율(%)로 표시되며 최소 호가단위는 액면가의 1/32%로 계약당 $31.25이다. 예를 들어, 특정 T-Bond선물의 호가가 100-015일 경우 이는 액면가의 (100＋1.5/32)%를 의미하며, 액면가가 $100,000이므로 가격으로 환산하면 $100,046.88이 된다. 이 선물계약을 100-015에 매도하는 사람은 만기월에 액면 $100,000 T-Bond(잔존만기 15년 이상)를 6% 표면금리 기준으로 인도하기로 약속하는 것이다.

CME Group에는 T-Bond선물 외에 2년, 5년, 10년(Classic, Ultra) T-Note 선물이 거래되고 있다. 10년(Classic) T-Note 선물의 경우 인도월 첫 영업일 잔존만기 6년 6개월 이상 7년 9개월 이하의 T-Note의 인도가 가능하다. 5년 T-Note 선물의 경우 최초 발행만기가 5년 3개월 이하이면서 인도월 첫 영업일 잔존만기가 4년 2개월 이상 5년 3개월 이하의 T-Note이면 인도가 가능하다.

(3) 전환계수(conversion factor)

T-Bond선물의 거래대상은 30년 만기, 6% 표면금리의 국채인 반면 실제 인도되는 채권은 만기와 표면금리가 매우 다양하기 때문에 선물계약 만기일에 인도되는 채권은 전환계수를 적용하여 표면금리 6%인 표준채권 기준으로 전환시킨다. 따라서 인도대상 채권을 표준물 가격으로 전환시킬 필요가 있다. 이러한 조정을 위해 거래소는 전환계수 방법을 이용하고 있다. 전환계수는 표준물 가격에 대한 인도대상 채권의 가격비율로 정의되며, 표준물 미래가치 1달러에 대한 인도대상 채권의 가치를 나타낸다. 예를 들어, 전환계수가 0.80인 T-Bond의 경우, 현재 T-Bond 선물 가격이 100에 호가되고 있으면, 80에 호가되고 있는 것과 같다. 선물계약의 표준물의 전환계수는 당연히 1이 된다.

$$CF = \sum_{t=1}^{n} \frac{C_t/2}{\left(1 + \frac{0.06}{2}\right)^t} + \frac{1}{\left(1 + \frac{0.06}{2}\right)^n}$$

C_t : 액면 $1에 대한 연 이자지급액

n : 만기까지 6개월 단위 이자지급 횟수

0.06 : 표면금리 6%

위의 공식을 이용하여 전환계수의 추정치를 계산할 수 있지만 거래소는 잔여만기를 분기단위로 환산하여 소수점 넷째 자리까지 전환계수를 계산하여 공식적으로 발표함으로써 거래자들이 쉽게 이용할 수 있도록 하고 있다.[3] 전환계수는 각 현물채권 및 각 결제월별로 하나의 유일한 값을 가지며 특정 결제월 주기 동안 일정하게 유지된다. 그리고 T-Bond 선물의 인수도에서 청구 가격(invoice price)을 계산하거나 선물의 헤지계약 수를 구할 때 사용된다.

표준물과 상이한 T-Bond에 해당하는 선물 가격은 T-Bond선물의 정산 가격(EDSP: Exchange Delivery Settlement Price)에 전환계수(CF)를 곱함으로써 계산할 수 있는데, 이를 조정 선물 가격(AFP : Adjusted Futures Price)이라고 한다.[4]

$$\text{조정 선물 가격}(AFP) = \text{정산 가격}(EDSP) \times \text{전환계수}(CF)$$

(4) 청구금액(invoice amount)

T-Bond선물시장에서의 호가는 6%의 표면이자율을 가진 T-Bond를 표준물로 하여 행해진다. 그러므로 표준물이 아닌 T-Bond로 인수도가 이루어질 경우 T-Bond 선물의 매도자가 매수자로부터 받게 되는 청구금액(invoice amount)은 표준물 기준으로 호가되는 T-Bond선물의 정산 가격에 전환계수를 곱하여 얻을 수 있다.

$$\begin{aligned}\text{청구금액} &= \text{선물 매도자의 수령금액}(\text{선물 매수자의 지급 금액})\\ &= \text{정산 가격}(EDSP) \times \text{인도채권의 전환계수}(CF) + \text{경과이자}(AI)\\ &= \text{조정 선물 가격} + \text{경과이자}\end{aligned}$$

즉, 인도 가능한 모든 채권에 대해 각 월물별로 1개의 선물 가격이 존재하지만, 실제 채권이 인도될 때 각 인도 가능한 채권에 대해 상이한 조정 선물 가격이 적용된다.

(5) 최저가 인도 채권(CTD : Cheapest-to-Deliver Bond)

T-Bond선물의 인도 채권은 해당 결제월의 첫째 날을 기준으로 할 때 잔여만기가 15년 이상 25년 미만인 국채(callable bond의 경우 first call date까지 15년 이상)이면 표면금리와 상관없이 어느 것이든 가능하다. 따라서 선물 매도자는 인도 채권을 선택할 권리가 있으므로 가장 유리한(저렴한) 것을 인도하게 될 것이다. 이를 최저가 인도 채권이라고 부

3　T-Bond 선물의 인도 적격채권의 월물별 전환계수는 www.cmegroup.com 참조.
4　선물의 일일정산(daily settlement)을 위한 정산 가격을 Exchange Delivery Settlement Price(EDSP) 라고 함.

른다.

여러 가지 요인들이 CTD의 결정에 영향을 미치는데, 채권수익률이 6%보다 높으면 이표가 낮고 만기가 긴 채권을 인도하고, 채권수익률이 6%보다 낮으면 이표가 높고 만기가 짧은 채권을 인도하는 것이 유리하다. 또한 수익률 곡선이 우상향하면 만기가 긴 채권을 인도하고, 수익률 곡선이 우하향하면 만기가 짧은 채권을 인도하는 것이 유리하다.

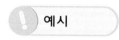 예시

T-Bond 선물 2××8년 6월물의 정산 가격(EDSP)이 120-08이고, 최저가 인도 채권 (CTD)에 관한 정보가 다음과 같이 주어졌을 때 청구금액은 얼마인가?

CTD : 5.25% US T-Bond(만기 : 25년)
경과이자 : 0.3709%
전환계수 : 0.9014

$$청구금액(\text{invoice amount}) = \frac{(120 + 8/32) \times 0.9014 + 0.3709}{100} \times US\$ \ 100,000$$
$$= US\$ \ 108,764.25$$

(6) 매도자 인도 옵션(delivery option)

선물계약 만기 시 실물 인수도에 관한 의사결정 권한은 선물 매도자가 갖게 되는데, 어느 채권을 언제 인도할 것인가에 관한 인도 옵션(delivery options)을 매도자 옵션(seller's option)이라고 한다. 인도 옵션은 매도자가 임의로 선택할 수 있는 권리인 일종의 풋옵션 (put option)으로 볼 수 있다. 따라서 실제 선물 가격은 이러한 매도자 옵션의 가치만큼 낮게 형성된다.

❶ 품질옵션(quality option) : 선물 매도자가 인도 가능한 채권 중에서 선택할 수 있는 권리를 말하며, 인도 적격채권 중에서 임의로 가장 저렴한 채권을 인도할 수 있다.

❷ 인도 시점옵션(timing option) : 최초 인도일은 해당 인도월의 첫 영업일이고 최종 인도일은 해당 인도월의 마지막 영업일이므로 매도자는 한 달 중 인도일을 임의로 정할 수 있다. 이를 인도 시점옵션이라 한다.

❸ 월말옵션(end-of-month option) : 선물 매도자는 최종 거래일 이후 7영업일간 (가장 유리한 시기로 판단되는 날짜를 택하여) 최종 거래일 12시에 이미 확정된 선물결제 가격

을 기준으로 하여 임의로 채권 인도일을 결정할 수 있다.

❹ 와일드카드옵션(wild card option) : 선물시장 폐장시간(오후 2시)과 인도통지 최종시간(오후 6시)이 상이하여 Wild Card Play가 발생한다. 선물시장 폐장 이후에도 현물채권거래가 오후 4시까지 이루어지므로 현물시장의 채권 가격이 하락하면 이미 정해진 선물 정산 가격으로 인도 의사를 오후 6시까지 청산소에 통지하면 된다. 인도를 하겠다는 의사가 전달이 되면 인도 가격은 그날의 정산 가격으로 결정되는데 그정산 가격이란 그날 오후 2시 거래가 종료되는 시점의 가격이다.

바로 이러한 점 때문에 선물 매도자는 와일드카드 옵션을 갖는다. 만약 채권의 가격이 2시 이후에 하락하면 인도하겠다는 의사를 청산소에 전달하고 인도하기에 가장 싼 채권을 물색한다. 만약 가격이 하락하지 않으면 선물 매도 포지션을 그대로유지한 채 이러한 전략을 구사할 수 있는 가능성을 다음날로 미룬다. 그러나 매도포지션이 가지는 와일드카드 옵션은 다른 옵션들과 마찬가지로 공짜가 아니며 선물가격에 반영된다. 즉, 옵션의 가치만큼 선물 가격은 낮게 형성된다.

(7) T-Bond선물의 가격결정

미국 T-Bond선물의 정확한 이론 가격은 매도자가 갖는 다양한 옵션(인도시기와 인도 채권 종류의 선택에 대한 옵션)의 가치를 결정하는 어려움 때문에 구하기가 쉽지 않다. 그러나만약 인도하기에 가장 싼 채권(CTD)과 인도일이 알려져 있는 경우에는 보유비용모형을이용하여 채권선물의 이론 가격을 구할 수 있다.

CTD의 호가(quoted price)에 경과이자(accured interest)를 더하여 CTD의 현금 가격(cash price)을 구하고 선물 만기일까지 지급받을 이자의 현재가치를 뺀 다음, repo 이자율을이용하여 선물 가격을 구한다. 선물 만기일 시점에서의 경과이자(FA)를 뺌으로써 선물호가를 순수 가격(clean price)으로 구하고, 선물호가를 전환계수로 나누어서 CTD와 6%이표율을 갖는 표준채권과의 차이를 조정함으로써 선물이론 가격을 구한다.

이를 요약하면,

$$FP = \frac{(SP + SA - D)\left(1 + RP \times \dfrac{N}{Basis}\right) - FA}{CF}$$

FP : 선물이론 가격

CF : 전환계수

SP : 현물호가(clean price)

SA : 현재 시점의 경과이자

I : 이표의 현재가치

FA : 선물 만기일 시점의 경과이자

RP : repo 이자율

N : 선물 만기일까지의 잔존일 수

$Basis$: 365일 또는 360일

특정 T-Bond 선물계약에 대한 CTD의 이표가 8%(연율)이며, 전환계수가 1.2라고 하자. 채권의 인도는 195일 후에 이루어지고 이표는 반년마다 지급되며, 이전 이표지급일은 30일 전이었다. 또한 다음 이표지급일은 152일 후이고 그 다음 이표지급일은 335일 후라고 가정하자. 수익률 곡선이 평평하고 이자율(repo)은 6%이다. 현재 CTD의 호가가 110-01이라고 하면 T-Bond 선물의 이론 가격은 어떻게 결정되는가?

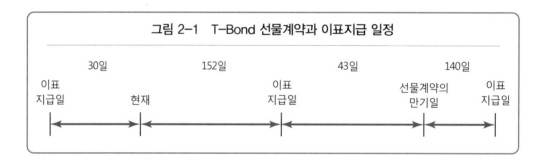

그림 2-1   T-Bond 선물계약과 이표지급 일정

[1단계] CTD의 현금 가격(cash price)은 호가(SP)에 경과이자(SA)를 더하여 계산한다.

$$현금 가격 = SP + SA = \left(110 + \frac{1}{32}\right) + \frac{30}{182} \times 4 = 110.69$$

[2단계] 다음 지급받을 이표의 현재가치(I)를 구하고 보유비용모형을 이용하여 선물 가격을 구한다.

CTD의 보유자는 152일후에 $4의 이표를 받으므로 이표의 현재가치는 $3.902이다.

$$I = \frac{4}{1 + 0.06 \times \frac{152}{365}} = 3.902$$

선물 만기일까지 195일 남아 있으므로 8% 이표채권에 대하여 선물이 거래된다고 할 때 선물 가격은 $110.21이다.

$$(SP + SA - I)\left(1 + RP \times \frac{N}{basis}\right) = (110.69 - 3.902)\left(1 + 0.06 \times \frac{195}{365}\right)$$
$$= 110.21$$

[3단계] 이 선물계약은 만기일까지 43일분의 경과이자(FA)를 발생시키므로 43일분의 경과이자를 차감하여 선물호가를 구한다.

$$110.21 - \frac{43}{183} \times 4 = 109.27$$

[4단계] 위에서 구한 선물호가를 CTD의 전환계수(CF)로 나누어 CTD와 6% 표준채권과의 차이를 조정한다.

$$\frac{109.27}{1.2} = 91.06$$

2 한국 국채선물(Korea Treasury Bond futures)

(1) 국채시장 개요

국채란 사회간접자본(SOC), 실업대책 등의 공공사업으로 재정지출이 재정수입보다 많아 재정적자가 발생하는 경우 정부가 이를 보전하기 위해 헌법과 예산회계법에 의거하여 국회의 의결을 얻은 후에 발행하는 채권이다. 국채가 일반채권보다 유리한 점은 발행자가 국가이므로 원리금 지급이 정부에 의해 보장된다는 점이다. 이로 인해 국채는 발행자의 신용위험이 거의 없는 무위험자산(risk free asset)으로 분류되며, 채권 중에서도 신용도와 지명도가 가장 높은 채권이다.

국채는 국고채권(국고채), 재정증권, 국민주택채권 및 외국환평형 기금채권 등 총 4종류로 발행되고 있다. 이 중 국고채가 국가재정자금 조달의 핵심적인 수단이자 국내 채권시장에서 지표채권(Benchmark) 역할을 수행하고 있다.

국고채 종류로는 원금과 이자가 고정된 일반적인 채권형태의 국고채와 원금과 이자가 물가에 따라 변동하는 물가연동국고채가 있다. 일반적인 형태의 국고채에는 만기 2

년물, 3년물, 5년물, 10년물, 20년물, 30년물, 50년물 7가지 종류가 있다. 만기가 비교적 짧은 2년물, 3년물, 5년물, 10년물, 30년물은 6개월마다, 20년물은 1년마다, 50년물은 2년마다 통합 발행되고 있다. 한편 국고채 중 지표채권은 10년물로서 당초에 3년물이었으나 점차 장기화되어 중간에 5년물을 거쳐 2013년 1월 이후 10년물이 그 역할을 하고 있다.

국고채는 대부분 국고채전문딜러(Primary Dealer, PD) 간의 경쟁입찰을 통해 발행되며 비경쟁입찰 권한 행사, 국고채 교환 등을 통해서도 일부 발행되고 있다. 발행시장에서 국고채를 인수하고자 하는 일반인(전문딜러 및 예비전문딜러를 제외한 개인, 금융기관, 기타 법인 등)은 미국, 일본 등과 달리 발행시장에 직접 참여할 수는 없으며, 국고채전문딜러를 통해 위탁참여 할 수 있다.

국고채는 모두 표면이자액이 이자지급일에 지급되는 이표채 형태로 발행되고 있으며, 이자지급주기는 6개월로 고정되어 있다. 국고채는 통합 발행되고 있으므로 국고채 입찰일과 관계없이 발행일이 정해져 있다. 예를 들어 국고 3년물과 10년물의 경우 연 2회 발행되며, 발행일은 6월 10일과 12월 10일로 지정되어 있다. 참고로 5년물은 연 2회 발행되며, 발행일은 3월 10일과 9월 10일로 지정되어 3년물이나 10년물과의 중첩을 피하였다.

유통시장에서도 국고채는 전체 채권거래의 약 65%(2023년 기준)를 차지하면서 시장금리를 투명하고 효과적으로 형성시키는 지표채권으로서의 역할을 수행하고 있다. 또한 국채선물, Repo(Repurchase Agreement), ETF(Exchange Traded Fund) 등 국고채 연관시장도 활성화되면서 안정적인 국고채 수급과 국채시장 효율화에 긍정적인 영향을 미치고 있다. 10년 만기 이상 장기채의 발행비중은 2022년 56.3%를 차지하고 있고, 유통시장에서 장기채 비중도 2022년 36.9%를 보이고 있다.[5]

주식은 거래소시장의 자동매매시스템을 이용하여 거래가 이루어지는 장내매매가 대부분인데 반하여, 채권은 장외에서 대부분의 거래가 이루어진다. 증권회사가 전화, 인터넷 메신저 등을 통해 매수 또는 매도호가를 투자자로부터 접수받은 후 거래상대방을 찾아서 거래를 중개한다. 거래시간은 장외시장의 특성상 제한은 없으나 일반적으로 국채선물이 거래가 이루어지는 9:00~15:45분에 주로 거래가 이루어진다. 물론 이 시간 이후에도 일부 거래가 이루어지고 있다. 거래는 관행적으로 100억 원 기준으로 이루어진다. 채권은 거래금액이 커 개인투자자에 의해 소화되기 어렵기 때문에 대부분 금융기

---

5   2023 국채(기획재정부 발간) 자료 인용하였음.

관이나 법인 등 기관들 간의 매매로 이루어지고, 개별 경쟁매매보다는 상대매매로 매매가 이루어진다.

국채유통시장 활성화를 위해서 국채전문딜러(primary dealer) 등 시장조성 활동을 담당하는 금융기관들만 참가하는 장내시장인 국채전문유통시장(IDM : Inter-Dealer Market)이 1999년 3월 29일 증권거래소에 개설되었으며, 현재의 한국거래소로 이어져 장내시장의 역할을 하고 있다. 거래는 국고채전문딜러 등이 거래소가 운영하는 국채자동매매시스템(electronic brokerage system)을 통해 종목별로 매수·매도호가를 입력하면 거래조건이 맞는 주문끼리 자동적으로 체결된다. 그러나 국채전문유통시장 거래실적이 부진하자 장내시장 활성화를 위해 2002년 10월에 국채전문딜러에 대해 국채 지표채권 거래 시 장내거래를 의무화하였다.

국채발행 만기의 장기화를 도모하며 2006년 20년물 발행을 시작하였고, STRIP(원금이표분리채권)과 물가연동국채를 발행하였다. 국채발행 증가에 따른 금리변동 위험을 관리하기 위해 3년 국채선물에 이어 5년, 10년, 30년 국채선물이 추가로 상장되었다.

(2) 국채선물 상품내역

거래소는 1999년 9월 29일 정부에 의해 발행된 국고채를 기초자산으로 하는 3년 국채선물을 상장하였다. 이후 2003년 8월 22일 5년국채선물을 상장하였고, 2008년 2월 25일 10년국채선물을 상장하였다. 3년국채선물과 5년국채선물은 현금결제방식으로, 10년국채선물은 실물 인수도방식으로 상장하였으나, 장기 국채선물시장활성화방안(2010년 7월 25일)의 하나로 2010년 10월 25일부터 모든 국채선물의 표면금리, 거래단위, 최종결제방식을 일원화하였다.[6] 따라서 모든 국채선물의 거래대상이 표면금리 연 5%, 6개월 이자 지급방식의 가상국채이며, 최종 결제방법으로서 현금결제 방식을 택하고 있다. 2024년 2월 19일에는 30년 국채선물이 추가로 상장되었다.

최종 결제 가격의 기준이 되는 현물 바스켓(basket)은 'Fixed Basket'이란 방식으로 구성되며, 신규 결제월물 상장 전 시점에 기발행 현물채권을 지정하여 선물 만기일까지 바스켓을 고정하는 방식이다. 최종 결제 가격산정 시 바스켓을 사용하는 이유는 국채선물의 거래대상이 되는 국채가 실질적으로 존재하지 않으므로 시장에 수익률이 없어 채

---

6 2010년 10월 25일 이전에는 3년물과 5년물의 경우 거래대상이 표면금리 연 8%의 국고채였다. 10년물의 경우 표면금리 연 5%의 국고채가 거래대상이었고 거래단위도 0.5억 원이었으나 1억 원으로 일원화되었다.

권 가격을 계산할 수 없기 때문이다. 이를 해결하기 위해서 실제 발행되어 거래되고 있는 국고채로부터 수익률을 가져오게 되는데, 이때 거래소가 지정하는 국고채들을 바스켓 편입종목이라고 한다. 즉, 바스켓에 포함된 국채들의 평균 수익률을 가상채권(거래대상)의 수익률로 사용하는 것이다.

현금결제를 위한 최종 결제 가격은 바스켓에 포함된 국채의 최종 거래일 유통수익률을 산술평균한 후 이를 표준물(5%)의 국채 가격 계산공식에 넣어 산출한다. 예를 들어, 3년 국채선물의 경우 최종 결제 가격은 다음과 같이 결정된다.

$$최종 \ 결제 \ 가격 = \sum_{t=1}^{6} \frac{5/2}{\left(1 + \frac{r}{2}\right)^t} + \frac{100}{\left(1 + \frac{r}{2}\right)^6}$$

표 2-4   국채선물(3년물/5년물/10년물/30년물) 상품명세

구분	세부사항
거래대상	표면금리 연 5%, 6개월 이자지급 방식의 3년(5년/10년/30년) 만기 국고채권
거래단위	액면가 1억 원
결제월	3, 6, 9, 12월
상장결제월	6개월 이내의 2개 결제월
가격의 표시	액면 100원당 원화(백분율방식)
최소 가격 변동폭	0.01(1틱의 가치＝1억 원×0.01×1/100＝10,000원) 0.02(30년 선물, 1틱의 가치 ＝ 1억 원×0.02×1/100＝20,000원)
가격제한폭	기준 가격(전일 정산 가격) 대비 상하 ±3년 1.5%, 5년 1.8%, 10년 2.7%, 30년 3.9%
거래시간	09:00~15:45(최종 거래일 09:00~11:30)
최종 거래일	결제월의 세 번째 화요일(공휴일인 경우 순차적으로 앞당김)
최종 결제일	최종 거래일의 다음 거래일
최종 결제방법	현금결제

출처 : www.krx.co.kr

이때 r은 최종 결제수익률이며 최종 거래일 10:00, 10:30, 11:00 수익률 중 최고치와 최저치를 제외한 중간수익률과 11:30 수익률의 산술평균이다. 예를 들어 국채선물 3년물의 선물 만기일 기준으로 3년 만기, 5% 이표를 가진 국채는 실제로는 존재하지 않기 때문에 실제 거래되는 국채의 가격으로부터 가상채권의 가격을 산출해야 하는데, 바스켓에 포함된 국채들의 평균 수익률이 가상채권의 수익률이라고 가정하는 것이다.

국채선물의 거래단위는 액면가 1억 원이다. 이는 국채선물 1계약을 거래하는 것은 국고채 1억 원을 매매하는 것과 동일한 경제적 효과를 얻을 수 있다는 것이다. 거래시간은 9:00~15:45까지이며, 8:30~9:00, 15:35~15:45까지는 단일 가격으로 매매가 이루어진다. 국채선물의 최종 거래일은 결제월의 세 번째 화요일이며, 이날 만기도래하는 종목은 11:30분까지만 거래된다. 신규 상장되는 종목은 최종 거래일 다음 날에 상장된다.

3   국채선물의 이론 가격결정

국채선물의 이론 가격은 다른 선물의 가격결정과 동일하게 보유비용모형에 의해 결정할 수 있으며, 바스켓에 편입된 채권의 수익률과 선도 가격에 근거하여 아래의 5단계를 거쳐 계산된다.

[1단계] 국채의 시장 가격 계산 : 바스켓을 구성하고 있는 각 국채의 시장수익률을 이용해서 해당 국채의 시장 가격을 구함

[2단계] 국채의 선도 가격 계산 : 단기금리가 반영된 보유비용을 이용하여 각 국채의 선도 가격을 계산

[3단계] 국채의 선도수익률 계산 : 개별 국채의 선도 가격을 해당 국채의 가격 계산 공식에 역산입함으로써 도출

[4단계] 바스켓의 선도수익률 계산 : 개별 국채의 선도수익률을 단순 평균한 수치

[5단계] 국채선물 이론 가격 계산 : 바스켓의 선도수익률을 해당 국채선물의 표준물 (표면금리 5%, 3년/5년/30년 만기)의 국채 가격 계산공식에 넣어 산출

이때 개별 국채의 선도 가격(F)은 보유비용모형을 이용하여 다음과 같이 계산한다.

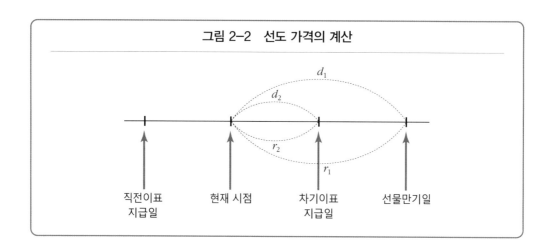

그림 2-2 선도 가격의 계산

$$F = \left[S - \frac{I}{1 + r_2 \times \dfrac{d_2}{365}} \right] \times \left(1 + r_1 \times \frac{d_1}{365} \right)$$

S : 바스켓 편입 국채의 시장 가격

I : 선물 만기일 이전 이표지급액

r_1 : 선물 만기일까지의 이자율*

   * 1일물 콜평균금리와 CD 91일물 금리, 1년만기 통안채금리를 선형보
    간하여 산출

r_2 : 선물 만기일 이전 이표지급일까지의 이자율

d_1 : 선물 만기일까지의 일수

d_2 : 선물 만기일 이전 차기 이표지급일까지의 일수

3년, 5년, 10년, 30년 국채선물의 최종 결제 가격

3년국채선물 최종 결제 가격 $= \displaystyle\sum_{t=1}^{6} \frac{\dfrac{5}{2}}{\left(1 + \dfrac{r}{2}\right)^t} + \frac{100}{\left(1 + \dfrac{r}{2}\right)^6}$

5년국채선물 최종 결제 가격 $= \displaystyle\sum_{t=1}^{10} \frac{\dfrac{5}{2}}{\left(1 + \dfrac{r}{2}\right)^t} + \frac{100}{\left(1 + \dfrac{r}{2}\right)^{10}}$

$$\text{10년국채선물 최종 결제 가격} = \sum_{t=1}^{20} \frac{\frac{5}{2}}{\left(1 + \frac{r}{2}\right)^t} + \frac{100}{\left(1 + \frac{r}{2}\right)^{20}}$$

$$\text{30년 국채선물 최종 결제 가격} = \sum_{t=1}^{20} \frac{\frac{5}{2}}{\left(1 + \frac{r}{2}\right)^t} + \frac{100}{\left(1 + \frac{r}{2}\right)^{20}}$$

r= 최종 결제 기준채권의 평균 선도수익률은 먼저 개별 기준채권의 선도 가격과 일치하는 선도수익률을 산출하고, 이를 단순 평균한 후 소수점 넷째 자리에서 반올림하여 구한다.

section 04 금리선물 거래유형

1 차익거래

금리선물시장의 차익거래는 금리선물의 시장 가격과 이론 가격 간에 괴리가 발생할 때 이를 이용하여 무위험 수익을 얻는 거래이다. 여기서는 T-Bond 선물 차익거래, 한국 국채선물 차익거래 등 금리선물 차익거래의 개념과 예시를 소개한다. 이하의 설명에서 계산의 편의성을 위해 거래비용은 배제하였다.

(1) 미국 국채선물

T-Bond 선물차익거래 : 앞에서 채권선물의 이론 가격은 채권 선도 가격을 전환계수로 나눈 값이라고 설명하였다.

$$FP = \frac{(SP + SA - I)\left(1 + RP \times \frac{N}{Basis}\right) - FA}{CF}$$

FP : 채권선물 이론 가격

CF : CTD의 전환계수

SP : CTD의 호가(clean price)

SA : 현재 시점의 경과이자(spot accrual)

I : 이표의 현재가치

FA : 선물 만기일 시점의 경과이자(forward accrual)

RP : repo 이자율

N : 선물 만기일까지의 잔존일 수

$Basis$: 365일

이때 내재환매수익률(IRR: implied repo rate)은 채권선물의 시장 가격이 주어졌을 때 조정 선물 가격($FP \times CF$)이 채권 선도 가격과 일치하게 되는 환매수익률(repo 이자율)로 정의된다. 즉, 내재환매수익률은 선물 가격에 내재되어 있는 환매수익률로서 위의 식으로부터 다음과 같이 구할 수 있다.

$$IRR = \left(\frac{AFP \times CF + FA}{SP + SA - I} - 1 \right) \times \frac{Basis}{N}$$

AFP : 실제 선물 가격

IRR : 내재환매수익률

이는 선물 매도/CTD 매수 후 선물 만기일에 CTD를 인도하게 될 때 얻게 되는 (연)수익률이다. 이때 IRR는 조정 선물 가격이 채권 선도 가격과 일치하게 되는 자금 조달비용으로서, 채권선물의 시장 가격이 이론 가격에 비해 고평가/저평가되어 있는지 판단하는 기준이 된다. 즉, IRR가 실제 repo 이자율보다 크면(작으면) 채권선물이 고평가(저평가)되어 있다는 것을 의미한다.

또한 순베이시스는 총베이시스에서 순캐리를 뺀 값으로 정의된다.

순베이시스＝총베이시스－순캐리

$$= (SP - FP \times CF) - \left[(FA - SA) - (SP + SA - I) \times RP \times \frac{N}{Basis} \right]$$

$$= \left[SP + (SP + SA - I) \times RP \times \frac{N}{Basis} \right] - (FA - SA) - FP \times CF$$

＝채권 선도 가격－조정 선물 가격

따라서 순베이시스가 0보다 작으면, 이는 조정 선물 가격이 채권 선도 가격보다 크고, 동시에 IRR가 실제 repo 이자율보다 높으므로 채권선물이 고평가되어 있다는 것을 의미한다. 또한 순베이시스가 0보다 크면, 이는 조정 선물 가격이 채권 선도 가격보다 작고, 동시에 IRR가 실제 repo 이자율보다 낮으므로 채권선물이 저평가되어 있다는 것을 의미한다.

! 예시

미국 T-Bond 선물 가격과 CTD에 관한 정보가 다음과 같이 주어졌을 때 차익거래 기회가 존재하는지 살펴보자.

> 성산일(현재) : ○○년 8월 3일
> 9월물 선물 가격 : 103.60
> 잔존만기 : 29일
> CTD : 이표 7.25%
> 순수 가격 : 105.17
> 전환계수(CF) : 1.0153346
> Repo 이자율 : 5%(act/365)

먼저 현재 시점과 선물결제 시점에서의 경과이자를 계산해야 한다.

> 이전 이표지급일(6월 7일)부터 현재(8월 3일)까지의 일수 : 57일
> 이전 이표지급일(6월 7일)부터 선물결제일(9월 1일)까지의 일수 : 86일
> 현 이자지급기간(6월 7일부터 12월 7일까지) : 183일

$$SA = \frac{1}{2} \times 7.25 \times \frac{57}{183} = 1.12910$$

$$FA = \frac{1}{2} \times 7.25 \times \frac{86}{183} = 1.70355$$

$$IRR - \left(\frac{AFP \times CF + FA}{SP + SA - I} \quad 1 \right) \times \frac{Basis}{N}$$

$$= \left(\frac{103.60 \times 1.0153346 + 1.70355}{105.17 + 1.12910 - 0} - 1 \right) \times \frac{365}{29} = 0.0702(7.02\%)$$

IRR가 실제 repo 이자율(5%)보다 높으므로 채권선물이 고평가되어 있다고 볼 수 있다. 한편, 채권선물의 이론 가격(FP)을 구하고 시장 가격과 비교하여 보자.

$$FP = \frac{(SP + SA - I)\left(1 + RP \times \frac{N}{Basis}\right) - FA}{CF}$$

$$N^* = h \times \frac{Q_S}{Q_F}$$

$$= 103.43$$

CF : CTD의 전환계수

SP : CTD의 호가(clean price)

SA : 현재 시점의 경과이자(spot accrual)

I : 이표의 현재가치

FA : 선물 만기일 시점의 경과이자(forward accrual)

RP : repo 이자율

N : 선물 만기일까지의 잔존일 수

$Basis$: 365일

시장 가격 103.60이 이론 가격 103.43보다 높으므로 고평가되어 있음을 확인할 수 있다. 또한 순배이시스(채권현물가격 − 조정선물가격 − 순캐리)를 구해보면 다음과 같다.

$$순베이시스 = \left[SP + (SP + SA - I) \times RP \times \frac{N}{Basis} \right] - (FA - SA) - FP \times CF$$

$$= 채권 선도 가격 − 조정 선물 가격$$

$$= 105.016 - 105.189 = -0.173 < 0$$

즉, 순베이시스가 음(−)이므로 채권선물이 고평가되어 있음을 재확인할 수 있다.

따라서 고평가되어 있는 채권선물을 매도하고, repo 거래를 통해 CTD를 매수하는 차익거래를 통해 이익(채권 가격의 0.173%)을 볼 수 있다.

(2) 한국 채권선물

3년국채선물의 이론 가격은 국채 바스켓에 편입된 개별 국채의 시장 가격으로부터 선도 가격을 구하고 그에 상응하는 선도수익률을 계산하여 평균을 낸 후, 3년 만기, 표면 금리 연 5%, 6개월 이표지급 방식의 가상국채 가격 공식에 대입하여 산출한다. 선물 시장 가격이 이론 가격보다 고평가된 경우에는 현물을 매수하고 선물을 매도하는 매수차익거래를 실행한다. 반면, 선물 시장 가격이 이론 가격보다 저평가된 경우에는 현물을 매도하고 선물을 매수하는 매도차익거래를 실행한다.

국채선물을 이용하여 차익거래를 할 경우에는 바스켓 편입종목이 복수일 경우 차익거래 종료 시점까지 수익률 곡선이 평행이동해야 차익거래의 안정성이 확보된다. 만일 수익률 곡선이 평행이동하지 않으면 바스켓을 구성하는 개별 채권의 가격 움직임과 국채선물 가격의 움직임에 일관성이 결여되어 차익거래로 인한 손익구조가 예상과 달라질 수 있다. 국채선물을 이용하여 차익거래를 할 때 유의할 사항은 바스켓 구성 채권들과 국채선물 기초자산의 만기와 이표율이 달라 금리변동에 따른 가격 민감도에 차이가 날 수 있다는 점이다. 이로 인해 차익거래의 사전적 이익과 차익거래로 인해 실현된 사후적 이익 간에 괴리가 발생하게 된다. 따라서 이러한 괴리를 줄이기 위해서 차익거래를 위한 선물계약 수를 선물의 수정 듀레이션과 현물의 수정 듀레이션의 비율로 조정해 주어야 한다.

$$차익거래\ 시\ 선물계약수 = \frac{현물의\ 수정\ 듀레이션 \times 현물가치}{선물의\ 수정\ 듀레이션 \times 선물가치}$$

❗ 예시

○○년 7월 1일 3년국채선물의 바스켓 편입종목인 3-2의 수익률은 4.12%이고, 같은 해 3년국채선물 9월물(KTB309)은 111.32에 거래되고 있다. 단기수익률을 4%라고 하면 3년국채선물의 이론 가격은 110.82가 되어 선물 가격이 이론 가격 대비 50틱(tick) 고평가되어 있음을 알 수 있다. 따라서 현물을 매수하고 국채선물을 매도하는 매수차익거래를 실행하면 무위험수익을 얻을 수 있다. 이를 위해 채권 매수대금을 차입하여 현물(국고 3-2)을 매수하는 동시에 국채선물을 매도하고자 한다.

국채선물과 현물의 수정 듀레이션은 〈표 2-5〉와 같다.

차익거래를 위해 현물 100억 원(액면기준)에 해당되는 선물계약 수는 다음과 같이 구하면 81계약이 된다. 즉, 액면 100억 원의 채권을 매수하는 동시에 3년국채선물 81계약을 매도하면 된다.

$$차익거래계약\ 수 = \frac{10,238,000,000 \times 2.4692}{111,320,000 \times 2.7979} = 81$$

선물 만기일이 되면 선물을 만기 청산하고 현물채권을 매도하여 매도대금으로 차입금을 상환하면 차익거래가 종료된다. 바스켓에 편입된 국고 3-2의 최종 결제수익률이 5.0%가 되었다고 가정하면 차익거래로 인해 4,674만 원의 이익이 발생한다(〈표 2-6〉 참조).

표 2-5 **국채선물 시장 가격과 이론 가격 및 듀레이션**

구분	현물	선물	이론 가격
가격	4.12%(102.38)	111.32	110.82
수정 듀레이션	2.4692	2.7979	

표 2-6 **국채선물 차익거래 내용** (단위 : 백만 원)

시점	거래내용	평가금액
차익거래 포지션 진입	[현물] －국채매수대금 －국채(발행일 2003년 3월 5일, 만기 3년, 이표 4.5%)를 4.12%에 매수 [선물] －국채선물 111.32에 81계약 매도	＋10,238.00 －10,238.00
차익거래 포지션 청산	[현물] －보유 국채 5.0%에 매도 －이표 수입 －이표 재투자(4%) 수익 －차입원금 상환 －차입금 이자비용 [선물] －국채선물 108.26에 81계약 환매수 －최종 순익	＋9,898.00 ＋225.00 ＋0.27 －10,238.00 －86.39 ＋247.86 ＋46.74

2 방향성 거래

금리(채권)선물 등 선도형 금리파생상품은 손익 구조가 선형이기 때문에 금리의 방향성 예측에 근거한 투자수단으로 활용할 수 있다. 단기금리의 상승이 예상될 경우 SOFR선물 등 단기금리선물을 매도하고, 반대로 단기금리의 하락이 예상될 경우 SOFR선물 등 단기금리선물을 매수한다. 중기금리의 상승이 예상될 경우 T-Note선물이나 한국 국채선물을 매도하고, 반대로 중기금리의 하락이 예상될 경우 T-Note선물이나 한국 국채선물을 매수한다. 또한 장기금리의 상승이 예상될 경우 T-Bond선물을 매도하고, 반대로 장기금리의 하락이 예상될 경우 T-Bond선물을 매수한다.

순수 방향성 거래전략은 금리의 예상에 따라 강세전략과 약세전략으로 구분할 수 있다.

(1) 강세전략

인플레이션 우려가 점차 수그러들고 통화당국이 통화정책을 완화하여 향후 수익률 곡선이 하향 이동할 것으로 예상하는 경우 투자자는 수익률 곡선 또는 듀레이션을 매수하는 전략(go long the curve / long duration)을 택할 수 있다. 즉, 현금이나 단기금융상품에서 만기가 긴 채권으로 갈아타거나, 채권선물을 매수한다.

(2) 약세전략

인플레이션 우려가 심화되고 통화당국이 통화정책을 긴축으로 선회하여 향후 금리 상승이 예상되는 경우 투자자는 수익률 곡선 또는 듀레이션을 매도하는 전략(go short the curve / short duration)을 택할 수 있다. 즉, 만기가 긴 채권을 매도하고 단기금융상품(또는 현금)으로 갈아타거나, 채권선물을 매도한다.

3 　듀레이션 조정(시장 시기 선택)

채권시장의 강세가 예상될 때 펀드매니저는 보유하고 있는 채권 포트폴리오의 듀레이션을 증가시킴으로써 금리 하락에 따른 이익을 볼 수 있고, 채권시장의 약세가 예상될 때는 채권 포트폴리오의 듀레이션을 감소시킴으로써 금리 상승에 따른 손실을 줄일 수 있다. 이는 수익률 곡선의 기울기에 대한 견해는 중립적이며 단지 금리 하락 또는 상승에 대한 포트폴리오의 민감도를 조정하는 것이다.

금리 하락을 예상하는 강세전략은 수익률 곡선의 단기영역에 해당하는 채권을 매도하고 수익률 곡선의 장기영역에 해당하는 채권을 매수함으로써 보유하고 있는 채권 포트폴리오의 듀레이션을 증가시키는 전략이다. 이 전략은 물론 금리가 하락하면 이익을 보게 될 것이다. 또한 수익률 곡선이 우상향하는 일반적인 상황에서 시간이 흐름에 따라 수익률 곡선의 기울기가 유지될 경우 낮은 단기금리로 자금을 조달하여 높은 장기금리로 운용하기 때문에 양(+)의 캐리(carry)가 발생하며, 수익률 곡선을 따라 내려오면서 롤 효과(roll effect : roll-down yield curve advantage)를 추가적으로 얻게 된다.[7] 한편, 금

7 　롤 효과란 수익률 곡선이 우상향하는 경우 시간이 경과함에 따라 채권금리가 수익률 곡선을 따라 내려오고 그 결과로서 채권 가격이 상승하는 현상을 말한다.

리가 상승할 경우에는 당연히 손실을 보게 되지만 양(+)의 캐리 및 롤 효과는 금리 상승 시 하방리스크에 대해 어느 정도의 쿠션(cushion)을 제공해 준다. 특히 수익률 곡선의 경사가 급하게 우상향하는 경우 만기가 긴 채권의 롤 효과가 커서 유리한 측면이 있다.

금리 상승을 예상하는 약세전략은 수익률 곡선의 장기영역에 해당하는 채권을 매도하고 수익률 곡선의 단기영역에 해당하는 채권을 매수함으로써 보유하고 있는 채권 포트폴리오의 듀레이션을 감소시키는 전략이다. 이 전략은 물론 금리가 상승하면 포트폴리오를 조정하지 않을 경우보다 이익을 보게 될 것이다. 그러나 금리가 하락하면 손해이며, 특히 수익률 곡선이 우상향하는 일반적인 상황에서 시간이 흐름에 따라 수익률 곡선의 기울기가 유지될 경우 높은 장기금리로 자금을 조달하여 낮은 단기금리로 운영하는 음(−)의 캐리(carry) 효과가 발생하게 된다.

표 2-7   듀레이션 거래(수익률 곡선에 대한 중립적인 견해)

유형	전략	이익	손실
강세	단기영역 매도 장기영역 매수	금리 하락 양(+)의 캐리 롤(roll) 효과	금리 상승 (캐리 및 롤(roll) 효과 손실 일부보전가능)
약세	단기영역 매수 장기영역 매도	금리 상승	금리 하락 음(−)의 캐리

지금까지 설명한 듀레이션 거래전략의 실행 시 보유하고 있는 채권 포트폴리오의 듀레이션을 현물로 직접 조정하는 대신 채권선물을 이용하여 듀레이션을 조정할 수 있다. 이때 채권선물의 상품구조가 우리나라 국채선물과 같이 현금결제방식의 상품인 경우는 바스켓에 편입되어 있는 국고채의 평균 수익률을 이용하여 국채선물의 듀레이션을 계산하고 목표 듀레이션을 얻을 수 있는 국채선물 계약수를 산출한다. 한편, 미국의 T-Bond나 T-Note선물과 같이 실물 인수도 방식의 채권선물의 경우는 채권선물의 BPV를 구하고 목표 듀레이션을 BPV로 전환하여 채권선물의 계약수를 산출한다. 이하에서는 두 가지 경우의 예시를 살펴보기로 한다.

예시 1

채권 포트폴리오의 현재가치를 P, 채권 포트폴리오의 평균 듀레이션을 D_p, 채권선물(현금결제)의 듀레이션을 D_F, 채권선물 1계약의 가치를 F라고 하면, 목표 듀레이션 D_T를 얻기 위한 채권선물의 계약수 N는 다음과 같이 결정된다.(＋는 매수/－는 매도)

$$N = \frac{(D_T - D_P)}{D_F} \times \frac{P}{F}$$

예를 들어, S투신사의 채권형 펀드매니저는 6월 20일 현재 300억 원의 원화 채권 포트폴리오를 관리하고 있다. 현재 포트폴리오의 평균 듀레이션은 2년, 9월 만기 국채선물 3년물의 호가는 100이라고 하자(국채선물 3년물의 듀레이션은 3년으로 가정).[8] 향후 국채수익률의 하락으로 강세장이 예상되어 채권 포트폴리오의 듀레이션을 3년으로 증가시키고자 할 때 국채선물을 다음과 같이 활용할 수 있다.

$$N = \frac{(D_T - D_P)}{D_F} \times \frac{P}{F}$$
$$= \frac{(3-2)}{3} \times \frac{300억\ 원}{1억\ 원} = +100(계약)$$

D_T : 목표 듀레이션(target duration)
D_P : 채권 포트폴리오의 평균 듀레이션
D_F : 채권선물의 듀레이션
P : 채권 포트폴리오의 현재가치
F : 채권선물 1계약의 가치
N : 채권선물 계약수

국채선물 가격 100의 의미는 계약단위 1억 원의 100%를 의미하므로, 국채선물 1계약의 가치는 1억 원이다. 즉, 국채선물 100계약을 매수함으로써 채권 포트폴리오의 듀레이션을 2년에서 3년으로 늘릴 수 있다.

 예시 2

실물 인수도가 이루어지는 채권선물의 경우 채권 포트폴리오의 듀레이션을 BPV로 전환하고, CTD의 BPV를 CTD의 전환계수(CF)로 나누어서 채권선물의 BPV를 구한 다음, (목표 듀레이션으로부터 구한) 목표 BPV를 얻을 수 있는 채권선물의 계약수를 산출한다. 이때 듀레이션

---
8 한국국채선물의 듀레이션은 각 바스켓 채권 선도금리를 산술평균해 만기3년(5/10/30년), 쿠폰 5%(연2회 지급) 조건으로 구함

(D)을 BPV로 전환시키는 식은 채권수익률이 y일 때 다음과 같다.

$$BPV = \frac{D}{1 + \frac{y}{2}} \times P \times 0.0001$$

[1단계] 포트폴리오의 듀레이션을 BPV로 전환한다.

[2단계] 목표 듀레이션을 BPV로 전환한다.

[3단계] 목표 BPV를 얻을 수 있는 채권선물의 계약수(N)를 다음과 같이 산출한다.

$$N = \frac{BPV_T - BPV_P}{BPV_F}$$

이때 채권선물의 $BPV(BPV_F)$는 CTD의 BPV를 CTD의 CF로 나누어서 구한다.

$$BPV_F = \frac{BPV_{CTD}}{CF_{CTD}}$$

BPV_{CTD} : 채권선물 CTD의 BPV

CF_{CTD} : 채권선물 CTD의 전환계수(CF)

4 헤지거래

(1) 매도헤지와 매수헤지

헤지는 금리리스크를 제거하기 위하여 금리선물을 매도하거나 매수하는 것이다. 헤지를 통해 금리리스크를 제거할 수 있는 경우는 다음과 같다. 첫째, 향후 자금 조달이 예정되어 있는 기업은 금리가 상승할 경우 자금조달 비용의 상승 리스크에 노출되어 있다. 이 경우 단기금리선물을 매도하면 된다. 둘째, 채권 포트폴리오를 보유하고 있는 투자자는 채권수익률이 상승할 경우 채권 가격의 하락 리스크에 노출되어 있으므로 채권선물을 매도한다. 셋째, 채권 발행을 계획하고 있는 기업은 채권이 실제로 발행되어 자금이 유입되는 시점까지의 기간 동안 금리 상승 리스크에 노출되는 것이다. 이 경우 채권선물을 매도하여 금리 상승 리스크를 제거할 수 있다. 넷째, 은행으로부터 차입을 하거나 채권을 발행하여 자금조달을 계획하고 있는 기업도 금리가 상승하면 차입비용이 증가하는 리스크에 노출된다. 이 경우 단기금리선물을 매도하여 금리상승 리스크를 통제할 수 있다.

표 2-8 금리 리스크의 유형과 헤지전략

현물 포지션	현물거래	금리 리스크	헤지전략
현재 보유	채권투자	금리 상승 → 가격 하락	채권선물 매도
	고정금리 차입	금리 하락 → 기회손실 발생	금리선물 매수
보유 예정	채권투자 예정	금리 하락 → 기회손실 발생	채권선물 매수
	차입예정	금리 상승 → 차입비용 상승	금리선물 매도

금리 하락 리스크를 제거하기 위해서는 채권선물을 매수한다. 예를 들어, 향후 신규 펀드자금의 유입이 예상되어 채권투자를 계획하고 있는 경우 펀드 관리자는 금리 하락(채권 가격 상승) 리스크를 회피하기 위해 채권선물로 매수헤지를 할 수 있다. 미래에 현물 가격이 상승하는 경우 채권선물 가격도 같이 상승하기 때문에 선물 포지션에서 이익이 발생하여 현물 포지션의 손실을 보전할 수 있다. 또한, 카드제조회사가 연하장 판매대금이 회수되는 1월 말경에 대규모 자금이 유입되는 시점에 장기채권 투자를 계획하고 있는 경우, 금리 하락으로 채권 가격의 상승이 우려되면 채권선물로 매수헤지를 할 수 있다. 이와 같이 매수헤지의 목적은 향후의 투자자금을 현재의 높은 수익률로 미리 투자하는 데 있다고 볼 수 있다. 미래의 현금흐름을 정확히 예측할 수 있을 때 매수헤지를 통해 현물의 매수 가격을 고정시켜(미래 현물거래의 효과적인 대체 포지션) 미래 투자자산의 기회손실(opportunity loss)을 방지한다는 의미에서 이를 예상 헤지(anticipatory hedge)라고도 한다.

(2) 직접헤지(direct hedge)와 교차헤지(cross hedge)

직접헤지란 현물을 기초자산으로 하는 금리파생상품이 존재하는 경우 그 파생상품을 이용하여 헤지하는 방법이다. 그러나 헤지하고자 하는 현물을 기초자산으로 하는 금리파생상품이 존재하지 않는 경우가 일반적이며, 이 경우 헤지하려고 하는 현물과 유사한 가격 변동을 보이는 자산을 기초자산으로 하는 금리파생상품을 이용하여 헤지하는 것을 교차헤지라고 한다.

펀드 관리자가 보유하고 있는 채권 포트폴리오(국채, 통안채, 회사채 등)를 국채선물로 헤지하는 경우는 교차헤지의 대표적인 예이다. 예를 들어, 채권 포트폴리오의 평균 듀레이션이 3년에 가까운 경우 3년 국채선물을 이용하고, 평균 듀레이션이 5년에 가까운 경우 5년 국채선물을 이용함으로써 헤지성과를 높일 수 있다. 회사채 발행을 계획하고 있는 기업이 채권 발행 자금이 유입되는 시점까지의 기간 동안 노출된 금리 상승 리스크를 제거하기 위하여 국채선물로 매도헤지하는 경우 회사채 수익률과 국채 수익률 간의 상관계수가 1이 아니기 때문에 교차헤지에 해당된다.

(3) 스트립헤지(strip hedge)와 스택헤지(stack hedge)

스트립헤지란 기업이 장기간에 걸쳐 금리 리스크에 노출되어 있을 때 각 결제월의 단기금리선물을 동일 수량만큼 매수 또는 매도하여 전체적으로 균형화하는 헤지기법을 말한다. 즉, 스트립은 단순히 2개 이상의 연속적인 결제월물을 시리즈로 사거나 파는 기법으로서 해당 기간 동안의 수익률을 고정시킬 수 있다. 이때의 유효금리 또는 목표금리(target rate)를 스트립 이자율(strip rate)이라고 하며 향후 수익률 곡선의 변동과 상관없이 확정금리가 된다.

이에 비해 스택헤지란 헤지 대상 물량 전체에 해당하는 최근월물을 모두 매수(매도)한 후 만기가 되었을 때 해당 기간 경과분만큼을 제외한 나머지를 그 다음의 최근월물로 롤오버(rollover)하는 방법이다. 이를 스택 앤 롤링(stack & rolling)헤지라고도 한다.

스트립헤지는 미래의 일정기간에 걸친 리스크 노출을 거의 완벽하게 일치시킬 수 있으며, 선물거래 자체가 스스로 만기 소멸 기능을 가지고 있다는 점에서 사후관리가 필요치 않다. 반면 원월물로 갈수록 유동성이 저하되므로 문제가 생길 수 있다.

이처럼 양자 간의 장·단점이 다르기 때문에 일률적으로 비교가 불가능하나 왕복거래 수수료 측면을 보면 스트립헤지가 우수하다고 볼 수 있다. 특히 스택헤지는 미래의 수익률 곡선 기울기가 어떻게 변할 것인가에 대한 투기적인 요소가 포함되어 있다. 즉, 스트립헤지에 비해 스택헤지의 성과는 일차적으로 수익률 곡선 기울기 변화에 따라 결정된다. 만약 그 기울기가 헤지기간 동안 변화하지 않는다면 금리 수준의 변화에도 불구하고 스트립헤지 효과와 스택헤지 효과는 비슷할 것이다.

그러나 수익률 곡선이 가파르게 될 경우, 즉 원월물의 내재선도금리가 근월물 내재선도금리보다 상대적으로 더 상승할 때 근월물 스택 매도헤지의 효과는 스트립헤지에 비해 감소된다. 또한 기울기가 평평하게 되면 근월물 스택 매도헤지의 효과는 스트립헤지를 능가하게 된다. 따라서 수익률 곡선에 대한 예상이 맞을 경우 스택헤지의 성과가 좋게 되나, 수익률 곡선의 패턴예측은 금리예측만큼이나 어려운 일이다.

㈜○○물산은 사업 확장을 위해 주거래은행으로부터 25백만 달러를 1년 만기, 변동금리(3개월 SOFR 복리평균 + 가산금리) 이자지급 조건으로 차입하였다. 차입일은 2××8년 12월 19일이고 만기는 2××9년 12월 19일이다. 이자는 매분기 19일에 지급된다. 이 기업의 자금담당자는 향후 달러금리의 상승이 우려되어 3개월 SOFR선물로 헤지하고자 하며 스트립헤지와 스택헤지의 장단점을 파악하여 그 중 하나의 방법을 선택하려고 한다.

먼저 스트립헤지를 택할 경우 3개월 SOFR선물 2××8년 12월물 25계약, 2××9년 3월물 25계약, 2××9년 6월물 25계약을 각각 매도한다. 그리고 매분기마다 차입이자 지급일에 해당 결제월물을 매수 청산하거나 또는 이자지급일이 선물 만기일과 동일하다면 선물계약은 별도의 청산거래를 하지 않더라도 만기일에 현금정산을 통해 소멸된다. 1년 차입금리에 대해 3개 결제월만 사용하는 것은 최초 확정금리기간을 제외해야 하기 때문이다. 즉, 현재 시점에서 확정된 SOFR 복리평균 + 가산금리는 3개월 후에 지급되고 3개월 후 시점에서 확정된 SOFR 복리평균 + 가산금리는 6개월 후에 지급되는 즉, 이자율은 미리 정해지고 이자지급은 나중에 이루어지는 방식이다.

이에 비해 스택헤지의 경우 75계약 전부를 근월물인 2××8년 12월물 선물로 매도계약을 체결하고 3월 만기가 다가오면 기존에 매도한 선물계약 전부를 매수하여 청산함과 동시에 잔여물량을 차기 근월물인 3월물로 매도한다. 이후 3월물, 6월물도 같은 과정을 거친다. 예를 들어, 2××9년 3월 차입이자 지급일에는 12월물 75계약 매수와 동시에 3월물 50계약을 매도하면 된다. 한편 이자지급일과 선물 만기일이 같을 경우 잔여물량만 롤오버하게 되면 25계약은 별도의 청산거래를 하지 않더라도 만기일에 현금정산을 통하여 소멸되고 잔여물량만 다음 기로 만기가 연장되는 효과를 갖게 된다. 잔여물량 롤오버를 할 경우에는 선물 스프레드 거래[9]를 이용하면 된다. <표 2-9>는 모든 이자지급일과 선물 만기일이 동일하다고 가정할 경우 스택헤지와 스트립헤지의 거래구조를 요약한 것이다.

표 2-9 스택헤지와 스트립헤지

구분	결제월	최초 헤지	1차 롤오버	2차 롤오버	효과
스택헤지	12월물	75계약 매도	50계약 매수		25계약 매도
	3월물		50계약 매도	25계약 매수	25계약 매도
	6월물			25계약 매도	25계약 매도

---

9   동일 수량을 근월물 매수(매도)와 원월물 매도(매수)로 동시에 실행하는 선물 거래형태를 선물 스프레드 거래라 한다.

스트립헤지	12월물	25계약 매도			25계약 매도
	3월물	25계약 매도			25계약 매도
	6월물	25계약 매도			25계약 매도

자금담당자는 베이시스 리스크, 수익률 곡선의 움직임, 시장 유동성 등을 고려하여 헤지기법을 선택하고자 한다. 스택헤지가 스트립헤지보다 실행이 용이한 것은 분명하지만, 베이시스 리스크에 노출된다는 단점을 간과해서는 안 된다. 예를 들어, 3개월짜리 선물로 6개월짜리 금리를 헤지한다는 것은 3개월 금리와 6개월 금리가 동일하게 움직일 것이라는 가정이 필요하다. 이러한 가정이 적절하지 않은 시장 상황이라면 스택헤지보다는 스트립헤지를 선택해야 한다. 스트립헤지의 경우 원월물로 갈수록 선물시장의 유동성이 저하되므로 문제가 생길 수 있으나, 3개월 SOFR선물처럼 유동성이 높은 경우에는 스트립헤지의 실행에 커다란 문제가 없을 것이다. 또한 향후 수익률 곡선이 가파르게 될 경우 원월물의 내재선도금리가 근월물 내재선도금리보다 상대적으로 더 상승하여 근월물 스택헤지의 효과는 스트립헤지에 비해 감소될 수도 있다. 따라서 ㈜○○물산의 자금담당자는 스트립헤지를 선택하기로 결정하였다.

(4) 금리 리스크 헤지모형

금리선물을 이용하여 금리 리스크를 헤지하는 것은 주가 및 환리스크를 헤지하는 경우보다 복잡하다. 이는 이표와 만기 등의 불일치로 금리 리스크 헤지 결과가 만족스럽지 못한 경우가 대부분이기 때문이다. 따라서 헤지의 성과를 높이기 위해서는 이표와 만기의 불일치를 고려하는 헤지전략이 요구된다.

예를 들어, 우리나라의 국채선물의 경우 다른 나라와 마찬가지로 완벽한 헤지는 사실상 불가능하다. 그 이유는 첫째, 헤지 대상 채권의 금리 민감도가 선물거래의 기초자산의 금리 민감도와 다르기 때문이다. 또한, 헤지 대상 채권의 수익률 움직임과 최종 결제 가격 산정의 기준이 되는 바스켓의 수익률이 헤지기간 동안 동일하게 움직이지 않기 때문에 완벽한 헤지가 불가능하다. 따라서 헤지의 효율성을 증대시키기 위한 방안은 결국 헤지비율(hedge ratio)을 어떻게 결정하는가에 달려있다. 금리선물의 헤지비율을 결정하는 방법에는 다양한 모형들이 사용되고 있으나 여기서는 BPV 모형, 전환계수모형, 듀레이션 헤지모형을 소개하고자 한다.

❶ 베이시스 포인트 가치 모형(basis point value model) : 베이시스 포인트 모형의 기본 개념은 수익률 1bp(0.01%) 변화에 대한 가격 변동(BPV : Basis Point Value)에 근거하여 헤지비율을 구하는 것이다. 즉, 선물 및 현물의 BPV를 이용한 헤지비율은 다음과 같이 구할 수 있다.

$$헤지비율 = \frac{BPV_c}{BPV_f}$$

이때 BPV_c는 수익률 1bp 변화에 따른 현물 가격 변화, BPV_f는 수익률 1bp 변화에 따른 선물 가격 변화를 나타낸다. BPV는 항상 일정한 것이 아니라 수익률 변동에 따라 수시로 변하기 때문에 헤시비율을 계속 조정할 수도 있고, 만약 현물과 선물의 수익률 변화 크기가 다르다면 수익률의 상대적 변동성(relative volatility)으로 헤지비율을 조정함으로써 헤지성과를 개선할 수 있다.

❷ 전환계수모형(conversion factor model) : 전환계수모형은 T-Bond나 T-Note선물계약과 같이 인수도 가격(청구 가격)을 결정할 때 전환계수를 사용하는 선물계약에 적용하는 모형이다. 이 모형의 기본 개념은 전환계수를 민감도 지수로 사용함으로써 가격 민감도 차이를 조정하는 것이다. 즉, 현물 액면가 1달러를 선물계약의 액면가 1달러로 헤지할 때 전환계수를 곱한 값이 헤지비율이다.

T-Bond선물이나 T-Note선물에서 언급하였듯이 전환계수가 상이한 인도 적격물이 여러 개 존재한다. 따라서 전환계수모형을 이용하여 헤지비율을 산출하기 위해서는 최저가 인도 채권(CTD)을 먼저 결정하고 해당 전환계수를 이용한다.

$$헤지계약수 = \frac{P}{F} \times CF_{CTD}$$

이때 P는 채권 포트폴리오의 가치, F는 채권선물의 계약단위, CF_{CTD}는 CTD의 전환계수(CF)를 나타낸다.

예를 들어, 현재 액면 $1,000,000의 채권 포트폴리오를 관리하고 있는 펀드매니저가 T-Bond선물(계약단위 $100,000)을 이용하여 헤지하려고 한다. CTD의 전환계수가 0.964966일 때 펀드 관리자가 매도해야 할 T-Bond선물의 계약수는 다음과 같이 결정된다.

$$헤지계약수 = \frac{1,000,000}{100,000} \times 0.964966 = 10 \, (계약)$$

이와 같이 전환계수를 이용하여 헤지비율을 조정하는 방법의 문제점은 헤지대상 채권 포트폴리오와 채권선물의 금리 민감도를 고려하지 않는 점이다. 따라서 T-

Note/Bond선물을 이용하여 채권 포트폴리오의 금리 리스크를 헤지할 때 채권현물의 *BPV*와 (채권선물과 직접적으로 관계가 있는) *CTD*의 *BPV*를 고려하여 다음과 같이 헤지계약수를 계산할 수 있다.

$$헤지계약수 = \frac{P}{F} \times CF_{CTD} \times \frac{BPV_P}{BPV_{CTD}}$$

이때 P는 채권 포트폴리오의 가치, F는 채권선물의 계약단위, CF_{CTD}는 *CTD*의 전환계수(*CF*), BPV_p는 채권 포트폴리오의 *BPV*, BPV_{CTD}는 *CTD*의 *BPV*를 나타낸다.

예를 들어, 앞의 예시와 같이 현재 $1,000,000의 채권 포트폴리오를 관리하고 있는 펀드매니저가 T-Bond선물(계약단위 : $100,000)을 이용하여 헤지하려고 한다. 채권 포트폴리오의 *BPV*가 0.04980, *CTD*의 *BPV*가 0.07292, *CTD*의 전환계수가 0.964966일 때 펀드 관리자가 매도해야 할 T-Bond 선물의 계약수는 다음과 같이 결정된다.

$$헤지계약수 = \frac{1,000,000}{100,000} \times 0.964966 \times \frac{0.04980}{0.07292} = 7 \text{(계약)}$$

채권 포트폴리오의 *BPV*와 *CTD*의 *BPV* 비율로 헤지 포지션을 조정하기 때문에 앞에서 설명한 방법보다 헤지계약수가 훨씬 작게 산출된다.

❸ 듀레이션 헤지모형(duration hedging model) : 채권 포트폴리오의 금리 리스크를 헤지하는 가장 일반적인 방법은 포트폴리오의 수정 듀레이션과 선물의 수정 듀레이션 비율로 헤지 포지션을 설정하는 것이다. 즉,

$$N = \frac{D_P \times P}{D_F \times F}$$

D_P : 현물 수정 듀레이션

D_F : 선물 수정 듀레이션

P : 포트폴리오의 현재가치

F : 선물 1계약의 가치

N : 선물계약수

앞에서 채권선물을 이용하여 채권 포트폴리오의 듀레이션을 조정하는 방법을 설명하였다. 목표 듀레이션(target duration) D_T를 얻기 위한 채권선물의 계약수 N은 다음과 같이 결정된다(+는 매수/−는 매도). 즉

$$N = \frac{(D_T - D_P)}{D_F} \times \frac{P}{F}$$

따라서 듀레이션 헤지는 목표 듀레이션 D_T를 0으로 설정한다는 것을 알 수 있다.

❗ 예시

▶ 채권 포트폴리오의 금리 리스크 관리

S투신사의 채권펀드 운용담당자는 향후 채권수익률의 상승이 예상되어 보유 채권의 리스크 관리 방안에 대해 고민하고 있다. ○○년 10월 6일 현재 채권형 펀드는 액면금액이 300억 원, 시장가치(P)가 294.53억 원, 평균 수정 듀레이션(D_p)이 2.37년이다. 운용담당자는 국채선물(3년물)을 이용한 매도헤지방안을 강구하고 있다.

채권운용자가 고려하고 있는 헤지기간은 11월 23일까지 약 한 달간이고, 10월 6일 현재 국채선물(3년물)의 시장 가격(F)은 98.24(즉, 1억 원의 98.24%)이고 선물의 수정 듀레이션(D_F)은 2.64이다. 따라서 듀레이션 헤지모형에 의하면 매도해야 할 국채선물 계약수(N)는 270이다.

$$N = \frac{D_P \times P}{D_F \times F}$$

$$= \frac{2.372870 \times 29,453백만\ 원}{2.637672 \times 98.24백만\ 원} = 270$$

한편 듀레이션을 이용하여 헤지를 할 경우 듀레이션 개념의 한계로 인해 완전한 헤지가 불가능하다는 점을 유의해야 한다. 이는 채권의 볼록성(convexity)과 수익률 곡선의 비수평이동(non-parallel shift)으로 인해 듀레이션의 개념에 근거한 헤지모형이 한계를 지니기 때문이다. 이 경우 선물수익률과 현물수익률 간의 수익률 베타(beta)와 채권 포트폴리오의 볼록도를 고려하여 헤지비율을 산출함으로써 헤지성과를 개선시킬 수 있다.

5 스프레드 거래

스프레드는 일반적으로 특정 선물의 시장 가격과 다른 선물의 시장 가격 간의 차이를 말한다. 이때 기초자산이 동일한 선물 중에서 결제월이 다른 선물 간의 가격차이를 결제월 간 스프레드(calendar spread)라고 하고, 결제월이 동일하지만 기초자산이 다른 선물 간의 가격차이를 상품 간 스프레드(inter-commodity spread)라고 한다. 선물시장에서 이러한 스프레드의 변동을 예측하여 이익을 얻으려는 거래자들을 스프레더(spreader)라고 한다.

스프레드 거래란 스프레드의 변화를 예상하여 한 선물계약을 매수하고 다른 선물계약을 매도하는 전략이다. 이와 같은 거래는 스프레드가 변화하면 한쪽에서 이익이 발생할 때 다른 쪽에서 손실이 발생하지만 이익이 손실보다 클 것으로 기대하는 전략이다. 물론 스프레드가 예상했던 것과 다른 방향으로 변하면 손실이 발생하지만 가격 예측에 의한 방향성 매매보다는 손실 위험이 작다.

(1) 결제월 간 스프레드 거래(calendar spread trading)

채권 선물 가격은 채권 현물 가격에 순보유비용(단기이자－채권이자)을 더하여 결정된다. 수익률 곡선이 우상향하는 일반적인 상황에서 채권 선물 가격은 현물 가격보다 낮게 형성되며, 만기일이 멀수록 선물 가격이 낮게 형성된다. 따라서 원월물 가격이 근월물 가격보다 낮게 형성된다. 이때 근월물 가격과 원월물 가격의 차이인 결제월 간 스프레드는 순보유비용의 차이에 의해 결정된다.

결제월 간 스프레드 거래는 이러한 스프레드의 변화를 예상하는 거래로서 거래대상이 동일하며 만기가 다른 두 개의 선물을 동시에 매수/매도하는 전략이다.

❶ 강세 스프레드(bull spread) 또는 매수 스프레드(long spread) 전략 : 근월물 선물 가격이 원월물에 비해 상대적으로 더 많이 상승하거나 더 적게 하락할 것으로 예상하는 경우, 즉 스프레드가 확대될 것으로 예상하는 경우 근월물을 매수하고 원월물을 매도한다.

❷ 약세 스프레드(bear spread) 또는 매도 스프레드(short spread) 전략 : 원월물 선물 가격이 근월물에 비해 상대적으로 더 많이 상승하거나 더 적게 하락할 것으로 예상하는 경우, 즉 스프레드가 축소될 것으로 예상하는 경우 근월물을 매도하고 원월물을 매수한다.

❗ 예시

▶ 결제월 간 스프레드 거래

○○년 6월 15일 채권형 펀드매니저 A는 최근 발표된 미국 소비자물가지수가 상승 기조를 유지하고 있고 오는 7월에 발표될 고용지표 역시 호조를 보일 것으로 예상하여 통화당국이 조만간 정책금리를 인상할 것으로 보고 있다. 이에 따라 장단기 금리차가 더욱 확대될 것으로 예상하고 T-Bond선물의 근월물 가격이 원월물 가격보다 덜 하락할 경우 이익을 볼 수 있는 결제월 간 스프레드 매수 포지션을 취하였다. 즉, T-Bond선물 9월물 10계약을 매수하고, T-Bond

선물 12월물 10계약을 매도하였다. 이 경우 7월 23일 예상대로 결제월 간 스프레드가 증가할 경우 다음과 같이 이익을 보게 된다.

	T-Bond선물 9월물	T-Bond선물 12월물	결제월 간 스프레드
6월 15일	98-29	98-22	7
7월 23일	99-23	99-10	13
이익/손실	0-26	(0-20)	6

T-Bond선물 9월물과 12월물에서 발생한 이익/손실은 다음과 같이 결정된다.[10]

$$9월물의 \ 이익 = \frac{26}{32}(\%) \times \$100,000 \times 10(계약) = \$8,125.00$$

$$12월물의 \ 손실 = \frac{20}{32}(\%) \times \$100,000 \times 10(계약) = \$6,250.00$$

따라서 이 펀드매니저는 $1,875.00의 이익을 얻게 된다.

(2) 상품 간 스프레드

이는 만기가 같은 두 선물계약의 가격 변화의 차이로부터 이익을 얻으려는 전략이다. 가격 상승폭이 상대적으로 크거나 가격 하락폭이 상대적으로 작을 것으로 예상되는 선물을 매수하고, 반대로 가격 상승폭이 상대적으로 작거나 가격 하락폭이 상대적으로 클 것으로 예상되는 선물을 매도한다.

예를 들어, 중기 채권선물인 T-Note선물과 장기 채권선물인 T-Bond선물 간의 가격 차이를 이용하는 NOB(Notes over Bonds) 스프레드 거래는 장기 채권선물이 단기 채권선물보다 금리 변화에 민감한 특성을 이용하는 전략이다.

채권 거래자는 금리 상승 시 장기채권의 가격이 단기채권의 가격보다 하락률이 크기 때문에 단기채권을 매수하고 장기채권을 매도한다. 반대로 금리 하락 시 장기채권의 가격이 단기채권의 가격보다 상승률이 높기 때문에 단기채권을 매도하고 장기채권을 매수한다. 이러한 거래전략을 채권선물에 적용한 것이 NOB 스프레드 거래이다. 즉, 장단기 금리가 동일하게 상승할 것으로 예상할 때는 T-Note선물을 매수하고 T-Bond선물을 매도하는 NOB 스프레드 매수전략을 택하고, 반대로 장단기 금리가 동일하게 하락

---

10 T-Bond선물의 경우 0-01은 1/32%를 의미한다. 따라서 99-23과 98-29의 가격차이는 0-26이다.

할 것으로 예상할 때는 T-Note선물을 매도하고 T-Bond선물을 매수하는 NOB 스프레드 매도전략을 택한다. 2020년에 한국거래소는 3년국채선물과 10년국채선물을 대상으로 국채선물 상품간 스프레드 상품을 상장하였다. 3년국채선물과 10년국채선물의 스프레드를 별도의 호가로 거래할 수 있다.

 예시

▶ NOB 스프레드 거래[11]

채권형 펀드매니저는 향후 장단기 금리가 동일하게 상승할 것으로 예상하여 5년 T-Note 선물을 10계약 매수하고 T-Bond선물을 10계약 매도하는 NOB 스프레드 매수전략을 택하였다.

	5년 T-Note선물	T-Bond선물	NOB 스프레드
10월 20일			
수익률	7.90%	8.15%	
12월물 가격	100-14	99-03	1 − 11
11월 9일			
수익률	8.13%	8.38%	
12월물 가격	99-17	97-06	2 − 11
이익/손실	(0-29)	1-29	1 − 00

5년 T-Note선물과 T-Bond선물에서 발생한 이익/손실은 다음과 같이 결정된다.

$$\text{T-Note선물의 손실} = \frac{29}{32}(\%) \times \$100,000 \times 10(\text{계약}) = \$9,062.50$$

$$\text{T-Bond선물의 이익} = \left[1 + \frac{29}{32}\right](\%) \times \$100,000 \times 10(\text{계약}) = \$19,062.50$$

따라서 이 펀드매니저는 $10,000의 이익을 얻게 된다.

---

11 T-Note/Bond선물의 경우 0-01은 1/32%를 의미한다.

6 수익률 곡선 거래전략(Yield Curve Trading Strategy)

수익률 곡선의 기울기 변화로부터 이익을 얻고자 하는 거래전략을 수익률 곡선 거래 전략이라고 하며, 다음과 같은 두 가지 유형의 전략이 있다.

(1) 수익률 곡선 스티프닝전략(steepening strategy)

장기물의 수익률 상승폭이 단기물의 수익률 상승폭보다 커서 수익률 곡선이 가팔라 질(steepening) 것으로 예상하는 경우 장기물을 매도하고 단기물을 매수한다.

(2) 수익률 곡선 플래트닝전략(flattening strategy)

단기물의 수익률 상승폭이 장기물의 수익률 상승폭보다 커서 수익률 곡선이 완만해 질(flattening) 것으로 예상하는 경우 장기물을 매수하고 단기물을 매도한다.

수익률 곡선의 기울기가 변할 것으로 예상할 때에도 앞에서 설명한 NOB 스프레드 거래를 이용할 수 있다. 수익률 곡선의 스티프닝이 예상될 경우 NOB 스프레드 매수전 략을, 수익률 곡선의 플래트닝이 예상될 경우 NOB 스프레드 매도전략을 택한다.

! 예시

향후 수익률 곡선의 스티프닝을 예상하는 투자자는 국채선물을 이용하여 수익률 곡선전략을 어떻게 실행하는 것이 적절한가? (국채선물 3년물의 듀레이션은 2.6년, 국채선물 10년물의 듀 레이션은 7.8년으로 가정)

수익률 곡선전략의 실행 시 3년과 10년 국채선물의 듀레이션 비율로 포지션을 설정해야 한다. 그렇지 않으면 수익률 곡선이 평행이동하더라도 손익이 발생하기 때문이다. 즉,

$$\text{국채선물 10년물의 계약수} = \frac{\text{국채선물 3년물의 듀레이션}}{\text{국채선물 10년물의 듀레이션}} \times \text{국채선물 3년물의 계약수}$$

스티프닝을 예상하므로 단기물인 국채선물 3년물을 100계약 매수하는 경우 장기물인 국채선물 10년물은 $\frac{2.6}{7.8} \times 100 = 33$계약을 매도해야 한다.

채권 매니저가 향후 경기가 회복되면서 금리가 전반적으로 상승하고 수익률 곡선의 스티프닝

이 진행될 것으로 확신하는 경우 3년물과 10년물을 앞선 사례에서처럼 3년물 선물 100계약 매수와 10년물 선물 33계약 매도를 하지 않고 동일한 계약수로 매수/매도한다면 이는 순수한 수익률 곡선 거래전략이 아니고 금리의 방향성에 대한 베팅이 포함되는 것이다. 예상과 달리 금리가 전반적으로 하락하면서 수익률 곡선이 평행이동하거나 또는 플래트닝이 진행되면 듀레이션 비율로 선물 포지션을 조정하는 경우보다 훨씬 큰 손실을 보게 되기 때문이다.

chapter 03

금리옵션

금리옵션의 개념

금리옵션은 옵션의 손익이 금리 수준에 의해 결정되는 옵션을 말한다. 금리옵션은 기초자산이 현물(spots) 또는 선물(futures)인지 여부에 따라 현물옵션 또는 선물옵션으로 분류할 수 있다. 현물옵션(option on spots)은 현물시장에서 거래되는 자산을 기초자산으로 하는 옵션이며, 선물옵션(option on futures)은 선물을 기초자산으로 하는 옵션이다. 채권이나 이자율에 관련된 옵션들은 대부분 현물이 아닌 선물을 기초자산으로 하는 선물옵션이다.

이는 채권이 주식 또는 환율과는 달리 기초자산을 균일화시키기 어려워 현물을 기초자산으로 옵션을 거래할 경우 옵션의 상품구조가 복잡해지기 때문이다. 또한 채권은 대부분 장외에서 거래되므로 주식 등에 비해 현물 가격을 실시간으로 파악하기가 어렵다는 점도 현물 대신 선물을 기초자산을 사용하는 이유이다. 선물의 경우 대부분 전산거래로 이루어짐에 따라 가격 움직임을 쉽게 파악할 수 있기 때문이다.

선물콜옵션(call option on futures)은 선물을 매수할 수 있는 권리, 선물풋옵션(put option on futures)은 선물을 매도할 수 있는 권리이다. 선물콜옵션을 매수한 투자자가 콜옵션을 행사하면 선물 매수 포지션을 취하게 되고, 선물풋옵션을 매수한 투자자가 풋옵션을 행사하면 선물 매도 포지션을 취하게 된다. 반면, 선물콜옵션을 매도한 투자자가 콜옵션을 행사당하면 선물 매도 포지션을 취하게 되고, 선물풋옵션을 매도한 투자자가 풋옵션을 행사당하면 선물 매수 포지션을 취하게 된다.

미국에서 가장 활발히 거래되는 금리옵션으로는 CME Group에서 거래되는 T-Bond선물, T-Note선물, SOFR선물에 대한 옵션 등이 있다. 이자율이 상승할 것으로 예상되면 금리풋옵션을, 이자율이 하락할 것으로 예상하면 금리콜옵션에 투자하면 된다. 예를 들어, 단기이자율이 상승할 것으로 예상하는 투자자는 SOFR선물 풋옵션을 매수하고, 단기이자율이 하락할 것으로 예상하는 투자자는 SOFR선물 콜옵션을 매수하면 된다. 장기이자율이 상승할 것으로 예상하는 투자자는 T-Bond나 T-Note에 대한 선물풋옵션을 매수하고, 장기이자율이 하락할 것으로 예상하는 투자자는 T-Bond나 T-Note에 대한 선물콜옵션을 매수하면 된다.

최근 여러 유형의 금리옵션이 거래소와 장외시장에서 거래되고 있으며, 금리옵션은 채권옵션, 채권선물옵션, 금리선물옵션, 그리고 장외 금리옵션으로 분류할 수 있다. 거래소에서 거래되는 채권옵션으로는 T-Bond옵션(CBOE : 1982년 10월 상장)과 T-Note옵션(CBOE : 1985년 7월 상장)을 들 수 있다. 이 옵션들은 유럽형 옵션으로 옵션만기일의 T-Bond/Note '만기수익률'에 근거하여 현금결제가 이루어지는 특이한 결제방식을 택하고 있다. 따라서 채권옵션이라기보다는 금리옵션의 성격을 띠고 있다.

장외 금리옵션인 캡, 플로어, 스왑션 등은 구조화채권(structured notes)의 발행뿐만 아니라 다양한 상품개발에 활용되고 있다. 예를 들어, 금리 상한 변동금리채권(Capped FRN), 금리 상하한 변동금리채권(Collared FRN), 수의상환 변동채권(Callable Flipper Bond) 등 금리 연계 구조화채권의 구성요소로서 금리옵션이 활용되고 있다.

채권옵션

채권옵션(bond option)의 개념

채권옵션은 채권현물을 기초자산으로 하는 옵션이다. 즉, 일정한 행사 가격으로 채권을 매수 또는 매도할 수 있는 권리를 의미한다. 일부 채권에는 옵션이 내재되어 있는 경우도 있다. 예를 들어, 수의상환채권(callable bond)은 발행자가 미래에 미리 약정된 가격에 채권을 다시 매수할 수 있는 권리를 갖는 조항(call provision)을 포함한다. 즉, 채권 투자자는 발행자에게 콜옵션을 매도한 것과 같다. 수의상환채권은 일반적으로 발행 후 일정기간(no-call period) 동안 콜옵션의 행사를 금지하는 조항을 포함하여 투자자를 보호한다.

상환요구(putable)채권은 투자자가 미래에 미리 약정한 가격으로 상환을 요구할 수 있는 권리를 갖게 된다. 즉, 채권 투자자는 발행자로부터 풋옵션을 매수한 것과 같다. 투자자의 입장에서 풋옵션은 채권의 가치를 증가시키므로 상환요구채권의 수익률은 일반적으로 상환요구권이 없는 채권의 수익률보다 낮다.

채권 이외에 채권옵션이 내재되어 있는 금융상품들이 있다. 예를 들어 고정금리 예금의 경우 예금자가 만기 이전에 예금을 인출할 수 있는 권리(조기인출권리)는 채권에 대한 풋옵션의 성격을 갖는다. 또한 금융기관의 대출약정(loan commitment)도 채권에 대한 풋옵션의 성격을 갖는다. 한편, 고정금리 대출의 경우 차입자가 만기전에 원금을 상환할 수 있는 권리(조기상환 권리)는 채권에 대한 콜옵션의 성격을 갖는다.

채권옵션의 가격결정

블랙-숄즈 모형은 1973년에 처음 발표된 후 파생상품시장에서 광범위하게 활용되고 있으며, 통화옵션, 주가지수옵션, 선물옵션 등의 가격결정에 적용할 수 있도록 모형이 확장되어 왔다. T-Note/Bond옵션의 가치를 평가하는 가장 간단한 방법은 블랙-숄즈 모형을 그대로 이용하는 것이다.

옵션의 기초자산이 채권의 수익률이므로 만기 시 채권수익률이 대수정규분포를 따른다고 가정하면 블랙-숄즈 모형에 의한 유럽형 콜옵션(c)과 풋옵션(p)의 가격은 다음과 같이 결정된다.

$$c = SN(d_1) - Ke^{-r\tau}(d_2)$$
$$p = Ke^{-r\tau}N(-d_2) - SN(-d_1)$$

    S : 기초자산 가격(채권의 만기수익률 $\times$ 10)

    τ : 옵션의 잔존만기(연표시)

    σ : 채권수익률의 변동성

    K : 옵션의 행사 가격

    r : 옵션의 잔존만기 동안 적용되는 무위험 이자율

$$d_1 = \frac{\ln\left(\frac{S}{K}\right) + \left(r + \frac{1}{2}\sigma^2\right)\tau}{\sigma\sqrt{\tau}}, \quad d_2 = d_1 - \sigma\sqrt{\tau}$$

금리옵션의 가치를 결정하기 위한 보다 정교한 방법은 금리의 기간구조를 모형화하는 것이다. 이 모형은 시간이 흐름에 따라 변하는 수익률 곡선의 가능한 행태를 묘사하는 모형이다. 금리기간구조모형은 주식의 가격이나 환율의 변화를 묘사하는 모형보다 훨씬 복잡하다. 왜냐하면 단 하나의 변수에 대한 것이 아니고 수익률 곡선 전체의 움직임을 모형화해야 하기 때문이다. 시간이 지남에 따라 기간구조(term structure)의 개별 이자율이 변할 뿐만 아니라 수익률 곡선 자체의 형태도 변한다.

1 금리선물옵션의 개념

선물옵션은 선물을 기초자산으로 하는 옵션이다. 즉, 옵션 보유자가 옵션을 행사하면 선물 포지션을 획득하게 된다. 선물콜옵션을 매수한 투자자가 옵션을 행사하면 선물에 매수 포지션을 취하게 되며, 선물 가격과 행사 가격의 차이를 받는다. 한편, 선물풋옵션을 매수한 투자자가 옵션을 행사하면 선물에 매도 포지션을 취하게 되며 행사 가격과 선물 가격의 차이를 받는다.

거래소에서 거래되는 금리선물옵션 중 가장 인기 있는 것은 T-Bond선물, T-Note선물, SOFR선물에 대한 옵션이다. 이자율이 상승하면 채권 가격은 하락하고, 이자율이 하락하면 채권 가격은 상승한다. 단기이자율이 상승할 것으로 예상하는 투자자는 SOFR선물 풋옵션을 매수하여 투자할 수 있고, 단기이자율이 하락할 것으로 예상하는 투자자는 SOFR선물 콜옵션을 매수하여 투자할 수 있다. 장기이자율이 상승할 것으로 예상하는 투자자는 T-Bond나 T-Note에 대한 선물풋옵션을 매수하고, 장기이자율이 하락할 것으로 예상하는 투자자는 선물콜옵션을 매수하여 투자할 수 있다.

선물옵션이 현물옵션보다 투자자로부터 많은 관심을 끄는 이유는 기초자산인 선물이 현물보다 유동성이 높고 거래하기가 용이하다는 점을 들 수 있다. 또한 현물 가격은 투자자들이 쉽게 알 수 없는 반면, 선물 가격은 시장에서 실시간으로 제공된다. 선물옵션의 경우 옵션 행사 시 선물 포지션으로 들어간 후 만기 이전에 청산되는 것이 일반적이기 때문에 옵션을 행사하여 현물을 취득하게 되는 현물옵션보다 투자자에게 매력적이다. 마지막으로 선물옵션과 선물이 동일한 거래소의 피트(pit)에서 거래되는 편리함 뿐만 아니라 현물옵션에 비해 거래비용이 작다는 장점이 있다.

(1) 상품내역

미국의 시카고상품거래소(CBOT)는 1982년 미국 장기국채선물(US T-Bond futures)을 거래대상으로 하는 장기국채선물옵션을 최초로 상장하였다. 그 후 시카고상품거래소(CME)에는 10년 만기 T-Note선물과 5년 만기 T-Note선물에 대한 옵션을 상장하였다.

미국 T-Bond옵션 계약은 1/64단위로 호가되며, 최소 가격 변동금액은 계약당 $15.625이다. T-Bond선물은 32진법을 사용하는 반면, T-Bond옵션은 64진법을 사용한다. T-Bond 옵션 1계약을 거래하는 것은 T-Bond선물 1계약을 인수도하기로 약속하는 것과 같다.

T-Bond옵션 매수자는 옵션만기일 이전에 옵션을 행사할 수 있으며(미국식), 콜옵션이 행사될 경우 CME 청산소(CME Clearing)에서는 콜옵션 매수자의 계좌에 T-Bond선물을 행사 가격에 매수한 것으로 기록하고, 콜옵션 매도자의 계좌에는 T-Bond선물을 행사 가격에 매도한 것으로 기록한다. 반면에 풋옵션이 행사될 경우 풋옵션 매수자는 T-Bond선물을 행사 가격에 매도한 것으로 기록하고, 풋옵션 매도자는 T-Bond선물을 행사 가격에 매수한 것으로 기록한다.

> **예시**
>
> 행사 가격 100-00, 만기 6월의 T-Bond선물 콜옵션을 3-48의 프리미엄을 지불하고 매수할 경우 프리미엄은 다음과 같이 계산된다.
>
> $$프리미엄 = (3 \times 64 + 48) \times \$15.625 = \$3,750$$
>
> 선물 가격이 104-16일 때 옵션 매수자가 옵션을 행사하면 매수자는 100-00의 가격으로 선물 1계약 매수 포지션을 취득하게 되고 증거금 계정에 $4,250가 입금되어 순이익은 $500가 발생한다.
>
> $$\begin{aligned}옵션 \ 행사 \ 후 \ 선물정산 \ 이익 &= (104\text{-}16 - 100\text{-}00) \times \$15.625 \\ &= (4 \times 64 + 16) \times \$15.625 = \$4,250\end{aligned}$$
>
> $$순이익 = \$4,250 - \$3,750 = \$500$$

표 3-2 　미국 국채선물옵션의 상품명세

	5년 만기 T-Note 선물옵션	10년 만기 T-Note 선물옵션	T-Bond 선물옵션
거래단위	CBOT에서 거래되는 액면가 $100,000단위의 특정 인도월 미국 5년 만기 T-Note선물	CBOT에서 거래되는 액면가 $100,000단위의 특정 인도월 미국 10년 만기 T-Note선물	CBOT에서 거래되는 액면가 $100,000단위의 특정 인도월 미국 T-Bond선물
최소 호가 단위	1/64포인트의 1/2(계약당 $7.8125)	1/64포인트(계약당 $15.625)	좌 동
행사 가격	현재 5년 만기 T-Note선물 가격을 중심으로 0.25포인트 간격으로 설정.	현재 10년 만기 T-Note선물 가격을 중심으로 0.25포인트 간격으로 설정.	현재 T-Bond선물 가격을 중심으로 0.5포인트 간격으로 설정
행사 유형	미국식	좌 동	좌 동
계약월	최소 4개의 계약월(3개의 연속 월물과 1개의 분기물) 외에 분기주기(3월/6월/9월/12월)에 들어 있는 다음 4개의 월물(항상 5개 월물이 거래되도록 설정)	좌 동	좌 동
최종 거래일	옵션은 옵션만기월 이전 달의 최종 거래일로부터 역산하여 최소 2일의 거래일이 있는 마지막 금요일 정오에 거래가 종료됨	좌 동	좌 동
행사	선물옵션 매수자는 옵션이 만료되기 전 어느 거래일에나 오후 6시까지 CME의 청산소에 행사통지를 제출함으로써 옵션을 행사할 수 있음. 행사 통지 접수 후 청산소에서는 무작위로 행사 상대방인 옵션 매도자를 선출함. 최종 거래일 당시 내가격인 옵션은 청산소에 의해 자동 행사됨	좌 동	좌 동
거래시간 (시카고시간)	전자거래 : 5:00p.m.~4:00p.m. (일~금)	좌 동	좌 동

출처 : www.cmegroup.com

(2) 국채선물옵션의 가격결정 모형

선물옵션은 옵션 보유자에게 선물 포지션을 취할 권리를 부여한다는 점을 제외하고는 일반적인 옵션과 동일하다. Black(1976) 모형에 의하면 유럽형 국채선물 콜옵션 가격(c)과 풋옵션 가격(p)은 다음과 같이 결정된다. 이 모형은 Black-Scholes(1972) 모형에서 선물 가격이 보유비용모형을 따른다는 가정을 결합시킨 것으로 유럽형 선물옵션의 가격결정에 이용할 수 있다.

$$c = e^{-r\tau}[FN(d_1) - KN(d_2)]$$
$$p = e^{-r\tau}[KN(-d_2) - FN(-d_1)]$$
$$d_1 = \frac{\ln\left(\frac{F}{K}\right) + \frac{1}{2}\sigma^2\tau}{\sigma\sqrt{\tau}}, \quad d_2 = d_1 - \sigma\sqrt{\tau}$$

F : 선물 가격,　　K : 행사 가격,　　σ : 변동성

τ : 만기까지 잔존일수,　　r : 무위험 이자율

예를 들어, 국채선물 가격(F)이 105, 만기까지 남은 잔존일수(T)가 30일(0.0822년), 행사 가격(K)이 103, 이자율(r)이 4.22%(0.0422), 국채선물 가격의 연간 변동성(σ)이 6.82%(0.0682)라고 할 때 콜옵션의 가격(c)은 2.17이다. 즉, 국채선물옵션 1계약을 매수하기 위해서는 1억 원의 2.17%인 217만 원을 지불해야 한다.

만기 이전에 옵션을 조기행사할 수 있는 미국형 선물옵션의 경우 조기행사 권리에 대한 가치를 고려해야 한다. 옵션 매수자가 만기일 이전에 옵션을 조기행사할 수 있는 권리를 갖게 되면 그러한 권리의 가치만큼 유럽형 옵션의 가격보다 높게 형성될 것이다.

> 미국형 옵션의 가격＝유럽형 옵션의 가격＋조기행사 권리의 가치

〈그림 3-1〉은 미국형 콜옵션의 가격(C)과 유럽형 콜옵션 가격(c)의 차이, 즉 옵션의 '조기행사 권리의 가치(VEP)'를 보여주고 있다.

유럽형 콜옵션의 가격결정식을 보면 미국형 콜옵션이 조기행사될 수 있음을 알 수 있다. 선물 가격이 행사 가격보다 높아져 과내가격(Deep-In-The-Money) 옵션이 되면 $N(d_1)$과 $N(d_2)$는 1에 수렴하게 되고 유럽형 옵션 가격은 $c = e^{-r\tau}(F-K)$에 접근하게 된

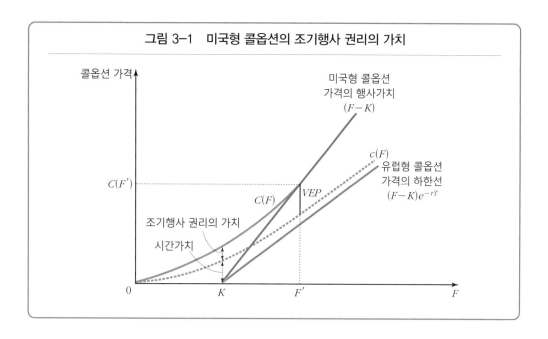

그림 3-1 미국형 콜옵션의 조기행사 권리의 가치

다. 그러나 미국형 콜옵션을 행사하면 $e^{-r\tau}(F-K)$보다 큰 $(F-K)$를 얻게 된다. 따라서 미국형 콜옵션은 만기일 전에 조기행사될 수 있고 미국형 옵션의 가격은 유럽형 콜옵션 가격보다 높게 형성된다.

F'는 옵션이 만기 이전에 행사되는 선물 가격의 경계 수준을 나타낸다. 따라서 선물 가격이 F'보다 낮은 영역에서는 VEP(조기행사 권리의 가치)가 미국형 콜옵션 가격(C)과 유럽형 콜옵션 가격(c)의 차이로 결정된다. 그러나 선물 가격이 F'보다 높은 영역에서는 VEP가 $(F-K)$와 유럽형 콜옵션 가격의 차이로 결정된다. 선물 가격이 행사 가격보다 높아져 콜옵션이 과내가격이 될 경우 유럽형 옵션 가격은 $e^{-r\tau}(F-K)$에 접근하게 되므로

$$VEP = (F-K) - e^{-r\tau}(F-K) = (F-K)(1 - e^{-r\tau})$$

즉, VEP의 최대치는 옵션의 조기행사로 얻게 되는 이자수익의 현재가치임을 알 수 있다.

(3) 미국형 국채 선물옵션의 조기행사

배당금을 지급하지 않는 주식에 대한 옵션의 경우 콜옵션의 조기행사는 시간가치를 포기하는 것이기 때문에 옵션을 행사하는 것보다는 옵션을 매매하는 것이 더 이익이다. 한편, 배당이 있는 주식에 대한 미국형 콜옵션의 경우 배당금을 받기 위해 옵션을 조기 행사할 수 있다. 풋옵션도 과내가격인 경우 옵션을 조기행사하여 확보된 내재가치만큼을 무위험 자산에 재투자할 수 있다.

미국형 국채 선물옵션을 조기에 행사할 유인은 무엇인가? 기초자산이 현물이 아니라 선물인 선물옵션의 경우 만기이전에 행사의 유인이 생기는 경우는 보유하고 있는 옵션이 과내가격이 될 경우이다. 이 경우 옵션의 프리미엄은 상당히 높은 수준에서 형성되고 선물 가격과 거의 같이 움직이게 되며 시간가치는 미미할 것이다.

과내가격 옵션의 경우에 시장에서 이와 동일한 수준의 프리미엄을 받고 전매도 하려면 유동성이 뒷받침되어야 하는데 매도/매수 호가의 스프레드가 상당히 벌어져 있어 옵션 포지션을 청산할 때 내재가치를 확보하지 못하게 될 수도 있다. 이러한 경우 내재가치를 확실하게 보장받는 행사전략을 선택하는 것이 유리하다. 국채선물 콜옵션을 행사한 후 받게 되는 국채선물의 가격은 옵션 가격과 유사하게 움직인다. 또한 옵션 행사로 받게 되는 내재가치를 무위험자산에 투자하여 추가수익을 얻을 수 있다. 이러한 이유 때문에 과내가격 옵션의 경우 미국형이 유럽형보다 옵션의 조기행사 권리의 가치만큼 높게 형성될 것이다.

한편, 옵션의 행사자는 국채선물 매수 포지션을 다음 날 선물시장 개장 시점까지 유지하다가 시초가에 청산하는 데 따른 부담을 안게 된다. 즉, 'Overnight Price Risk'에 노출이 된다. 이와 같은 리스크가 미국형 옵션의 행사를 자제하게 하는 요인으로 작용한다면 미국형 옵션의 프리미엄이 유럽형 옵션의 프리미엄과 큰 차이가 나지 않을 수 있다. 이러한 'Overnight Price Risk'를 회피하는 방법은 종가에 국채선물을 매도한 후 장종료 후 콜옵션을 행사하는 것이다. 이 경우 다음날 국채선물 가격이 어떻게 움직이든 콜옵션의 행사로 얻은 내재가치를 확보할 수 있다.

3 SOFR선물 옵션

SOFR선물 옵션은 SOFR 선물계약을 기초자산으로 하는 옵션이다. SOFR선물 콜옵

SOFR선물 옵션(American)의 상품명세

상품명칭	Options on 3-Month SOFR Futures	Options on 1-Month SOFR Futures
거래대상	3개월 SOFR 선물	1개월 SOFR 선물
거래단위	각 SOFR 선물 1계약	
권리행사유형	미국형(각 SOFR 선물에 대한 콜옵션과 풋옵션)	
거래시간 (시카고 시간)	CME Globex : 5.00p.m. ~ 4:00p.m.(일~금)	
행사 가격 간격	8개 품목(4개 매월, 4개 분기물) : 0.0625pt 기타 품목 : 0.125pt	0.0625pt
결제월	16개 분기물과 분기물 제외 4개 매월물	최근 연속 4개 매월물
최소 가격 변동폭	최근/2번째 분기물 : 0.0025 = $6.25 기타 분기물 : 0.005 = $12.50 매월물 : 0.0025 = $6.25	0.0025 = $10.4175
최종 거래일	만기월 세 번째 수요일 전주 금요일	만기월 마지막 영업일

출처 : CME Group

선의 경우 옵션 매수자는 옵션 행사 시 미리 정한 행사가격으로 SOFR선물을 매수할 수 있고, SOFR선물 풋옵션의 경우 옵션 매수자는 옵션 행사 시 미리 정한 행사가격으로 SOFR선물을 매도할 수 있다.

옵션거래의 계약단위는 해당 월의 각 SOFR선물(3개월/1개월) 1계약이다. 3개월 SOFR 선물의 옵션은 16개의 분기물과 4개의 매월물이 상장된다. 1개월 SOFR선물 옵션은 최근 4개의 매월물이 상장된다. 3개월 SOFR선물 옵션 1계약을 거래하는 것은 액면가 100만달러의 SOFR금리를 기초자산으로 선물 1계약을 거래하는 것과 같으며 최근과 2번째 분기물의 경우 최소 가격변동폭은 0.0025, 최소 가격 변동금액은 $6.25이다. 1개월 SOFR선물 옵션 1계약을 거래하는 것은 액면가 500만달러의 SOFR금리를 기초자산으로 신물 1계약을 거래하는 것과 같으며 최소 가격변동폭은 0.0025, 최소 가격 변동금액은 $10.4175이다.

SOFR선물 옵션은 최종 거래일까지 만기 이전에는 항상 행사가 가능한 미국형 옵션이며, 만일 최종 거래일까지 행사되지 않은 채 내가격 상태로 끝나면 옵션은 최종거래일에 자동적으로 행사된다. 최종거래일은 3개월 SOFR선물 옵션의 경우 선물 만기월 세 번째 수요일 전주 금요일이며 1개월 SOFR선물 옵션의 경우 선물 만기월의 마지막 영업일이다.

옵션의 행사는 당일 오후 5시 30분까지 옵션 매수자 측 청산회원이 청산소에 행사통지를 제출하면 이루어진다. 옵션을 행사할 경우 미리 정한 행사가격으로 선물계약을 보유하게 되며 이는 일반적인 선물처럼 일일 정산 대상이 된다. 생성된 선물계약이 매수(매도)인 경우 반대매매인 매도(매수) 거래로 해당 선물계약을 청산할 수 있다.

예를 들어, 행사 가격이 95인 3개월 SOFR선물 콜옵션을 매수하였다고 하자. 이 경우 투자자는 기본적으로 선물계약의 가치 상승에 따른 옵션 프리미엄의 상승을 기대하게 된다. 즉, 금리가 하락하여 선물 가격이 상승할 경우 콜옵션의 프리미엄은 상승하게 된다. 따라서 콜옵션을 매수한 투자자에게 금리선물 가격의 상승은 호재가 된다. 이 경우 투자자가 선택할 수 있는 방법은 프리미엄이 상승한 콜옵션을 비싼 가격에 매도하는 것이다. 이러한 반대매매가 가장 확실하게 이익을 얻는 방법이다. 그러나 때에 따라서 이러한 전략이 여의치 않을 경우가 있다.

예를 들어, 콜옵션 행사 가격이 95인데 선물 가격이 99라면 이러한 깊은 내가격(4.00pt) 콜옵션의 프리미엄은 1계약당 최소 10,000달러(0.0025pt당 $6.25)가 되는데, 이렇게 비싼 옵션을 사려는 투자자가 별로 없어 옵션을 상승한 가격에 처분하기 어려울 수 있다. 이 경우 투자자는 청산회원인 선물(증권) 회사에 옵션의 행사 의사를 통보하고 거래소는 일정한 규칙에 따라 반대가 되는 옵션 매도 투자자를 선택해 행사를 통보한다. 콜옵션을 행사한 옵션 매수자는 95의 가격에 3개월 SOFR선물 매수 포지션을 보유하게 된다. 해당 선물 계약은 다음 날부터 일일정산 대상이 되고 선물가격 변동 위험에 노출된다. 따라서 이를 우려하는 투자자는 만기 이전에 옵션을 행사하는 것을 꺼리는 경향이 있고, 미국형 옵션이 유럽형 옵션과 유사한 프리미엄을 가지게 된다.

예시

CME Group의 3개월 SOFR선물 6월물, 행사가격 95.00인 콜옵션을 0.50의 프리미엄을 지급하고 매수하면 매수자는 지금부터 6월물의 만기 전주 금요일까지 당초 정해진 가격(=행사가격)인 95.00으로 3개월 SOFR선물 6월물 매수 포지션을 취득할 수 있는 권리를 보유하게 된다.

$$옵션 프리미엄 = 0.50/0.0025 \times \$6.25 = \$1,250$$

만약 콜옵션을 행사하면 콜옵션 매수자는 95.00에 3개월 SOFR선물 6월물 선물 1계약 매수 포지션을 취득하게 된다. 선물 매수 포지션을 즉시 당시 선물 가격인 96.50에 매도하면 선물매매로 $3,750의 이익이 발생한다. 따라서 선물매매이익과 콜옵션 매수를 위해 지불한 프리미엄을 모두 감안하면 옵션 행사로 $2,500의 순이익이 발생한다.

$$\text{선물 매매손익} = (96.50 - 95.00)/0.0025 \times \$6.25 = \$3,750$$
$$\text{순이익} = \$3,750 - \$1,250 = \$2,500$$

옵션을 행사하지 않으면 콜옵션 보유로 손실을 제한하면서 이익을 향유할 수 있었지만, 옵션 행사로 선물 매수 포지션 보유시 손실 제한이 없어지면서 가격 하락 리스크에 모두 노출된다는 점을 유의하면서 옵션을 행사해야 한다.

section 04 | 금리옵션의 거래유형

1 | 금리 리스크 관리

표 3-4 | 금리 리스크의 유형과 리스크 관리기법

금리 리스크	리스크 노출	리스크 관리기법
금리 상승 리스크	- 변동금리부채 - 장래의 자금조달(채권발행계획) - 채권 포트폴리오 보유 등 고정금리 자산	- 캡 매수(capping) - 캡 매수+플로어 매도(collaring) - 채권(선물) 풋옵션 매수 - 채권(선물) 풋옵션 매수+채권(선물) 콜옵션 매도 - 채권(선물) 콜옵션 매도(writing covered call)
금리 하락 리스크	- 장래의 투자(대출)계획 - 장기고정금리부채 - 변동금리자산	- 플로어 매수(flooring) - 채권(선물) 콜옵션 매수 - 채권(선물) 콜옵션 매수+채권(선물) 풋옵션 매도(collaring) - 채권(선물) 풋옵션 매도

캡(Cap)을 매수하여 금리의 상한을 설정하는 것은 변동금리부채가 있는 기업 또는 금융기관이 금리 상승 리스크를 제거하고 금리가 하락하는 유리한 리스크를 보존하고자 할 때 활용하는 전략이다. 또한 펀드매니저가 채권 포트폴리오의 금리 상승 리스크를 관리하고자 할 때 채권(선물) 풋옵션을 매수하여 금리 상승 리스크를 관리하거나, 적절한 행사 가격으로 콜옵션을 매도하여 리스크/수익구조를 원하는 형태로 전환시킬 수 있다.

(1) 캡을 이용한 금리 상한 조건 대출

금리 상승 리스크를 관리하는 수단으로서 금리 상한의 조건은 자금대출계약에서 많이 활용된다. 금융기관이 고객에게 자금을 대출해 줄 때 금리 상한 조건을 제공하는 대신 그 대가로 이자를 조금 더 받는 계약을 제시할 수 있다.

> ❗ **예시**

▶ 금리 상한 조건 대출
  대출금액 : 1억 원
  대출기간 : 3년

  대출금리조건 : 이자 = $\begin{cases} \text{CD금리} + 1\% & \text{CD금리} \leq 5\%\text{인 경우} \\ 6\% & \text{CD} > 5\%\text{인 경우} \end{cases}$

  이자지급 : 3개월마다 매 이자지급기간이 시작되기 하루 전에 결정된 금리를 기간 말에 지급

이제 금리 상한 조건이 붙지 않는 경우 이 고객에 적용되는 대출금리는 CD + 0.5%라고 하자. CD금리가 5% 이하인 경우 정상적인 대출을 받는 경우보다 0.5%를 더 지급하게 되는 반면, CD금리가 5.5% 이상 상승하는 경우 이익이 발생한다. 이는 캡금리가 5%인 3년 만기 금리캡의 손익과 동일함을 알 수 있다. 이를 금리 리스크의 헤지 측면에서 보면 사실상 금리부담이 특정 상한(cap 또는 ceiling) 이상으로 상승하는 것을 방지해 주기 때문에 금리캡을 매수하는 것과 같은 개념이며, 금리의 상한설정(capping)이라고도 한다.

이 고객에게 적용되는 대출금리는 CD금리가 5% 이상 되는 기간의 대출금리는 6%로 고정되는 반면, CD금리가 5% 이하인 경우 대출금리는 CD + 1%가 된다. 이와 같이 금

리 상한 조건이 붙어있는 대출계약은 고객이 변동금리 대출을 하면서 금리캡을 매수한 것으로 볼 수 있다. 이때 금리캡의 프리미엄은 0.5%가 된다. 즉, 고객은 0.5%의 비용을 지불하고 CD금리가 5% 이상 상승할 리스크를 제거하는 것이다.

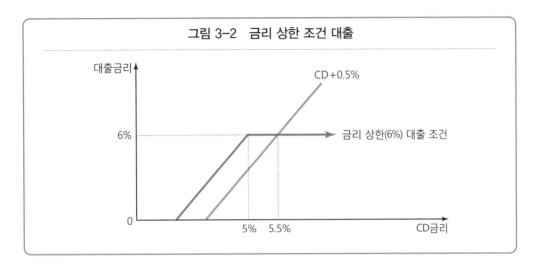

그림 3-2 금리 상한 조건 대출

(2) 채권선물옵션을 이용한 채권 포트폴리오 헤지

채권 포트폴리오를 운용하는 펀드매니저는 채권수익률 상승 시 손실이 발생하므로 채권(선물) 풋옵션을 매수할 수 있다. 채권(선물) 풋옵션 매수 후 선물 가격이 행사 가격 이하로 하락하면 풋옵션 행사로부터 이익을 취하여 채권 현물 가격의 하락에 따른 손실을 상쇄시킬 수 있기 때문이다. 이와 같은 풋옵션의 이용을 보호적 풋헤지(protective put hedge)라고 한다(〈그림 3-3〉 참조).

이때 채권(선물) 풋옵션 매수는 채권 포트폴리오의 듀레이션을 감소시킨다. 즉, 헤지 포트폴리오의 BPV = [1 + 풋옵션델타] × 포트폴리오 BPV. 예를 들어, 풋옵션의 델타가 −0.5라면 풋옵션 매수는 채권 포트폴리오의 BPV를 절반으로 줄이는 효과를 갖는다. 한편, 수정 듀레이션(D_m)은 BPV와 $D_m = 10,000 \times \dfrac{BPV}{P}$의 관계가 있으므로 풋옵션의 매수는 결과적으로 채권 포트폴리오의 듀레이션을 감소시키게 된다.

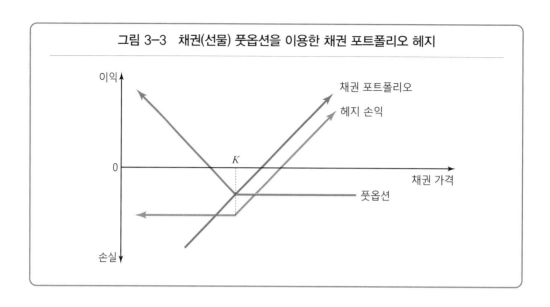

그림 3-3　채권(선물) 풋옵션을 이용한 채권 포트폴리오 헤지

예시

○○년 7월 18일 현재 5억 달러의 시장가치를 가진 채권 포트폴리오(수정 듀레이션 : 6.5년) 를 관리하는 매니저가 포트폴리오를 헤지하는 방법은 포트폴리오 내의 각 종목 채권에 대해 장외시장에서 채권 풋옵션을 매수하거나 포트폴리오에 대한 대용치로서 국채선물을 매수하고 국채선물 풋옵션을 매수하는 것이다.

국채선물 풋옵션을 이용하기 위해서는 다음과 같이 5단계를 거쳐 헤지계약수를 결정한다.

[1단계] 보유하고 있는 채권 포트폴리오에 대한 최적 선물대용치를 결정한다. 이를 위해서 는 어떤 국채선물계약이 현물 포트폴리오 수익률 곡선에 대해 가장 높은 설명력을 가지고 있는지를 결정해야 한다. 현재 포트폴리오의 수정 듀레이션과 가장 근접한 유효듀레이션을 갖는 국채선물이 10년 국채(T-Note) 선물이라고 가정하자.

[2단계] 채권 포트폴리오의 *BPV*를 계산한다. \$500,000,000, 6.5년의 수정 듀레이션을 가진 채권 포트폴리오의 *BPV*는 다음과 같이 결정된다(p. 162 참조).

$$BPV = \$500,000,000 \times \frac{0.065}{100} = \$325,000$$

[3단계] 수익률 변화에 대해 동일한 금리 리스크 노출을 가지는 10년 국채선물 계약수를 결 정한다. 예를 들어, 현재 10년 국채선물(수정 듀레이션 : 5.86년)의 시장 가격이 107-20이라고 하면 계약단위가 \$100,000이므로 포트폴리오 등가(portfolio equi-valent value)는 \$107,625.00이다. 따라서 *BPV*는 다음과 같이 결정된다.

$$BPV = \$107,625.00 \times \frac{0.0586}{100} = \$63.07$$

[4단계] 채권 포트폴리오와 동일한 *BPV*를 갖는 선물계약수인 선물등가계약수(FE : Futures Equivalent)를 계산한다.

$$FE = \frac{BPV_P}{BPV_F} = \frac{\$325,000}{\$63.07} = 5,153(계약)$$

즉, 국채선물 5,153계약의 매수 포지션은 6.5년의 수정 듀레이션을 가진 $500,000,000의 채권 포트폴리오와 금리 민감도가 동일하다.

[5단계] 마지막 의사결정은 적절한 행사 가격을 선택하여 국채선물 풋옵션을 매수하는 것이다. 즉, 10년 국채선물에 대한 풋옵션의 행사 가격, 내재변동성, 델타, 감마, 그리고 매니저의 리스크/수익에 대한 선호도에 따라 특정 행사 가격을 선택한다.

(3) 금리 리스크의 상하한설정(collaring)

풋매수 프리미엄 지출을 상쇄하기 위하여 매수할 풋옵션보다 높은 행사 가격을 가진 콜옵션을 매도하는 경우도 있는데, 이와 같이 낮은 행사 가격의 풋매수와 높은 행사 가격의 콜매도를 동시에 실시하는 것을 상하한설정(collaring)이라고 한다. 상하한설정은 금리가 미리 정한 하한(floor) 이하로 하락할 경우의 이익을 포기하는 결과를 가져오지만 풋옵션 매수에 따른 비용을 줄이거나 0으로 만들 수 있기 때문에 자주 사용되는 리스크 관리기법이다.

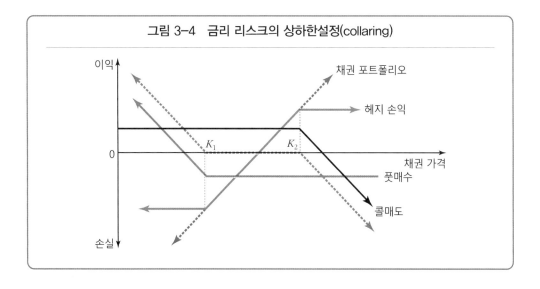

그림 3-4 금리 리스크의 상하한설정(collaring)

3   금리 하락 리스크 관리

금리 플로어(Floor)를 매수하여 금리의 하한을 설정하는 것은 변동금리 자산이 있는 기업 또는 금융기관이 금리 하락 리스크를 제거하고 금리가 상승하는 유리한 리스크를 보존하고자 할 때 활용하는 전략이다.

(1) 금리 플로어를 이용한 금리 하한 조건 예금

금리 하락 리스크를 관리하는 수단으로서 금리 하한의 조건은 변동금리 채권(FRN) 또는 변동금리 예금상품에 많이 활용된다. 금융기관이 고객에게 변동금리 예금상품을 판매할 때 금리 하한 조건을 제공하는 대신 그 대가로 이자를 조금 낮게 제시할 수 있다.

> ❗ **예시**

▶ 금리 하한 조건 예금
   예금금액 : 10억 원
   만기 : 3년

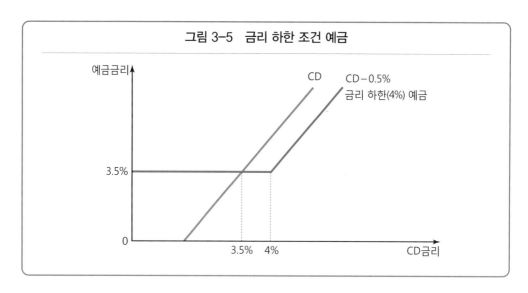

그림 3-5   금리 하한 조건 예금

$$\text{예금금리조건 : 이자} = \begin{cases} \text{CD금리} - 0.5\% & \text{CD금리} > 4\%\text{인 경우} \\ 3.5\% & \text{CD} \leq 4\%\text{인 경우} \end{cases}$$

이자지급 : 3개월마다 매 이자지급기간이 시작되기 하루 전에 결정된 금리를 기간 말에 지급

3년 만기 변동금리예금의 금리가 현재 CD금리와 같다고 하자. 시장금리가 4% 이상인 경우 CD에 투자하는 경우보다 0.5%만큼 이자수입이 적으나 시장금리가 3.5% 이하로 하락하는 경우에도 금리가 3.5%로 고정된다. 이와 같이 금리 하한 조건의 예금은 금리 플로어를 매수하는 것으로 볼 수 있다. 고객은 0.5%의 비용을 지불하고 CD금리가 4% 이하로 하락할 리스크를 제거하는 것이다.

(2) 채권선물 콜옵션 매수에 의한 금리 하락 리스크 헤지

　금리 하락에 따른 손실로부터 보호받기 위해서는 채권(선물) 콜옵션을 매수하여 금리가 하락(채권 가격이 상승)할 경우의 손실을 콜옵션 행사의 이익으로 상쇄시키는 전략을 취할 수 있다. 금융기관이 금리 하락으로부터 손실을 입을 수 있는 상황은 향후 투자 또는 대출계획이 있는 경우, 고정금리부 장기부채가 있는 경우, 변동금리부 자산이 있는 경우를 들 수 있다. 이러한 상황에서 국채(선물) 콜옵션을 매수하면 채권 가격이 행사 가격을 상회할 경우 콜옵션을 행사하여 이익을 얻음으로써 금리 하락으로 인한 손실을 상쇄시킬 수 있다.

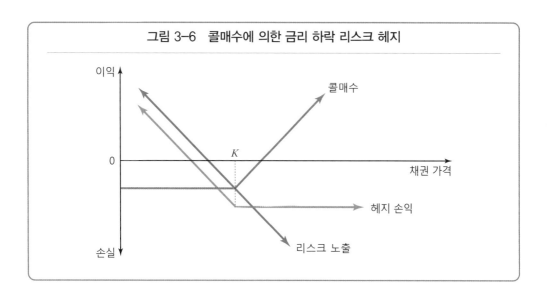

그림 3-6　콜매수에 의한 금리 하락 리스크 헤지

동일한 채권선물에 대해 행사 가격이 같은 (유럽형) 콜옵션과 풋옵션이 거래될 때 콜옵션 가격, 풋옵션 가격, 채권 선물 가격 간에는 이론적인 관계가 성립하는데 이를 풋-콜-선물 패리티(put-call-futures parity)라고 한다.

$$C - P = (F_t - K)e^{-r\tau}$$

이 식은 콜옵션 가격과 풋옵션 가격의 차이가 선물 가격과 행사 가격 차이의 현재가치와 같아야 함을 의미한다.

선물·옵션 차익거래의 기본 개념은 풋-콜-선물 패리티의 관계가 성립하지 않을 때, 옵션을 이용하여 선물을 복제한 후 비싼 것을 매도하고 상대적으로 싼 것을 매수하는 것이다. 이때 합성 포지션은 콜옵션과 풋옵션에서 서로 반대 포지션을 취함으로써 만들수 있다. 콜옵션을 매수하는 동시에 동일한 조건의 풋옵션을 매도하면 선물의 매수 포지션과 똑같은 손익구조를 가지게 된다. 반면 콜옵션을 매도하는 동시에 동일한 조건의 풋옵션을 매수하면 선물의 매도 포지션과 똑같은 손익구조를 가지게 된다.

선물과 옵션을 이용하는 차익거래 유형은 컨버전(conversion)과 리버설(reversal)로 나누어진다.

❶ 컨버전(conversion) : 선물 매수 + 합성선물 매도

　　$C - P > (F_t - K)e^{-r\tau}$인 경우 선물이 저평가되어 있으므로 선물을 매수하고 상대적으로 고평가된 합성선물을 매도한다.

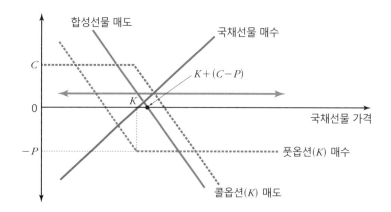

❷ 리버설(reversal) : 선물 매도＋합성선물 매수

$C-P<(F_t-K)e^{-rt}$인 경우 선물이 고평가되어 있으므로 선물을 매도하고 상대적으로 저평가된 합성선물을 매수한다.

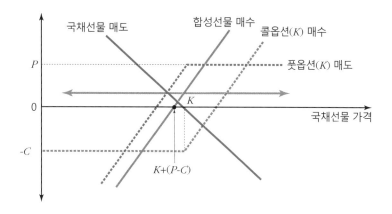

예시

○○년 5월 10일 행사 가격이 104.00인 국채선물 콜옵션 6월물이 2.50에 풋옵션이 0.80에 거래되고 있다. 국채선물 6월물의 시장 가격이 104.85라면 차익거래 가능성은? ($r=4\%$ 가정)

풋-콜-선물 패리티($C-P=(F_t-K)e^{-rt}$)를 이용하여 차익거래 기회를 파악하면 컨버전이 가능하다는 것을 알 수 있다.

$$왼쪽=1.7>0.847582=오른쪽$$

따라서 합성선물 매도 포지션을 만드는 동시에 국채선물을 매수하는 차익거래를 실행한 후 옵션만기일에 차익거래 포지션을 청산한다고 가정하면, 〈표 3-5〉에서 보여주듯이 현재 시점 기준으로 852,418원의 이익이 발생한다(만기 시점의 손익을 현재 시점의 현재가치로 환산하여 합산).

이제 차익거래 포지션이 미국형 옵션의 조기행사 리스크(early exercise risk)에 노출되는지를 살펴보자. 예를 들어, 컨버전(conversion)의 경우 차익거래자는 콜옵션 매도, 풋옵션 매수, 선물 매수 포지션을 갖게 된다. 이때 콜옵션 매수자가 만기일 이전에 옵션을 조기 행사하면 콜옵션의 매도 포지션이 의도하지 않은 선물 매도 포지션으로 전환되더라도 기존의 선물 매수 포지션과 상쇄되어 별문제가 되지 않는다.

그러나 옵션 만기 시 최종 결제지수가 옵션의 행사 가격에 일치하거나 근접한 경우(pinning) 콜옵션 매도 포지션이 다음 날 선물 매도 포지션으로 전환되며 일일 가격 변동 리스크에 노출

된다. 따라서 만기일이 가까워 국채선물 가격이 행사 가격 부근에서 움직일 경우 차익거래 포지션을 축소하는 것이 최선의 리스크 관리 전략이다.

표 3-5 채권선물 · 옵션 차익거래

	현재 시점(5/10)		만기 시점(6/5)	
	가격	손익	가격	손익
선물	104.85		103.50	−1,350,000
콜	2.5	2,500,000 (매수 프리미엄 지출)	0	
풋	0.80	−800,000 (매수 프리미엄 지출)	0.5	500,000 (권리행사 수익)
손익	1,700,000		−850,000	
총손익	852,418			

실전예상문제

01 3년만기 국채의 현재가치가 100이고 수정 듀레이션이 2.5년이다. 이 채권의 수익률이 2% 상승할 때 채권의 가치는 얼마나 하락하겠는가?

① 3

② 5

③ 7

④ 8

02 ○○년 6월 10일 연방기금금리선물 6월물의 선물 가격이 99.515라고 하자. 6월 10일까지 10일 동안의 유효연방기금금리의 평균이 0.488%라면, 6월 10일 현재 시점의 선물 가격에 내재된 20일 잔존기간 동안의 유효연방기금금리의 평균 예상치가 얼마임을 의미하는가?

① 0.250%

② 0.375%

③ 0.484%

④ 0.500%

03 행사 가격이 96.00인 3개월 SOFR선물 콜옵션을 0.50에 매수한 후 3개월 SOFR선물의 가격이 98.00이 되었을 경우 옵션을 행사하여 포지션을 청산하였다고 할 때 옵션거래 순이익은?

① $3,500

② $3,650

③ $3,750

④ $4,100

해설

01 ② 채권 가격의 변화＝수정 듀레이션×수익률 변화×채권가치＝2.5×0.02×100＝5

02 ③ 6월 10일까지 10일 동안의 유효연방기금금리의 평균이 0.488%이므로 0.485＝(10/30)×0.488＋(20/30)×x. x＝0.484(%)
6월 10일 현재 시점의 선물 가격에 내재된 (20일 잔존기간 동안의) 유효연방기금금리의 평균 예상치가 0.484%임을 의미한다.

03 ③ 3개월 SOFR선물 옵션의 경우 0.0025＝$6.25. 순이익＝[(98.00－96.00)/0.0025]×$6.25－(0.05/0.0025)×$6.25＝$3,750

04 20x4년 6월 3번째 수요일부터 같은 해 9월 3번째 수요일 전일까지 공시된 SOFR 금
리의 일일 복리평균은 3.07%, 단순 산술평균은 3.04%이다. 3개월 SOFR 선물의 월
물과 최종 결제가와 관련해 다음 설명 중 맞는 것은?

① 3개월 SOFR 선물 20x4년 6월물의 최종 결제가는 96.93이다.

② 3개월 SOFR 선물 20x4년 9월물의 최종 결제가는 96.93이다.

③ 3개월 SOFR 선물 20x4년 6월물의 최종 결제가는 96.96이다.

④ 3개월 SOFR 선물 20x4년 9월물의 최종 결제가는 96.96이다.

05 국채선물 3년물을 102.50에 3계약 매도한 후 100.25에 환매수하였다. 이 거래로 인
한 이익은?

① 225만 원   ② 450만 원

③ 675만 원   ④ 850만 원

06 행사 가격이 95인 3개월 SOFR선물 콜옵션 가격이 0.70이고 3개월 SOFR선물의 가
격이 96일 경우 옵션 거래에 따른 순이익은?

① $500   ② $650

③ $750   ④ $850

해설

04　① 3개월 SOFR 선물은 월물 표기가 참조기간의 시작점에 있으며, 3번째 수요일부터 3개월 뒤 3번째
　　수요일 전일까지 공시된 금리의 복리평균을 이용해 최종 결제가를 산출한다. 따라서 참조기간이 6월
　　부터 시작되어 월물은 6월물이며 최종 결제가는 96.93(=100−3.07)이다.

05　③ (102.50−100.25)×100×10,000×3=675만 원

06　③ (96−95)/0.0025×$6.25−(0.70/0.0025×$6.25)=$750

07 T-Bond 선물 2××9년 6월물의 정산 가격(EDSP)이 100-16이고, CTD에 관한 정보가 다음과 같이 주어졌을 때 청구금액은?

> CTD : 5.25% US T-Bond(만기 : 26년)
>
> 경과이자 : 0.3502%
>
> 전환계수 : 0.9814

① $98,485   ② $98,981

③ $99,035   ④ $99,285

08 H 투신사의 채권형 펀드 관리자는 2××9년 2월 19일 현재 300억 원의 채권 포트폴리오를 관리하고 있다. 현재 포트폴리오의 평균 듀레이션은 2년, 3월 만기 3년국채선물의 호가는 100이라고 하자(3년 국채선물의 듀레이션은 3년이라고 가정). 향후 금리 상승을 우려하여 국채선물 3년물을 이용하여 매도헤지하는 경우 몇 계약을 매도해야 하나?

① 100계약   ② 200계약

③ 300계약   ④ 400계약

09 투자자가 행사 가격 103-00, 만기 6월의 T-Bond 선물 풋옵션을 1-32의 프리미엄을 지불하고 매수하였다고 하자. 선물 가격이 101-00일 때 옵션 매수자가 옵션을 행사한 후 선물 포지션을 청산하였을 때 순이익은?(다른 조건은 일정하다고 가정함)

① $300   ② $400

③ $500   ④ $600

해설

07 ② 청구금액(invoice amount) $= \dfrac{(100 + 16/32) \times 0.9814 + 0.3502}{100} \times \$100{,}000 = \$98{,}981$

08 ② $N = \dfrac{D_T - D_P}{D_F} \times \dfrac{P}{F} = \dfrac{0 - 2}{3} \times \dfrac{300}{1} = -200$(매도).
이때 $D_T = 0$, $D_P = 2$, $D_F = 3$, $P = 300$억 원, $F = 1$억 원

09 ③ T-Bond 선물옵션의 경우 64진법을 사용하며 1틱은 0.5/64이다.
즉, 1틱 = 0.5/64(%) × $100,000 = $7.8125 프리미엄 = (1 + 32/64)/(0.5/64) × $7.8125 = $1,500 옵션 행사 후 선물정산 이익 = 103-00-101-00 = 2/(0.5/64) × $7.8125 = $2,000 순이익 = $2,000 - $1,500 = $500

정답 01 ② | 02 ③ | 03 ③ | 04 ① | 05 ③ | 06 ③ | 07 ② | 08 ② | 09 ③

part 04

통화선물 · 옵션

chapter 01   외환과 외환시장

chapter 02   선물환과 통화선물

chapter 03   통화옵션

certified derivatives investment advisor

chapter 01

외환과 외환시장

section 01 **외환 및 환율**

1 외환의 개념

일반적으로 외환(foreign exchange)이란 국가 간의 채권 및 채무를 결제하는 수단을 의미한다. 우리나라의 외국환거래법에서는 외환을 대외지급수단, 외화증권 및 외화채권이라고 정의하고 있다. 이때 대외지급수단이란 외국 통화와 외국 통화로 표시되거나 외국에서 사용할 수 있는 지급수단을 의미하며, 외화증권은 외국 통화로 표시된 증권을, 외화채권은 외국 통화로 표시된 채권을 의미하는 것으로 규정하고 있다.

또한 외환은 한 나라의 통화와 다른 나라의 통화의 교환을 뜻하기도 한다. 본질적으로 한 나라의 통화는 그 나라에서의 구매력을 의미한다. 즉, 통화는 그 소유자에게 재화나 용역을 구매할 수 있는 능력을 제공한다. 우리나라의 원화를 가지고 있으면 우리나라에서 생산된 모든 재화나 용역의 구매가 가능하다. 마찬가지로 다른 나라의 통화를 가지고 있으면 그 나라에서 생산된 재화나 용역을 구매할 수 있다. 그렇다면 다른 나라의 재화나 용역을 구입하기 위해서는 먼저 우리나라의 통화를 팔고 다른 나라의 통화를 매수해야 할 것이다. 이러한 거래를 외환거래라고 한다. 따라서 외환거래는 구매력의 교환을 의미한다고 볼 수 있다.

2 　환율의 표시방법

외환거래는 두 가지 통화를 교환하는 것이기 때문에 두 통화 간의 교환비율인 환율(exchange rate)을 가격으로 사용한다. 그런데 일반적인 상품과는 달리 환율은 교환되는 두 통화 중 어떤 통화를 기준으로 할 것인가에 따라 다르게 표시할 수 있다. 즉, 기준이 자국의 통화인지 상대방의 통화인지에 따라 두 가지 표시방법이 존재한다. 여기에서 외국 통화 한 단위의 가치를 자국 통화로 표시하는 방법을 직접표시법(direct quotation)이라 하고, 반대로 자국 통화 한 단위의 가치를 외국 통화로 표시하는 방법을 간접표시법(indirect quotation)이라고 한다.

예를 들어 우리나라에서 $1=1,200원 또는 ¥100=1,000원 등으로 환율을 표시하는 경우는 직접표시법에 해당된다. 이는 외국 통화 한 단위($1, ¥100)를 기준으로 같은 가치를 나타내는 자국 통화의 양(1,200원, 1,000원)을 표시하는 방법이다. 반대로 1원=$1/1,200 또는 1원=¥100/1,000 등으로 표시하는 경우는 간접표시법에 해당된다. 자국 통화 한 단위(1원)와 교환될 수 있는 외국 통화의 양($1/1,200, ¥100/1,000)을 표시한 것이다. 이와 같이 직접표시법의 환율과 간접표시법의 환율은 서로 역수의 관계를 가진다. 또한 우리나라의 직접표시법은 미국 또는 일본의 입장에서는 간접표시법에 해당하고, 우리나라의 간접표시법은 미국 또는 일본의 입장에서는 직접표시법에 해당한다.

한편, 국제금융시장에서는 이러한 기준과 관계없이 환율을 고시하는 몇 가지 관행(convention)이 있는데 이를 소개하자면 다음과 같다. 먼저 기축통화(vehicle currency)인 미국 달러를 중심으로 환율을 고시한다. 일반적으로 외환거래는 미국 달러를 상대통화로 하여 이루어진다. 다시 말해, 교환되는 두 통화 중에 하나는 미국 달러로서 별도의 언급 없이 엔 환율이라고 하면 이는 미 달러 대 엔의 환율을 의미하고, 유로 환율이라고 하면 유로 대 미 달러의 환율을 의미한다(만약 유로/엔 환율처럼 상대통화가 미달러가 아닌 경우에는 상대통화를 함께 표시해 주어야 하며 이를 교차환율(cross rate)이라 부른다). 여기에서 미 달러의 가치를 다른 통화로 표시하는 방법을 유럽식 표시방법(European terms)이라 하고 반대로 다른 통화의 가치를 미 달러로 표시하는 방법을 미국식 표시방법(American terms)이라고 한다. 영국의 파운드화, 유로, 호주 달러, 뉴질랜드 달러 등은 미국식으로 표시되며, 그 외 통화들은 유럽식으로 표시된다. 예를 들어, 원화나 엔은 $1 = 1,200.20원, $1 = ￥100.32와 같이 유럽식으로 표시되며, 영국의 파운드화나 유로는 £1 = $1.2335, €1 = $1.1227과 같이 미국식으로 표시된다.

두 번째로는 양방향 호가(two-way quotation)를 한다. 양방향 호가란 매입율(bid rate)과 매도율(offer rate)의 형태로 가격을 제시하는 것을 말한다. 글로벌 외환시장은 딜러 시장(dealer market)으로서 마켓메이커(market maker)인 딜러는 매입하는 환율과 매도하는 환율을 동시에 제시한다. 은행 간 외환시장에서 마켓메이커는 주로 대형은행들이 그 역할을 하고 있으며[1] 은행과 고객들이 참여하는 대고객 외환시장에서는 은행이 마켓메이커 역할을 한다.

세 번째로는 일반적으로 소수점 아래 네 자리 또는 두 자리로 환율을 표시한다. 외환거래에서는 환율 변동의 기본 단위를 핍(pip) 또는 포인트(point)라 부르는데 대부분의 통화는 소수점 아래 넷째자리가 핍단위가 된다. 그런가 하면 우리나라 원화를 비롯하여 일본 엔, 인도네시아 루피아, 베트남 동 등 숫자단위가 큰 일부 통화의 경우에는 소수점 아래 둘째자리를 핍으로 정하고 있다. 만약 유로-달러 환율이 1.1245에서 1.1250으로 올랐다면 5핍이 변(상승)했다고 표현한다. 일반적으로 은행 간 시장에서는 외환거래를 할 때 신속한 의사전달을 위하여 상대방이 이해할 수 있는 최소한의 단위만을 표시하는데 만약 유로-달러의 환율이 (bid)1.1245-(offer)1.1248이라면 45/48, 엔-달러의 환율이 (bid)110.25-(offer)110.30이라면 25/30과 같이 표시한다. 그런가 하면 일부

---

1   우리나라의 은행 간 외환시장에서는 주로 중개회사를 통해 거래가 이루어지기 때문에 마켓메이커라는 개념이 희박하다.

외환거래에서는 좀 더 경쟁적인 가격 제시를 위해서 핍단위 이하 즉, 소수점 아래 5자리(일부 통화는 3자리)까지 표시하기도 한다.

위에 열거한 관행과는 다르지만 국제금융시장이나 외화송금거래 등에서 세 자리로 통일된 알파벳 문자를 사용하는 것을 볼 수 있을 것이다. 이는 국제표준화기구에서 제정한 표준화된 통화표시로서 한국 원화(KRW: Korean Won), 미국 달러(USD: US Dollar), 유로(EUR: Euro), 일본 엔(JPY: Japanese Yen), 영국 파운드(GBP: Great British Pound), 캐나다 달러(CAD: Canadian Dollar) 등과 같이 국가명과 통화명을 조합하여 식별하기 쉽도록 하고 있다.

환율은 두 통화의 교환비율이므로 환율의 변동은 어느 한 통화의 다른 통화에 대한 상대적 가치의 변화를 의미한다. 예를 들어 현재 원-달러 환율이 $1 = 1,200원에서 $1 = 1,300원으로 상승하면 원화에 비해 달러화의 가치는 상승하고 달러화에 비해 원화의 가치는 하락한 것이다. 이런 경우 원화는 평가절하(devaluation) 또는 가치 하락(depreciation)되었다고 하고, 달러화는 평가절상(revaluation) 또는 가치 상승(appreciation)되었다고 한다. 반대로 원-달러 환율이 $1 = 1,100원으로 하락하면 원화에 비해 달러화의 가치는 하락하고 달러화에 비해 원화의 가치는 상승한 것이다. 이때 원화는 평가절상 또는 가치 상승, 달러화는 평가절하 또는 가치 하락되었다고 한다.

section 02 외환시장

1 외환시장의 구조와 기능

외환시장은 전 세계에서 가장 규모가 큰 금융시장이며, 24시간 거의 연속적으로 개장하고 있다. 이는 세계의 각 외환시장의 영업시간이 서로 중복되어 한 외환시장의 거래시간이 끝나면 다른 외환시장을 통하여 외환거래를 연속적으로 할 수 있기 때문이다. 시드니, 동경, 홍콩, 싱가포르, 바레인, 취리히, 프랑크푸르트, 파리, 브뤼셀, 암스테르담, 런던, 뉴욕, 토론토, 시카고, LA 등 세계의 주요 외환시장들은 각 시장들의 개장과 폐장이 겹쳐져 24시간 거래를 가능하게 한다. 세계 3대 외환시장으로는 런던과 뉴욕 그리고 동경시장을 들 수 있다. 세계 외환거래의 70% 이상이 이들 세 시장에서 이루어진다. 특히, 이들 시장의 폐장과 개장이 겹칠 때 외환시장의 거래는 더욱 활발하게 일어난다.

외환시장은 일종의 장외시장(OTC : Over-The-Counter market)이다. 외환시장은 은행이나 다국적기업 등의 외환 매수자와 매도자 그리고 이러한 매매를 중개하는 외환딜러나 브로커 등이 전 세계적인 네트워크로 연결되어 거래가 이루어지는 시장이다. 따라서 외환시장은 구체적인 장소와 시간이 존재하는 것은 아니다. 이러한 외환거래는 녹취 전화, EBS(electronic broker system), 보안 시스템이 갖추어진 메신저 등의 장비를 이용하여 불과 수초 내에 이루어진다. 이후 거래자들이 서로에게 거래의 세부상황에 대한 메시지를 보내고 거래를 결제하게 된다. 이와 같은 국제 외환거래를 가능하게 하는 가장 중요한 통신망으로는 세계은행 간 금융통신(SWIFT : Society for Worldwide Interbank Financial Telecommunication) 등이 있으며, 주요 결제시스템으로는 CHIPS(Clearing House Interbank Payments System), ECHO(Exchange Clearing House Limited) 등이 있다.

외환시장은 거래구성원과 거래규모에 따라 크게 도매(wholesale)시장과 소매(retail)시장으로 구분된다. 도매시장은 주로 은행 간 외환거래가 이루어지는 은행 간 시장(interbank market)이며 거래규모가 큰 것이 특징이다. 이에 비해 소매시장은 일반고객과 은행 간에 외환거래가 일어나는 대고객시장(customer market)이며 대부분이 소액거래이다. 우리가 일반적으로 외환시장이라고 하면 이는 은행 간 외환시장을 의미한다.

한편, 외환시장은 외환거래의 종류에 따라 현물환시장, 선물환시장, 통화선물시장, 통화옵션시장, 통화스왑시장 등으로 구분하기도 한다. 선물환 거래는 계약이 성립되는 시점에서 합의된 환율에 따라 미래 특정일에 한 통화에 대해 다른 통화의 일정량을 인도 또는 인수하기로 약속하는 거래이다. 대부분의 선물환 거래는 실물 인수도가 이루어지지만, 차액결제선물환(NDF : Non-Deliverable Forward)은 만기에 환율 변동에 따른 차액만 정산하는 형태의 선물환 거래이다. 통화선물거래도 본질적으로는 선물환 거래와 동일하다. 다만, 선물환이 장외시장에서 거래된다면 통화선물은 장내시장, 즉 거래소에서 거래된다는 점에 차이가 있다. 따라서 거래단위, 만기 등의 계약조건이 표준화되어 있으며, 증거금 계정을 통한 일일정산제도가 존재한다.

외환스왑(FX Swap)은 현물환 매수와 선물환 매도 또는 현물환 매도와 선물환 매수가 동시에 일어나는 거래이다. 외환스왑은 거래의 형태에 있어서는 외환거래의 형태를 취하고 있으나 실제로는 두 통화 간의 대차거래의 성격을 가진다. 따라서 대부분 은행들은 환위험이나 외환포지션의 변동 없이 통화 간 자금의 과부족을 조절하는 수단으로 외환스왑거래를 이용한다.

통화옵션은 계약기간 내에 또는 미래 특정일에 특정 외국 통화를 미리 정한 환율에 매수하거나 매도할 수 있는 권리를 갖는 계약이다. 통화옵션은 선물환이나 통화선물에 비해 거래비용이 적고 여러 옵션상품 또는 현물환, 선물환, 통화선물 등과 결합하여 고객이 요구하는 다양한 손익패턴을 창출할 수 있다는 데 특징이 있다. 통화옵션도 장외옵션과 장내옵션으로 구분할 수 있다. 장외시장에서 거래되는 장외옵션을 외환옵션(FX option)이라고 하고, 장내옵션을 통화옵션(currency option)이라고 부르기도 한다.

통화스왑(Currency Swap)은 일정기간 동안 한 나라의 통화로 표시된 현금흐름을 다른 나라의 통화로 표시된 현금흐름으로 서로 교환하기로 한 계약이다. 통화스왑은 현금흐름의 교환이 여러 번 발생하므로 만기가 다른 선물환 거래를 하나의 묶음으로 거래하는 것과 마찬가지이다. 통화스왑의 장점 중의 하나는 계약 당사자의 합의에 의해 자유롭게 계약내용을 설계할 수 있다는 점이다. 따라서 통화스왑은 장외시장에서만 거래되고 있다. 이와 같은 다양한 파생상품의 거래는 환율의 변동으로 인해 발생하는 위험의 헤지를 가능하게 하며, 유동성을 제고시켜줌으로써 궁극적으로 국제 무역 및 투자거래를 안정적이고 원활하게 해준다.

외환거래에 있어서 외환시장과 더불어 국제단기금융시장도 중요한 역할을 수행한다. 1년 이하의 단기자금의 거래가 여러 가지 통화로 일어나는 시장이 국제단기금융시장(international money market)이다. 뒤에서 자세히 논의되겠지만 금리와 환율 간에는 일정한 균형관계가 성립한다. 따라서 외환시장과 국제단기금융시장은 서로 밀접한 연관성을 갖는다. 특히 국제단기금융시장 중에서도 유로통화시장(eurocurrency market)은 외환시장과 같이 움직이는 대표적인 시장이다. 이와 같은 외환시장과 단기자금시장 간의 밀접한 관계를 반영하여 실제 은행의 딜링업무도 외환거래와 단기자금거래업무를 동일 부서에서 처리하고 있다.

외환거래는 주로 딜러(dealer)를 통해 이루어진다. 즉, 외환시장은 딜러시장이다. 대부분의 외환거래에서는 은행이 거래상대방으로서 직접 포지션을 취하는 딜러의 역할을 하게 된다. 딜러로서의 은행은 외환매도를 원하는 고객 또는 다른 은행에 대해 매수에 응하는 거래상대방이 되고, 외환매수를 원하는 고객 또는 다른 은행에 대해서는 매도자의 역할을 하게 된다. 이와 같은 시장조성자(market maker)로서의 딜러의 역할이 외환시장에 유동성을 제공하여 외환거래가 원활하게 이루어지는 데 커다란 기여를 해왔다. 시장조성자로서의 딜러는 항상 거래대상 통화의 포지션을 적절한 수준으로 유지할 필요가 있다. 뿐만 아니라 환율이 변동하면 재고(inventory)로 보유하고 있는 통화의 가치가 변하게 되므로 환위험에 노출되게 된다.

이러한 관점에서 딜러는 재고유지비용과 위험을 부담하게 된다. 이를 보상받기 위해 딜러인 은행은 실제 외환거래에 있어서 항상 매수율(bid rate)과 매도율(offer rate)에 차이를 두어 제시한다. 매수율이란 딜러가 외환을 매수하게 될 때 적용하는 환율이고, 매도율은 딜러가 외환을 매도하게 될 때 적용하는 환율이다.

예를 들어 원-달러 환율이 1,210.20－1,210.80으로 제시(quote)되고 있다면 딜러는 1달러를 1,210.20원에 매수하거나 1,210.80원에 매도할 의사가 있음을 나타낸다. 즉, 고객의 입장에서는 원화를 지불하고 달러를 살 때 1달러당 1,210.80원의 환율이 적용되며, 달러를 팔고 원화를 받을 때 적용되는 환율은 1,210.20원이 되는 것이다. 여기에서 매수율과 매도율의 차이를 스프레드(spread)라고 하는데, 매수율은 매도율보다 항상 낮으므로 스프레드가 딜러의 이익이 된다.

스프레드는 결국 딜러의 위험부담에 대한 프리미엄으로 간주될 수 있다. 딜러는 항상 상대방이 원하는 거래에 응해야 하는 입장이므로 원하지 않는 외환포지션이 발생하고, 이로 인해 환위험에 노출되게 된다. 따라서 스프레드는 딜러가 제공하는 서비스와 불필요한 포지션에 대한 위험부담의 대가로 평가할 수 있다. 또한 스프레드의 크기는 거래의 유형이나 딜러가 인식하는 위험의 크기에 따라 달라질 수 있다. 소매거래보다는 도매거래에서 스프레드가 낮아지고, 대규모 거래에서는 매수율이나 매도율이 협상을 통해 조정되기도 한다. 거래규모가 크고 거래가 빈번한 통화일수록 딜러의 유동성위험이 낮아지기 때문에 스프레드가 낮아지는 것이 일반적이다.

한편, 외환시장은 크게 구매력의 이전기능, 신용기능, 그리고 헤지기능을 제공한다. 구매력의 이전기능은 외환시장이 내국 통화와 외국 통화의 교환을 통하여 구매력의 국제적 이전을 가능하게 하여 국제거래를 성립시키는 기능을 말한다. 또한 국제거래에 있어서 신용장이나 수출어음 등을 통하여 외국환은행은 국제거래에 대해 신용을 제공할 수 있다. 이러한 신용기능도 외환시장의 중요한 기능 중 하나이다.

2 우리나라의 외환시장

우리나라의 외환시장도 한국은행과 외국환은행 등이 참여하는 은행 간 시장과 기업 및 개인 등의 고객과 외국환은행 사이에 외환의 매매가 이루어지는 대고객시장으로 구성되어 있다. 〈그림 1-1〉은 우리나라 외환시장의 구조를 나타내고 있다. 현재 우리나라의 은행 간 시장에서는 원화 대 미달러화, 원화 대 중국 위안화의 거래가 이루어지고 있다. 우리나라 은행 간 외환시장 특징 중 하나가 은행 간 직접거래보다는 외환 중개회사를 통한 거래가 압도적으로 많다는 것이다. 은행 간 시장 거래참가자들은 외환중개회사를 통하여 주문을 내고 거래를 체결시킨다. 이때 전자중개시스템(EBS: electronic broker system)을 통한 거래체결 모습이 마치 거래소를 통한 장내거래처럼 보이지만 실제로는 중개인을 통한 장외거래이다. 접수된 주문이 체결되면 중개회사는 거래 당사자들에게 거래 체결내역 및 거래 상대방 정보를 통보하고 거래 당사자들은 상호 간에 중개회사로부터 통보받은 거래 체결내역 및 결제 정보 확인을 하게 된다. 중개회사는 거래 당사자가 아니며 거래가 성립되면 거래수수료만 받는다는 점에서 고객들의 거래 상대방이 되어 매도율과 매입율의 차이인 스프레드를 수익원으로 하는 딜러와 그 성격이 다르다. 중앙은행인 한국은행은 외환시장이 안정적으로 운영될 수 있도록 역할을 하며 환율의

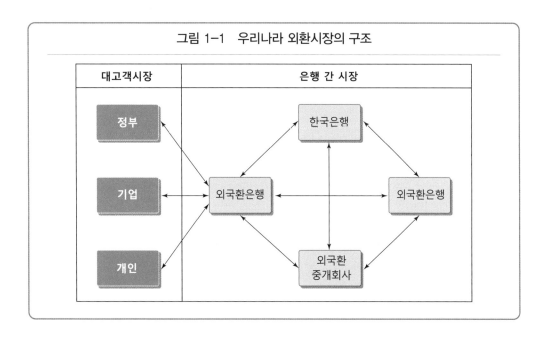

그림 1-1 우리나라 외환시장의 구조

급등락 시 시장 개입을 통한 미세조정(smoothing operation)을 하기도 한다.

대고객시장은 은행과 개인 및 기업 등 고객 간의 외환거래가 이루어지는 시장인데 주로 고객들의 대외 경제활동에 수반되어 발생하는 대금 결제와 관련된 (투기가 아닌) 실수요 거래 시장으로 볼 수 있다. 대고객 거래 결과 외환포지션에 변동이 생기게 되면 은행들은 이를 은행 간 시장을 통해 조정하게 된다. 이 과정에서 대고객시장과 은행 간 시장은 서로 연결된다. 고객들의 실수요거래는 궁극적으로 외환시장에서의 포지션의 증감에 직접적인 영향을 미치므로 환율 변동의 주요 요인이 된다.

한편 중개회사를 통해 거래된 현물환결제일(spot value date) 거래의 당일 중 거래량가중평균환율을 시장평균환율(MAR: market average rate)이라 하는데 이 중 원－달러 시장 평균환율은 그 다음 영업일의 기준환율이 되며 특히 차액결제 역외선물환(NDF: non-deliverable forward)거래에서는 정산에 필요한 지정환율(fixing rate)로서 중요한 역할을 한다.

은행 간 시장에서 원화와 직접 거래가 이루어지는 외국 통화는 미국 달러와 중국 위안 둘 뿐이며 이를 제외한 나머지 통화들은 원화와의 직접환율이 없기 때문에 만약 이들 환율이 필요하다면 간접환율을 계산해 내야 한다. 만약 유로와 원화 간의 환율을 구하려면 글로벌 외환시장에서 거래되는 유로－달러 환율(예를 들어 EUR1＝USD1.2100)과 국내 외환시장에서 거래되는 원－달러 환율(예를 들어 USD1＝KRW1200.00)을 이용하여 두 환율로부터의 균형환율(EUR1＝KRW1452.00)을 산출하게 되는데 이를 재정환율(arbitrated rate)이라 부른다.

현재 원화는 국제화 미비로 자금결제가 어렵기 때문에 글로벌 시장에서 거래가 되지 않고 있으며 대신 결제방법의 변화를 통해서 역외시장에서 차액결제선물환(NDF) 방식으로 글로벌 시장에서 거래되는 효과를 거두고 있다(자세한 내용은 차액결제선물환 참조).

3 외환포지션과 환리스크

외환포지션은 환리스크에 노출된 금액을 나타낸다. 외환시장에서 딜러의 역할을 수행하는 은행들은 외환거래를 한 후 반대거래가 이루어지기 전까지는 환리스크에 노출되는 외환포지션이 발생한다. 이때 외환을 매수한 경우 매수 포지션(long position)을 가지고 있다고 하고, 외환을 매도한 경우 매도 포지션(short position)을 가지고 있다고 한다.

예를 들어 어떤 은행이 앞으로 원-달러 환율의 하락을 예상하고 100만 달러를 매도하였다고 하자. 이 경우 은행은 100만 달러의 매도 포지션을 가진다. 현재 원-달러 환율은 $1=1,200원이라고 하자. 그렇다면 이 은행은 12억 원의 부채를 가진 것이 된다. 그런데 환율이 $1=1,100원으로 인하되었다고 하자. 그러면 이 은행의 부채는 11억 원으로 줄어드는 결과를 가져온다. 그러나 만약 환율이 $1=1,300원으로 인상되었다면 이 은행의 부채는 13억 원으로 1억 원 증가한 결과를 가져온다. 이와 같은 환율 변동에 따른 리스크 때문에 대부분의 은행들은 일정 시점에서 가질 수 있는 최대 환리스크 노출한도인 포지션한도를 설정하는 것이 일반적이다.

외환포지션은 일정 시점에서 외국환은행 및 기업 등이 보유하고 있는 외화표시 자산과 부채의 차이로 측정된다. 외환거래를 하는 금융기관에서는 매일 통화별로 외환자산과 부채를 집계하여 그 차이를 계산한다. 이때 특정 통화표시 외환자산이 외환부채보다 큰 경우를 외환 초과 매수 포지션을 가지고 있다고 하고, 반대로 외환자산이 외환부채보다 작을 경우를 외환 초과 매도 포지션을 가지고 있다고 한다. 외환자산과 부채가 같은 경우에는 스퀘어포지션(square position)상태에 있다고 한다.

외환포지션은 통화별로 작성하기도 하고, 외국환 전체를 하나로 묶어 작성하기도 한다. 또한 현물환 자산과 부채만을 가지고 포지션을 작성하기도 하고, 선물환 거래 미청산 포지션만을 가지고 작성하기도 한다. 전자를 현물환 포지션, 후자를 선물환 포지션이라고 하며, 이를 합쳐서 종합포지션이라고 한다.

chapter 02

선물환과 통화선물

1 선물환 거래

사전적 의미로서의 현물환 거래(FX spot 또는 spot)란 외환의 즉각적 인도를 조건으로 하는 환거래이고 선물환 거래(FX forward 또는 forward)는 장래에 외환을 인도하는 조건으로 현 시점에서 맺는 환거래를 말한다. 그런데 실무적인 측면에서 이를 정확히 구분하려면 먼저 거래계약일과 자금결제일의 개념을 이해해야 한다.

외환거래의 과정을 보면 거래당사자가 거래계약일(trade date)에 거래통화와 금액, 환율, 자금결제일(value date 혹은 settlement date)에 대해 상호 합의를 하고 계약 시 정해진

결제일이 되면 약정대로 결제대금을 수수함으로써 거래를 마무리한다. 여기에서 거래계약일은 거래가 이루어진 날을, 자금결제일은 거래조건에 따라 두 통화를 서로 주고받는 날을 뜻한다. 거래일과 결제일이 서로 차이가 나는 것은 결제에 필요한 자금을 조달하고 이체하는 데 시간적 여유를 확보하기 위함이다. 일반적으로 거래계약일로부터 2영업일 후의 날짜를 현물일 또는 현물환 결제일(spot date 또는 spot value date)이라고 하는데 자금결제가 현물일 이전에 이루어지면, 즉 자금결제일이 현물일 이내이면 이를 현물환 거래라 하고 현물일을 초과(즉, T+3일 이후)하여 결제가 이루어지면 선물환 거래라고 한다. 본 교재에서는 의미를 보다 명확히 하기 위해 거래일(trade date)로부터 2영업일째를 'T+2일', 3영업일째를 'T+3일'과 같이 표현하기로 한다.

현물환 거래로는 거래계약 당일에 결제가 이루어지는 당일결제(value today, T+0일)거래, 익영업일에 결제가 이루어지는 익일결제(value tomorrow, T+1일)거래, 2영업일째 결제가 이루어지는 현물일결제(value spot, T+2일)거래가 있는데 이 중 현물일 결제거래는 은행 간 시장의 대표적인 현물환 거래로서 별도 언급 없이 현물환 거래라고 하면 이는 현물일 결제거래를 말하며 이는 또한 우리가 일반적으로 이야기하는 외환거래를 의미하기도 한다. 당일결제나 익영업일 결제거래는 은행이나 증권사 창구거래처럼 대고객 거래에서 고객의 필요에 따라 이루어지는 것이 보통이다.

이에 비해 거래 후 제 3영업일(T+3일) 결제거래부터는 선물환 거래로 분류를 하는데 이는 1개월, 6개월, 1년, 심지어는 몇 년까지로 그 범위가 매우 넓다. 따라서 모든 기간에 대해 선물환율을 고시할 수 없으므로 은행 간 시장에서는 1주일, 1개월, 2개월, 3개월, 6개월, 1년처럼 표준결제일(standard date)을 정해서 거래를 하는데 이를 표준일물 선물환 거래라 한다. 이에 비해 대고객 거래에서는 고객의 필요에 따라 1개월 반, 79일처럼 비표준결제일(odd date, broken date)로 거래를 할 수도 있고 또 어떤 경우에는 7월 5일에서 7월 9일 사이처럼 결제일을 기간으로 정하는 경우도 있는데 전자를 비표준일물 선물환 거래, 후자를 시간선택 선물환 거래(option forward 또는 time option forward)라고 한다.

한편 은행 간 시장에서 선물환 기간을 산정할 때 기산일은 거래일이 아니라 현물일(T+2일)임에 유의하도록 한다. 만약 7월 20일에 1개월 만기 선물환 거래를 한다면 현물일인 7월 22일부터 시작하여 1개월 후인 8월 22일이 선물환 만기일이 된다(단, 현물일 및 선물환 만기일이 휴일이 아니라고 가정). 만약 만기일이 휴일이면 다음 영업일로 순연된다. 하

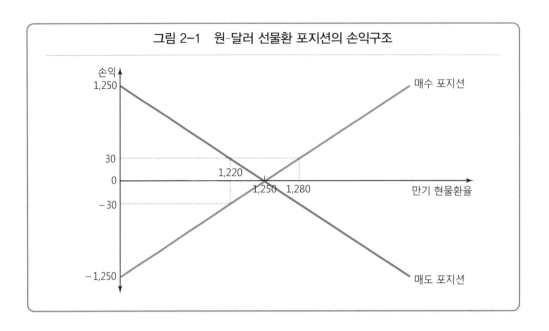

그림 2-1 원-달러 선물환 포지션의 손익구조

지만 month-end rule[1]이나 end-to-end rule[2]과 같은 예외의 경우도 있다.

선물환 거래를 다시 정의하자면 거래시점에서 거래 당사자 간에 미래의 외환결제에 적용할 환율을 미리 약정하되 실제 자금의 결제는 미리 정해놓은 미래 특정일에 이루어지는 외환거래이다. 이 정의에서 말하는 '현 시점에서 거래당사자끼리 합의한 미래 특정일에 적용할 환율'을 우리는 선물환율(forward rate)이라고 간단히 말한다. 하지만 이 간단해 보이는 선물환율이라는 말 속에 얼마나 많은 선물환율이 포함되는지 모른다. 왜냐하면 선물환율은 선물환 기간에 따라 달리 형성되기 때문이다. 자세한 내용은 뒤에 나오는 선물환율 결정에 관한 내용을 읽어보기 바란다.

선물환은 거래형태에 따라 크게 단순 선물환 또는 일방향 선물환(outright forward)과 외환스왑(FX swap)으로 나뉜다. 단순 선물환은 한쪽 방향으로 선물환을 매수하거나 매도하는 것을 말한다. 이에 비해 외환스왑은 동일 금액의 현물환과 선물환을 동시에 서

---

1 month-end rule: 선물환 기간을 월로 정할 때 만기일이 휴일이라 순연 규칙에 따라 월을 넘어가는 경우에 월말에 가장 가까운 영업일로 결제일을 앞당김 (예) 5월 28일에 2개월 선물환 거래를 하려고 하는데 해당 만기일인 7월 30일이 토요일이라면 8월 1일로 순연되지 않고 오히려 7월 29일로 앞당겨서 결정됨.

2 end-to-end rule: 선물환 기간을 월로 정한 경우 현물일이 월말이면 선물환 만기일도 월말로 조정 (예) 2월 26일에 3개월 선물환 거래를 하려고 한다면 해당 만기일이 5월 28일이 아닌 5월 31일이 되어야 함.

로 반대방향으로 매매하는 것이다. 외환스왑의 구성요소인 현물환과 선물환 중 선물환을 단순 선물환과 구분하기 위해 스왑 선물환(swap forward)이라 한다. 단순 선물환은 매수 또는 매도 포지션 상태로 환리스크에 노출되는 반면 외환스왑거래는 현물환 포지션과 선물환 포지션의 합계인 종합포지션이 0이므로 환리스크에 노출되지 않는다. 통화선물은 장외거래인 선물환을 규격화, 표준화하여 거래소에 상장시킨 것으로 기본적인 개념이나 가격결정 등이 선물환과 거의 유사하다.

선물환율 가격 변화에 따른 보유 포지션의 손익구조에 대해서 살펴보자. 현재 원-달러 현물환율은 $1 = 1,200$원이며, 만기가 3개월인 선물환율은 $1 = 1,250$원이라고 가정한다. 어떤 투자자가 앞으로 3개월 후 현물환율이 상승할 것으로 예상하여 3개월 만기인 원-달러 선물환을 100만 달러 매수하였다고 하자. 만약 3개월 후 선물환 만기일에 현물환율이 $1 = 1,220$원이라면 이 투자자는 $1,000,000 \times (1,220 - 1,250) = -30,000,000$원의 손실을 볼 것이다. 반면, 만기일에 현물환율이 $1 = 1,280$원이라고 하면 이 투자자는 $1,000,000 \times (1,280 - 1,250) = 30,000,000$원의 이익을 볼 것이다.

만약 이 투자자가 앞으로 3개월 후 현물환율의 하락을 예상하여 3개월 만기 원-달러 선물환을 100만 달러 매도한 경우라면, 이 투자자의 손익은 선물환을 매수한 경우와 정반대로 나타난다. 3개월 후 현물환율이 $1 = 1,220$원이라면 이 투자자는 $1,000,000 \times (1,250 - 1,220) = 30,000,000$원의 이익을 보며, 3개월 후 현물환율이 $1 = 1,280$원이라고 하면 이 투자자는 $1,000,000 \times (1,250 - 1,280) = -30,000,000$원의 손실을 보게 된다.

〈그림 2-1〉에서는 위 예에 대해 만기 시점의 현물환율 변동에 따른 원-달러 선물환의 매수 또는 매도 포지션에 대한 결과가 제시되어 있다. 선물환 매수 포지션은 만기의 현물환율이 선물환율보다 높게 나타날수록 이익이 커지며, 낮게 나타날수록 손실이 커지므로 선물환율 1,250원을 축으로 우상향하는 직선형태의 손익구조를 가지게 된다. 반면, 선물환 매도 포지션은 만기 시 현물환율이 선물환율보다 낮게 나타날수록 이익이 커지므로 선물환 매수 포지션과 반대로 선물환율 1,250원을 기준으로 우하향의 직선형태의 손익구조를 가지게 된다.

〈그림 2-1〉에서 확인할 수 있듯이 단순 선물환 거래에서 만약 투자자가 3개월 후 현물환율이 달러당 1,250원 이하로 하락할 것을 예상한다면 선물환 매도 포지션을, 현물환율이 1,250원 이상으로 상승할 것을 예상한다면 선물환 매수 포지션을 취할 수 있다. 하지만 선물환 만기 시점의 현물환율이 예상과 달리 반대방향으로 움직인다면 큰 손실을 볼 수도 있다.

선물환율은 두 가지 방법으로 고시된다. 첫 번째는 아웃라이트율(outright rate) 표시법으로 선물환율 자체를 현물환율처럼 매입율과 매도율로 고시하는 방법이고 두 번째는 선물환 포인트(forward point) 표시법으로 선물환율과 현물환율과의 차이인 선물환 포인트로 고시하는 방법이다. 이 선물환 포인트는 스왑 포인트(swap point)라고도 하며 은행 간 시장에서는 스왑 포인트 표시법이 관례화되어 있다.

선물환 포인트의 단위는 환율 변동의 기본단위인 핍(pip)과 같다. 따라서 원−달러 환율의 1포인트는 소수점 아래 둘째자리인 1전이므로 0.01원이다. 만약 120포인트라고 하면 1.20원이 된다. 이에 비해 핍 단위가 소수점 아래 넷째자리인 유로−달러 환율의 경우에는 1포인트가 0.0001이므로 만약 5.1포인트라 하면 0.00051달러가 된다.

현재 시장에서 원-달러 선물환에 대해 〈표 2-1〉과 같은 선물환율이 고시되어 있다고 하자. 만약 선물환 포인트의 매도율이 매수율보다 크다면 이는 선물환율이 할증상태에 있음을 의미한다. 이 경우 선물환율은 현물환율에 선물환 포인트를 더해서 계산한다. 〈표 2-1〉의 오른쪽에 제시된 선물환율은 현물환율의 매수율과 매도율에 제시된 선물환 포인트의 매수율과 매도율을 더한 값으로 나타난다. 예를 들어 3개월 선물환율의 매수율은 현물환율(매수율) 1,220.20원에 선물환 포인트(매수율) 11.00원을 더한 1,231.20원으로 계산되며, 3개월 선물환율의 매도율은 현물환율(매도율) 1,225.30원에 선물환 포인트(매도율) 23.30원을 더한 1,248.60원으로 계산된다.

만약 위의 경우와는 반대로 선물환 포인트의 매수율이 매도율보다 크다면 이는 선물환율이 할인상태에 있음을 의미한다. 이 경우 선물환율은 현물환율에서 선물환 포인트를 차감하여 계산된다.[3] 〈표 2-2〉에서 오른쪽에 제시된 선물환율은 현물환율의 매수율과 매도율에서 왼쪽에 제시된 선물환 포인트의 매수율과 매도율을 차감한 것이다.

---

3 일반적으로 매수율과 매도율을 비교하면 반드시 매도율이 높아야 한다. 또한 거의 대부분 만기가 길어질수록 매수율과 매도율의 차이(bid-ask spread)가 커지게 된다. 여기에서 선물환 할인이라면 현물환율이 선물환율보다 높으므로 선물환율과 현물환율의 차이인 선물환 포인트는 앞의 숫자가 뒤의 숫자보다 크다. 따라서 선물환 포인트의 매수율이 매도율보다 크다면 이는 선물환 할인을 의미하며 현물환율에서 선물환 포인트를 차감하여 아웃라이트율을 구할 수 있다. 반면, 선물환 할증의 경우 현물환율이 선물환율보다 낮으므로 선물환 포인트는 앞의 숫자가 뒤의 숫자보다 작다. 따라서 선물환 포인트의 매수율이 매도율보다 적다면 이는 선물환 할증을 의미하며 현물환율에서 선물환 포인트를 더하여 아웃라이트율을 구할 수 있다.

표 2-1	선물환 포인트와 선물환율 : 선물환 할증의 경우

선물환 포인트			선물환율		
현물환율	1,220.20	− 1,225.30	현물환율	1,220.20	− 1,225.30
1개월	120	− 610	1개월	1,221.40	− 1,231.40
3개월	1,100	− 2,330	3개월	1,231.20	− 1,248.60
6개월	2,110	− 3,560	6개월	1,241.30	− 1,260.90

표 2-2	선물환 포인트와 선물환율 : 선물환 할인의 경우

선물환 포인트			선물환율		
현물환율	1,220.20	− 1,225.30	현물환율	1,220.20	− 1,225.30
1개월	1,700	− 710	1개월	1,203.20	− 1,218.20
3개월	1,840	− 260	3개월	1,201.80	− 1,222.70
6개월	2,690	− 120	6개월	1,193.30	− 1,224.10

예를 들어 3개월 선물환율의 매수율은 현물환율(매수율) 1,220.20원에 선물환 포인트(매수율) 18.40원을 뺀 1,201.80원으로 계산되며, 3개월 선물환율의 매도율은 현물환율(매도율) 1,225.30원에 선물환 포인트(매도율) 2.60원을 뺀 1,222.70원으로 계산된다.

선물환율을 선물환 포인트로 고시하는 것은 다음과 같은 두가지 이유가 있다. 첫째, 비록 현물환율이 자주 변동하더라도 선물환 포인트는 상당기간 동안 변하지 않을 수 있다. 둘째, 외환스왑거래의 목적은 환리스크를 최소화하는 데 있다. 따라서 실제 현물환율과 선물환율의 크기는 중요하지 않다. 오히려 그 차이인 선물환 포인트가 중요한 의미를 가진다. 선물환 포인트는 현물환율과 선물환율의 차이이므로 선물환 할증 또는 할인의 정도를 나타낸다. 외환스왑은 현물환 거래와 선물환 거래를 통해 자국 통화와 외국 통화를 두 번 거래하게 되므로 자국 통화와 외국 통화의 이자비용에 따른 차이가 발생하게 되는데, 실제로 선물환 포인트는 이러한 이자율 차이를 반영하여 결정된다.

한편, 선물환율의 할증률 또는 할인율은 현물환율과 비교하여 연율로 표현하는 것이 일반적이다. 선물환 할증률(할인율)은 다음 식을 이용하여 계산할 수 있다. 이 경우 두 통화 모두 동일한 이자계산 일수 기준을 사용한다고 가정한다.

$$\text{선물환율의 할증률(할인율)} = \frac{\text{선물환율} - \text{현물환율}}{\text{현물환율}} \times \frac{12}{\text{선물환 만기}}$$

위 식에서 선물환 만기는 개월수이다. 만약 일수로 계산된다면 위 식에서 '12/선물환 만기'를 '360/선물환 만기'로 수정하여 적용할 수 있다.

예를 들어 현재 원-달러 현물환율이 $1 = 1,200원이라고 하자. 또한 3개월 선물환율이 $1 = 1,250원이고 6개월 선물환율은 $1 = 1,150원이라고 하자. 그렇다면 3개월 선물환율과 6개월 선물환율의 할증률 또는 할인율은 다음과 같이 계산된다.

$$3개월 : \frac{1,250 - 1,200}{1,200} \times \frac{12}{3} = 0.1667$$

$$6개월 : \frac{1,150 - 1,200}{1,200} \times \frac{12}{6} = -0.0833$$

즉, 3개월 만기 달러 선물환은 16.67%만큼 할증되어 거래되고 있으며, 6개월 만기 달러 선물환은 8.33%만큼 할인되어 거래되고 있다.

❗ 예시

▶ 선물환 할증률(할인율)의 계산

현재 동경의 외환시장에서 엔-달러(¥/$) 현물환율은 달러당 122.05엔에 거래되고 있다. 만기가 92일 남은 3개월 선물환율은 달러당 120.43엔에 거래되고 있다고 하자. 그러면 3개월 선물환의 할증률(할인율)은 다음과 같이 계산된다.

$$\frac{120.43 - 122.05}{122.05} \times \frac{360}{92} = -0.0519$$

따라서 3개월 만기 엔-달러 선물환의 할인율은 5.19%로 계산된다. 즉, 3개월 만기 엔-달러 선물환은 달러가 5.19%만큼 할인되어 거래된다고 말할 수 있다.

3 원-달러 차액결제선물환(NDF : Non-Deliverable Forward)

국내 선물환시장 이외에도 홍콩, 싱가포르, 동경, 런던, 뉴욕 등의 역외시장에서 원-달러 NDF 거래가 비교적 활발하게 이루어지고 있다. 일반적인 선물환이 만기일에 계약의 대상이 되는 기초자산, 즉 양국 통화를 정해진 선물환율로 상호 교환하는 데 반해, NDF는 만기 시점에 계약통화의 교환이 없이 계약 당시의 선물환율과 만기 시점의 현물환율(지정환율)의 차이만큼을 거래 당사자 간의 지정 통화(통상 미 달러화)로 정산하는 계약을 말한다.

NDF 거래는 차액만을 결제하므로 결제위험이 일반 선물환에 비해 작고, 결제통화로 주로 미 달러화가 사용되므로 해당국의 통화(예를 들면, 우리나라의 원화)가 국제적으로 통용되지 않더라도 역외시장에서 거래가 형성될 수 있다. 또한 적은 금액만으로도 거래가 가능하므로 레버리지 효과가 높아 환리스크 헤지뿐 아니라 투기적 거래에도 활용된다.

원-달러 NDF의 만기는 주로 정형화된 만기(1주일~3년)의 형태로 다양하게 존재하지만 이 중에서 1개월물이 가장 많이 거래되고 있다. 거래금액은 제한이 없으나 관행상 100만 달러 단위로 거래되는 것이 일반적이며, 중개거래의 경우 주로 300~500만 달러, 직접거래의 경우 500~1,000만 달러 규모로 많이 거래되고 있다. 원-달러 NDF의 경우 결제환율(지정환율 : 'fixing rate'이라고 함)은 직전 영업일의 기준환율(MAR : Market Average Rate)을 적용하며, 직전 영업일의 기준환율은 전전 영업일의 시장평균환율에 의해 결정된다. 그리고 차액정산 시 교환되는 통화는 미 달러화로 정하고 있다.

한편, NDF 거래의 결제 시 매수자와 매도자가 결제하게 될 달러표시 결제금액은 다음과 같이 결정된다.

$$결제금액 = \frac{지정환율 - 계약\ 시\ 선물환율}{지정환율} \times 계약금액$$

위 식에서 매수자의 경우 지정환율이 계약환율보다 높다면 결제금액을 수취하게 되고, 지정환율이 계약환율보다 낮다면 결제금액을 지급하게 된다. 매도자의 경우는 매수자와 반대이다. 즉, 지정환율이 계약환율보다 낮다면 결제금액을 수취하며, 높다면 결제금액을 지급하게 된다.

예를 들어 K은행이 1개월 만기 원-달러 NDF를 1,000만 달러만큼 매수했다고 가정하자. 계약 시 선물환율은 달러당 1,210원이라고 하자. 1달 후 결제일 전일의 기준환율, 즉 지정환율이 달러당 1,223원이라면 결제금액은 다음과 같이 계산된다.

$$결제금액 = \frac{1,223 - 1,210}{1,223} \times 10,000,000 = 106,296$$

지정환율이 계약환율보다 높으므로 매수자인 K은행은 결제일에 $106,296을 수취하게 된다.

예시

▶ 원 - 달러 NDF 결제금액 계산

국내 K은행이 미국의 A은행에게 1개월 만기 원-달러 NDF를 500만 달러만큼 매도하였다고 하자. 계약 시 선물환율은 달러당 1,300원이라고 하자. 1개월 후 환율이 상승하여 지정환율이 달러당 1,360원이라면 K은행의 결제금액은 다음과 같이 계산된다.

$$결제금액 = \frac{1,360 - 1,300}{1,360} \times 5,000,000 = 220,588$$

지정환율이 계약환율보다 상승하였으므로 매도자인 K은행은 $220,588을 매수자인 A은행에게 지급해야 한다.

section 02 선물환율의 결정

1 선물환율 결정모형

시장의 균형에서는 반드시 일물일가의 법칙(law of one price)이 성립하여야 한다. 금융시장의 균형에서 일물일가의 법칙은 동일한 위험을 가지는 금융상품의 수익률은 같아야 한다는 것을 의미한다. 만약 이러한 조건이 성립하지 않으면 기대수익률이 낮은 금융상품의 매도(또는 기대수익률에 해당하는 이자율로 차입)를 통하여 자금을 조달하고 더 높은 기대수익률을 주는 금융상품을 매수(또는 기대수익률에 해당하는 이자율로 투자)함으로써 위험 없이 이익을 올릴 수 있는 차익거래가 가능해진다. 결국 차익거래는 동일한 위험을 가진 금융상품 간의 수익률의 차이를 없애는 힘으로 작용하게 되고, 궁극적으로 금융시장의 일물일가의 법칙이 성립하여 시장의 균형 상태가 이루어지게 되는 것이다. 이러한 시장의 균형조건을 무차익거래조건(no arbitrage condition)이라고 한다.

만약 국제금융시장의 균형에서 무차익거래조건이 성립한다면 동일한 위험을 가진 금융상품에 대해 같은 금액을 국내시장에 투자한 결과와 외국시장에 투자한 결과는 동일할 것이다. 예를 들어 위험이 같고 표시통화만 서로 달라서 하나는 자국 통화, 다른 하나는 외국 통화로 표시된 금융상품이 있다고 하자. 이때 자국 통화로 표시된 금융상품의 수익률을 r_d, 외국 통화로 표시된 금융상품의 수익률을 r_f라고 하면 자국 통화 1단위를 자국 통화로 표시된 금융상품에 투자했을 때 만기에 받게 될 금액은 $(1+r_d)$이 될 것이다. 한편, 외국 통화로 표시된 금융상품에 투자했을 때의 기대수익은 환율 변화에 따라 달라지게 된다. 현재의 환율을 S_t, 만기 시점의 환율을 S_T이라고 하자. 그렇다면 외국 통화로 표시된 금융상품에 투자하여 만기에 받게 될 금액은 다음과 같이 계산될 수 있다.

먼저 자국 통화 한 단위를 현재 시점에서 외국 통화 한 단위로 교환하면 $\frac{1}{S_t}$를 받게 된다. 이 금액을 외국 통화로 표시된 금융상품에 투자하면 만기에 $\frac{1}{S_t} \times (1+r_f)$를 얻게 된다. 이 금액을 다시 만기 시점의 환율 S_T을 적용하여 자국 통화로 바꾸면 만기에 받게 될 금액은 $\frac{1}{S_t} \times (1+r_f) \times S_T$이 될 것이다. 그러나 이 경우 만기 시점의 환율 S_T은 미래의 환율이므로 현재 시점에서 정해져 있지 않다. 따라서 외국 통화로 표시된 금융상품에 투자했을 때의 수익은 환리스크에 노출되어 있다. 이러한 환리스크를 감수하면서 자국 통화 표시 자산과 외국 통화 표시 자산 간의 기대수익률의 차이를 이용하여 차익거래를 실행하는 경우를 위험 이자율 차익거래(uncovered interest arbitrage)라고 한다.

그런데 만약 이 두 통화 간에 선물환시장이 존재한다면 현재 시점에서 자국 통화 한 단위를 외국 통화로 바꾼 후 외국 통화의 금융상품에 투자하여 만기에 얻게 될 투자수익 $\frac{1}{S_t} \times (1+r_f)$에 대해 선물환율 F_t를 이용하여 선물환 계약을 체결할 수 있다. 이 경우 자국 통화 1단위를 외국 통화로 표시된 금융상품에 투자하여 받게 될 금액은 $\frac{1}{S_t} \times (1+r_f) \times F_t$가 되며, 이 금액은 미래의 환율 변화에 따라 변동하는 것이 아니라 현재 시점에서 확정된 금액이다.

여기에서 자국 통화와 외국 통화로 각각 표시된 두 금융상품은 표시통화 이외에는 다른 조건이 모두 같기 때문에 선물환 계약을 통하여 환위험을 완전히 헤지할 경우 사실상 동일한 금융상품이라고 할 수 있다. 따라서 이 두 금융상품에 동일한 금액을 투자할 경우 투자수익은 같아야 한다. 즉, 시장의 균형에서 무차익거래조건이 성립하기 위해서는 국내에 투자할 경우 얻는 수익 $(1+r_d)$와 외국에 투자할 경우 얻는 수익 $\frac{1}{S_t} \times (1+r_f) \times F_t$는 같아야 한다.

$$1 + r_d = \frac{F_t}{S_t} \times (1 + r_f)$$

이 식을 정리하면 선물환율 F_t는 현물환율 S_t, 자국의 이자율 r_d, 외국의 이자율 r_f가 주어질 경우, 다음과 같이 계산될 수 있다.

$$F_t = S_t \times \frac{1 + r_d}{1 + r_f}$$

위 식은 선물환율의 결정식으로 국제금융시장의 균형에서 성립하는 이자율 평형이론(IRPT : Interest Rate Parity Theory)으로 잘 알려져 있다. 이자율 평형이론을 이용하면 균형 선물환율을 쉽게 계산할 수 있다.

예를 들어 현재 외환시장에서 원-달러 현물환율이 달러당 1,200원에 거래되고 있다고 하자. 1년 만기 원화이자율이 연 5%, 1년 만기 달러이자율이 연 3%이면 1년 만기 선물환율은 다음과 같이 계산된다(단, 원화와 달러 두 통화로 표시된 금융상품의 위험도가 동일하고 두 통화 모두 동일 이자계산 일수 기준을 적용한다고 가정함).

$$F_t = 1,200 \times \frac{1 + 0.05}{1 + 0.03} = 1,223.30$$

즉, 1년 만기 선물환율은 달러당 1,223.30원으로 나타난다. 이자율 평형이론을 통해 알 수 있듯이 선물환율은 현물환율과 양국의 이자율 수준에 따라 결정된다.

위 식을 다시 정리하면[4] 아래와 같이 선물환 할증률 또는 할인율에 대한 균형 조건을 얻을 수 있다.

$$\frac{F - S}{S} = r_d - r_f$$

$\qquad\qquad$ F : 선물환율

$\qquad\qquad$ S : 현물환율

$\qquad\qquad$ r_d : 국내 이자율

$\qquad\qquad$ r_f : 해외 이자율

---

4 앞의 식 $(1 + r_i) = \frac{F}{S}(1 + r_f)$에 대해 양변에 $(1 + r_f)$를 빼면 $r_d - r_f = (\frac{F}{S} - 1)(1 + r_f) = (\frac{F - S}{S})(1 + r_f)$, 이 식을 전개하면 $r_d - r_f = \frac{F - S}{S} + r_f \frac{F - S}{S}$, 여기에서 $r_f(\frac{F - S}{S})$는 매우 적으므로(≈ 0) 생략할 수 있음. 따라서 $r_d - r_f = \frac{F - S}{S}$

위 식은 이자율 평형이론의 또 다른 표현으로 좌변은 선물환 할증률 또는 할인율을 나타내며, 우변은 두 통화 간의 이자율의 차이이다. 따라서 이자율 평형이론은 두 나라 통화 간의 이자율 차이에 의해 선물환 할증률 또는 할인율이 결정된다는 것을 보여주고 있다.

앞의 IRPT 식에서 자국 통화의 이자율이 외국 통화의 이자율보다 높으면 자국 통화로 표시한 외국 통화의 선물환율이 현물환율보다 높은 할증(premium)상태가 되고, 반대로 자국 통화의 이자율이 외국 통화의 이자율보다 낮으면 선물환율이 현물환율보다 낮은 할인(discount)상태가 된다.

유럽식 환율표시법을 사용하는 일본 엔의 예를 들어보자. 유럽식 표시법은 유럽(미국을 제외한 모든 나라를 유럽으로 통칭)의 입장에서 외국통화인 달러의 가치를 자국 통화로 나타내는 직접표시법이기 때문에 엔이 자국 통화이고 달러가 외국 통화가 된다. 따라서 엔의 이자율(r_d)이 달러의 이자율(r_f)에 비해 낮다면 엔－달러 선물환율은 현물환율보다 낮게 형성된다. 즉, 달러가 선물환 할인 상태에 있게 된다. 유로나 엔과 같은 선진국의 안전통화들은 달러와 서로 위험도가 비슷하기 때문에 일반적으로 이자율 평형이론이 성립하고 있는 것으로 알려져 있다.

만약 이자율 평형이론이 성립하지 않는다면 이는 위험은 같고 표시통화만 다른 두 금융상품의 수익률이 서로 다르다는 것을 의미한다. 따라서 두 금융상품 가운데 수익률이 낮은 금융상품을 매도(또는 수익률에 해당하는 이자율로 차입)하여 조달한 자금으로 수익률이 높은 금융상품에 투자하고 표시통화가 서로 다르기 때문에 생기는 환리스크를 선물환을 이용하여 헤지하게 되면 위험에 전혀 노출되지 않고 차익거래이익을 올릴 수 있게 된다. 이러한 유형의 차익거래를 무위험 이자율 차익거래(CIA : Covered Interest Arbitrage)라고 한다. 또한 이러한 무위험 이자율 차익거래가 발생하게 되면 이것은 다시 두 통화의 이자율과 선물환율 및 현물환율을 변화시켜 이자율 평형이론이 성립하도록 하는 힘으로 작용하게 되고, 결국 이자율 평형이론이 성립하는 시장 균형으로 회복될 것이다.

한편 위험이 다른 두 통화를 교환할 때는 고려해야 할 요소가 한 가지 더 있다. 이자율 평형이론이 두 통화로 표시된 금융자산의 위험이 동일해야 함을 전제로 하기 때문에 두 통화의 위험도를 동일하게 해주려면 신용도 차이를 조정해 주어야 한다. 그 신용도 차이를 리스크 프리미엄(risk premium)이라 한다. 이러한 현상은 우리나라를 포함한 신흥국 통화에서 발생하는데 이는 국내 은행이 달러를 차입할 때 시장금리(예를 들어

Libor) 외에 추가로 부담하는 금리를 의미하며 신용가산금리(credit spread), 또는 컨트리 리스크(country risk)라고도 얘기한다. 따라서 원−달러 선물환율을 산정하려면 시장 이자율 외에 리스크 프리미엄이라는 요소를 추가로 고려해 주어야 한다. 이자율 평형이론에 따른 선물환율 결정식에서 리스크 프리미엄을 반영하여 다음과 같은 산식으로 나타낼 수 있다.

$$F_t = S_t \times \frac{1 + r_d}{1 + (r_f + P)}$$

(P : 리스크 프리미엄)

실제로 시장의 원−달러 선물환율은 리스크 프리미엄이 반영되어 형성되고 있으며 이는 선물환율 결정에 있어서 무시할 수 없는 요소이다. 특히 지난 금융위기와 같은 글로벌 유동성 위기의 상황에서는 안전통화 선호현상으로 리스크 프리미엄이 급등하여 단순 금리 차이만으로는 할증 상태에 있어야 할 선물환율이 오히려 할인 상태로 변한 경우도 있었다.

또한 선물환율을 계산할 때 통화에 따라 이자계산 일수 기준이 다를 수 있는데 이것은 일반적으로 통화별 자금시장의 이자계산 관행에 따른다. 그 중 우리나라 원화는 '실제일수/365' 방식을 사용하고 'actual days/365', 'act/365'와 같이 표기한다. 우리나라 은행들이 외화자금거래 시 주로 이용하는 유로커런시 마켓에서는 달러, 유로, 엔 등 대부분의 주요 통화들(파운드 제외)이 'act/360' 방식을 사용하고 있다. 만약 원화와 달러로 표시된 금융상품의 위험도가 동일하다고 가정할 경우 실제일수가 183일인 6개월 만기 원−달러 선물환율 산출공식은 다음과 같이 나타낼 수 있다.

$$F_t = S_t \times \frac{(1 + r_{KRW} \times \frac{183}{365})}{(1 + r_{USD} \times \frac{183}{360})}$$

r_{KRW} : 원화금리

r_{USD} : 달러금리

본 교재에서는 설명의 단순화를 위해 원화와 달러 두 통화 모두에 대해 '30/360'(1개월−30일, 1년−360일 기준) 방식을 적용하는 것으로 가정한다.

앞에서 설명한 바와 같이 이자율 평형이론으로부터 괴리가 발생하면 무위험 이자율 차익거래가 가능하다. 실제로 외환시장과 국제 단기금융시장의 많은 시장 참가자들은 시시각각 변하는 이자율과 환율에 대한 정보를 지켜보면서 무위험 이자율 차익거래의 기회가 발생하면 순간적으로 차익거래 포지션을 취하려고 한다. 이때 차익거래전략은 시장선물환율이 IRPT에 의한 이론선물환율에 비해 고평가 또는 저평가되어 있느냐에 따라 두 가지 형태로 나누어 설명할 수 있다.

첫째, 시장선물환율(F)이 이론선물환율(F^*)보다 고평가되어 있는 경우이다. 즉,

$$F > F^* = S \times \frac{1 + r_d}{1 + r_f}$$

이 경우 차익거래전략은 자국 통화를 차입하여 외국 통화로 교환(즉, 외국 통화 현물환 매수)하고, 이를 외국 통화로 표시된 금융자산에 투자(예금)하며 동시에 외국 통화를 자국 통화로 바꾸는 선물환 계약(즉, 외국 통화 선물환 매도)을 체결하면 된다. 이러한 경우 무위험 이자율 차익거래를 다음 예시를 통해 살펴보도록 하자.

현재 금융시장의 정보가 다음과 같고 차입 가능한 금액은 100억 원이라고 하자(이때 원화 금융상품과 달러 금융상품의 위험이 동일하며 두 통화 모두 이자계산 일수 기준이 '30/360'으로 동일하다고 가정함).

현물환율(S)	: $1 = 1,200원
6개월 선물환율(F)	: $1 = 1,215원
6개월 달러화 이자율(r_f)	: 6%(연율)
6개월 원화 이자율(r_d)	: 8%(연율)

우선, 이자율 평형이론에 의해 이론선물환율을 계산하면 다음과 같다.

$$F^* = 1,200 \times \frac{1 + 0.08 \times \frac{1}{2}}{1 + 0.06 \times \frac{1}{2}} = 1,211.65$$

위 계산식에서 선물환율이 6개월 단위로 표시되어 있으므로 연율로 표시된 이자율도 6개월 단위로 조정하여야 한다. 위 계산 결과에서 시장선물환율(1,215원/$)은 이론선물환율(1,211.65원/$)보다 달러당 3.35원 고평가되어 있으므로 차익거래의 기회가 존재함을 알 수 있다. 따라서 다음과 같은 차익거래전략이 가능하다.

❶ 현재 시점
ㄱ. 원화 100억 원을 연율 8%의 이자율로 차입하여 현물환율(1,200원/$)에 달러화로 교환하면 $8,333,333(=10,000,000,000/1,200)이 된다.
ㄴ. 이 달러를 연율 6%의 이자율로 6개월 만기 달러화 예금을 한다. 따라서 6개월 후에 예상되는 원리금은 $8,583,333(=$8,333,333×1.03)이 된다.
ㄷ. 6개월 후 위 금액의 달러화를 원화로 바꿀 수 있는 6개월 만기 달러선물환을 시장선물환율(1,215원/$)에 매도한다.

❷ 6개월 후
ㄱ. 달러예금의 원리금 $8,583,333을 찾아서 매도한 선물환 계약에 따라 원화로 바꾸면 104억 2,875만 원(=8,583,333×1,215)이 된다.
ㄴ. 이 돈으로 차입한 원화의 원리금 104억 원(=100억×1.04)을 갚는다.

❸ 결과 : 104억 2,875만 원－104억＝2,875만 원의 차익거래 이익을 얻게 된다.

위와 같은 차익거래가 발생하게 되는 원인은 두 나라의 이자율 차이보다 선물환율의 할증률이 높게 나타나 IRPT가 성립하고 있지 않기 때문이다. 따라서 시장이 효율적인 경우 만약 이러한 차익거래 기회가 존재하게 되면 위와 같은 차익거래가 지속적으로 발생하게 될 것이다.

차익거래 과정을 분석해보면 먼저 국내 단기자금시장에서 원화의 차입이 증가하므로 국내(원화) 이자율 r_d는 증가하게 될 것이다. 또한 현물환시장에서 원화를 매도하고 달러화를 매수하게 되므로 원-달러 현물환율 S는 상승하게 될 것이다. 다음 미국의 단기자금시장에서는 달러화의 투자가 증가하게 되므로 미국(달러) 이자율 r_f는 하락하게 된다. 한편 선물환시장에서 달러선물환의 매도가 발생하므로 선물환율은 하락할 것이다. 결국 이러한 차익거래는 이자율 평형이론이 성립할 때까지 지속될 것이고, 시장은 균형을 회복할 것이다.

둘째, 시장선물환율(F)이 이론선물환율(F^*)보다 저평가되어 있는 경우이다. 즉,

$$F < F^* = S \times \frac{1 + r_d}{1 + r_f}$$

이때 차익거래는 외국 통화를 차입하여 자국 통화로 교환(즉, 외국 통화 현물환 매도)하고, 이를 자국 통화로 표시된 금융자산에 투자(예금)하며 동시에 자국 통화를 외국 통화로 바꾸는 선물환 계약(즉, 외국 통화 선물환 매수)을 체결하면 된다. 이러한 경우의 무위험 이자율 차익거래를 다음 예시를 통해 살펴보자.

현재 금융시장의 정보가 다음과 같고 차입 가능한 금액은 1,000만 달러라고 하자 (단, 원화 금융상품과 달러 금융상품의 위험이 동일하며 두 통화 모두 이자계산 일수 기준이 '30/360'으로 동일하다고 가정함).

현물환율(S)	: $1 = 1,200원
6개월 선물환율(F)	: $1 = 1,207원
6개월 달러화 이자율(r_f)	: 6%(연율)
6개월 원화 이자율(r_d)	: 8%(연율)

앞의 예시와 비교하면 모든 조건이 동일하나, 6개월 선물환율만 1,207원/$으로서 이론선물환율(1,211.65원/$)보다 달러당 4.65원만큼 저평가되어 있음을 알 수 있다. 따라서 다음과 같은 차익거래가 가능하다.

❶ 현재 시점

　ㄱ. 1,000만 달러를 연율 6%의 이자율로 차입하여 현물환율(1,200원/$)에 원화로 교환하면 120억 원(=10,000,000×1,200)이 된다.

　ㄴ. 이 원화를 연율 8%의 이자율로 6개월 만기 원화예금을 한다. 따라서 6개월 후에 예상되는 원리금은 124억 8,000만 원(=120억×1.04)이 된다.

　ㄷ. 6개월 후 갚아야 할 달러화 원리금 $1,030만(1,000×1.03)을 계약금액으로 하는 6개월 만기 달러선물환을 시장선물환율(1,207원/$)에 매수한다.

❷ 6개월 후

　ㄱ. 원화예금의 원리금 124억 8,000만 원을 찾아서 이 가운데 124억 3,210만 원(10,300,000×1,207)으로 매수한 선물환 계약에 따라 $1,030만의 달러화로 바꾼다.

　ㄴ. 이 달러화로 차입한 달러화의 원리금 $1,030만을 갚는다.

❸ 결과 : 124억 8,000만－124억 3,210만＝4,790만 원의 차익거래 이익을 얻게 된다.

위의 경우 무위험 이자율 차익거래가 발생하는 원인은 두 나라 간의 이자율의 차이에 비해 선물환율의 할증률이 작기 때문이다. 만약 시장에서 이러한 차익거래 기회가 존재한다면 위와 같은 차익거래가 지속적으로 발생하게 될 것이다. 차익거래 과정을 분석해보면 미국의 단기자금시장에서는 달러자금의 차입이 증가하게 되므로 달러이자율은 상승하게 되고, 현물환시장에서는 달러의 매도가 증가하므로 원-달러 현물환율은 하락하게 될 것이다. 또한 국내 단기자금시장에서는 원화에 대한 투자가 증가하므로 원화이자율은 하락하게 되고, 선물환시장에서 달러선물환의 매수가 증가하므로 선물환율은 상승하게 될 것이다. 결과적으로 이자율 평형이론이 성립하고 시장은 균형을 회복할 것이다.

지금까지 논의된 무위험 이자율 차익거래에서는 차익거래를 수행하는 데 발생하는 거래비용을 고려하지 않았다. 그러나 실제로 차익거래를 수행하는 데는 거래비용이 발생한다. 무위험 이자율 차익거래는 현물환 및 선물환의 매수 또는 매도, 그리고 두 통화자금의 차입 또는 예금이 필요하다. 그런데 실제 시장거래에서는 외환을 사고팔 때 매수율과 매도율의 스프레드가 존재하고 차입이나 대출을 할 때도 차입이자율과 대출이자율의 차이가 존재한다. 즉, 자금거래에서 차입할 때는 높은 금리, 예금할 때는 낮은 금리가 적용되고, 외환거래에서도 매수할 때는 높은 환율, 매도할 때는 낮은 환율의 적용을 받는다. 이러한 환율과 이자율의 스프레드가 차익거래의 거래비용에 해당한다.

거래비용을 고려할 때 비록 이자율 평형이론으로부터 괴리가 발생하더라도 차익거래에서 발생하는 이익이 거래비용을 커버하지 못한다면 무위험 이자율 차익거래가 발생하지 못한다. 따라서 실제 시장에서는 거래비용으로 인한 차익거래 불가영역(no arbitrage band)이 형성되고, 이 영역 내에서는 실제 시장선물환율이 이론선물환율과 지속적으로 괴리를 보일 수 있다.

한편 위 예시에서는 두 통화의 위험도가 동일한 것으로 가정을 하였지만 원-달러처럼 실제로 두 통화의 위험도가 다른 경우 이자율 평형이론이 성립되기 어렵다. 따라서 이런 경우에는 앞서 이자율 평형이론에서 설명한 것처럼 리스크 프리미엄을 반영한 달러 금리를 사용하여 이론 선물환율을 조정할 필요가 있다.

이 밖에도 무위험 이자율 차익거래를 저해하는 요인으로서 외환포지션의 규제와 차익거래를 위한 자금차입 및 운용의 제한 등이 있다. 특히, 무위험 이자율 차익거래에서는 차익거래에 사용되는 두 통화가 국제 단기자금시장에서 원활하게 거래될 수 있을 때 효과적인 차익거래가 이루어질 수 있다. 이러한 점을 고려할 때 우리나라의 원화를 매개로 하는 무위험 이자율 차익거래는 선진국 통화 간의 차익거래만큼 원활하게 이루어지지 못하고 있는 실정이다.

section 03 | 통화선물

1 | 통화선물 개요

선물환이나 통화선물은 모두 미래의 외환거래에 대한 가격, 즉 환율을 고정시킨다는 면에서 동일한 목적과 기능을 갖고 있으나, 거래제도, 거래방법, 시장참가자 등에서 서로 차이가 있다. 선물환은 선도계약으로서 장외시장에서 개별 거래자의 필요에 맞추어서 거래조건이 결정될 수 있는 반면, 통화선물은 선물계약으로서 조직화된 거래소에서 표준화된 거래조건에 따라 거래된다. 이러한 관점에서 선물환과 통화선물을 비교할 때 일반적으로 논의되는 선도계약과 선물계약의 차이가 적용될 수 있다. 다만, '통화'라는 기초자산의 특성을 반영하여 시장참가자, 거래비용, 결제방법 등의 측면에서 주식이나 금리 등을 기초자산으로 하는 상품들과는 다소 다른 점도 존재한다.

선물환 거래와 통화선물거래의 주요 특성을 살펴보면 다음과 같다.

먼저 선물환 거래는 거래상대방 위험을 우선적으로 고려해야 하는 장외거래의 특성 때문에 높은 신용도의 금융기관이나 대기업 등으로 참여 범위가 제한적인 데 비해 통화선물거래는 증거금과 일일정산 제도에 의해 제도적으로 계약불이행 위험을 방지하기 때문에 누구나 제한 없이 거래에 참여할 수 있다. 통화선물시장은 은행, 증권사, 자산운용사와 같은 기관투자자 뿐만 아니라 기업이나 개인, 그리고 외국인까지도 참여하여 참가자의 범위가 매우 넓다.

둘째, 대체적으로 선물환 거래보다 통화선물거래의 거래단위나 거래규모가 작은 편이다. 일단 선물환 거래가 이루어지면 마켓메이커는 반대거래를 하여 포지션을 정리해야 하는데 은행 간 시장에서는 일정 규모(예를 들면 1백만 달러) 이상의 거래단위가 되어야 한다. 하지만 통화선물의 경우는 거래단위가 비교적 소규모(예를 들면 1만 달러)로 정해져 있어 쉽게 시장에 접근할 수 있고 거래 유동성 또한 매우 풍부하다.

셋째, 선물환 거래는 만기일을 상호 간의 합의에 의해 자유롭게 정할 수 있으나 통화선물거래는 만기일이 정해져 있다. 따라서 수출입거래나 서비스거래, 투자거래 등에 수반되는 외화대금 결제액(이와 같은 거래를 "실수요거래"라 함)을 헤지하고자 할 때는 만기일을 유연하게 맞출 수 있는 선물환 거래가 편리하다. 통화선물의 경우 계약 특성상 만기일을 정확히 맞추기 힘든 경우가 많아 헤징(hedging) 등 거래목적을 달성하면 만기 전에 반대거래를 함으로써 포지션을 청산하게 된다.

넷째, 일반적으로 통화선물의 거래비용이 선물환에 비해 저렴한 편이다. 통화선물시장에서의 거래비용은 중개인 수수료(brokerage fee)이며, 선물환시장에서는 딜러의 매수/매도 스프레드가 주된 거래비용이 된다. 선물환 거래에서 매수/매도 스프레드는 거래규모와 신용도에 따라 협상이 가능하지만, 시장에 유동성을 제공하기 위하여 불필요한 포지션을 취해야 하는 딜러에 대한 보상이란 점에서 중개인 수수료보다 높은 것이 일반적이다.

끝으로 선물환은 거의 대부분의 계약이 당초의 약정대로 만기에 가서 실물 인수도를 통해 결제되는 반면에, 통화선물은 대부분의 포지션이 만기 전에 반대매매를 통해 청산된다.

2 주요 통화선물

통화선물거래는 1972년, 미국의 시카고상업거래소(CME)가 산하에 국제통화시장(IMM)을 개설하고 세계 주요 7개국 통화에 대한 선물계약을 상장하면서 시작되었다. 그후 통화선물은 1970년대 후반 금리 및 환율의 변동성이 증대되면서 헤지 및 투자수단으로 부각되었고, 1980년대에 들어서는 영국, 싱가포르, 프랑스, 일본, 호주 등 세계 주요 선물거래소에서도 속속 상장되어 세계적으로 확산되는 추세에 있다.

우리나라에서는 1999년 4월 23일부터 한국선물거래소(2005년 한국거래소로 통합됨)에 미국 달러선물이 상장되어 거래되어 왔다. 이후 외환자유화의 진전으로 원화에 대한 엔화와 유로화의 환율 변동폭이 커지고 엔화와 유로화에 대한 수요가 증가하면서 이들 통화를 기초자산으로 하는 통화선물의 도입 필요성이 꾸준히 제기되어 2006년 5월 26일 한국거래소(KRX)에 엔선물과 유로선물이 상장되었다. 이에 따라 과거 원화에 대한 엔화 또는 유로화의 환리스크를 관리하기 위해서는 해외 거래소나 장외상품을 이용해야

표 2-3　우리나라 통화선물의 상품명세

구분	미국 달러선물	엔선물	유로선물	위안선물
거래대상	미국 달러(US$)	일본 엔(JPY)	유로화(EUR)	중국 위안화(CNH)
거래단위	10,000달러	1,000,000엔	10,000유로	100,000위안
가격표시방법	1달러당 원화	100엔당 원화	1유로당 원화	1위안당 원화
호가 가격단위	0.1원→1틱의 가치 1,000원(=10,000 ×0.1)	0.1원→1틱의 가치 1,000원(=1,000,000 ×0.1×1/100)	0.1원→1틱의 가치 1,000원(=10,000 ×0.1)	0.01원→1틱의 가치 1,000원(=100,000 ×0.01)
결제월	• 달러선물 : 분기월 중 12개, 그 밖의 월 중 8개 • 엔, 유로, 위안선물 : 분기월 중 4개, 그 밖의 월 중 4개			
상장결제월	• 달러선물 : 총 20개(1년 이내 매월, 1년 초과 매분기월 상장) • 엔, 유로, 위안선물 : 1년 이내의 8개 결제월			
가격제한폭	기준 가격±4.5%	기준 가격±5.25%		기준 가격±4.5%
거래시간	9:00~15:45(단, 최종 거래일은 9:00~11:30)			
최종 거래일	결제월의 세 번째 월요일(공휴일인 경우 순차적으로 앞당김)			
최종 결제일	최종 거래일로부터 기산하여 3일째 거래일(T+2)			
결제방법	인수도 결제			

출처 : www.krx.co.kr

했던 국내 투자자들에게 낮은 거래비용으로 쉽게 시장에 접근할 수 있는 기회가 주어지면서 무역과 국제자본거래 시 미국 달러화에 집중되어 있던 결제통화를 일본 엔화와 유로화로 다양화할 수 있는 계기가 마련되었다. 또한 2015년 10월 5일부터는 위안선물이 상장되어 거래되고 있다.

현재 KRX에서 거래되고 있는 통화선물의 거래단위는 미국 달러선물이 10,000달러, 엔선물이 1,000,000엔, 유로선물은 10,000유로, 위안선물은 100,000위안으로 되어 있다. 가격표시방법은 외국 통화를 기준통화로 정하여 우리나라 원화로 표시하는 직접표시법 또는 자국 통화표시법을 사용하며 미국 달러선물은 1달러당 원화, 엔선물은 100엔당 원화, 유로선물은 1유로당 원화, 위안선물은 1위안당 원화로 나타낸다. 즉, 외국 통화를 기준으로 매수 또는 매도를 결정하게 되고, 해당 외국 통화 선물 가격이 상승하면 매수 포지션은 이익이, 반대로 매도 포지션은 손실이 발생한다. 한편, 호가 가격단위는 위안선물(0.01원)을 제외한 나머지 통화선물들에 대해 모두 0.1원이고 1틱(tick)의 가치는 1,000원이다.

결제월 주기는 엔, 유로, 위안선물의 경우 분기월 중 4개와 그 밖의 월 중 4개로서 1

년 이내의 8개 결제월물이 상장되어 거래된다. 예를 들어, 현재 시점이 5월 초라고 가정하면, 금년 6, 9, 12월물, 그리고 다음 해 3월물(분기월물 4개)과 분기월이 아닌 월 중 순차적으로 금년 5, 7, 8, 10월물 4개가 상장되어 거래된다. 따라서 상장결제월물은 금년 5, 6, 7, 8, 9, 10, 12월물과 다음 해 3월물을 포함하여 총 8개가 된다. 달러선물의 경우 1년 이내에는 매월물이, 1년~3년까지는 매분기월물이 상장되어 거래된다.

최종 거래일은 결제월의 세 번째 월요일이고, 최종 결제일은 국제적으로 현물거래의 결제가 거래일로부터 2영업일 후인 점을 감안하여 최종 거래일 이후 2영업일로 되어 있다. 최종 결제방법은 실물 인수도로서 최종 결제일에 해당 외국 통화와 원화를 교환하게 된다.

일일정산은 장 종료 직전 10분 동안 단일 가격에 의한 개별 경쟁거래방법에 의해 형성된 종가를 정산 가격으로 한다. 거래시간은 다른 선물계약과 마찬가지로 오전 9시에서 오후 3시 45분으로 하되, 최종 거래일의 폐장시간은 현물시장에서의 가격 조작을 방지할 수 있도록 거래가 가장 활발한 오전 시간대 중에서 11시 30분으로 되어 있다. 이상 설명한 우리나라 통화선물의 상품명세를 정리한 내용이 〈표 2-3〉에 나타나 있다.

3 통화선물의 가격결정

일반적으로 통화선물의 가격결정은 선물환의 가격결정과 동일하다. 따라서 아래의 이자율 평형이론(IRPT)을 이용하여 통화선물의 가격을 계산할 수 있다.

$$F_t = S_t \times \frac{1 + r_d}{1 + r_f}$$

다음과 같은 예시를 통해 통화선물의 가격을 계산해보자. ○○년 2월 20일, 시장에서 다음과 같은 정보가 주어져 있다고 하자(단, 원화 금융상품과 달러 금융상품의 위험이 동일하며 두 통화 모두 이자계산 일수 기준이 '30/360'으로 동일하다고 가정함).

원-달러 현물환율	: $1 = 1,178.30원
한국의 3개월 이자율	: 연 4.00%
미국의 3개월 이자율	: 연 0.94%

앞으로 만기가 3개월 남은 원-달러 통화선물의 가격은 다음과 같이 계산될 수 있다.

$$F = 1,178.30 \times \frac{1 + 0.04 \times \frac{1}{4}}{1 + 0.0094 \times \frac{1}{4}} = 1,187.29$$

즉, 3개월 원-달러 통화선물의 가격은 1,187.29원으로 계산된다. 여기서 한국의 이자율이 미국의 이자율보다 높으므로 그 차이를 반영하여 통화선물의 가격은 할증 상태로 나타난다.

선물환의 가격결정에서 살펴본 바와 같이 통화선물의 경우에도 위의 이자율 평형이론이 성립하지 않는다면 시장에서 차익거래가 발생한다. 만약 실제 시장의 선물 가격이 위에서 계산된 이론 가격보다 높다면, 고평가된 선물을 매도하고 원화를 차입하여 달러로 바꾸어 달러표시 채권에 투자하면 차익을 얻을 수 있다. 반대로 실제 시장 선물 가격이 이론 가격보다 낮다면, 저평가된 선물을 매수하고 달러를 차입하여 원화로 바꾸어 원화표시 채권에 투자하면 차익을 얻을 수 있다.

지금까지 통화선물의 가격결정이 선물환의 가격결정과 동일하다고 하고 이자율 평형이론을 이용하여 통화선물의 가격을 계산하였다. 그렇다면 과연 통화선물의 가격과 선물환의 가격이 동일한지에 대해 생각해보자. 일반적으로 선도계약과 선물계약의 가장 큰 차이점은 일일정산 효과이다. 선도계약은 만기에 한 번 결제를 하는 반면, 선물계약은 매일매일 손익에 따라 증거금 계정에서 정산을 한다. 만약 선물계약을 만기까지 유지할 경우에는 결과적으로 선도계약과 동일한 효과를 가질 수 있다. 하지만 일일정산 효과로 인해 선도계약과 선물계약은 현금흐름에서 차이를 보일 수 있다. 즉, 선도계약과 선물계약을 만기까지 보유할 경우 발생하는 현금흐름의 크기는 동일하지만 현금흐름이 발생하는 시점은 차이를 보인다. 따라서 이러한 일일정산 효과로 인해 선물 가격과 선도 가격의 차이에는 이자율이 가장 중요한 영향을 미치게 된다.

선도계약의 성격은 일종의 장기투자와 유사하다. 반면, 선물계약은 단기투자를 연속으로 반복한 투자와 비슷하다. 일반적으로 미래 이자율이 알려져 있다면 반복적인 단기투자는 장기투자와 동일한 결과를 가진다. 그러나 미래 이자율이 알려져 있지 않으면 다른 결과를 가져온다. 그런데 실제 시장에서는 미래 이자율은 알려져 있지 않다. 따라서 선도 가격(forward price)과 선물 가격(futures price)이 반드시 동일할 수는 없다. 또한 만기가 길어짐에 따라 선도계약과 선물계약의 차이는 커지게 된다. 하지만 실제적으로 선물계약의 증거금 계정은 적은 수준이며 선물계약의 만기가 단기인 경우가 많으므로 선물 가격과 선도 가격이 같다고 가정하는 것이 보다 합리적이다. 뿐만 아니라 실제 시장의 자료를 이용하여 선물환 가격과 통화선물의 가격을 실증 분석한 연구결과에 따르면 선물환 가격과 통화선물의 가격은 거의 차이가 없는 것으로 알려져 있다.

한편 유로선물과 엔선물의 가격은 재정환율이라고 할 수 있는데 이는 현물환시장에서 이들 통화와 원화와의 직접환율이 없기 때문에 선물 역시 해당 기간의 원－달러 선물 가격과 유로－달러 또는 엔－달러 선물 가격을 구한 다음 두 선물 가격을 이용하여 간접환율인 재정환율을 구하는 것이다(선물환율 고시방법 참조). 만약 선물시장에서 거래되는 선물 가격과 두 개의 직접환율로부터 복제한 재정선물 가격이 괴리가 있을 경우 차익거래도 가능하다.

section 04   선물환과 통화선물을 이용한 환리스크 관리

1   선물환을 이용한 환리스크 관리

환율의 움직임은 매우 변동성이 높고 예측 불가능하기 때문에 외화로 표시된 자산, 부채 및 미래의 손익이나 현금흐름에 큰 영향을 끼친다. 이러한 환리스크를 줄이기 위한 효과적인 수단의 하나로서 선물환이 흔히 활용된다. 이때 헤지방식은 선물환시장에서 매수 포지션을 취하느냐 또는 매도 포지션을 취하느냐에 따라 매수헤지(long hedge)와 매도헤지(short hedge)로 구분된다.

매수헤지는 장래 매수해야 할 통화의 가치가 상승하여 손실이 생길 가능성에 대비하여 선물환 또는 통화선물을 매수하는 거래로서 해당 통화로 수입대금을 결제해야 하는 수입업자나 차입금을 갚아야 하는 차입자 등에 의해 활용된다. 반면, 매도헤지는 미래에 매도해야 할 통화가 있을 때 이 통화의 가치가 하락할 것을 우려하여 선물환 또는 통화선물을 매도하는 거래로서 해당 통화로 수출대금을 결제받을 수출업자나 투자금 또는 대출금을 받게 되는 투자자 등에 의해 활용된다.

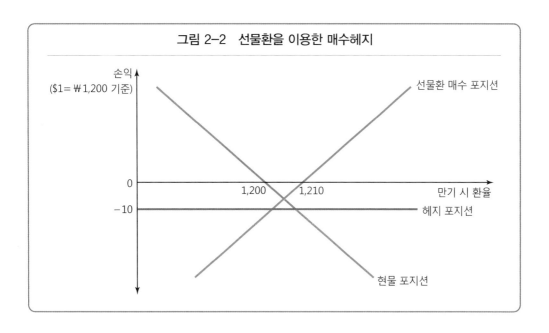

그림 2-2 선물환을 이용한 매수헤지

손익
($1 = ₩1,200 기준)

선물환 매수 포지션

0

1,200   1,210   만기 시 환율

−10   헤지 포지션

현물 포지션

먼저 매수헤지의 경우를 살펴보자. ○○년 2월 1일, ○○기업은 미국은행으로부터 단기달러자금을 차입하고 6개월 후에 원리금으로 $1,000,000를 갚을 예정이다. 현재의 원-달러 현물환율은 $1 = 1,200원이고, 6개월물 선물환의 선물환율은 $1 = 1,210원이다. 만약 6개월 후 달러자금 상환 시 달러가치가 상승한다면, 즉 원-달러 환율이 달러당 1,200원 이상으로 상승할 경우 한국기업은 손실을 입게 된다. 따라서 환율 상승으로 인한 손실을 회피하기 위해 6개월물 원달러 선물환을 $1,000,000만큼 매수하는 헤지전략을 세울 수 있다.

매수헤지 결과 ○○기업은 앞으로 6개월 후에 환율이 얼마가 되든 상관없이 $1,000,000의 원리금을 상환하는데 달러당 1,210원의 환율을 적용받으므로 원화 지출금액을 12억 1,000만 원(= 1,000,000 × 1,210)으로 고정시킬 수 있다.

〈그림 2-2〉에서는 위의 매수헤지 결과를 보이고 있다. ○○기업은 원-달러 환율이 상승하면 갚을 원화지출이 늘어나 손실을 보게 되고, 반대로 환율이 하락하면 원화지출이 줄어들어 이익을 보게 된다. 따라서 ○○기업의 환포지션은 매도 포지션에 해당된다. 그런데 환율 상승 위험을 헤지하기 위하여 선물환을 매수하였으므로 선물환 매수 포지션을 동시에 갖게 된다. 두 포지션을 합한 것이 한국기업의 헤지 포지션이 된다. 따라서 매수헤지 결과 한국기업의 헤지 포지션은 수평으로 나타나 만기의 환율 변동에 영향을 받지 않게 된다.

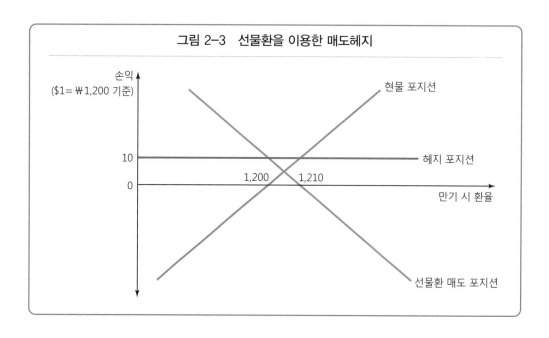

그림 2-3 선물환을 이용한 매도헤지

다음으로 매도헤지의 경우를 살펴보자. ○○년 2월 1일, ○○물산은 미국에 제품을 수출하고 그 대금으로 6개월 후에 $1,000,000를 받을 예정이다. 현물환율과 선물환율은 위의 예와 동일하다. 만약 6개월 후 달러화 수취 시 달러가치가 하락한다면, 즉 원-달러 환율이 하락한다면 ○○물산은 손실을 입게 된다. 따라서 환율 하락으로 인한 손실을 회피하기 위해서 6개월물 원-달러 선물환을 달러당 1,210원에 $1,000,000만큼 매도하는 헤지전략을 수립할 수 있다. 매도헤지 결과 ○○물산은 6개월 후의 환율 변동에 관계없이 12억 1,000만 원(=1,000,000×1,210)을 확보할 수 있게 된다. 〈그림 2-3〉은 이상의 매도헤지 결과를 나타내고 있다. ○○물산은 원-달러 환율이 하락하면 손실을 보게 되고, 상승하면 이익을 보게 되므로 환포지션이 매수 포지션에 있다. 선물환에서는 매도 포지션을 취했으므로 두 포지션을 합한 헤지 포지션은 역시 수평으로 나타나 만기시점의 환율을 고정시킬 수 있다.

2 **통화선물을 이용한 환리스크 관리**

선물환을 이용한 헤지는 헤저의 필요에 맞추어서 거래조건이 결정되므로 헤지효과가 높고 헤지관리업무가 비교적 간단하다. 그러나 선물환 거래는 상대방위험을 담보할 수 있는 신용도를 갖는 금융기관이나 대기업 등을 대상으로 거래가 이루어지므로 시장참가자가 제한적이다. 따라서 선물환 거래가 불가능하거나 또는 낮은 거래비용으로 비교적 소규모의 헤지 포지션을 취하려는 경우에 통화선물을 이용하게 된다. 하지만 통화선물은 계약이 표준화되어 있으므로 헤지규모나 헤지기간 등이 현물거래조건과 일치되지 못하는 경우가 많아서 헤지오차가 발생할 수 있다. 즉, 통화선물을 이용하여 헤지를 할 경우에는 베이시스 리스크로 인하여 헤지효과가 떨어지는 단점이 있다. 또한 개시증거금 및 변동증거금 등 증거금의 납부와 지속적인 증거금의 입출금을 관리해야 하는 불편이 따른다.

이제 KRX에 상장된 통화선물을 이용한 매수헤지의 경우를 살펴보자. ○○년 2월 1일, ○○기업은 미국은행으로부터 단기달러자금을 차입하고 6개월 후인 8월 1일에 원리금으로 $1,000,000를 갚을 예정이다. 이 기업은 6개월 후 달러자금 상환 시 달러 가치 상승, 즉 원-달러 환율 상승으로 인한 손실을 회피하기 위하여 KRX에 상장된 8월물 미국 달러선물 100계약(=$1,000,000/$10,000)을 매수하였다. 이때 원-달러 현물환율은 $1 =1,200원이고 8월물 미국 달러선물의 가격은 1,210원/$이다.

8월 1일이 되자, 이 기업은 아직 만기(8월 18일)가 남은 8월물 미국 달러선물 100계약을 반대매매, 즉 매도를 통해 청산하고 필요한 $1,000,000는 현물환시장에서 매수함으로써 헤지 포지션을 정리하게 된다. 만일 이 시점의 현물환율이 1,215원/$이고 8월물 미국 달러선물 가격이 1,218원/$이라고 하면 헤지의 결과는 다음과 같다.

	현물	선물
2월 1일	차입금 $1백만 지급예정 (현물환율=1,200원/$)	8월물 달러선물 100계약을 1,210원/$에 매수
8월 1일	$1백만을 현물환시장에서 1,215원/$에 매수	8월물 달러선물 100계약을 1,218원/$에 매도
손익	$1,000,000 \times (1,200-1,215) = 15,000,000$원 손실	$1,000,000 \times (1,218-1,210) = 8,000,000$원 이익

따라서 ○○기업이 $1,000,000를 확보하는데 들어간 총 원화비용은 8월 1일 $1,000,000를 현물환으로 매수하는 데 사용된 12억 1,500만 원(=1,000,000×1,215)에서 선물 포지션에서 발생한 이익 800만 원을 차감한 금액, 즉 12억 700만 원이 된다. 이는 달러당 1,207원으로 2월 1일 당초 선물 매수 시점에서의 달러당 선물환율 1,210원보다 달러당 3원이 줄어든 금액이다.

다음으로 매도헤지의 경우를 살펴보자. ○○년 2월 1일, ○○물산은 미국에 제품을 수출하고, 6개월 후인 8월 1일에 $1,000,000를 받을 예정이다. 이 기업은 6개월 후 달러자금 수취 시 달러 가치 하락, 즉 원-달러 환율 하락으로 인한 손실을 회피하기 위하여 8월물 미국 달러선물 100계약(=1,000,000/10,000)을 매도하였다. 이때 원-달러 현물환율은 $1=1,200원이고 8월물 미국 달러선물의 가격은 $1=1,210원이다.

8월 1일이 되자, 이 기업은 아직 만기(8월 18일)가 남은 8월물 미국 달러선물 100계약을 반대매매, 즉 매수를 통해 청산하고 수취한 $1,000,000는 현물환시장에서 매도함으로써 헤지 포지션을 정리하게 된다. 만일 이 시점의 현물환율이 1,215원/$이고, 8월물 미국 달러선물 가격이 1,218원/$이라고 하면 헤지의 결과는 다음과 같다.

	현물	선물
2월 1일	수출대금 $1백만 수취 예정 (현물환율=1,200원/$)	8월물 달러선물 100계약을 1,210원/$에 매도
8월 1일	$1백만을 현물환시장에서 1,215원/$에 매도	8월물 달러선물 100계약을 1,218원/$에 매수
손익	$1,000,000 \times (1,215-1,200)=15,000,000$원 이익	$1,000,000 \times (1,210-1,218)=8,000,000$원 손실

따라서 ○○물산이 $1,000,000로부터 확보할 수 있는 총 원화수입은 8월 1일 $1,000,000를 현물환으로 매도하면서 들어온 12억 1,500만 원(=1,000,000×1,215)에서 선물 포지션에서 발생한 손실 800만 원을 차감한 금액, 즉 12억 700만 원이 된다. 이는 달러당 1,207원으로 2월 1일 당초 선물 매도 시점에서의 달러당 선물환율 1,210원보다 달러당 3원이 줄어든 금액이다.

위의 두 예에서 첫 번째 매수헤지의 경우에는 8,000,000원의 헤지 이익이 발생하고 있고, 두 번째 매도헤지에서는 8,000,000원의 헤지 손실이 발생하였다. 이것은 2월 1일 헤지 포지션을 취한 시점의 베이시스($F-S$)가 달러당 10원(=1,210-1,200)이었으나, 8월 1일 헤지가 종료된 시점의 베이시스는 달러당 3원(=1,218-1,215)으로 감소했기 때문이다.[5] 이러한 베이시스의 감소는 현물 가격이 선물 가격보다 낮은 상황에서 만기가 가까워짐에 따라 일반적으로 예상되는 결과이다.

원화금리가 달러금리보다 높으면 달러선물 가격이 달러현물 가격보다 큰 양(+)의 베이시스가 발생하는데, 만기가 가까워짐에 따라 베이시스의 크기는 감소하게 된다.[6] 따

---

5 일반적으로 금융선물의 경우에는 베이시스를 선물 가격에서 현물 가격을 차감한 값으로 정의한다.
6 자세한 내용은 선물환의 가격결정 공식인 이자율 평형이론을 참조할 것.

표 2-4 　베이시스 리스크와 헤지 손익

	매수헤지 (선물 매수＋현물 매도)	매도헤지 (선물 매도＋현물 매수)
양(＋)의 베이시스 (선물 가격＞현물 가격)	헤지 손실	헤지 이익
음(－)의 베이시스 (선물 가격＜현물 가격)	헤지 이익	헤지 손실

라서 선물 가격은 현물 가격에 비해 상대적인 증가폭이 적거나 상내적인 하락폭이 커지게 된다. 결과적으로 선물 매수＋현물 매도 형태인 매수헤지에서는 선물 포지션의 이익이 현물 포지션의 손실보다 작거나 선물 포지션의 손실이 현물 포지션의 이익보다 커지므로 헤지 손실이 발생하게 된다. 반대로 선물 매도＋현물 매수 형태인 매도헤지에서는 선물 포지션의 이익이 현물 포지션의 손실보다 크거나 선물 포지션의 손실이 현물 포지션의 이익보다 작으므로 헤지 이익이 발생하게 된다.

만일 원화금리가 달러금리보다 낮은 상태라면 달러선물 가격이 달러현물 가격보다 작은 음(－)의 베이시스가 발생하는데 만기가 가까워짐에 따라 베이시스의 차이가 점차 감소하게 된다. 따라서 선물 가격은 현물 가격에 비해 상대적인 증가폭이 크거나 상대적인 하락폭이 작아지게 된다. 이때 선물 매도＋현물 매수 형태인 매도헤지에서는 선물 포지션의 이익이 현물 포지션의 손실보다 작거나 선물 포지션의 손실이 현물 포지션의 이익보다 커져서 헤지 손실이 발생하게 된다. 반대로, 선물 매수＋현물 매도의 매수헤지에서는 선물 포지션의 이익이 현물 포지션의 손실보다 크거나 선물 포지션의 손실이 현물 포지션의 이익보다 작아져서 헤지 이익이 발생하게 된다. 이상에서 논의된 베이시스 리스크와 헤지 손익을 정리하면 〈표 2-4〉와 같다.

3　단기자금시장을 이용한 환리스크 관리

선물환 또는 통화선물을 이용하여 환리스크를 헤지하는 대신에 단기자금시장(money market)을 이용하여 환리스크를 헤지할 수도 있다. 앞에서 논의한 이자율 평형이론의 원리를 잘 살펴보면 선물환 또는 통화선물 대신에 단기자금시장을 이용하여 환리스크를 혜지할 수 있음을 이해할 수 있다. 균형 상태의 이자율 평형이론은 다음과 같이 나타낼 수 있다.

$$F_t = S_t \times \frac{1 + r_d}{1 + r_f}$$

이 식을 거래의 관점에서 이해하자면 좌변(F)은 선물거래를 의미하고, 우변은 현물거래(S)와 두 통화를 이용한 차입 또는 예금을 의미한다. 따라서 현물거래와 두 통화를 이용한 차입, 대출을 통해 선물거래와 동일한 결과를 실현할 수 있다.

먼저 선물의 매수 포지션은 자국 통화로 차입하여 현물환 거래를 통해 외국 통화로 교환하고 이를 선물의 만기와 동일한 기간에 외국 통화로 예금하는 방식으로 대신할 수 있다. 반대로 선물의 매도 포지션은 외국 통화로 차입하여 현물환 거래를 통해 자국 통화로 교환하고 이를 선물의 만기와 동일한 기간 동안 자국 통화로 예금하는 방식으로 대체될 수 있다. 시장이 균형 상태에 있어 이자율 평형이론이 성립한다면 선물환을 이용하나 단기자금시장을 이용하나 결과는 항상 동일하다.

그러나 실제 시장선물환율이 고평가 또는 저평가되어 있는 불균형 상태에서는 두 가지 방식 중에서 어느 한 가지가 상대적으로 유리한 혜지방식이 될 수 있다. 구체적으로 말하면 실제 선물환율이 고평가된 경우 매수혜지에서는 단기자금시장을 이용한 혜지가 유리하고, 매도혜지에서는 선물을 이용한 혜지가 유리하다. 반대로 실제 선물환율이 저평가된 경우 매수혜지에서는 선물을 이용한 혜지가 유리하고, 매도혜지에서는 단기자금시장을 이용한 혜지가 유리하게 된다.

단기자금시장을 이용한 혜지방식은 국제단기자금시장에서 두 통화로 표시된 자금의 차입과 예금을 자유롭게 할 수 있다는 것을 전제로 한다. 또한 실제로 단기자금시장을 이용하여 혜지거래를 하는 경우에는 자금딜러를 상대로 차입과 예금거래를 하면서 차입금리와 예금금리의 차이에서 발생하는 스프레드를 거래비용으로 추가 부담해야 하므로 선물을 이용한 혜지에 비해 거래비용이 증가하게 된다.

단기자금시장을 이용한 환리스크 혜지전략에 대해 다음 예를 통하여 살펴보자. ○○년 2월 1일, ○○기업은 미국에 제품을 수출하고 그 대금으로 6개월 후에 $1,000,000를 받을 예정이다. 현재 원화로 표시한 달러환율과 원화 및 달러화의 이자율은 다음과 같다고 가정하자(단, 원화 금융상품과 달러 금융상품의 위험이 동일하며 두 통화 모두 이자계산 일수 기준이 '30/360'으로 동일하다고 가정함).

현물환율(S)	: $\$1 = 1,200$원
6개월물 선물환율(F)	: $\$1 = 1,210$원
6개월 달러화 이자율(r_f)	: 연 6%
6개월 원화 이자율(r_d)	: 연 8%

○○기업이 선물환 매도를 통해 헤지할 경우에는 6개월 후에 환율 변동에 관계없이 12억 1,000만 원(=1,000,000×1,210)을 확보할 수 있게 된다. 그런데 만일 이 기업이 단기자금시장을 이용한 헤지를 선택할 경우에는 다음과 같은 과정을 거치게 된다.

❶ 6개월 만기 달러화 자금을 차입하되 상환해야 될 원리금이 $\$1,000,000$가 되도록 차입금액은 $\$970,874$(=1,000,000/1.03)로 한다.

❷ 차입한 달러화를 현물환시장에서 교환하면 11억 6,505만 원(=970,874×1,200)이 된다.

❸ 교환한 원화를 연율 8%의 이자로 6개월간 예금한다.

❹ 6개월 후 수출대금 $\$1,000,000$를 받아서 차입한 달러자금의 원리금 $\$1,000,000$를 갚고, 예금한 원화의 원리금 12억 1,165만 원(=11억 6,505×1.04)을 찾는다.

단기자금시장을 이용한 헤지의 결과로 ○○기업은 12억 1,165만 원을 확보할 수 있게 된다. 이 금액은 선물환을 이용한 헤지로 확보할 수 있는 12억 1,000만 원보다 165만 원이 더 많은 금액으로서 선물환보다는 단기자금시장을 이용한 헤지가 한국기업에게 유리하다는 것을 알 수 있다.

이러한 결과는 이자율 평형이론에 의해서도 쉽게 설명될 수 있다. 우선 이자율 평형이론에 의해 이론선물환율이 다음과 같이 계산된다.

$$F^* = 1,200 \times \frac{1 + 0.08 \times \dfrac{1}{2}}{1 + 0.06 \times \dfrac{1}{2}} = 1,211.65$$

따라서 실제 시장선물환율 1,210원은 이론 선물환율에 비해 1.65원만큼 저평가되어 있다. 그 결과 $\$1,000,000$를 선물환 매도를 통해 확보할 수 있는 금액은 12억 1,000만 원(= 1,000,000×1,210)인 반면, 이자율 평형이론에 입각한 단기자금시장을 이용한 헤지로 확보하게 되는 금액은 12억 1,165만 원(=1,000,000×1,211.65)으로서 165만 원(=1,000,000× 1.65)만큼 많게 된다. 물론 이러한 계산은 외환 및 자금의 매수 가격과 매도 가격의 차이가 전혀 없는, 즉 스프레드가 영(zero)이라는 가정하에서 이루어진 것이다. 실제로 시장에서는 매수-매도 스프레드로 인한 거래비용이 발생하므로 이자율 평형이론에 의해서 선물환 헤지와 단기자금시장 헤지를 비교하는 것은 쉽지 않다.

> **!** **예시**

▶ 단기자금시장을 이용한 헤지

한국의 K기업은 미국의 A기업에게 물품을 구입하고 물품구입대금으로 3개월 후 100만 달러를 지불하기로 하였다. 앞으로 원-달러 환율의 상승을 우려한 K기업은 단기자금시장을 이용한 헤지전략을 구사하기로 결정하였다. 현재 원-달러 현물환율은 달러당 1,200원이며, 국내이자율은 연간 4%, 미국(달러)이자율은 연간 2%이다. (단, 원화 금융상품 및 달러 금융상품은 위험이 동일하며, 외환거래 및 자금거래를 함에 있어서 거래비용이 없는 것으로 가정함. 또한 두 통화의 이자계산 일수 기준이 '30/360'으로 동일하다고 가정함)

먼저 미국의 이자율은 연 2%이므로 3개월 후 100만 달러를 갚기 위해서는 현재 $1,000,000/(1+0.005)=$995,025가 필요하다. 이를 현재 환율 1,200/$를 이용하여 원화금액으로 환산하면 1,194,030,000원이 된다. 따라서 단기자금시장 헤지전략은 다음과 같이 수행될 수 있다.

① 한국에서 연 4%의 이자율로 1,194,030,000원을 차입한다.
② 차입한 원화를 현물환시장에서 교환하면 $995,025가 된다.
③ 교환한 달러를 연 2%로 3개월간 미국시장에 예금한다.
④ 3개월 후 예금한 달러 원리금 $1,000,000을 받아 물품구입대금을 지불한다. 또한 차입한 원화 원리금 1,194,030,000×1.01=1,205,970,300원을 지불한다.

단기자금시장 헤지 결과 K기업은 3개월 후 100만 달러에 대한 원화비용으로 12억 597만 원을 고정시킬 수 있게 된다. 위 조건에서 이자율 평형이론을 이용하여 3개월 균형 선물환율을 구하면 $F_t = 1,200 \times \dfrac{1.01}{1.005} = 1,205.97$ 원으로 계산된다. 만약 K기업이 3개월 선물환을 매수했다면 3개월 후 100만 달러에 대한 원화비용은 12억 597만 원이 될 것이다. 이는 단기자금시장의 헤지 결과와 일치한다.

chapter 03

통화옵션

---

section 01 | **통화옵션의 개요**

---

1 | 통화옵션이란?

    환리스크에 노출된 기업이나 금융회사는 선물환 또는 통화선물을 이용하여 미래 시점에 결제될 외환거래의 환율을 현재 시점에서 미리 확정시킴으로써 환율 변동에 따른 불확실성을 제거할 수 있다. 선물환이나 통화선물을 이용한 헤지전략은 본질적으로 미래 환율을 확정시킴으로써 불리한 환율 변동으로 인한 손실 위험을 제거해 주긴 하지만, 유리한 환율 변동으로 인한 이익기회까지도 제거해 버린다는 단점이 있다. 반면에 통화옵션은 불리한 환율 변동으로부터의 손실 위험을 제거할 수 있을 뿐 아니라 동시에 유리한 환율 변동으로부터의 이익 기회를 유지할 수 있는 장점이 있다. 특히 옵션을 이용하여 다양한 손익구조를 만들어낼 수 있기 때문에 기업은 리스크 관리 목표에 적합한 헤지전략을 구사하는 데 통화옵션을 활용하고 있다.

통화옵션(currency option)은 계약기간 또는 만기일에 특정 외국 통화를 미리 정한 환율(행사 가격)에 매수하거나 또는 매도할 수 있는 권리를 갖는 계약이다. 선물 계약과 옵션 계약 간의 차이점은 선물계약은 매수자와 매도자 쌍방이 모두 계약이행의 의무를 지니나, 옵션의 경우에는 옵션을 매수한 사람은 자기에게 유리하면 계약을 이행하고 불리하면 계약을 이행하지 않을 수 있는 권리를 갖고 매도한 상대방은 이러한 권리행사에 대해 계약이행의 의무를 지게 된다는 점이다. 따라서 옵션 매수자가 옵션 매도자에게 프리미엄을 지불하고 계약을 체결하게 된다. 이때 특정 통화를 매수할 수 있는 권리를 콜옵션이라고 하며, 반대로 특정 통화를 매도할 수 있는 권리를 풋옵션이라고 한다. 또한 계약기간 동안 언제든지 행사할 수 있는 옵션을 미국형 옵션이라고 하고, 만기일에만 행사가 가능한 옵션을 유럽형 옵션이라고 한다.

통화옵션도 거래소에 상장되어 거래되는 장내옵션과 은행 간 또는 기타 당사자 간에 거래되는 장외옵션으로 구분된다. 장외옵션은 거래소에서 거래되는 표준화된 옵션보다 거래단위가 훨씬 크고, 만기도 계약 당사자 간에 합의할 수 있으며, 필요에 따라 다양한 계약조건을 부가하는 경우가 많다. 선물환과 마찬가지로 외환거래의 특성상 장내옵션보다 장외옵션의 거래규모가 훨씬 크다. 한편, 장외옵션시장은 거래소시장과 밀접하게 관련되어 있다. 은행들은 실수요자인 기업들에게 장외옵션을 발행한다. 이와 더불어 은행들은 거래소시장에서 통화옵션을 매수, 매도함으로써 발행된 장외옵션에 대한 리스크를 관리한다. 즉, 은행들은 거래소시장의 통화옵션 포지션을 기반으로 자신들의 리스크를 관리하면서 고객의 욕구에 맞는 장외옵션을 개발한다.

2   통화옵션시장

통화옵션은 1978년 암스테르담의 유럽옵션거래소에서 처음으로 거래되기 시작했으나 별다른 호응을 얻지 못하다가 1980년대 초에 장외(OTC)거래형태로 은행이 고객에게 통화옵션을 거래하기 시작했고, 1982년에는 필라델피아증권거래소(PHLX : Philadelphia Stock Exchange)에서 장내옵션이 거래되기 시작하면서 거래규모가 급성장하였다. 이후 환위험관리의 필요성이 증대되고 옵션을 활용한 금융공학(financial engineering)이 급속히 발전하면서 통화옵션은 크게 관심을 모으게 되었다. 특히 다양한 형태의 투자 및 헤지 전략에 대한 수요로 인해 표준화된 장내옵션보다는 맞춤형태의 장외옵션이 더욱 다양하게 발전하고 있다.

우리나라에서는 1999년 4월 23일부터 미국 달러옵션이 상장되어 거래되었으나, 거래가 활성화되어 있지는 못하다. 한편, 장외통화옵션은 외국은행이나 일부 국내은행을 통해 거래되고 있으나 거래규모, 상품의 성격, 거래기법 등에 있어서 아직까지 부족한 점이 많다. 따라서 고도의 선진금융기법을 보유하고 다양하게 변형된 파생상품에 익숙한 외국 금융회사들이 우리나라 외환시장을 공략하고 있는 현재의 상황에서 옵션을 중심으로 한 통화파생상품에 대한 이해 및 활용전략의 개발은 시급한 문제이다.

전 세계에서 대표적인 장내 통화옵션시장으로는 미국 필라델피아증권거래소(PHLX)[1]의 통화옵션과 시카고상업거래소(CME)의 통화선물옵션을 들 수 있다. PHLX의 통화옵션의 기초자산은 현물환이며 옵션의 행사 시 현금의 결제가 이루어지는 반면, CME의 통화선물옵션의 기초자산은 통화선물이기 때문에 옵션의 행사 시 통화선물의 포지션이 생기게 된다. 선물옵션의 경우 콜옵션을 행사하면 콜옵션의 매수자는 선물 매수 포지션을 갖게 되며, 콜옵션의 매도자는 선물 매도 포지션을 갖게 된다. 풋옵션의 경우에는 행사 시 풋옵션 매수자가 선물 매도 포지션을 갖게 되며, 반대로 매도자는 선물 매수 포지션을 갖게 된다. 한편, 한국거래소(KRX)에는 미국 달러옵션이 상장되어 있으며, 이 옵션의 기초자산은 미국 달러현물로 되어 있다. 즉, 선물옵션이 아닌 현물옵션의 형태를 띄고 있다.

선물옵션은 권리행사 시 해당 통화를 직접 인수도하는 것이 아니고 선물계약을 인수도하는 것이므로 거래하기 쉽고 상대적으로 거래비용이 저렴하며 공매도의 제한이 없어 차익거래 등이 용이하다는 장점이 있다. 이로 인해 선물옵션은 많은 국가에서 현물옵션보다 선호되고 있다. 하지만 우리나라에서는 선물거래의 경험이 적은 국내 사정을 고려하여 현물을 기초자산으로 하는 옵션거래가 시작되었다. 미국 달러옵션에 대한 구체적인 상품명세는 〈표 3-1〉에 정리되어 있다.(2021년 1월부터 신규 결제월 종목의 거래개시(상장) 중지)

한가지 유의해야 할 사항은 미국 달러옵션의 결제방식은 미국 달러선물과는 달리 현금결제라는 것이다. KRX는 2013년 9월 30일부터 거래불편 해소와 장외시장과의 차이

---

1 2008년 Nasdaq OMX 그룹이 인수하여 현재는 Nasdaq PHLX로 불린다.

표 3-1   우리나라 미국 달러옵션의 계약명세

구분	세부사항
대상기초물	미국 달러(US$)
행사 유형	유럽식(European Style) : 최종 거래일에만 행사 가능
계약단위	US$ 10,000
결제월 주기	분기월 중 2개와 그 밖의 월 중 2개
상장결제월 수	6개월 이내의 4개 결제월
행사 가격의 수	등가격 1개 및 등가격을 기준으로 10원 간격으로 상하 3개씩(총 7개)
호가 가격단위	0.10원
최소 가격 변동금액	1,000원(US$ 10,000×0.10원)
거래시간	• 월~금 : 9:00~15:45 • 최종 거래일 : 9:00~15:30
최종 거래일	결제월 세 번째 월요일(공휴일인 경우 순차적으로 앞당김)
최종 결제일	최종 거래일의 다음날
가격제한폭	기초자산 기준가격 대비 ±4.5%에 해당하는 옵션이론 가격
결제방식	현금결제
권리행사 결제 기준 가격	매매기준율(시장 평균 환율) : 외국환중개회사가 최종 거래일에 거래된 환율 및 거래량을 가중평균한 환율로서 당일 외환시장 종료 후 공표

출처 : www.krx.co.kr

등을 해소하기 위해 결제방식을 기존의 실물 인수도 방식에서 현금결제 방식으로 변경하였다. 따라서 미국 달러옵션의 권리 행사 결제는 최종 거래일에 외환시장에서 이루어진 거래를 대상으로 산출된 미국 달러화 매매기준율을 기준으로 현금결제된다. 여기서, 미국 달러화 매매기준율이란 외국환중개회사가 당일 거래된 달러화의 환율 및 거래량을 가중평균하여 산출하는 환율이다. 매매기준율은 당일 외환시장 마감 후 발표되며, 익일자로 지정·고시되어 익일거래의 기준이 된다.

통화옵션의 가격결정

1 **통화옵션 가격결정 모형**

통화옵션의 가치를 구하기 위해서 가장 많이 사용되는 모형은 주식옵션의 가격결정 모형인 블랙-숄즈(Black-Scholes)모형을 통화옵션에 적합하도록 수정한 가먼-콜하겐(Garman-Kohlhagen)모형이다. 이들은 조기행사가 이루어지지 않는 유럽형 통화옵션에 대해 통화옵션의 기초자산이 되는 외국 통화를 배당이 알려진 주식으로 간주하여 마치 주식보유자가 배당수익률을 받는 것처럼 외국 통화 보유자가 그 통화의 이자율(r_f)을 받는다고 보고 다음과 같은 통화옵션 가격결정 모형을 제시하고 있다.

$$c = Se^{-r_f\tau} \cdot N(d_1) - Ke^{-r\tau} \cdot N(d_2)$$

$$p = Ke^{-r\tau} \cdot N(-d_2) - Se^{-r_f\tau} \cdot N(-d_1)$$

$$d_1 = \frac{\ln\left(\frac{S}{K}\right) + \left(r - r_f + \frac{\sigma^2}{2}\right) \cdot \tau}{\sigma\sqrt{\tau}}$$

$$d_2 = d_1 - \sigma\sqrt{\tau}$$

$\quad c$: 콜옵션의 이론 가격

$\quad p$: 풋옵션의 이론 가격

$\quad S$: 현물환율

$\quad K$: 옵션의 행사 가격

$\quad N(\cdot)$: 표준 정규분포의 누적 밀도 함수

$\quad r$: 자국 통화의 이자율(연율)

$\quad r_f$: 외국 통화의 이자율(연율)

$\quad \tau$: 옵션의 잔존만기

$\quad \sigma$: 현물환율의 표준편차

통화옵션에서는 동일한 기초자산(환율)에 대한 콜옵션과 풋옵션은 서로 대칭적이어서 어느 한 통화의 콜옵션은 상대통화의 풋옵션이 된다. 예를 들어 A국 통화를 주고(팔고)

B국 통화를 받는(사는) 옵션거래를 한다면 A국 통화를 기준으로 하면 풋옵션이 되고, B국 통화를 기준으로 하면 콜옵션이 된다.

한편, 이자율 평형이론을 이용하여 위 옵션과 동일한 만기의 선물환율 F는 다음과 같이 나타낼 수 있다.

$$F = S \cdot e^{(r-r_f)\tau}$$

따라서 위 식의 S 대신에 $F \cdot e^{(r_f-r)\tau}$를 대입하여 정리하면 위의 통화옵션 가격결정 모형은 다음과 같이 변환된다.

$$c = e^{-r\tau}[F \cdot N(d_1) - K \cdot N(d_2)]$$
$$p = e^{-r\tau}[K \cdot N(-d_2) - F \cdot N(-d_1)]$$
$$d_1 = \frac{\ln\left(\dfrac{F}{K}\right) + \dfrac{\sigma^2}{2}\tau}{\sigma\sqrt{\tau}}$$
$$d_2 = d_1 - \sigma\sqrt{\tau}$$

즉, 현물환율 대신에 선물환율이 옵션 가격을 결정하는 모형에 사용되고 있다. 이 식에서 유의할 점은 적용되는 선물환율이 현물환율로부터 구해진 이론선물환율이라는 것이다. 더불어 선물환율을 대입함에 따라 옵션 가격 산출에 국내 이자율만 활용된다.

2 풋-콜-선물 패리티(Put-Call-Futures Parity)

통화옵션을 결합하면 선물환 포지션을 합성해 낼 수 있다. 〈그림 3-1〉과 같이 동일한 행사 가격과 만기를 가진 콜옵션을 매수하고 풋옵션을 매도하면 동일한 만기의 선물환에 매수 포지션을 취한 것과 같은 손익 결과를 가져온다. 이와는 반대로 동일한 행사 가격과 만기를 가진 콜옵션을 매도하고 풋옵션을 매수하면 〈그림 3-2〉와 같이 선물환 매도 포지션을 합성할 수 있게 된다.

실제 선물환 계약과 통화옵션으로 합성된 선물환 계약이 만기 시점에 동일한 결과를 가져온다면 차익거래가 발생하지 않기 위해서는 실제 선물환을 이용하여 만기에 외국 통화를 매수(매도)하는 비용과 합성된 선물환을 만기에 매수(매도)하는 비용은 같아져야 할 것이다. 선물환 계약을 통해 외국 통화 1단위를 매수하는 경우는 현재 시점에서 지

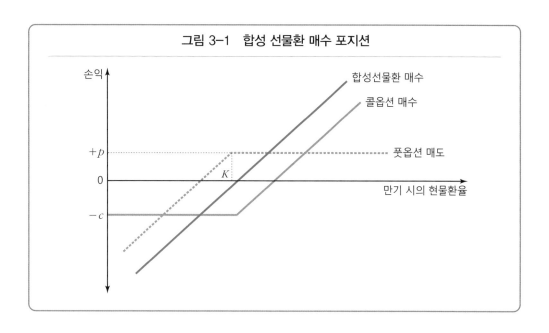

그림 3-1 합성 선물환 매수 포지션

- 손익
- 합성선물환 매수
- 콜옵션 매수
- $+p$
- 0
- K
- 풋옵션 매도
- 만기 시의 현물환율
- $-c$

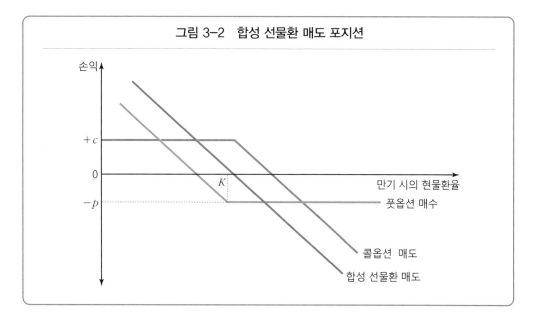

그림 3-2 합성 선물환 매도 포지션

- 손익
- $+c$
- 0
- K
- $-p$
- 풋옵션 매수
- 만기 시의 현물환율
- 콜옵션 매도
- 합성 선물환 매도

출되는 현금흐름은 없으며, 만기 시점에 선물환율을 지급하게 된다. 즉, 선물환 계약을 통해 외국 통화 1단위를 매수할 경우 만기 시점의 비용(환율)은 선물환율이 된다.

반면, 통화옵션을 이용한 합성 선물환을 통해 외국 통화 1단위를 매수하는 경우는 현재 시점에서 콜옵션을 매수하고 풋옵션을 매도하게 되므로 콜옵션 프리미엄을 지급하게 되고 풋옵션 프리미엄은 수취하게 된다. 이는 콜옵션과 풋옵션의 가격 차이만큼의 비용을 지불하는 것과 같다. 또한 만기 시점에 옵션의 행사 가격에 해당하는 금액을 지불하여야 한다.[2] 그러므로 합성된 선물환을 이용하여 만기에 적용받게 될 환율은 만기에 지급하는 행사 가격과 현재 시점에서 지급하는 콜과 풋의 가격 차이의 원리금을 더해준 것과 같다.

시장 균형에서 차익거래가 발생하지 않기 위해서는 실제 선물환 계약의 선물환율(F)과 합성된 선물환을 이용하여 만기 시점에 적용받게 될 환율은 같아야 하므로 다음과 같은 식이 도출될 수 있다.

$$F = K + (c - p)e^{r\tau}$$

F : 선물환율

K : 통화옵션의 행사 가격

c : 콜옵션의 프리미엄

p : 풋옵션의 프리미엄

r : 자국 통화 이자율(연율)

τ : 연단위로 표시한 만기까지의 기간

위의 공식을 정리하면 다음과 같이 나타낼 수 있게 된다.

$$c - p = (F - K)e^{-r\tau}$$

통화옵션에 대한 콜옵션과 풋옵션의 프리미엄 차이에 관한 위의 등식을 풋-콜-선물 패리티(put-call-futures parity)라고 한다. 만약 풋-콜-선물 패리티가 성립하지 않는다면 선물환시장과 통화옵션시장 간의 차익거래가 가능해진다. 즉, 합성된 선물환 계약의 선물환율이 실제 선물환율보다 높으면 콜옵션 매도-풋옵션 매수에 의해 선물환을 합성 매도하고, 실제 선물환을 매수하면 차익거래 이익을 얻을 수 있다. 반대로 합성된 선물환 계약의 선물환율이 실제 선물환율보다 낮으면 콜옵션 매수-풋옵션 매도에 의해 선물환을 합성매수하고 실제 선물환을 매도하면 차익거래 이익을 얻을 수 있을 것이다.

---

2 콜옵션과 풋옵션으로 구성된 합성 선물환 포지션에서는 만기 시점의 현물환율에 따라 콜옵션 또는 풋옵션 중 하나가 행사되게 된다.

! **예시**

▶ 풋-콜-선물 패리티 계산

현재 시장에서 만기가 3개월, 행사 가격이 달러당 1,200원인 원-달러 콜옵션이 45원에 거래되고 있다고 하자. 만기가 3개월인 선물환은 달러당 1,210원에 거래되고 있다. 현재 국내 이자율은 연 5%, 외국(달러) 이자율은 연 3%라고 하자. 그렇다면, 동일한 만기와 행사 가격을 가진 풋옵션의 가격은 풋-콜-선물 패리티를 이용하여 다음과 같이 계산할 수 있다.

$$c - p = (F - K)e^{-r\tau}$$
$$45 - p = (1,210 - 1,200) \times e^{-0.05 \times 0.25}, \quad p = 35.12$$

section 03 통화옵션을 이용한 환리스크 헤지

선물환이나 통화선물을 이용한 헤지전략에서 향후 외화를 지불해야 하는 기업은 환율 상승 리스크를 헤지하기 위해 선물환이나 통화선물을 매수하고, 향후 외화를 수취할 예정인 기업은 환율 하락 리스크를 헤지하기 위해 선물환이나 통화선물을 매도함으로써 미래 환율을 고정시켜 환리스크를 헤지할 수 있음을 살펴보았다. 통화옵션의 경우도 마찬가지이다. 만약 환율의 상승으로 인한 위험에 노출되었을 때에는 콜옵션을 매수하거나 풋옵션을 매도함으로써 환율 상승으로 인한 손실을 옵션거래에서의 이익으로 상쇄시킬 수 있다. 반대로 환율 하락으로 인한 위험에 노출되었을 때에는 풋옵션을 매수하거나 콜옵션을 매도함으로써 환율 하락으로 인한 손실을 옵션거래에서의 이익으로 상쇄시킬 수 있다.

그런데 통화옵션을 이용한 매도헤지는 매수헤지에 비해 위험이 크기 때문에 전문적인 리스크 관리체제가 갖추어지지 않은 경우에는 사용하기가 어렵다. 왜냐하면 환율이 크게 변동할 경우 옵션 포지션의 이익이 제한되어 있어 환율 변동에 따른 손실을 옵션에서의 이익으로 충분히 상쇄시키기 어렵기 때문이다. 따라서 통화옵션을 이용한 헤지는 콜옵션이나 풋옵션을 매수하는 헤지전략이 주로 이용된다.

통화옵션을 매수하는 경우는 일종의 보험과도 같다. 옵션 프리미엄을 보험료로 지급하고 미래의 현물환율이 불리하게 변동할 경우에는 옵션 매도자로부터 손실을 보상받으며, 유리하게 변동할 경우에는 이익의 기회에 참여할 수도 있다. 즉, 최대 손실은 고정시키고 이익의 기회는 유지할 수 있는 환리스크 관리기법이 통화옵션을 이용한 매수헤지전략이다.

현재 외국 통화를 보유하고 있거나 또는 앞으로 외환대금수취 등으로 외국 통화를 보유하게 될 경우라면 환율 하락에 대한 리스크를 회피하기 위해서 풋옵션을 매수하면 된다. 반대로 앞으로 외환대금결제나 자금상환 등으로 외국 통화를 필요로 하는 경우라면 환율 상승에 대한 리스크를 회피하기 위해서 콜옵션을 매수하면 된다. 풋옵션을 매수하는 경우에는 환율의 하한선을 설정하는 효과를 가져오며, 콜옵션을 매수하는 경우라면 환율의 상한선을 설정하는 효과를 가져온다. 여기서 환율의 하한은 풋옵션의 행사가격에서 프리미엄을 뺀 값이 되고, 환율의 상한은 콜옵션의 행사 가격에서 프리미엄을 더한 값이 된다.

1 콜옵션 매수를 이용한 환헤지

○○년 2월 현재 우리나라의 수입업자가 앞으로 3개월 후 1백만 달러의 수입대금을 결제해야 하는 경우를 가정해 보자. 이 수입업자는 장차 환율이 상승하여 결제해야 할 원화대금이 커질 것을 걱정하여 달러화에 대한 콜옵션을 매수하기로 결정했다. 현재 시장 상황은 다음과 같다.

원-달러 현물환율 : $1 = 1,200원
3개월 만기 달러 콜옵션 시세
－1,190원 달러 콜옵션 = 18원
－1,200원 달러 콜옵션 = 10원
－1,210원 달러 콜옵션 = 5원

거래소에서 거래되는 달러 콜옵션은 계약당 $10,000이므로 총 100계약을 매수해야 한다. 먼저 행사 가격(1,200원)과 현물 가격이 같은 ATM옵션을 매수한 경우를 생각해 보자. 그러면 콜옵션 매수에 따른 만기 시점의 환율 변화에 대한 손익은 〈그림 3-3〉과 같이 나타낼 수 있다. 3개월 후 현물환율이 1,200원/$ 이하로 떨어질 경우 지급한 옵션 프리미엄(10,000,000원 = 10원 × 10,000 × 100) 전액이 손실이 된다. 반면에 환율이 1,210원/$

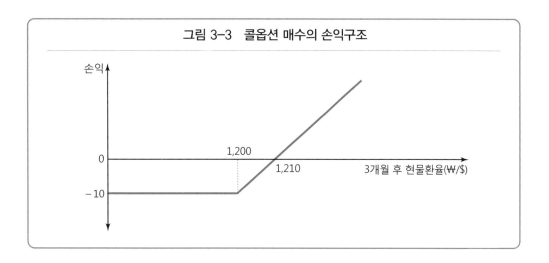

그림 3-3   콜옵션 매수의 손익구조

손익

0

−10

1,200

1,210

3개월 후 현물환율(₩/$)

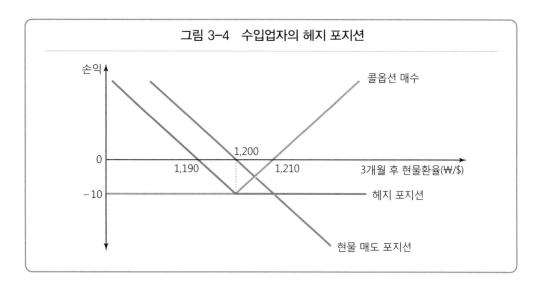

그림 3-4   수입업자의 헤지 포지션

손익

콜옵션 매수

0

−10

1,190

1,200

1,210

3개월 후 현물환율(₩/$)

헤지 포지션

현물 매도 포지션

이상으로 상승하는 경우 이익이 발생한다.

콜옵션을 매수하지 않은 경우 이 수입업자는 앞으로 환율이 1,200원/$ 이상이면 현재보다 수입대금의 결제금액이 증가하게 되므로 손실이 발생하고, 1,200원/$ 이하이면 그만큼 이익이 발생한다. 따라서 이 수입업자의 환포지션은 현물 매도 포지션과 같다.

〈그림 3-4〉는 현물 매도 포지션과 행사 가격 1,200원/$ 콜옵션 매수 포지션의 손익을 합한 헤지 포지션을 나타내고 있다. 헤지 결과를 살펴보면, 앞으로 3개월 후 현물환율이 현재 수준인 1,200원/$을 유지할 경우 달러당 10원의 손실이 발생한다. 하지만 환

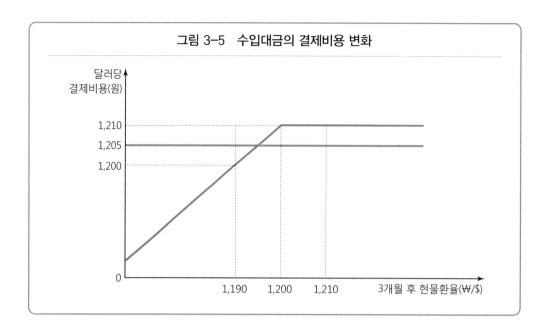

그림 3-5 수입대금의 결제비용 변화

율이 1,200원/$ 이상으로 계속 상승하는 경우에도 옵션에서의 이익과 현물에서의 손실이 서로 상쇄되어 전체 손실은 10원으로 고정된다. 반면, 원-달러 환율이 1,190원/$ 이하로 떨어지게 되면 옵션에서의 손실은 옵션 프리미엄 10원으로 고정되지만 현물 포지션에서 이익이 증가하므로 전체적으로는 이익을 얻을 수 있다.

선물환 또는 통화선물을 이용한 매수헤지는 현물 포지션의 수익과 선물 포지션의 수익을 서로 상쇄시켜 미래 환율을 고정시키는 결과를 가져온다. 그러나 콜옵션을 이용한 매수헤지는 환율이 상승하면 손실이 발생하지만 최대 손실폭은 고정되어 있으며, 환율 하락 시 이익의 기회에도 참여할 수 있다. 즉, 콜옵션을 이용한 매수헤지는 최대 손실을 일정 범위 내에서 통제하는 환리스크 관리기법이라고 할 수 있다.

〈그림 3-5〉는 수입대금 1달러당 원화 결제금액의 변화를 보여주고 있다. 행사 가격이 1,200원/$인 콜옵션을 매수한 경우 3개월 후 현물환율이 1,200원/$ 이상이면 결제비용이 1,210원/$으로 고정된다. 그러나 3개월 후 현물환율이 1,200원/$ 이하로 떨어질 경우 결제비용을 계속 낮출 수 있다. 만약 3개월 선물환율이 $1 = 1,205원라고 하면, 선물환을 매수할 경우 콜옵션 매수와는 달리 결제비용은 3개월 후 현물환과 상관없이 달러당 1,205원으로 고정될 것이다.

행사 가격이 1,200원/$인 ATM옵션을 사용하는 대신 행사 가격이 1,190원/$인 ITM

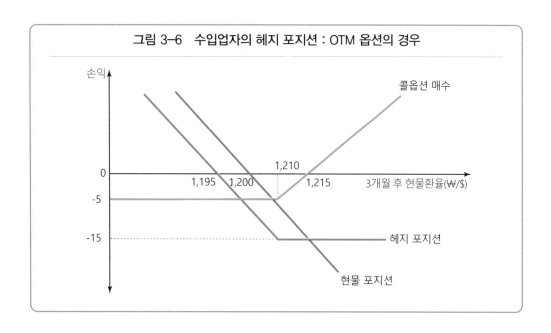

그림 3-6 수입업자의 헤지 포지션 : OTM 옵션의 경우

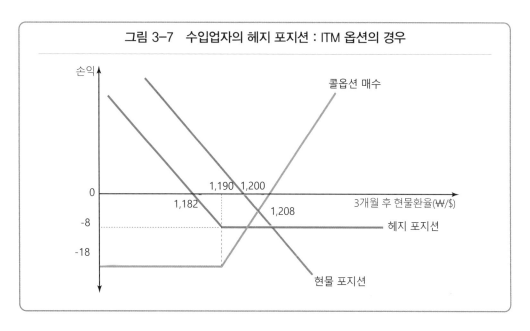

그림 3-7 수입업자의 헤지 포지션 : ITM 옵션의 경우

옵션을 사용하거나 행사 가격이 1,210원/$인 OTM옵션을 사용하여 매수헤지를 구사할 수도 있다. 만약 행사 가격이 높은 OTM옵션을 매수한 경우라면 옵션 프리미엄은 줄어들어 비용은 감소하는 반면, 환율 상승으로 인한 손실의 증가가 멈추는 지점이 행사 가격만큼 늘어나고 손실의 하한폭도 더 커지게 된다. 반대로 행사 가격이 낮은 ITM옵션

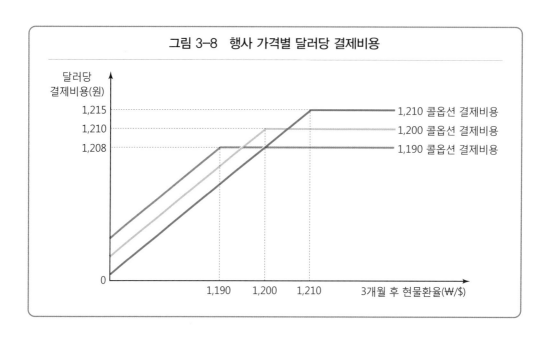

그림 3-8 행사 가격별 달러당 결제비용

달러당
결제비용(원)

1,215 .... 1,210 콜옵션 결제비용
1,210 .... 1,200 콜옵션 결제비용
1,208 .... 1,190 콜옵션 결제비용

0

1,190   1,200   1,210   3개월 후 현물환율(₩/$)

을 매수한 경우라면 환율 상승으로 인한 손실의 증가가 멈추는 지점은 행사 가격만큼 줄어들고, 손실의 하한폭도 더 줄어들게 된다. 그러나 ITM옵션의 프리미엄은 ATM옵션에 비해 높으므로 그만큼 비용이 증가하게 된다.

〈그림 3-8〉은 행사 가격의 차이에 따른 3개월 후 원화결제비용을 비교하고 있다. 만약 3개월 후 원-달러 현물환율이 1,210원/$ 이상으로 불리하게 변동하면 ITM콜옵션인 1,190원/$ 콜옵션이 가장 유리하다. 그러나 만약 환율이 1,190원/$ 이하로 유리하게 변동하면 OTM옵션인 1,210원/$ 콜이 가장 유리하다. 한편 위 그림에서 행사 가격별 최고 결제비용(환율)이 행사 가격과 옵션 프리미엄의 합으로 나타남을 확인할 수 있다.

위의 계산 결과들은 엄밀히 말하면 근사치가 된다. 왜냐하면 옵션의 프리미엄을 지급하는 시점은 옵션을 매수하는 현재 시점이고, 실제로 옵션을 행사하는 시점은 현재가 아닌 미래이기 때문에 정확한 계산을 위해서는 이자율을 고려하여 행사 가격의 현재 가치를 계산해야 한다. 또한 옵션을 거래하기 위해서는 거래수수료를 지급해야 하는데, 실제의 거래에 있어서는 이러한 부분도 고려해 주어야 한다.

한편, 통화옵션을 실제로 거래하는 데 있어서는 실제 외환의 결제일과 옵션의 만기일이 같지 않은 경우가 일반적이다. 따라서 대부분의 경우 옵션의 행사를 통해 외환현물을 매수하거나 매도하기보다는 매수한 옵션의 반대매매를 통해 이익을 얻음으로써 환율 변화로 인한 손실을 상쇄하는 것이 보통이다.

<table><tr><td>**2**</td><td>**풋옵션 매수를 이용한 환헤지**</td></tr></table>

○○년 2월 현재 우리나라의 수출업자가 앞으로 3개월 후 1백만 달러의 수출대금을 수취하는 경우를 가정해 보자. 이 수출업자는 장차 환율이 하락하여 결제받을 원화대금이 적어질 것을 걱정하여 달러화에 대한 풋옵션을 매수하기로 결정했다. 현재 시장 상황은 다음과 같다.

원-달러 현물환율 : $1 = 1,200원
3개월 만기 달러 풋옵션 시세
 − 1,190원 달러 풋옵션 = 5원
 − 1,200원 달러 풋옵션 = 10원
 − 1,210원 달러 풋옵션 = 18원

거래소에서 거래되는 달러 풋옵션은 계약당 $10,000이므로 총 100계약을 매수해야 한다. 먼저 행사 가격과 현물 가격이 같은 ATM옵션을 매수한 경우를 생각해 보자. 그러면 풋옵션 매수에 따른 만기 시점의 환율 변화에 대한 손익은 〈그림 3-9〉와 같이 나타낼 수 있다. 3개월 후 현물환율이 1,200원/$ 이상으로 상승할 경우 지급한 옵션 프리미

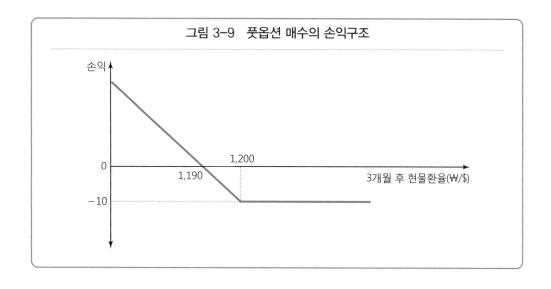

그림 3-9 풋옵션 매수의 손익구조

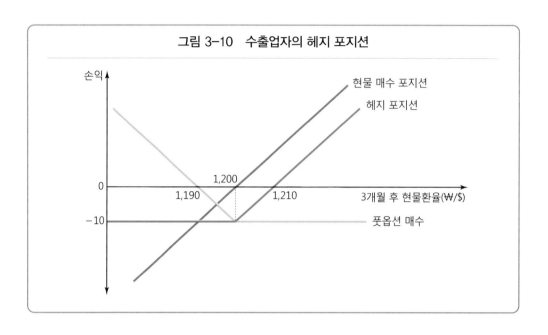

그림 3-10 수출업자의 헤지 포지션

엄(10,000,000원=10원×10,000×100) 전액이 손실이 된다. 반면에 환율이 1,190원/$ 이하로 하락하는 경우 이익이 발생한다.

당초 이 수출업자는 앞으로 환율이 1,200원/$ 이하면 현재보다 결제받을 수출대금의 원화표시금액이 감소하여 손실이 발생하고, 1,200원/$ 이상이면 그만큼 이익이 발생한다. 따라서 이 수출업자의 환포지션은 현물 매수 포지션과 같다.

〈그림 3-10〉은 현물 매수 포지션과 행사 가격 1,200원/$ 풋옵션 매수 포지션의 손익을 합한 헤지 포지션을 나타내고 있다. 헤지결과를 살펴보면 앞으로 3개월 후 현물환율이 현재 수준인 1,200원/$을 유지할 경우 달러당 10원의 손실이 발생한다. 하지만 환율이 1,200원/$ 이하로 계속 하락하는 경우에도 현물에서의 손실이 풋옵션에서의 이익과 서로 상쇄되어 전체 손실은 10원으로 고정된다. 반면, 원-달러 환율이 1,210원/$ 이상으로 상승하게 되면 옵션에서의 손실은 옵션 프리미엄 10원으로 고정되지만, 현물 포지션에서 이익이 증가하므로 전체적으로는 이익을 얻을 수 있다.

〈그림 3-11〉은 수출대금 1달러당 원화 수취금액의 변화를 보여주고 있다. 행사 가격이 1,200원/$인 풋옵션을 매수한 경우 3개월 후 현물환율이 1,200원/$ 이하면 수취금액이 1,190원/$으로 고정된다. 그러나 3개월 후 현물환율이 1,200원/$ 이상으로 상승할 경우 수취금액이 계속 증가한다. 만약 3개월 선물환율이 $1=1,195원이라고 하면 선

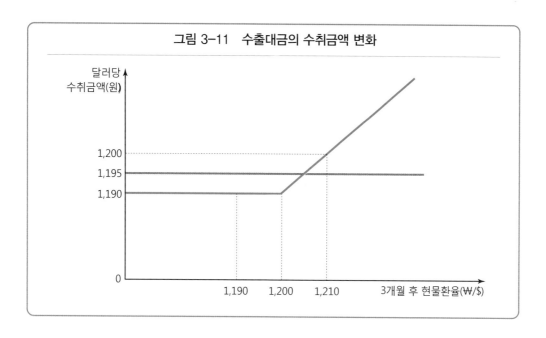

그림 3-11   수출대금의 수취금액 변화

달러당
수취금액(원)

1,200
1,195
1,190

0

1,190   1,200   1,210   3개월 후 현물환율(₩/$)

물환을 매도할 경우 수취금액은 풋옵션 매수과는 달리 3개월 후 현물환율과 상관없이 달러당 1,195원으로 고정될 것이다. 〈그림 3-11〉에서 확인할 수 있듯이 풋옵션의 경우 최고 결제비용(환율)은 행사 가격에서 옵션 프리미엄을 차감한 값이 된다.

행사 가격이 1,200원/$인 ATM옵션을 사용하는 대신 행사 가격이 1,190원/$인 OTM 옵션을 사용하거나 행사 가격이 1,210원/$인 ITM옵션을 사용하여 매수혜지를 구사할 수도 있다. 만약 행사 가격이 낮은 OTM옵션을 매수하면, 옵션 프리미엄은 줄어들어 비용은 감소하는 반면, 환율 하락으로 인한 손실의 증가가 멈추는 지점이 행사 가격만큼 줄어들고 손실의 하한폭은 더 커지게 된다. 반대로 행사 가격이 높은 ITM옵션을 매수한 경우라면 환율 하락으로 인한 손실의 증가가 멈추는 지점은 행사 가격만큼 늘어나고 손실의 하한폭도 더 줄어들게 된다. 하지만 옵션 프리미엄이 늘어나 비용은 증가하게 된다.

01 현재 원-달러 현물환율이 달러당 1,000원이고 6개월 선물환율이 달러당 900원이다. 선물환 할증률(할인율)은?

① −10%

② −20%

③ 20%

④ 10%

02 단기금융시장과 외환시장에 관한 정보가 다음과 같이 주어졌을 때 만기가 3개월(92일)인 원/달러 선물환율은?

> 원/달러 현물환율 : 1,000원/$
>
> 달러화 3개월 금리 : 1%(act/360)
>
> 원화 3개월 금리 : 2%(act/365)

① 997.61

② 1,000.25

③ 1,002.48

④ 1,003.26

03 6개월 후 100만달러의 수입대금을 지급해야 하는 수입업자가 원-달러통화옵션을 이용하여 환리스크를 헤지하고자 할 때 가장 적절한 전략은?

① 달러 콜옵션 매수

② 달러 콜옵션 매도

③ 달러 풋옵션 매수

④ 달러 선물환 매도

해설

01 ② $\dfrac{900 - 1,000}{1,000} \times \dfrac{12}{6} = -20\%$

02 ③ (선물환율)

$$F_t = 1,000 \times \dfrac{1 + 0.02 \times \dfrac{92}{365}}{1 + 0.01 \times \dfrac{92}{360}} = 1,002.48$$

03 ① 수입업자는 원-달러 환율이 상승하면 지급해야 할 원화금액이 증가하여 손실을 보게 되므로 원-달러 콜옵션을 매수해야 한다(수출업자의 경우 풋옵션 매수).

04 현재 외환시장과 단기금융시장에서 원-달러 환율과 한국과 미국의 단기이자율에 대한 정보가 다음과 같다. 옳은 것은?

> 현물환율 : $1 = 1,320원   3개월 선물환율 : $1 = 1,310원
> 한국 3개월 이자율 : 연 4%   미국 3개월 이자율 : 연 6%

① 3개월 선물환율은 할증 상태에 있다.
② 실제 선물환율이 이론 선물환율보다 고평가되어 있다.
③ 무위험 이자율 차익거래 시 원화차입, 달러화대출이 발생한다.
④ 이자율 평형이론에 따르면 3개월 선물환율은 할인되어야 한다.

05 단기금융시장과 외환시장에 관한 정보가 다음과 같이 주어졌을 때 시장 상황에 대한 다음 설명으로 적절하지 않은 것은?

> 원/달러 현물환율 : 1,000원/$
> 달러화 3개월 금리 : 1%(act/360)
> 원화 3개월 금리 : 2%(act/365)
> 만기가 3개월(92일)인 원/달러 선물환율 : 1,002.00원/$

① 시장 선물환율은 이론 선물환율보다 저평가되어 있다.
② 시장 선물환율은 할증(premium) 상태이다.
③ 이론 선물환율은 1,002.48원/$이다.
④ 원화를 차입하고 이를 달러화로 바꾸어 달러로 예금하고, 달러선물환을 매수하는 차익거래를 할 수 있다.

해설

04 ④ 현재 3개월 선물환율은 할인상태이다. 이자율 평형이론에 의하면

이론선물환율은 $F^* = 1,320 \times \frac{1.01}{1.015} = 1,313.50$이 되어야 한다. 따라서 실제 선물환율은 이론선물환율보다 저평가되어 있으며 무위험 이자율 차익거래가 가능하다. 무위험 이자율 차익거래는 달러화를 차입하고 이를 원화로 바꾸어 원화로 예금함과 동시에 갚을 달러화에 대한 달러선물환 매수계약을 체결하면 된다.

05 ④ 시장 선물환율은 현물환율보다 높으므로 할증(premium) 상태이다. 할증률(할인율) = (선물환율 − 현물환율)/현물환율×(360/92) = +0.0078(0.78%), 이론 선물환율 = 1,000×(1 + 0.02×92/365)/(1 + 0.01×92/360) = 1,002.48, 시장 선물환율은 이론 선물환율보다 낮기 때문에 저평가 상태이다. 따라서 달러화를 차입하고 이를 원화로 바꾸어 원화로 예금하고(달러 선물환 매도 복제), 달러 선물환을 매수하는 차익거래를 할 수 있다.

06 현재 외환시장과 단기금융시장에서 다음과 같은 정보가 주어져 있다. 앞으로 만기가 3개월 남은 원-달러 통화선물의 이론 가격은 달러당 얼마인가? (근사값임)

> 현물환율 : $1 = 1,250원
> 한국 3개월 이자율 : 연 4%
> 미국 3개월 이자율 : 연 8%

① 1,204원   ② 1,238원
③ 1,262원   ④ 1,298원

07 한국거래소에서 거래되는 엔선물 1계약을 100엔당 1,550원에, 유로선물 1계약을 1유로당 1,780원에 매도한 투자자가 일주일 후 엔선물은 100엔당 1,600원에, 유로선물은 1유로당 1,700원에 반대매매를 통해 포지션을 청산하였다. 이 투자자의 손익은 얼마로 계산되는가? (단, 증거금 등의 거래비용은 없는 것으로 가정)

① 30만 원 손실   ② 30만 원 이익
③ 130만 원 손실   ④ 130만 원 이익

08 현재 행사 가격이 1,200원/$, 만기가 1개월인 원-달러 콜옵션이 65원에, 동일한 행사 가격과 만기를 가진 원-달러 풋옵션은 10원에 거래되고 있다. 원-달러 현물환율이 달러당 1,250원/$이라고 하자. 콜옵션과 풋옵션의 내재가치의 합은?

① 25원   ② 50원
③ 75원   ④ 100원

해설

06 ② $F^* = 1,250 \times \dfrac{1 + 0.04 \times 1/4}{1 + 0.08 \times 1/4} = 1,237.75$

07 ② 엔선물 : $1,000,000 \times 0.01 \times (1,550 - 1,600) = -500,000$; 유로선물 : $10,000 \times (1,780 - 1,700) = 800,000$. 따라서 투자자는 30만 원의 이익을 얻는다.

08 ② 현재 현물환율이 행사 가격보다 높으므로 콜옵션의 내재가치는 $1,250 - 1,200 = 50$원이 되며, 풋옵션의 내재가치는 0이 된다. 콜옵션과 풋옵션의 시간 가치는 각각 15원과 10원이다.

09 현재 행사 가격이 1,200원/$, 만기가 1개월인 원–달러 콜옵션의 가격이 15원이고, 동일한 행사 가격과 만기를 가진 풋옵션이 5원에 거래되고 있다. 원–달러 현물환율은 1,205원/$이다. 이러한 콜옵션과 풋옵션의 시간가치의 합은?

① 10원   ② 15원
③ 20원   ④ 25원

10 현재 원–달러 현물환율은 1,200원/$, 1개월 만기의 원–달러 선물환율은 1,210원/$이다. 원화 금리는 연 2%, 미국 달러 금리는 연 1%라고 하자. 행사 가격이 1,205원/$인 원–달러 콜옵션이 10원에 거래되고 있을 때, 시장에 차익거래 기회가 없으려면 동일한 행사 가격과 만기를 가진 풋옵션은 얼마에 거래되어야 하나? (단, 연속 복리 가정)

① 4.98   ② 5.01
③ 5.10   ④ 5.50

11 한국의 K항공은 보잉사로부터 비행기를 구입하고 1년 후 잔금 200만 달러를 지급하기로 하였다. 현재 원–달러 현물환율은 달러당 1,200원이고, 한국의 이자율은 연 5%, 미국의 이자율은 연 4%로 알려져 있다. K항공은 단기자금시장을 이용하여 환위험을 헤지하고자 한다. 이때 K항공이 1년 후 지불해야 하는 원화금액은?(근사값임)

① 23억 7,700만 원   ② 23억 9,800만 원
③ 24억 2,300만 원   ④ 24억 4,600만 원

해설

09 ② 콜옵션의 내재가치 $= Max\ [1,205-1,200,\ 0] = 5$, 콜옵션의 시간가치 $= 15-5 = 10$, 풋옵션의 내재가치 $= Max\ [1,200-1,205,\ 0] = 0$, 풋옵션의 시간가치 $= 5-0 = 5$, 콜옵션의 시간가치 + 풋옵션의 시간가치 $= 10+5 = 15$

10 ② 풋–콜–선물 패리티: $c-p = (F-K)e^{-r\tau}$, $10-p = (1,210-1,205)^{\,e^{-0.02 \times \frac{1}{12}}}$
$p = 5.01$, 현물환율과 미국 달러 금리가 주어졌지만 필요없는 정보이다.
$F = K$라면 $c = p$, 이산복리의 경우 풋–콜–선물 패리티는 $c-p = \dfrac{F-K}{1+rT}$

11 ③ $Ft = 1,200 \times \dfrac{1.05}{1.04} = 1,211.5$,
시장 균형에서 단기자금시장을 이용한 헤지 결과는 이자율 평형이론의 결과와 동일하다. 따라서 K항공이 1년 후 지불해야 할 원화금액은 $1,211.5 \times 200$만 달러 = 24억 2,300만 원이 된다.

정답 01 ② | 02 ③ | 03 ① | 04 ④ | 05 ④ | 06 ② | 07 ② | 08 ② | 09 ② | 10 ② | 11 ③

part 05

상품 관련 선물 · 옵션

chapter 01   **상품선물**

chapter 02   **상품옵션**

certified derivatives investment advisor

chapter 01

상품선물

section 01 상품선물의 개요

상품 거래는 인류 문명의 초기부터 존재했다. 고대 문명에서 농산물, 가축, 광물 등 다양한 물품이 거래되었으며, 이러한 물품의 거래는 생존과 경제 발전에 필수적인 요소였다. 예를 들어, 메소포타미아 문명에서는 밀, 보리, 올리브유 등의 농산물이 거래되었고, 이집트에서는 농산물 외에도 귀금속과 보석이 중요한 교환 수단으로 사용되었다.

상품선물 거래의 개념은 고대 문명에서 상품의 가격 변동에 대한 위험을 관리하려는 시도에서 시작되었다. 고대 그리스와 로마에서는 농산물의 가격 변동을 관리하기 위해 농부와 상인 간의 계약이 체결되었는데, 이는 현대의 선물 계약과 유사한 형태를 띠고 있었다. 이러한 계약은 특정 시점에 특정 가격으로 농산물을 인도하는 것을 약속하는 형태였으며, 이는 가격 변동으로 인한 위험을 줄이는 데 기여했다.

중세 유럽에서는 상품 거래가 보다 조직화되고 제도화되었다. 상업 길드와 무역상들이 중심이 되어 다양한 상품의 거래가 이루어졌으며, 이 시기에 상품선물 거래의 기초가 마련되었다. 특히, 중세 유럽의 대규모 무역 항구 도시들에서는 향신료, 곡물, 모직물 등의 상품 거래가 활발히 이루어졌다.

르네상스 시대에는 네덜란드가 유럽 무역의 중심지로 부상하면서 상품선물 거래가 크게 발전했다. 암스테르담은 세계 최초의 선물 시장 중 하나로 여겨지며, 특히 튤립 버블로 유명한 튤립 선물 거래가 17세기 초에 이루어졌다. 튤립 버블은 역사상 최초의 기록된 자산 거품 중 하나로, 선물 거래의 위험성을 극명하게 보여주는 사례로 남아 있다.

근대적인 선물거래의 역사는 1800년대 중반 미국 중서부(Midwest) 지역에서 시작되었다. 당시 시카고는 오대호(Great Lakes) 연안에 위치한 수상교통의 전략적 거점이었을 뿐만 아니라 비옥한 곡창지대가 가까워서 급속한 도시성장을 이루는 한편 곡물의 집산지로 발달하였다. 19세기 초에 농부들과 가공업자들은 곡물 수급상의 대혼란을 일상적으로 겪었다. 매년 수확기가 되면 농부들은 수확한 곡물을 마차에 싣고 인근시장으로 몰려들었으나 공급과잉으로 가격이 폭락하여 멀리서 싣고 온 곡물을 길거리에 쏟아버리기 일쑤였다. 한편, 흉작인 해에는 곡물의 재고가 바닥이나 원료를 구하지 못한 가공업자들은 공장 문을 닫거나 파산하는 상황에 자주 직면하였다. 더욱이 충분한 저장시설의 부족 및 수송수단의 미비는 이러한 수급상의 문제점들을 더욱 악화시켰다.

농업 생산량이 증가함에 따라, 농산물 가격의 변동성이 농부와 상인들에게 큰 위험요소로 다가왔다. 특히 곡물의 경우, 수확 시기와 운송 문제로 인해 시장 가격이 급격히 변동하는 일이 잦았다. 이러한 문제를 해결하고자, 시카고의 상인들은 선물 계약의 형태로 가격 변동의 위험을 완화하려는 시도를 시작했다. 이는 특정 시점에 특정 가격으로 상품을 인도하는 것을 약속하는 계약으로, 오늘날 우리가 알고 있는 선물거래의 기초를 형성하게 되었다.

보다 효율적인 거래의 장을 마련하기 위한 노력의 일환으로 1848년 82명의 상인들이 모여 시카고상품거래소(CBOT : Chicago Board of Trade)를 설립하였다. CBOT의 설립 목적은 곡물 거래를 보다 체계적이고 투명하게 관리하는 것이었으며, 이를 통해 시장의 효율성을 높이고 가격 변동으로 인한 위험을 줄이기 위함이었다. 초기의 CBOT는 주로 밀, 옥수수, 귀리 등의 곡물을 거래하였으며, 거래소 내에서 표준화된 계약 조건과 거래 규칙을 마련하여 거래의 신뢰성을 높였다. 동 거래소의 설립 초기에는 주로 현물거래와 선도거래가 이루어졌는데, 최초로 기록된 옥수수 선도거래는 1851년 3월 13일에 이루어졌다. 미국의 시카고는 주요 농산물의 집산지로 성장하였으며 CBOT는 세계 최초의 공식적인 선물 거래소로, 곡물 가격의 불확실성을 줄이고자 하는 농부들과 상인들 사이에서 큰 인기를 끌었다.

선도계약에 의한 곡물거래가 확대됨에 따라 선도거래가 지니는 여러 가지 결점들이 차츰 드러났다. 우선 곡물의 품질과 인도시기 등에 관한 계약조건이 표준화되지 않았을 뿐만 아니라 상인들이 선도계약을 이행하지 않는 사태가 빈번히 발생하였다. 이러한 문제점들을 해결하기 위해 마침내 시카고상품거래소는 1865년 선물계약으로 불리는 표준화된 계약을 개발하였다. 선물계약은 선도계약과는 대조적으로 거래상품의 품질, 수량, 인수도 시기 및 장소 등을 표준화한 것이다. 또한 같은 해에 시카고상품거래소는 매수자와 매도자들이 계약을 이행하지 않는 문제를 해결하기 위해 증거금제도를 도입하였다. 증거금제도는 거래자들로 하여금 계약이행을 보증하기 위한 자금을 거래소에 납부하도록 요구함으로써 계약불이행에 따른 신용위험을 미연에 제거하는 장치이다. 이러한 기념비적인 조치들을 취함으로써 오늘날 우리가 알고 있는 선물거래에 관한 대부분의 기본원칙들이 확립되게 된 것이다.

오늘날 선물시장의 메카를 이루고 있는 미국에서 시카고상품거래소(CBOT)는 상품선물 가운데 옥수수, 대두, 소맥 등의 곡물거래, 시카고상업거래소(CME : Chicago Mercantile Exchange)는 생우(生牛), 돈육, 유제품 등 축산물거래의 중심지를 이루고 있다. 그리고 뉴욕상업거래소(NYMEX : New York Mercantile Exchange)는 금, 은, 원유, 휘발유 등 귀금속 및 에너지 상품의 중심지 역할을 하고 있다. 2007년 7월 CME와 CBOT가 합병하여 CME Group이 탄생하였으며, 2008년 8월 CME Group은 NYMEX마저 인수하게 되었다. 원면, 커피, 원당, 코코아 등 소프트 상품(soft commodity)이 주로 거래되고 있는 뉴욕상품거래소(NYBOT : New York Board of Trade)는 1998년에 뉴욕원면거래소(NYCE : New York Cotton Exchange, 1870년 설립)와 커피·원당·코코아거래소(CSCE : Coffee, Sugar and Cocoa Exchange, 1882년 설립)가 합병하여 설립되었다. 이후 2007년 1월에 Inter Continental Exchange(ICE)의 자회사가 되었으며, 2007년 9월에 'ICE Futures US'로 명칭이 바뀌었다.

영국, 일본 등에서도 오래전부터 상품선물거래가 발달하여 왔으며, 최근에는 원자재 생산과 소비가 많은 중국, 인도, 브라질 등에서도 다양한 상품선물들이 활발하게 거래되고 있다.

우리나라에서 선물거래의 필요성이 본격적으로 제기된 것은 1973년 제1차 석유파동을 겪고 난 후이다. 당시 배럴당 2달러에 불과하던 원유 가격이 배럴당 29달러 수준으로 폭발적인 상승을 기록함에 따라 원자재의 해외의존도가 매우 높은 우리 경제는 엄청난 혼란에 빠져들게 되었으며, 이에 따라 원자재의 안정적인 확보 및 국내 물가의 안정이란 측면에서 선물거래의 필요성이 절실히 대두되었다. 이에 따라 1974년 12월 26일 대통령령에 의해 '주요물자해외선물거래관리규정'이 제정되고, 1975년 2월 15일 조달청훈령에 의해 '주요물자해외선물거래관리규칙'이 제정되면서 선물거래 전반에 관한 사항을 규정하는 법적 근거가 마련되었다.

당시 해외 선물거래를 할 수 있는 자격은 현물거래를 하고 있는 실수요자로 한정되었으며, 과거 2년간의 평균 실수요 거래량 범위 내에서만 거래가 허용되었다. 선물거래 대상품목에는 농림축산물류, 귀금속, 비철금속류, 유류, 해운운임지수 등이 포함되었으며, 1995년 12월 29일에 선물거래법이 제정되기 전까지 상품선물거래에 대한 규제업무는 조달청에서 담당해 왔다.

우리나라에서는 1999년 4월 한국선물거래소가 개장되는 것과 함께 국내 최초로 금선물이 상장되어 거래되기 시작하였으며, 2008년 5월에 원유선물(2016년 9월 상장 폐지 – 거래량 감소로 활성화 실패), 2008년 7월에는 돈육선물(2021년 6월 상장 폐지 – 실물 수요 부재로 거래량 감소), 그리고 2010년 9월에는 기존 금선물의 거래단위를 1/10로 줄인 미니금선물이 상장되었다. 그러나 현물시장의 여건 미비와 수요 부족 등의 원인으로 아직까지 국내 상품선물거래는 활성화되지 못하고 있는 실정이다.

상품선물을 기초자산의 유형에 따라 몇 가지 범주로 나누어 보면 농축산물, 에너지, 귀금속, 철 및 비철금속 등으로 대별할 수 있다. 상품선물의 주요 유형, 대상상품 및 대표적인 선물거래소를 정리하면 〈표 1-1〉과 같다.

표 1-1 상품선물의 분류 및 주요 거래품목

구분	대상상품	대표 거래소
농산물	옥수수, 소맥, 대두, 대두유, 대두박, 귀리, 쌀(rough rice), 원면, 커피, 원당, 코코아, 야자유, 냉동오렌지주스 등	시카고상품거래소(CBOT), ICE Futures U.S., 정저우상품거래소(ZCE), 다롄상품거래소(DCE)
축산물	소(육성우 feeder cattle, 비육우 live cattle), 돈육, 유제품 (우유, 버터) 등	시카고상업거래소(CME)
에너지	원유, 가솔린, 난방유, 프로판가스, 에탄올, 전기 등	뉴욕상업거래소(NYMEX)
귀금속	금, 은, 백금, 팔라듐(palladium) 등	뉴욕상업거래소(NYMEX), 도쿄상품거래소(TOCOM)
비철금속	알루미늄, 구리(전기동), 아연, 주석, 니켈, 납 등	런던금속거래소(LME), 상하이선물거래소(SHFE)

section 02 국내 상품선물

1 금선물

(1) 금선물 상품내역

금선물은 금(gold)을 기초자산으로 하는 선물계약으로 1999년 4월에 상장된 금선물과 2010년 9월에 상장된 미니금선물이 있었으나 두 상품은 거래가 부진하여 2015년 11월 19일을 기준으로 모두 상장폐지되고, 2015년 11월 23일부터 한국거래소(KRX)의 유일한 금선물이 새롭게 상장되었다. 금의 가격 변동 위험에 노출된 기업은 금선물을 활용하여 금가격과 관련한 위험을 헤지할 수 있고, 투자자들은 재테크를 위한 투자수단으로 금선물을 활용할 수 있다.

새롭게 상장된 금선물은 기존 실물 인수도 방식의 금선물에 비해 거래단위를 1/10 규모로 낮추었으며, 최종 결제방식으로 현금결제방식을 채택하고 있어 현재의 거래 시점에 예측한 금가격과 만기일에 실제로 형성된 금가격과의 차액을 주고받는 상품이다. 기존 금선물계약과의 또 다른 큰 차이점은 최종 결제 가격으로 기존의 런던금시장 기준가격 대신 KRX 금현물시장의 종가를 사용한다는 점이다. KRX의 금현물시장은 2014년 3월 24일 개장된 이래 꾸준한 성장세를 보여 왔다. 금선물의 주요 상품명세는 〈표 1-2〉와 같다.

표 1-2 **금선물의 주요 계약 명세**

구분	내용
기초자산	순도 99.99%이상의 금지금
거래단위	100g
호가 가격단위	10원
결제월	1년 이내의 결제월(짝수월 6개와 홀수월 중 1개)
최장 거래기간	• 짝수월(2월, 4월, 6월, 8월, 10월, 12월)종목의 경우 : 1년 • 홀수월 종목의 경우: 2개월
최종 거래일	각 결제월의 세 번째 수요일
거래시간	09:00~15:45(최종거래일 09:00~15:20)
가격표시	1g당 원화
가격제한폭	기준가격 대비 ±10%
최종 결제 가격	최종 거래일 KRX금시장 1kg 종목의 종가
최종 결제방법	현금결제

출처 : www.krx.co.kr

(2) 금선물의 특징

금현물을 거래하는 것보다 금선물을 거래할 경우 많은 장점이 있다. 첫째, 금현물 100g을 사기 위해서는 약 500만 원(g당 50,000원 가정)이 필요하시만 금선물 1계약(금현물 100g과 동일)을 매수하는 데는 약 50만 원(500만 원×증거금률 10%)이 필요하다. 따라서 나머지 금액을 MMF 등 기타 상품에 투자하여 추가 수익을 얻을 수 있다. 또한 현금 이외의 대용증권으로 증거금 납부가 가능하여 보유하고 있는 국내 주식 등을 증거금으로 납부할 수 있다.

둘째, 금선물은 비과세혜택이 있다. 금현물을 구입하는 경우 10%의 부가가치세를 부담해야 한다. 또한 수입된 금을 구입하는 경우에는 3%의 관세를 추가로 부담해야 한다.(물론 국세청으로부터 면세금 거래 승인을 받고 대한상공회의소 등에 의해 면세금 거래 추천을 받은 경우 금현물 구입 시에 부가가치세를 납부할 필요가 없으나, 이는 절차가 복잡하고 매 거래 시마다 면세금 거래 추천이 필요하다. 또한 면세혜택은 부가가치세에만 적용되기 때문에 수입금을 구입하는 경우에는 여전히 관세를 부담해야 한다.) 그러나 금선물을 활용하면 번거로운 절차 없이 비과세 혜택을 보면서 금현물 투자와 동일한 효과를 얻을 수 있다. 또한 금현물 중 관세가 면제되는 비수입금을 구입할 경우 일반적으로 1kg 단위로만 구매가 가능하지만, 금선물을 활용하는 경우 동일한 관세 면제혜택을 보면서 100g 단위로 금을 거래할 수 있는 장점이 있다.

셋째, 금투자 상품으로는 금현물과 금선물 외에도 골드뱅킹, 금 ETF, 금펀드 등이 있다. 골드뱅킹, 금 ETF, 금펀드는 적은 금액으로 투자자들이 손쉽게 투자할 수 있는 장점이 있지만, 매매 수수료가 높아 금선물 투자에 비해 거래비용이 높은 단점이 있다. 골드뱅킹이나 금펀드는 금가격 상승 시에만 수익이 나는 반면, 금선물은 포지션 구축에 따라 금가격 상승 또는 하락에 대해 투자할 수 있다. 최근 국내 투자자의 금투자에 대한 관심이 고조되면서 CME그룹(미국), LBMA(영국), TOCOM(일본) 등에 상장된 해외 금선물에 대한 투자도 증가 추세에 있으나, 거래비용을 고려하면 국내 금선물을 활용하는 것이 투자자에게 유리하다. 국내 금선물을 활용하는 경우 거래수수료가 해외 금선물에 비해 훨씬 저렴하고 환전비용이 들지 않는다. 다만, 국내 금선물의 증거금률(10%)이 해외 금선물(3~5% 수준)에 비해 높은 수준이나 거래수수료 및 환전수수료 등 거래비용을 종합적으로 비교하면 국내 금선물을 이용하는 것이 더 유리하다.

표 1-3 금투자 상품 비교

구분		금선물	실물 금거래	골드뱅킹(은행)*	금ETF(운용사)*	금펀드(운용사)*
10% 금가격 상승 시 수익률		160% (10%×16배 =160%)	10%	10%	10% (20% 가능**)	10%
레버리지 효과		16배 (증거금 6.3%만 필요)				
레버리지 효과	1계약 크기	8,000,000원 (1g=80,000원 가정)	없음 (현금 100%)	없음 (현금 100%)	없음/2배 가능** (현금 100%)	없음 (현금 100%)
	1계약을 위한 필요 위탁증거금	500,400원 (증거금률 6.3%)				

손익 획득	금가격 상승·하락 시 가능	금가격 상승 시 가능	금가격 상승 시 가능	금가격 상승·하락*** 시 가능	금가격 상승 시 가능
관련 세금	없음	부가가치세 10%	매매차익에 대한 배당소득세: 15.4%	매매차익에 대한 배당소득세: 15.4%	매매차익에 대한 배당소득세: 15.4%
기본예탁금	500,000원	없음	없음	없음	없음
수수료	거래·청산 결제수수료: 0.0018534% 매매수수료: 계약당 300~1,000원	약 1% 수준	가준가격****의 1%	거래수수료: 0.0028454% 총보수: 약 0.4~0.7%	수수료 합계: 약 0.5~1.0% 총보수: 약 0.5~1.5%

　* 상품마다 차이 존재
　** 골드선물 레버리지(×2) 상품
　*** 골드선물 인버스(-×2) 상품
**** '금가격(USD/oz)' × '환율' ÷ '31.1034768(g/oz)'

2 　돈육선물

　돈육선물은 돼지 가격의 변동 리스크를 관리하기 위하여 돈육 대표 가격을 현재 시점(계약 시점)에서 정한 가격으로 장래의 일정 시점(최종 거래일)에 사거나 팔기로 약속하는 거래이다. 이러한 돈육선물은 양돈농가에게 돼지고기 가격 하락에 대비하고 육가공업체에게는 가격 상승에 대비할 수 있는 수단을 제공한다.

　KRX에 상장된 돈육선물의 결제방법은 현금결제방식으로, 최종 결제일(최종 거래일+2일)에 실제로 돈육도체를 주고받는 대신 최종 결제 가격(최종 거래일 다음날 오전 10시에 발표되는 돈육 대표 가격)을 이용하여 차금을 주고받음으로써 계약이 종료된다. 이러한 현금결제방식은 돼지고기의 유통 특성상 변질 가능성이 높아 저장이 용이하지 않고, 또한 돼지고기의 직접 인수도에 따른 번잡성 및 소요비용 등을 제거하기 위한 것이다. 돈육선물은 다수에 의한 경쟁거래로 거래가 이루어지기 때문에 현물시장에 비해 가격 투명성이 높으며, 거래소에 의한 결제이행보증으로 결제안정성도 높다.

　돼지고기는 저장성이 낮고 가격의 계절적 변동요인이 크게 작용하며, 질병발생 등으로 인한 공급량의 변동 등으로 인하여 현물 가격 변동성이 매우 높다. 이에 따라 돈육

선물의 가격도 변동성이 높으며, 이러한 특성을 반영하여 국내에 상장된 선물상품 중 위탁증거금률이 21%로 높은 편이다. KRX에서 거래되고 있는 돈육선물의 주요 계약조건을 살펴보면 〈표 1-4〉와 같다.(2021년 1월부터 신규 결제월 종목의 거래개시(상장) 중지))

표 1-4 돈육선물의 주요 계약 명세

구분	내용
대상기초물	돈육 대표 가격(산출기관 : 축산물품질평가원)
거래단위	1,000kg
결제월	분기월 중 2개와 그 밖의 월 중 4개
최장거래기간	6개월
가격표시방법	원/kg
호가 가격단위	5원/kg, 1tick의 가치＝5,000원(1,000kg×5원)
거래시간	• 10:15~15:45 • 최종 거래일도 동일
최종 거래일	결제월의 세 번째 수요일
최종 결제일	최종 거래일로부터 기산하여 3번째 거래일(T＋2)
최종 결제방법	현금결제(cash settlement)
가격제한폭	기준 가격 대비 ±21%
단일 가격 경쟁거래	개장 시(09:45~10:15) 및 거래 종료 시(15:35~15:45)

출처 : www.krx.co.kr

돈육선물의 거래대상은 돈육 대표 가격이며, 거래단위는 1계약당 돈육도체 1,000kg이다. 예를 들어, 돈육 대표 가격이 1kg당 4,000원일 때 1계약의 가치는 4,000원×1,000kg ＝4,000,000원이 된다. 거래단위를 1,000kg(13~14마리에 해당)으로 정한 이유는 양돈농가의 1회 평균 출하두수(20~30마리)를 고려하여 출하규모에 상승하는 헤지거래를 용이하게 하기 위함이다.

돈육선물의 가격은 kg당 가격으로 표시한다. 돈육선물 거래 시 매수/매도 주문을 할 수 있는 가격단위는 5원이다. 돈육선물의 거래단위가 1계약당 1,000kg이므로 최소 가격 변동금액은 5,000원(5원×1,000kg)이 된다.

최종 거래일(T)은 각 결제월의 세 번째 수요일이며 최종 결제일은 최종 거래일부터 기산하여 세 번째 거래일(T＋2)이다. 돈육 가격은 보통 휴일 직후인 월요일에는 돈육에 대한 수요 증가로 가격이 평균 대비 높게 형성되고, 주 후반에는 수요가 감소하여 가격이 낮게 형성된다. 이에 따라 돈육 가격이 주 평균 가격에 근접하는 수요일을 최종 거래일로 정한 것이다.

돈육선물의 거래시간은 오전 10시 15분부터 오후 3시 45분까지이다. 거래 개시 시간이 다른 선물과 다른 이유는 돈육 대표 가격이 오전 10시에 공표되므로 공표 후 15분 동안 투자자들에게 정보가 전달되는 시간과 투자판단 시간을 제공하기 위함이다.

section 03 상품선물의 가격결정

1 보유비용모형(Cost-of-Carry Model)

보유비용이란 선물계약의 기초자산이 되는 상품의 재고를 미래의 일정 시점까지 유지해 나가는 데 드는 비용을 말한다. 즉, 금속, 곡물, 원유 등과 같은 상품을 미래의 어느 시점까지 보유하는 데 드는 비용을 말한다. 구체적으로는 현물을 저장하여 보관하는 데 드는 창고비용(보관비용), 보유한 현물을 즉시 처분하여 판매대금을 이용하는 대신 현물을 보유함으로써 잃게 되는 이자 기회비용(또는 현물을 보유하지 않은 경우 현물을 구입하여 보유하는 데 필요한 이자비용), 그리고 보유한 현물의 물리적 손실 위험에 대비한 보험료 등이다.

일반적으로 보유비용에는 상품의 저장에 따른 실물 저장비용(창고료, 보험료 등)과 그 상품을 구매하는 데 소요되는 자금에 대한 이자비용 또는 기회비용이 합산되고, 그 상품을 실물로 보유함으로써 발생하는 수익이 차감된다. 재고보유에 따른 수익은 비용이 아닌 혜택을 반영한다는 점에서 음(−)의 비용(negative cost)으로 간주되며, 따라서 총비용으로부터 차감된다. 예컨대, 금융자산인 채권을 보유할 경우 이자가 발생되고 주식을 보유할 경우 배당을 받게 되는데, 일반 상품의 경우에 있어서는 이와 같이 재고를 보유함으로써 얻어지는 수익이 편의수익(convenience yield)으로 불린다.

편의수익의 개념은 선물계약의 보유자가 아닌 현물 재고의 보유자에게 주어지는 일련의 비금전적 혜택을 말한다. 즉시 이용할 수 있는 상품의 재고를 보유하고 있는 사람은 예상치 못한 수요와 공급에 보다 탄력적으로 대응할 수 있게 됨으로써 편의수익을 얻게 된다. 예를 들어, 곡물시장에서 일시적인 공급 부족 현상으로 곡물 가격이 급격히 상승하고 있다고 가정하자. 이러한 상황에서 곡물 중개상이 재고를 보유하고 있다면 그는 이러한 이익실현 기회를 놓치지 않고 즉각적으로 재고를 판매함으로써 곡물 가격 상승에 따른 이익을 얻을 수 있을 것이다. 또한 가공업자의 경우라면 보유하고 있는 재고를 원료로 사용함으로써 조업을 단축하거나 생산계획에 차질을 빚지 않고 제품을 생산할 수 있을 뿐만 아니라 높은 가격에 제품을 판매할 수 있으므로 혜택을 보게 된다.

이러한 혜택은 상품의 재고가 희소할 경우보다 중요하게 된다. 즉, 재고가 줄어들수록 재고의 희소가치가 증가하여 편의수익이 증가하는 반면, 재고가 풍부할 경우는 재고의 희소가치가 미미하므로 편의수익은 '0'에 접근하게 된다. 다시 말하면, 편의수익은 상품의 재고량에 관한 감소함수이며, 재고량이 증가함에 따라 체감한다.

2 　보유비용모형에 의한 상품선물의 가격결정

(1) 저장성 상품(storable commodity)의 경우

일반적으로 보유비용모형(cost-of-carry model)에 의한 선물 가격은 현물 가격과 보유비용의 합으로 표시된다.

$$F = S + C$$

여기서 F는 선물 가격, S는 현물 가격, 그리고 C는 보유비용을 말한다.

현재 시점을 t, 선물계약 만기일을 T라고 할 때 보유비용은 이자비용과 저장비용을 합산하고 편의수익을 차감하여 계산된다. 보유비용을 현물 가격의 일정 비율로 나타낼 때 보유비용을 계산하면 다음과 같이 표현된다.

$$C_t = S_t \times (r + u - y) \times \frac{T - t}{365}$$

여기서 r은 이자율, u는 현물 가격의 일정 비율로 표시된 저장비용, 그리고 y는 편의수익을 의미한다.

위의 두 식으로부터 다음 식을 얻게 된다.

$$F_t = S_t \times \left[1 + (r + u - y) \times \frac{T - t}{365} \right]$$

즉, 선물 가격은 현물 가격에 현물을 선물계약의 만기 시점까지 보유하는 데 필요한 보유비용을 합한 것과 같다.

(2) 비저장성 상품(nonstorable commodity)의 경우

저장성이 없는 상품의 경우에는 소비목적으로 보유하게 된다. 이 경우 저장성 상품과는 달리 현물의 공매가 불가능하게 되어 차익거래이익이 발생하지 않는 균형 상태에서의 상품선물의 가격은 다음과 같이 형성된다.

$$F_t \leq S_t \times \left[1 + (r + u - y) \times \frac{T - t}{365} \right]$$

선물계약의 이론 가격이 갖는 중요성은 무엇보다도 실제 선물 가격이 이론 가격과 비교하여 고평가되어 있는지 또는 저평가되어 있는지 여부를 판단하는 데 있다. 실제 선물 가격과 이론 가격 간의 관계가 정상적인 관계에서 일탈할 경우 이를 이용한 차익거래기회가 발생하게 되는데, 차익거래에 대한 설명은 다음 절에서 상세하게 다루어진다.

3 정상시장과 역조시장

선물시장에서 현물 가격보다 선물 가격이, 그리고 서로 다른 두 결제월 간의 가격 관계에 있어서 원월물 가격이 근월물 가격보다 높은 구조를 보일 때 그 시장을 정상 시장(normal market) 또는 콘탱고 시장(contango market)이라고 한다. 이는 선물의 경우 대상 상품의 인수도가 현물을 거래할 때보다 늦게 이루어지므로 그 기간 동안의 이자비용과 저장비용이 편의수익보다 더 큰 경우이다.

정상 시장과 반대로 선물 가격보다 현물 가격이, 그리고 서로 다른 두 결제월 간의 가격 관계에 있어서 근월물 가격이 원월물 가격보다 높은 구조를 보일 때도 있다. 우리는 이러한 시장을 역조 시장(inverted market) 또는 백워데이션시장(backwardation market)이라고 부른다. 앞서 살펴본 보유비용모형에 의하면 재고 수준이 극히 낮아 편의수익이 매우 커짐으로써 편의수익이 이자비용과 저장비용의 합계를 훨씬 압도할 때 시장역조현상이 발생하게 된다. 예를 들어, 3월 15일 현재 금 현물 가격과 선물 가격이 다음의 〈표 1-5〉와 같다고 하자. 현물 가격과 4월물 가격, 그리고 6월물 가격과 8월물 가격은 역조시장구조를 나타내고 있는 반면, 4월물 가격과 6월물 가격, 그리고 8월물 가격과 10월물 선물 가격은 정상 시장구조를 보이고 있다.

| 표 1-5 | 금 현물 가격과 선물 가격 간의 관계 |

현물 가격	4월물	6월물	8월물	10월물
12,460원	12,430원	12,820원	12,640원	13,040원

section 04   상품선물의 거래유형

1   헤지거래

헤지란 현물거래에서 직면하는 가격 리스크를 감소시키거나 자신이 원하는 수준으로 관리하는 것을 말한다. 선물시장을 이용한 헤지는 단순히 표현해서 현물시장의 가격 변동 리스크를 선물시장으로 전가하는 것이다. 헤지의 기본 메커니즘은 현물 포지션에 상응하여 동시에 선물시장에서 반대 포지션을 취하는 것이며, 개념상으로는 현물시장에서의 손실(이익)을 선물시장에서의 이익(손실)으로 상쇄시키는 것이라고 할 수 있다. 다르게 표현하면 헤지는 미래의 현물거래를 선물계약으로 대체하는 것이라고 할 수 있다. 즉, 향후 현물을 매도할 예정인 경우 미리 선물계약을 매도하고, 반대로 향후 현물을 매수할 예정인 경우는 미리 선물계약을 매수하는 것이다. 이때 헤지를 통하여 실현하게 되는 순헤지 가격(net hedged price), 즉 순매도 가격(net selling price) 또는 순매수 가격(net buying price)은 헤지를 시작하는 시점에 매도 또는 매수한 선물 가격에다 헤지를 청산하는 시점에 실현된 베이시스를 더하여 결정된다.

(1) 베이시스(basis)

❶ 베이시스의 개념 : 상품선물에서 베이시스는 현물 가격과 선물 가격의 차이를 의미한다. 즉,

$$\text{베이시스}(B) = \text{현물 가격}(S) - \text{선물 가격}(F)$$

금융선물에서는 베이시스를 선물 가격에서 현물 가격을 뺀 차이로 정의한다. 그러나 상품선물에서는 일반적으로 관행에 따라 베이시스를 현물 가격에서 선물 가격을 뺀 차이로 정의한다. 양자 간에는 부호의 차이가 존재하지만, 기본적으로 베이시스를 현물 가격과 선물 가격 간의 차이로 정의한다는 점에서는 동일하다고 할 수 있다.

예를 들어, 금 현물 가격이 12,250원/g이고 4월물 금선물 가격이 12,450원/g이라고 하면 베이시스는 −200원/g이 된다. 일반적으로 현물 트레이더들은 현물 가격을 호가할 때 특정 결제월의 선물 가격을 기준으로 베이시스만큼 높거나 낮다고 표현한다. 위의 예에서 베이시스는 '200원 under(또는 off) April'이 되는데, 이는 현물 가격이 4월물 선물 가격보다 200원 낮다는 것을 의미한다. 한편, 베이시스가 '100원 over(또는 on) Mar'라 함은 현물 가격이 3월물 선물 가격보다 100원 높음을 의미한다.

선물 가격은 국내외 수급 상황을 종합적으로 반영하여 시장에서 형성되는 가격이므로 지역시장에서 현물 가격을 결정할 때 기준 가격으로 활용된다. 한편, 베이시스는 특정 지역을 기준으로 한 지역적 개념이므로 어느 지역에서나 그 지역 고유의 베이시스가 존재하게 된다. 따라서 선물 가격에 대한 현물 가격의 할증(premium) 또는 할인(discount) 정도를 나타내는 베이시스는 선물 가격을 특정 지역에 맞게 조정하여 지역화하는 역할을 한다고 할 수 있다.

베이시스는 현물 가격과 선물 가격 간의 상대적인 변화를 반영하므로 현물 및 선물 가격에 영향을 미치는 요인들이 변함에 따라 함께 변화한다. 베이시스 변화의 중요한 특징 중 하나는 현물 가격이나 선물 가격 수준의 절대적인 변동에 비해 훨씬 더 안정적이고, 어느 정도 예측 가능할 뿐만 아니라 일정한 계절적 패턴을 지닌다는 점이다.

❷ 베이시스 리스크(basis risk) : 선물 가격은 미래의 현물 가격에 수렴하게 되므로

선물 가격과 현물 가격의 차이인 베이시스는 선물계약의 만기가 가까워짐에 따라 그 절대값이 점점 감소하는 것이 일반적이다. 그리고 궁극적으로 선물계약의 만기 시점에서는 현물 가격과 선물 가격이 일치하게 되어 베이시스는 0이 된다. 그러나 선물계약의 만기일 이전에 반대매매를 통하여 선물 포지션을 청산하는 경우에는 해당 시점에 현물 가격과 선물 가격 간에 차이가 발생할 수 있다. 즉, 이 시점의 베이시스는 0이 아닌 음(-) 또는 양(+)의 값을 가지며, 계약 체결 시점의 베이시스와도 크기가 다를 수 있다.

계약 체결 시점에서의 베이시스를 개시 베이시스(initial basis 또는 beginning basis)라고 하며, 만기일 이전에 반대매매를 통하여 선물 포지션을 청산하는 시점의 베이시스를 종결 베이시스(ending basis) 또는 청산 베이시스(covered basis)라고 한다. 그런데 개시 베이시스와 청산 베이시스가 다른 경우 베이시스의 변화에 따라 손실 또는 이익이 발생할 수 있는데, 이를 베이시스 리스크라고 한다. 그러나 베이시스의 변화는 현물 가격이나 선물 가격 자체가 변화하는 것보다는 상대적으로 매우 작은 수준이다.

(2) 매도헤지(short hedge)

❶ 매도헤지의 개요 : 현재 상품을 보유하고 있는 사람은 상품 가격의 하락 리스크에 직면하게 된다. 이 경우 상품 가격이 하락하기 전에 미리 매도하는 계약을 체결하는 것이 바로 매도헤지다. 즉, 매도헤지는 헤저가 이미 상품을 보유하여 미래의 일정 시점에 판매하고자 하는 상황에서 그 상품의 가격 하락에 대비하고자 할 때 선물계약을 매도함으로써 현물의 판매 가격을 현재 수준의 가격으로 확정시키는 방법이다. 농산물의 경우 재고로 보관 중인 곡물을 대상으로 한 재고헤지(inventory hedge) 또는 저장헤지(storage hedge)가 이러한 유형에 속한다.

또한 매도헤지는 헤저가 지금 당장은 상품을 보유하고 있지 않으나 미래의 일정 시점에 상품을 보유하게 될 것으로 예상할 때도 유용하게 이용될 수 있다. 예를 들면, 농부가 현재 재배 중인 작물을 가을에 수확하여 판매할 것으로 예상할 때 미리 예상 생산량을 선물로 매도하는 헤지를 할 수 있는데, 이를 생산 헤지(production hedge) 또는 예상 헤지(anticipatory hedge)라고 부른다.

한편, 헤지를 통하여 현물 매수 포지션과 선물 매도 포지션을 결합하면 현물시장의 손실이 선물시장의 이익에 의해 상쇄되고, 또한 현물시장의 이익이 선물시장의 손실에 의해 상쇄되므로 선물을 이용한 헤지 포지션의 가치는 시장 가격의 변화에 관계없이 일정하게 유지된다.

> **예시**

다음과 같은 예시를 통하여 매도헤지가 어떻게 이루어지는지 살펴보도록 하자.

(상황)

12월 1일 현재, 한 금 도매업자가 순도 99.99%의 금괴 1kg(1,000g)을 보유하고 있으며, 내년 3월 말경에 금괴를 판매하게 될 것으로 예상하고 있다. 그런데 내년 상반기에 금 가격이 큰 폭으로 하락할 우려가 있어 이에 대한 대비책을 마련해 두고자 한다.

(헤지전략)

현재 현물시장에서 거래되고 있는 금 가격은 12,880원/g이며, 한국거래소(KRX)에서 거래되고 있는 내년 4월물 금선물 가격은 13,040원/g이다. 이 도매업자는 금 가격의 하락에 대비하기 위해 매도헤지를 실시하기로 하고, 선물회사를 통하여 4월물 금선물 1계약을 매도하였다. 거래소의 금선물 거래단위는 1계약이 100g이므로 보유 중인 1kg의 금괴에 대한 헤지를 위해서는 금선물 10계약의 매도가 필요하다.

이때 유의할 점은 헤저(금 도매업자)가 매도헤지를 통하여 실현하고자 하는 목표 가격은 바로 헤지를 시작하는 현재 시점의 현물 가격이며, 헤저가 이 목표가격을 달성할 수 있느냐 없느냐의 여부는 헤지를 시작하는 시점과 헤지를 청산하는 시점 사이의 베이시스 변화에 의해 결정된다는 사실이다. 즉, 매도헤지를 청산(종료)하는 시점에 실현되는 순매도 가격은 목표 가격과 베이시스의 변화만큼 차이가 발생하게 된다는 점이다.

(결과)

다음 해 3월 30일에 이 도매업자는 금괴 1kg을 판매하였는데, 애초에 우려했던 대로 금 가격이 하락하여 판매 가격은 12,340원/g이었다. 보유해온 금괴를 판매하고 동시에 4월물 선물 매도 포지션 10계약을 12,460원/g에 환매(short-covering)하여 청산하였다. 이 도매업자는 보유한 금괴를 12,340원/g에 판매함으로써 현물거래에서는 540원/g의 손실을 입은 반면, 선물거래에서는 580원/g의 이익이 발생하였다. 따라서 현물거래와 선물거래를 모두 감안할 경우 거래이익은 40원/g이고, 1kg의 거래단위를 기준으로 한 전체 거래이익은 40,000원＝40원/g× 1,000g이 된다.

한편, 선물거래를 통하여 실현된 순매도 가격은 현물판매 가격 12,340원/g에다 선물거래이익 580원/g(＝13,040－12,460원)을 합한 12,920원/g이다. 즉, 이 도매업자가 선물거래를 이용하지 않았더라면 현물판매 가격은 12,340원/g에 그쳤을 것이나, 선물거래를 이용함으로써 실현된 순매도 가격은 12,920원/g이 된 것이다.

위의 결과를 도표를 통하여 정리해 보면 〈표 1-6〉과 같다. 〈표 1-6〉의 예시에서 현물 가격은 540원 변화한 반면, 베이시스는 40원 변화하였다. 결론적으로 헤지는 현물 가격의 변동 리스크를 베이시스 리스크의 변동으로 대체하는 역할을 한다. 이를 달리 표현하자면 헤지를 통하여 현물 가격의 불리한 변화로부터는 보호받을 수 있지만 현물 가격과 선물 가격 간의 상대적인 변화, 즉 베이시스의 변화로부터는 보호받을 수 없다는 의미가 된다. 즉, 헤지거래에 있어서도 베이시스 리스크는 여전히 존재하게 되며, 따라서 우리는 헤지를 하더라도 여전히 베이시스의 변동에 대해서는 투기를 하고 있는 셈이 된다.

〈표 1-6〉의 매도헤지 결과를 정리해 보면 상품 가격이 하락할 때 선물 가격이 현물 가격보다 상대적으로 더 하락하여 베이시스가 상승한다면 선물거래의 이익이 현물거래의 손실을 만회하고도 남게 된다. 그 결과 순매도 가격은 애초의 현물 가격보다 베이시스 상승분만큼 높아지게 된다.

표 1-6   매도헤지의 결과

날짜	현물시장(S)	선물시장(F)	베이시스(B)
12월 1일	12,880원	13,040원	−160원
3월 30일	12,340원	12,460원	−120원
거래(기회)손익	−540원	+580원	△B = +40원
순매도 가격		12,920원/g	

❷ 순매도 가격의 산출 : 일반적으로 헤저의 가장 큰 관심사는 현물거래와 선물거래를 모두 감안한 순포지션(net position), 즉 순헤지 가격(net hedged price)이 얼마인지 하는 점이다. 매도헤지에 있어서 순헤지 가격, 즉 순매도 가격은 일반적으로 다음과 같이 계산된다.

먼저 헤지를 시작하는 시점 t_1의 현물 가격과 선물 가격을 각각 S_1, F_1이라고 하고, 헤지를 종결하는 시점 t_2의 현물 가격과 선물 가격을 각각 S_2, F_2라고 하자. 그리고 시점 t_1에서의 베이시스를 개시 베이시스 B_1이라고 하고, 시점 t_2에서의 베이시스를 종결(청산) 베이시스 B_2라고 하자. 이때 베이시스는 현물 가격에서 선물 가격을 뺀 값, 즉 $B_1 = S_1 - F_1$, 그리고 $B_2 = S_2 - F_2$로 정의한다.

그러면 매도헤지가 종결되는 시점 t_2에 실현된 순매도 가격은 다음 몇 가지 방법에 의해 계산할 수 있는데, 그 결과는 모두 동일하다.

첫째, 매도헤지를 종결하는 시점 t_2의 현물 매도 가격 S_2에다 선물거래이익을 더하여 산출하며, 이는 가장 일반적으로 이용되는 방법이다.

$$순매도\ 가격 = S_2 + (F_1 - F_2)$$

앞의 금선물거래 예시를 이 공식에 대입하면 순매도 가격은 다음과 같이 결정된다.

$$순매도\ 가격 = 12,340원 + (13,040원 - 12,460원) = 12,920원$$

둘째, 매도헤지를 시작하는 시점 t_1의 선물 가격 F_1에다 종결(청산) 베이시스 B_2를 더하여 산출하는 방법이다.

$$순매도\ 가격 = F_1 + B_2$$

앞의 금선물거래 예시를 이 공식에 대입하면 순매도 가격은 다음과 같이 결정된다.

$$순매도\ 가격 = 13,040원 - 120원 = 12,920원$$

여기서 헤지가 종료되는 미래 시점 t_2의 베이시스 B_2는 현재 시점에서 알 수가 없기 때문에 베이시스 B_2의 불확실성으로 인한 리스크가 존재하게 되는데, 이를 베이시스 리스크라고 한다. 즉, 헤저는 헤지를 시작하는 시점 t_1에서 선물계약을 매도함으로써 미래의 현물 매도가격을 선물 가격 F_1으로 고정시키고자 하나, 실제로 헤저가 매도헤지를 통하여 지급받게 되는 순매도 가격은 $F_1 + B_2$가 됨으로써 B_2만큼의 오차가 발생하게 되는 것이다.

셋째, 매도헤지를 시작하는 시점 t_1의 현물 가격 S_1에다 개시 베이시스 B_1과 종료(청산)베이시스 B_2 간의 차이, 즉 매도헤지기간 동안의 베이시스 변화분을 더하여 산출하는 방법이다.

$$순매도\ 가격 = S_1 + (B_2 - B_1) = S_1 + \Delta B$$

앞의 금선물거래 예시를 이 공식에 대입하면 순매도 가격은 다음과 같이 결정된다.

$$순매도\ 가격 = 12,880원 + [-120원 - (-160원)] = 12,920원$$

즉, 순매도 가격은 최초 헤지 시점의 현물 가격보다 베이시스 상승분만큼 높게 된다.

(3) 매수헤지(long hedge)

❶ 매수헤지의 개요 : 현재 어떤 상품을 보유하고 있지 못하고 장차 해당 상품을 구입할 예정인 사람은 해당 상품을 실제 매수하는 시점의 가격이 현재 시점의 가격＋보유비용보다 상승하게 되면 그만큼 더 금전적인 부담이 증가하게 되는 가격 상승 리스크에 직면하게 된다. 이 경우 상품 가격이 상승하기 전에 현재 수준의 가격에서 매수 가격을 확정시킬 수 있는 수단이 바로 매수헤지이다. 즉, 매수헤지는 헤저가 미래의 일정 시점에 상품을 구매하여야 하는 상황에서 그 상품의 가격 상승에 대비하고자 할 때 선물계약을 매수함으로써 현물 구매 가격을 현재 수준의 가격으로 확정시키는 방법이다.

한편, 헤지를 통하여 현물 매도 포지션과 선물 매수 포지션을 결합하면 현물시장의 손실(이익)이 선물시장의 이익(손실)에 의해 상쇄되므로, 선물을 이용한 헤지 포지션의 가치는 시장 가격의 변동과 관계없이 일정하게 유지된다.

❗ 예시

다음의 예시를 통하여 매수헤지가 어떻게 이루어지는지 살펴보도록 하자.

(상황)

2월 15일, 어느 금 도매업자는 금 세공업자에게 금괴를 판매하는 계약을 체결하였다. 계약조건에 따르면 판매 가격은 12,600원/g이고, 수량은 순도 99.999%의 금괴 1kg(1,000g)이며, 납기는 5월 30일까지이다. 이 도매업자는 미리 금괴를 구입하여 보관하였다가 납품할 경우 금융비용 및 보관비용이 추가로 발생하기 때문에 금괴를 미리 구입하기보다는 납기에 즈음하여 현물시장에서 금괴를 조달하기로 결정하였다. 그러나 현물을 조달할 시점에 이르러 금괴 가격이 상승할 가능성이 있다고 예상하고 있다.

(헤지전략)

현재 현물시장에서 금 가격은 12,350원/g이며, 거래소에서 거래되고 있는 6월물 금선물 가격은 12,480원/g이다. 이 도매업자는 금 가격 상승에 따른 리스크에 대처하기 위해 매수헤지를 실시하기로 하고 6월물 금선물 10계약을 매수하였다. 거래소의 금선물 1계약은 100g이므로 향후 구매할 1kg(1,000g)의 금괴에 대한 헤지를 위해서는 금선물 10계약을 매수하여야 한다.

헤저가 매수헤지를 통하여 실현하고자 하는 목표 가격은 바로 헤지를 시작하는 현재 시점의 현물 가격이며, 헤저가 이 목표 가격을 달성할 수 있느냐 없느냐의 여부는 헤지를 시작하는 시점과 헤지를 청산하는 시점 사이의 베이시스 변동에 의해 결정된다. 즉, 매수헤지를 청산(종료)하는 시점에 실현되는 순매수 가격은 목표 가격과 베이시스의 변화폭만큼 차이가 발생하게 된다.

납기를 1주일 앞둔 5월 24일에 이르러 금 도매업자는 금괴 1kg을 현물시장에서 구매하였는데, 그동안 금 가격이 큰 폭으로 상승하여 매수 가격은 12,810원/g이었다. 금 도매업자는 현물 구매와 동시에 앞서 매수해 둔 6월물 금선물 10계약을 12,970원/g에 전매도하였다.

(결과)

헤지 결과를 살펴보면 금 도매업자는 5월 24일에 이르러 납품할 금괴를 12,810원/g에 구매함으로써 현물거래에서는 460원/g의 손실을 입은 반면, 선물거래에서는 490원/g의 이익이 발생하였다. 따라서 현물거래와 선물거래를 모두 감안한 거래이익은 30원/g이고, 1kg의 거래단위를 기준으로 한 전체 거래이익은 30,000원＝30원/g×1,000g이 된다.

한편, 선물거래를 통하여 실현된 순매수 가격(net buying price)은 현물 구매 가격 12,810원/g에다 선물거래 이익 490원/g(＝12,970원－12,480원)을 뺀 12,320원/g이 된다. 즉, 이 도매업자가 매수헤지를 하지 않았더라면 현물 구매 가격은 12,810원/g이었을 것이나, 매수헤지를 통한 순매수 가격은 12,320원/g이 된 것이다.

결국 금 도매업자는 12,320원/g에 구매한 1kg의 금괴를 계약 가격인 12,600원/g에 판매한 셈이므로 모든 거래가 종결되고 난 후의 판매이익은 280,000원＝1,000g×(12,600원－12,320원)이 된다. 여기서 금 도매업자가 매수헤지를 하지 않고 무턱대고 기다리다가 5월 9일에 금괴 1kg을 12,810원/g에 구매하였더라면 12,810원/g에 구매한 현물을 12,600원/g에 납품하는 결과가 되어 결국 210,000원, 즉 1,000g×(12,600원－12,810원)＝－210,000원의 손실을 보게 되었을 것이다. 지금까지의 결과를 도표를 통하여 정리해 보면 다음 〈표 1-7〉과 같다.

표 1-7 매수헤지 결과

날짜	현물시장(S)	선물시장(F)	베이시스(B)
2월 15일	12,350원	12,480원	－130원
5월 24일	12,810원	12,970원	－160원
거래(기회)손익	－460원	＋490원	△B＝－30원
순매수 가격	12,320원/g		

위의 예시에서 살펴본 바와 같이 가격이 상승할 때 선물 가격이 현물 가격보다 상대적으로 더 상승하여 베이시스가 하락한다면 선물거래의 이익이 현물거래의 손실을 만회하고도 남게 된

다. 그 결과 순매수 가격은 최초 헤지 시점의 현물 가격보다 베이시스 하락분만큼 낮아지게 된다.

❷ 순매수 가격의 산출 : 매수헤지에서도 매도헤지의 경우에서와 마찬가지로 헤저의 가장 큰 관심사는 현물거래와 선물거래를 모두 감안한 순포지선(net position)이 어떻게 되는가, 즉 순헤지 가격(net hedged price)이 얼마인가 하는 점이다. 매수헤지에 있어서 순헤지 가격, 즉 매수헤지가 종결되는 시점 t_2에 실현된 순매수 가격은 앞에서 살펴본 매도헤지의 경우와 마찬가지로 몇 가지 방법에 의해 계산할 수 있는데, 그 결과는 모두 동일하다.

매수헤지를 시작하는 시점 t_1의 선물 가격 F_1에다 종결(청산) 베이시스 B_2를 더하여 산출하는 방법을 이용하면,

$$순매수 가격 = F_1 + B_2$$

앞의 금선물거래 예시를 이 공식에 대입하면 순매수 가격은 다음과 같이 결정된다.

$$순매수 가격 = 12,480원 - 160원 = 12,320원$$

여기서도 헤지를 시작하는 시점 t_1의 베이시스 B_1은 현재 시점의 현물 가격 S_1과 선물 가격 F_1 간의 차이를 구하여 쉽게 알 수 있지만, 헤지가 종료되는 미래 시점 t_2의 베이시스 B_2는 현재 시점에서 알 수가 없기 때문에 B_2의 불확실성으로 인한 베이시스 리스크가 존재하게 된다. 즉, 헤저는 헤지를 시작하는 시점 t_1에서 선물 계약을 매수함으로써 미래의 현물 매수 가격을 선물 가격 F_1으로 고정시키고자 하나 실제로 헤저가 매수헤지를 통하여 지불하게 되는 순매수 가격은 $F_1 + B_2$가 됨으로써 B_2만큼의 오차가 발생하게 되는 것이다.

(4) 선물을 이용한 헤지 시 주요 고려사항

❶ 과도헤지(over hedging)와 과소헤지(under hedging) : 선물거래에서는 모든 거래조건, 특히 기본 거래단위가 표준화되어 있기 때문에 헤지하고자 하는 현물 포지선이 선물계약의 수량과 정확히 일치하지 않는 경우가 흔히 발생한다. 예를 들어, 금선물계약은 100g 단위로 거래되기 때문에 금 200g을 헤지하고자 하는 사람은 금선물 2계약을 매수하거나 매도하면 되지만, 금 150g을 헤지하고자 하는

사람은 금선물 1.5계약을 매수하거나 매도하는 헤지거래를 할 수 없다. 따라서 헤저는 선물 포지션을 현물 포지션보다 많게 가져갈 것인가 아니면 적게 가져갈 것인가, 즉 과도헤지 또는 과소헤지에 관한 의사결정을 하여야만 한다.

❷ 결제월의 선택 : 헤지거래에 있어서 헤저는 어떤 결제월을 이용하여 헤지하는 것이 적절한가를 결정하여야 한다. 이에 관한 일반적인 원칙은 가능한 한 실제 현물거래가 발생하는 시점과 가장 가까운 결제월을 택하되 그 결제월이 현물거래 시점보다 후행하여야 한다는 것이다.

예를 들면, 2월 15일 현재 금 1kg을 보유하고 있는 사람이 5월 말경에 현물을 판매할 것에 대비하여 매도헤지를 실시한다고 가정하자. 5월 말의 현물거래 시점과 가장 가까우면서도 현물거래 시점보다 후행하는 결제월은 6월물이 된다. 만약 2월 15일 현재 시점에서 4월물을 선택하여 헤지한다면 4월물 선물계약은 늦어도 4월 중에는 청산되어야 하므로 4월 중하순부터 5월 말까지 현물 포지션을 헤지하지 않은 상태로 방치하게 된다.[1]

❸ 헤지비율(hedge ratio) : 선물거래에서 헤지비율은 주어진 현물 포지션에 대응하여 보유해야 할 선물 포지션의 비율로 정의된다.

$$\text{헤지비율}(h) = \frac{\text{현물 포지션}}{\text{선물 포지션}}$$

앞서 살펴본 매도헤지와 매수헤지의 예시에서는 현물시장과 선물시장에서 동일한 수량의 상반된 포지션을 취하는 1 : 1의 헤지비율을 가정하였다. 그런데 1 : 1 단순헤지는 현물 가격과 선물 가격의 움직임이 동일하다고 암묵적으로 가정하거나 또는 현물 가격과 선물 가격 간의 상대적인 변동을 면밀히 감안하지 않고 있기 때문에 헤저가 위험을 최소화하고자 할 때 적절하지 않게 된다.

현물과 선물의 반대 포지션으로 이루어진 헤지 포트폴리오의 리스크를 최소화시키는 헤지비율을 구하기 위해서는 일반적으로 현물 가격과 선물 가격 간의 회귀방정식이 이용된다.

$$\Delta S_t = \alpha + \beta \Delta F_t + \varepsilon_t$$

---

1 최근월물 외에 다른 월물들의 거래량이 많지 않다면, 불가피하게 최근월물을 이용한 연속헤징을 할 수밖에 없다. 즉, 최근월물의 만기 시점 이전에 차근월물로 헤지 포지션을 이월(rollover)하는 것을 헤징 종료 시점까지 계속적으로 수행해 나가는 것이다.

여기서 ΔS_t는 현물 가격의 변동분, ΔF_t는 선물 가격의 변동분을 의미한다.

위의 회귀방정식을 이용하여 추정한 회귀계수 β가 바로 헤지비율(h)을 나타낸다. 예를 들어 회귀계수가 0.95라고 하면 선물 가격이 1만큼 변동할 때 현물 가격이 0.95만큼 변동한다는 의미가 되므로 헤지비율은 0.95가 된다.

앞에서 구한 헤지비율(h)을 이용하여 최적의 선물계약수(N^*)를 산출하는 방법은 다음과 같다.

$$N^* = h \times \frac{Q_S}{Q_F}$$

여기서 Q_S는 헤지하고자 하는 현물 포지션의 크기, Q_F는 선물 1계약의 크기를 나타낸다. 예를 들어, 향후 구매할 금 10kg(10,000g)에 대한 매수헤지를 하고자 할 때 회귀방정식에서 구한 회귀계수(β), 즉 헤지비율(h)이 0.85이고, 금선물 1계약이 100g이라고 하면 최적 선물계약수는 85계약이 된다. 즉,

$$N^* = 0.85 \times \frac{10,000g}{100g} = 85 계약$$

❹ 헤지거래의 적정성 : 일반적으로 적절한 헤지가 이루어졌는지 여부를 검증하는 데 세 가지 주요한 원칙이 활용된다. 첫째, 헤저는 현물 가격 변동 리스크가 가격 상승에 따른 것이면 선물계약을 매수하는 매수헤지를 하여야 하고, 반대로 현물 가격 변동 리스크가 가격 하락에 따른 것이라면 선물계약을 매도하는 매도헤지를 하여야 한다. 둘째, 헤저는 헤지거래를 시작하는 시점에서 최초의 현물 포지션과 선물 포지션에 서로 상반된 포지션을 취하여야 한다. 셋째, 헤지를 시작하는 시점 t_1의 선물 포지션(F_1)과 헤지를 종결하는 시점 t_2의 현물 포지션(S_2)은 서로 동일하여야 한다. 즉, 매도헤지의 경우 F_1과 S_2가 서로 동일한 매도 포지션이어야 하고, 매수헤지의 경우는 F_1과 S_2가 서로 동일한 매수 포지션이어야 한다.

(5) 헤지의 이월

헤지의 이월(rollover)은 근월물로부터 원월물로 헤지를 전환하여 나가는 것을 말한다. 헤지를 이월하는 과정은 먼저 근월물을 이용하여 매수 또는 매도 포지션을 취한 다음 나중에 그 포지션을 청산함과 동시에 원월물을 이용하여 동일한 매수 또는 매도 포지션을 취하는 것이다. 헤지의 이월은 매도헤지와 매수헤지의 경우 모두 다 가능하다. 매

도헤지를 이월할 경우 먼저 매도한 근월물을 환매수함으로써 최초의 매도 포지션을 청산하고 동시에 원월물을 매도함으로써 다음 결제월로 매도 포지션을 옮겨가는 절차를 밟게 된다.

예를 들어, 3월 10일에 금괴 1kg을 구매하고 나중에 그 금괴를 판매할 시점까지 금가격이 하락할 것에 대비하기 위해 4월물 금선물 10계약을 매도하는 헤지를 하였다고 가정하자. 그런데 4월물 선물계약의 만기가 도래할 때까지 현물판매가 이루어지지 않아 매도헤지를 다음 결제월로 이월하려고 한다. 이 경우 헤지 포지션을 이월하는 방법은 4월물 금선물의 만기일에 먼저 4월물 금선물 10계약을 환매함으로써 3월 10일에 취한 매도 포지션을 청산하고 동시에 5월물 금선물 10계약을 매도함으로써 4월물에서 5월물로 매도헤지 포지션을 이월하면 된다. 일반적으로 헤지를 이월하는 이유는 다음 몇 가지로 집약될 수 있다.

첫째, 장기간에 걸친 헤지를 하여야 하는 상황에서 원월물이 전혀 거래되지 않거나 거래량이 매우 적어 헤지거래가 곤란할 경우 유동성이 풍부한 근월물을 이용하여 헤지한 다음 근월물이 만기가 될 때 원월물로 헤지를 이월하는 방법이 이용된다.

둘째, 현물을 구매하거나 판매할 계획에 맞춰 매수헤지 또는 매도헤지를 실시하였으나, 해당 선물계약의 만기가 도래할 때까지 실제 현물의 구매 또는 판매가 이루어지지 않을 경우 원월물로 헤지를 이월하는 방법이 이용된다.

셋째, 헤지를 이월할 경우 결제월 간 스프레드로부터 얻어지는 이익과 베이시스의 유리한 변동으로부터 얻어지는 이익이 보유비용보다 클 때 근월물로부터 원월물로 헤지를 이월하는 방법이 이용된다.

헤지 포지션을 이월할 때 관건이 되는 것은 바로 포지션을 이월할 시점을 포착하는 일이다. 대부분의 경우 헤저는 실물 인수도기간 이전에 헤지를 이월하게 되지만, 경우에 따라서는 실물 인수도가 시작되기 몇 주 전에 헤지의 이월을 마치는 경우노 많다. 특히 최종 거래일 이전부터 실물 인수도가 시작되는 해외상품선물거래의 경우에 있어서는 실물 인수도기간이 시작되는 최초 포지션일 이전에 헤지의 이월을 마치는 경우가 대부분이다. 이러한 사실은 선물을 매수한 경우에 일반적으로 해당된다. 왜냐하면 실물 인수도과정에서는 매도자가 먼저 실물을 인도하겠다는 의사를 표명함으로써 실물 인수도가 시작되므로, 매수자가 최초 포지션일 이후에도 선물 포지션을 보유하고 있게 되면 언제라도 실물을 인수해야만 하는 위험이 따르기 때문이다.

헤지를 이월하고자 할 때 염두에 두어야 할 사항들을 살펴보면 다음과 같다.

첫째, 매도헤지는 정상 시장에서 이월하여야만 한다. 매도헤지를 이월하는 과정에는 근월물 매도 포지션을 환매하고 원월물을 매도하는 거래가 수반되기 때문에 정상시장에서 헤지를 이월할 경우 근월물과 원월물 간의 스프레드만큼 이익이 발생하기 때문이다. 반면, 역조시장에서 헤지를 이월할 경우는 스프레드만큼 손실이 발생하게 된다.

둘째, 매수헤지는 역조 시장에서 이월하여야만 한다. 매수헤지를 이월하는 과정에는 근월물 매수 포지션을 전매도하고 원월물을 매수하는 거래가 수반되기 때문에 정상시장에서 헤지를 이월할 경우 근월물과 원월물 간의 스프레드만큼 손실이 발생하기 때문이다. 반면, 역조시장에서 헤지를 이월할 경우는 스프레드만큼 이익이 발생하게 된다.

셋째, 시장 상황에 따라서는 스프레드와 전혀 무관하게 헤지를 이월하여야만 하는 경우도 발생한다. 즉, 정상 시장에서 매도헤지를 이월하고, 역조 시장에서 매수헤지를 이월한다는 목표를 가지더라도 시장이 원하는 대로만 움직이지 않을 경우가 많기 때문에 불리하더라도 헤지를 이월해야만 하는 경우가 발생한다는 것이다. 이 경우는 최소한의 스프레드 비용으로 헤지를 이월하기 위한 노력이 수반되어야만 한다.

2 투기거래(speculation)

(1) 투기거래의 개요

선물시장 투기거래는 금융 시장에서 자산이나 상품의 가격 변동을 통해 이익을 추구하는 거래 방식이다. 여기서 '투기'라는 용어는 본질적으로 높은 리스크와 연관되는데, 이는 주로 자산의 실제 내재 가치보다는 미래의 가격 움직임을 예측하고 이를 기반으로 매수나 매도를 결정하는 거래자를 뜻한다. 투자자가 주로 장기적인 수익을 목표로 하는 것과 달리, 투기 거래자는 단기적인 가격 변동에 집중한다. 예측이 적중하면 큰 이익을 얻을 수 있지만, 반대로 예측이 틀리면 큰 손실을 볼 수도 있다.

투기 거래는 주식, 외환, 암호화폐 등 다양한 금융 시장에서 발생하지만, 특히 선물 시장에서 활발히 이루어진다. 선물 거래는 계약의 특성상 미래에 특정 자산을 정해진 가격에 사고팔 수 있는 권리를 부여하기 때문에 가격 변동성이 크다. 이는 투기 거래자에게 커다란 기회를 제공한다. 이러한 투기 거래의 핵심은 미래 시장 상황에 대한 예측이며, 이를 통해 자산을 매매하여 이익을 실현하려고 한다.

투기 거래는 일반적인 투자 방식과는 다른 몇 가지 독특한 특징을 가지고 있다.

투기 거래자는 대개 레버리지를 사용하여 큰 거래를 한다. 레버리지는 적은 자본으로도 더 큰 금액의 거래를 할 수 있도록 해주는 메커니즘이다. 예를 들어, 선물 시장에서는 실제 자산 가격의 일부분인 증거금만으로 거래를 체결할 수 있다. 이는 투자자의 자본 대비 훨씬 큰 거래를 할 수 있도록 도와주며, 이에 따라 수익이 배가될 수 있다. 그러나 이는 반대로 손실도 크게 증가시킬 수 있는 위험을 수반한다. 레버리지를 잘못 활용하면 자산을 잃게 될 가능성도 높아진다.

투기 거래는 일반적으로 단기적인 거래에 속한다. 투자자는 자산의 가격이 극적으로 변동할 때 빠르게 반응하여 수익을 내려고 한다. 이러한 거래는 주로 하루나 며칠, 혹은 몇 주 내에 종료되며, 장기적인 관점에서 자산의 가치를 평가하는 전통적인 투자와는 차별화된다. 투기 거래자는 보통 빠른 의사결정과 민첩한 대응을 요구받으며, 자산 가격이 미세하게 변동하는 짧은 시간 내에 거래가 이루어진다. 이는 대체로 기술적 분석이나 차트를 통한 시장 예측에 기반한 거래이다.

또한 투기 거래는 높은 리스크를 동반한다. 시장의 변동성이 크거나 예측과 반대되는 방향으로 움직일 경우 손실이 클 수 있다. 특히 선물 거래의 경우, 계약 이행에 따라 발생하는 손실은 원금을 초과할 수도 있다. 이를 방지하기 위해 투자자는 빠른 대응 능력과 충분한 시장 분석이 필요하다. 또한 감정적 대응보다는 체계적이고 객관적인 데이터 기반 거래가 요구된다. 대부분의 투기 거래자는 특정 자산의 가격 변동에 대한 확신이 있을 때 거래를 진행하며, 손익을 명확히 계산하고 위험을 관리하는 전략이 필수적이다.

선물 시장에서 투기 거래는 특히 많이 발생한다. 선물 계약은 투자자가 미래에 특정 자산을 특정 가격에 사거나 팔 것을 미리 약정하는 거래 방식이다. 이러한 거래는 원래 실물 자산의 가격 변동을 대비하여 위험을 헤지하려는 목적이 있었으나, 투기 거래자는 그 대신 가격 변동 자체를 통해 수익을 내기 위해 선물 계약을 활용한다.

투기 거래자는 자산의 가격이 오를 것이라고 예상하면 선물 계약을 매수한다. 이를 '롱 포지션'이라고 한다. 롱 포지션을 취한 후 실제 시장에서 자산 가격이 상승하면, 계약을 매도하여 이익을 실현할 수 있다. 예를 들어, 현재 금의 가격이 온스당 1,500달러일 때, 3개월 후 금 가격이 상승할 것으로 예상하는 거래자는 1,500달러에 금을 매수하는 선물 계약을 체결한다. 만약 3개월 후 금 가격이 1,600달러로 상승했다면, 1,500달러에 매수한 후 1,600달러에 팔아 100달러의 차익을 얻는다. 반대로 자산의 가격이 하락할 것이라고 예상하면 투기 거래자는 선물 계약을 매도한다. 이를 '숏 포지션'이라고 한다. 자산의 가격이 하락하면 매도한 계약을 다시 매수하여 차익을 얻을 수 있다. 이처럼 선물 시장에서 투기 거래자는 실물 자산을 실제로 인도받거나 인도할 필요 없이 계약을 통해 수익을 창출할 수 있다. 이로 인해 선물 시장은 투기 거래자들이 많이 참여하는 시장 중 하나로 자리 잡았다.

투기 거래는 시장에 많은 영향을 미친다. 그중 가장 중요한 역할은 유동성을 제공하는 것이다. 유동성은 자산을 사고팔 수 있는 용이성을 의미하며, 투기 거래자들이 많이 참여할수록 자산을 쉽게 사고팔 수 있는 시장이 형성된다. 이는 시장에서 가격 발견 기능을 강화하여, 자산의 공정한 시장 가격을 형성하는 데 기여한다. 유동성이 풍부하면 거래 비용이 줄어들고, 자산 가격의 변동 폭도 적어진다.

또한 투기 거래는 시장에 더 많은 거래 기회를 제공하여 자산 가격이 효율적으로 결정될 수 있도록 돕는다. 예를 들어, 특정 자산이 과대평가되었거나 과소평가된 경우 투기 거래자는 이를 이용해 이익을 얻으려고 하며, 이러한 과정에서 자산의 가격이 점차 본질 가치에 맞게 조정된다.

그러나 투기 거래는 때때로 시장 변동성을 확대시키기도 한다. 특히 특정 자산에 대한 투기 거래가 집중될 경우, 시장은 일시적으로 왜곡될 수 있다. 예를 들어, 투기 거래자들이 한꺼번에 대량 매도에 나서면 자산 가격이 급격히 하락할 수 있다. 반대로, 투기 거래자들이 과도하게 매수하면 가격이 급등할 수도 있다. 이러한 상황은 일반 투자자들에게 불리하게 작용할 수 있으며, 시장 안정성을 저해할 위험이 있다.

투기 거래는 높은 수익을 기대할 수 있지만 그만큼 리스크도 크다. 따라서 투기 거래자는 포트폴리오 다변화와 손절매 등을 통해 여러 가지 위험 관리 전략을 사용하기도 한다.

(2) 투기거래자의 분류

일반적으로 투기거래자를 스캘퍼(scalper), 데이트레이더(day trader), 그리고 포지션트레이더(position trader)로 분류한다. 스캘퍼란 시장 가격의 미세한 변동, 즉 최소 가격의 변동을 이용하여 매매차익을 실현하고자 하는 투기거래자로서 거래규모가 대체적으로 크기 때문에 이들의 거래는 시장 유동성을 높이는 데 큰 역할을 한다. 이에 비해 데이트레이더는 포지션을 개장 시장 동안에 보유하는 거래자로서 스캘퍼보다는 포지션을 장시간 보유하면서 일중 가격 차이를 이용하여 매매차익을 실현하고자 하는 투기거래자이다. 마지막으로 포지션트레이더는 장기적인 가격 전망에 기초하여 하루 이상 포지션을 유지하는 투기거래자이다.

3 차익거래(arbitrage)

차익거래(arbitrage)는 시장에서 가격 차이를 이용하여 무위험 이익을 얻는 거래 방식이다. 기본적으로 같은 자산이 두 개 이상의 시장에서 다르게 평가될 때, 더 싼 가격으로 매수하고 더 비싼 가격으로 매도하여 차익을 얻는다. 이론적으로 차익거래는 무위험 거래로 간주된다. 왜냐하면 자산의 가격 차이를 이용해 즉각적인 수익을 실현할 수 있기 때문이다. 차익거래자는 자산 가격의 비효율성을 찾아내고 이를 바로잡아 시장의 효율성을 높이는 역할을 한다.

차익거래는 다양한 형태로 이루어지며, 주식, 채권, 통화, 선물 등 거의 모든 금융 상품에서 발생할 수 있다. 특히 선물 시장에서는 현물 가격과 선물 가격 간의 차이를 이용한 차익거래가 자주 일어난다. 이러한 차익거래는 시장 간의 불균형을 신속하게 해결하는 역할을 하며, 자산 가격이 적정 가치에 수렴하는 과정을 촉진한다.

차익거래는 투자나 투기와는 다른 몇 가지 중요한 특징을 가진다.

차익거래는 이론적으로 무위험 거래로 간주된다. 그 이유는 자산의 가격 차이를 동시에 매수와 매도를 통해 수익을 실현하는 방식이기 때문이다. 예를 들어, A 시장에서 상품 가격이 1,000달러이고 B 시장에서 같은 금의 가격이 1,010달러라면, 차익 거래자는 A 시장에서 금을 매수하고 B 시장에서 즉시 매도하여 10달러의 차익을 얻는다. 이 과정에서 가격 변동에 따른 위험은 없다. 하지만 현실에서는 거래 비용, 시간 차이, 유동성 부족 등이 차익거래에 영향을 미칠 수 있다. 또한 두 시장 간의 자산 가격 차이가 매우 짧은 시간 내에 사라질 수 있기 때문에 신속하고 정확한 거래가 필요하다.

차익거래는 매우 신속하게 이루어져야 한다. 시장 간의 가격 차이는 보통 매우 짧은 시간 동안만 존재하며, 많은 차익거래자들이 이러한 차이를 발견하고 거래를 실행하면서 가격 차이가 금세 사라지기 때문이다. 따라서 차익거래자는 고속의 거래 시스템과 정교한 알고리즘을 활용하여 시장에서 발생하는 미세한 가격 차이를 포착하고, 빠르게 거래를 완료해야 한다. 대부분의 차익거래는 대규모 자금을 운영하는 기관투자자들이 주도한다. 이들은 고성능 컴퓨터와 고주파 거래(High−Frequency Trading, HFT) 시스템을 활용해 시장에서 미세한 가격 차이를 실시간으로 탐지하고, 자동으로 거래를 실행한다. 이 과정에서 수익은 한 번의 거래당 적을 수 있지만, 매우 짧은 시간 내에 반복적으로 이루어지기 때문에 누적 수익은 상당할 수 있다.

또한 차익거래는 시장의 비효율성을 바로잡아 자산 가격이 적정 가치에 수렴하는 데 기여한다. 예를 들어, 동일한 자산이 두 시장에서 다른 가격으로 거래되는 경우, 차익거래가 이루어지면서 결국 두 시장의 가격 차이가 없어지게 된다. A 시장에서 자산을 매수하는 거래가 증가하면 A 시장의 가격은 상승하고, B 시장에서 자산을 매도하는 거래가 증가하면 B 시장의 가격은 하락한다. 이러한 과정은 두 시장 간의 가격을 균형 상태로 만들어 가격 왜곡을 바로잡는다.

이로 인해 차익거래는 시장의 유동성과 가격 발견 기능을 개선하는 데 중요한 역할을 한다. 자산 가격이 각기 다른 시장에서 균일하게 평가되도록 만들어 투자자들에게 더 신뢰할 수 있는 가격 정보를 제공한다.

선물시장에서는 특히 현물과 선물 간의 가격 차이를 이용한 차익거래가 많이 발생한다. 현물 자산의 가격과 해당 자산의 선물 가격은 일반적으로 일관된 관계를 유지해야 하지만, 일시적인 시장 불균형이 발생할 때 그 차이를 이용해 이익을 얻을 수 있다.

현물－선물 차익거래는 동일 자산의 현물 가격과 선물 가격 간의 차이를 이용하는 거래 방식이다. 이 거래는 선물 가격이 이론적 가치보다 높거나 낮을 때 이루어진다. 예를 들어, 특정 주식의 현물 가격이 1,000원이고, 선물 가격이 1,020원이라면, 차익거래자는 주식을 현물 시장에서 매수하고 동시에 선물 시장에서 매도하여 20원의 차익을 얻을 수 있다. 이때 중요한 점은 선물 계약 만기일에 현물 가격과 선물 가격이 일치해야 한다는 점이다. 만약 선물 가격이 현물 가격보다 낮다면, 반대로 선물을 매수하고 현물을 매도하는 방식으로 차익을 실현할 수 있다. 이러한 현물－선물 차익거래는 시장 간의 가격 차이가 줄어들고, 결국 두 가격이 일치하게 만드는 역할을 한다.

차익거래는 시장 간의 가격 차이를 해소하여, 자산이 모든 시장에서 균일하게 평가되도록 만든다. 차익거래가 활발하게 이루어지는 시장에서는 가격 발견 기능이 더 원활하게 작동하며, 가격 변동이 상대적으로 낮다. 또한 차익거래는 시장의 유동성을 증가시키고, 투자자들이 자산을 더 쉽게 사고팔 수 있는 환경을 제공한다. 그러나 차익거래는 기술적 한계나 규제적인 요소 때문에 제한될 수 있다. 예를 들어, 일부 시장에서는 거래 비용이 높거나 규제에 의해 차익거래가 어렵다. 이러한 요인들이 차익거래의 기회를 제한하면, 시장 간의 가격 차이가 더 오래 지속될 수 있다.

또한 차익거래는 특정 시장에 과도하게 집중될 경우, 유동성 부족이나 가격 왜곡을 일으킬 수 있다. 이는 차익거래자가 너무 많이 몰리면 그들이 가격 형성에 직접적인 영향을 미치기 때문이다. 그러나 일반적으로 차익거래는 시장의 효율성을 높이는 긍정적인 요소로 평가된다. 차익거래는 이론적으로 무위험 거래로 간주되지만, 실제로는 여러 가지 리스크가 존재한다. 우선, 거래 비용이나 세금, 시장 간의 시간 차이로 인해 무위험 수익이 발생하지 않을 수도 있다. 거래 비용이 이익을 상회할 경우 차익거래는 수익성을 잃게 된다. 또한 자산의 유동성이 부족하거나 가격이 급격히 변동할 경우, 차익거래를 원활하게 실행하기 어려울 수 있다. 이를 방지하기 위해 차익 거래자는 거래 타이밍을 신중하게 조정하고, 여러 시장에서의 거래 전략을 수립해야 한다. 특히 고빈도 거래 시스템을 활용하면 차익거래 기회를 더 빠르게 포착하고 거래를 실행할 수 있다.

차익거래는 매수차익거래(cash and carry arbitrage)와 매도차익거래(reverse cash and carry arbitrage)로 나눠진다. 헤지거래에서 매수헤지와 매도헤지가 선물을 기준으로 하여 붙여진 명칭인 것과는 달리 차익거래에서 매수차익거래와 매도차익거래는 현물을 기준으로 하여 붙여진 명칭이다.

(1) 매수차익거래(cash and carry arbitrage)

매수차익거래는 현물을 매수하여 선물계약의 만기까지 보유한다는 의미에서 붙여진 이름이다. 매수차익거래기회는 선물 시장 가격이 이론 가격보다 높게 형성될 때 발생하며, 차익거래자는 상대적으로 저평가되어 있는 현물을 매수하는 동시에 고평가되어 있는 선물을 매도한다.

다음의 예시를 통하여 매수차익거래가 이루어지는 과정을 살펴보자. 현재 금현물 가격은 12,500원/g이고, 3개월 후에 만기가 도래하는 금선물 가격은 12,830원/g이다. 이자율은 연리 7%이고, 금의 저장비용은 매월 30원/g으로 저장이 종료되는 시점에 누계하여 지불한다.

위의 가격 조건하에서 보유비용모형(cost-of-carry model)에 의한 상품선물의 이론 가격은 다음과 같이 결정된다.

$$F_t = (S+U)e^{r(T-t)}$$

여기서 F_t는 선물의 이론 가격, S는 현물 가격, U는 저장비용, r은 이자율, 그리고 T는 선물계약 만기 시점을 나타낸다. 위의 식에서는 저장비용이 일정한 고정금액으로 현재 시점에서 지불된다고 가정하고 있다. 연속 복리를 가정하고 저장비용(u)이 현물 가격의 일정 비율로 표시된다고 가정한다면 상품선물의 이론 가격은 $F = Se^{(r+u-y)(T-t)}$로 표현할 수 있을 것이다.

먼저 3개월 후에 지불될 저장비용의 현재가치를 구하기 위해 연속 복리를 이용하여 할인하면 다음과 같다.

$$U = 90e^{-0.07 \times \frac{1}{4}} = 88.44$$

위의 선물 이론 가격 공식에 대입하여 구한 3개월 만기의 선물 이론 가격은 다음과 같이 결정된다.

$$F_t = (12,500 + 88.44)e^{0.07 \times \frac{1}{4}} = 12,810.68 원$$

따라서 선물계약의 시장 가격과 이론 가격 간의 차이는 12,830원/g − 12,810.68원/g = 19.32원/g이 된다. 선물의 시장 가격이 이론 가격보다 높아 고평가되어 있으므로 매수차익거래기회가 존재한다. 따라서 저평가되어 있는 현물을 매수하고 동시에 고평가되어 있는 선물을 매도하는 거래전략을 이용한다.

매수차익거래를 위해 먼저 금현물 가격과 저장비용의 현재가치를 합한 금액을 연리 7%의 이자로 3개월간 차입한다. 금선물 1계약이 100g이므로 전체 차입액은 (12,500+88.44)원×100g = 1,258,844원이 된다. 차입한 금액으로 100g의 금을 매수하여 저장하고 3개월 후에 만기가 되는 금선물 1계약을 12,830원/g에 매도한다. 차입한 금액으로 현물을 구매하고 나중에 지불할 저장비용으로 예치하였으므로 현금흐름의 합계는 0이 된다.

선물계약 만기인 최종 거래일에 정산 가격이 12,900원/g으로 결정되었다면 최종 결제금액은 12,900원/g×100g = 1,290,000원이 된다. 선물계좌에서는 12,830원/g의 매도 포지션이 12,900원/g에 환매된 것으로 처리되어 (12,900원 − 12,830원)×100g = 7,000원의 손실이 발생한다. 결국, 금의 순인수도금액은 최종 결제 가격에 상관없이 최초의 선물 매도 가격인 1,283,000원(=1,290,000원−7,000원)이 된다. 또한 금선물계약의 최종 결제와 더불어 차입한 원리금을 상환하게 되는 데 원리금의 합계는 $1,258,844e^{0.07 \times \frac{1}{4}} = 1,281,068원$이다.

따라서 매수차익거래에 따른 이익은 순인수도금액과 원리금 합계의 차이인 1,932원(=1,283,000원−1,281,068원)이 된다. 이 금액은 선물계약의 시장 가격과 이론 가격 간의 차이, 즉 19.32원/g$(=12,830$원/g$-12,810.68$원/g)에다 거래수량인 100g을 곱한 금액과 일치한다.

앞의 거래내용을 종합해 보면 차익거래자는 차입한 자금으로 현물을 매수함과 동시에 선물을 매도하여 선물계약의 만기 시점까지 현물을 저장한다. 그 후 선물계약의 만기 시점에 보유한 현물을 인도함으로써 선물계약을 이행하고 저장비용을 지불하는 한편 차입한 원리금을 상환한다. 〈표 1-8〉은 매수차익거래의 예를 선물거래와 현물거래로 구분하여 정리한 것이다.

매수차익거래에 필요한 자금은 차입하여 충당할 수 있고 자금을 차입하는 데 드는 비용은 보유비용을 산정하는 네 반영되기 때문에 차익거래자는 자기 돈을 투자하지 않고서도 차익거래를 통하여 무위험이익을 얻을 수 있다. 매수차익거래의 이익은 선물계약을 매도함으로써 고정된 마진(margin)에 의해 보장되어지며, 선물계약의 만기 시점에 정산 가격이 어떻게 결정되느냐에 따라 영향을 받지 않는다.

표 1-8   **매수차익거래의 예**

	선물거래	현물거래
현재 시점	g당 12,830원에 금선물 1계약(1kg) 매도	금현물 매수와 저장을 위해 1,258,844원 $((12,500/g+88.44/g)\times100g)$ 차입
3개월 후	g당 12,900원에 금선물 1계약 매수	• g당 12,900원에 금현물 100g 매도 • 차입원리금 $=1,258,844e^{0.07\times\frac{1}{4}}$ $=1,281,068$원 상환
손익	$(12,830-12,900)\times100$ $=-7,000$원	$1,290,000-1,281,068=8,932$원 (차익거래이익 : 1,932원)

(2) 매도차익거래(reverse cash and carry arbitrage)

매도차익거래 기회는 매수차익거래와 반대로 선물시장 가격이 이론 가격보다 낮게 형성될 때 발생하며, 차익거래자는 고평가되어 있는 현물을 (공)매도하는 동시에 저평가되어 있는 선물을 매수하는 거래를 한다. 공매도(short selling)란 실제 가지고 있지 않은 상품을 빌려서 매도하고 나중에 상환하는 거래를 말한다.

아래의 예시를 통하여 매도차익거래가 이루어지는 과정을 살펴보자. 현재 금현물가격은 12,500원/g이고, 3개월 후에 만기가 도래하는 금선물 가격은 12,800원/g이다. 이자율은 연리 7%이고, 금의 저장비용은 매월 30원/g으로 저장이 종료되는 시점에 누계하여 지불한다.

위의 가격 조건하에서 보유비용모형(cost-of-carry model)에 의한 상품선물의 이론 가격은 앞의 매수차익거래 예에서 구한 것처럼 12,810.68원이다. 따라서 선물의 시장 가격과 이론 가격 간의 차이는 12,800원/g − 12,810.68원/g = −10.68원/g으로 선물이 이론 가격에 비해 저평가되어 있으며, 저평가되어 있는 선물을 매수하고, 상대적으로 고평가되어 있는 현물을 공매도하는 매도차익거래전략을 이용한다. 먼저, 금현물 100g을 공매도하고 공매도대금 1,250,000원(= 1,250원 × 100g)을 연리 7%의 이자로 3개월간 대출한다. 그와 동시에 3개월 후에 만기가 되는 금선물 1계약(100g)을 12,800원/g에 매수한다. 공매도한 금액을 대출하였으므로 현금흐름의 합계는 0이 된다.

선물계약 만기인 최종 거래일에 정산 가격이 12,900원/g으로 결정되었다면, 인수도금액은 1,290,000원이 된다. 선물계좌에서는 12,800원/g의 매수 포지션이 12,900원/g에 전매도된 것으로 처리되어 (12,900원 − 12,800원) × 100g = 10,000원의 이익이 발생한다. 결국 금의 순인수도금액은 최종 결제 가격에 상관없이 최초의 선물매수 가격인 1,280,000원(= 1,290,000원 − 10,000원)이 된다. 또한 금선물계약의 최종 결제와 더불어 대출한 원리금을 회수하게 되는데 원리금의 합계는 다음과 같다.

$$1,250,000e^{0.07 \times \frac{1}{4}} = 1,272,068 \, 원$$

그리고 현물 공매도를 통하여 절약한 3개월간의 저장비용 9,000원을 원리금에 합산하면 원리금 및 저장비용의 합계는 1,281,068원(= 1,272,068원 + 9,000원)이 된다. 따라서 매도차익거래에 따른 이익은 원리금 및 저장비용 합계와 순인수도금액과의 차이인 1,281,068원 − 1,280,000원 = 1,068원이 된다. 이 금액은 선물계약의 이론 가격과 실제 가격 간의 차이, 즉 10.68원/g(= 12,810.68원/g − 12,800원/g)에다 거래수량인 100g을 곱한 금액과 일치한다.

위의 거래내용을 종합해 보면 차익거래자는 현물을 공매도하여 받은 대금을 선물계약의 만기 시점까지 대출하고 아울러 선물계약을 매수한다. 그 후 선물계약이 만기가 될 때 대출금에 대한 원금 및 이자를 회수하고 선물 매수 포지션을 이용하여 인수한 현물로 공매도한 물량을 상환한다. 〈표 1-9〉는 매도차익거래의 예를 선물거래와 현물거래로 구분하여 정리한 것이다.

매도차익거래의 이익은 선물계약을 매수함으로써 고정된 마진에 의해 보장되어지며, 선물계약의 만기 시점에 정산 가격이 어떻게 결정되느냐에 따라 영향을 받지 않는다.

표 1-9 **매도차익거래의 예**

	선물거래	현물거래
현재 시점	g당 12,800원에 금선물 10계약(1kg) 매수	• g당 12,500원에 금현물 100g을 공매도 • 공매도 대금 1,250,000원과 절약한 저장비용의 현재가치 8,844원을 대출
3개월 후	g당 12,900원에 금선물 10계약 매도	• 대출 원리금 $= 1,258,844e^{0.07 \times \frac{1}{4}}$ $\qquad = 1,281,068$원을 찾음 • 금현물 100g을 1,290,000원에 매수하여 공매도하기 위해 빌려온 금 100g을 상환
손익	$(12,900 - 12,800) \times 100$ $= 10,000$원	$1,281,068 - 1,290,000 = -8,932$원 (차익거래이익 : 1,068원)

주 : 절약한 저장비용은 대출로 처리하지 않고, 3개월 후 9,000원을 절약한 것으로 처리해도 됨.

4 스프레드(spread) 거래

스프레드 거래(spread trading)는 두 자산 또는 동일한 자산의 다른 만기 계약 간의 가격 차이를 이용하여 이익을 얻는 거래 방식이다. 즉, 두 자산 간의 가격 차이를 예측하고, 이를 바탕으로 하나의 자산을 매수하고 다른 자산을 매도하는 전략이다. 스프레드 거래는 보통 선물 계약에서 많이 사용되며, 다양한 시장 환경에서 리스크를 관리하면서도 수익을 추구할 수 있는 방법으로 자주 활용된다. 스프레드 거래는 두 자산 간의 가격 차이에만 집중하기 때문에 전반적인 시장 방향성보다 상대적인 가격 변동성에 더 민감하다. 이는 특정 사산에 대한 개별적인 가격 리스크를 줄이면서, 자산 간의 가격 차이에 따라 발생하는 이익을 추구하는 방법이다.

스프레드 거래는 리스크 관리 측면에서 유리한 전략이다. 일반적인 선물 거래는 특정 자산의 가격 변동에 따라 수익이나 손실이 발생하지만, 스프레드 거래는 두 자산의 상대적인 가격 차이에 초점을 맞추기 때문에 가격 변동성으로 인한 리스크가 상대적으로 줄어든다. 예를 들어, 선물 계약 두 개를 동시에 매수와 매도할 경우, 두 자산의 가격이 같은 방향으로 움직이더라도 가격 차이의 변화만이 거래의 결과에 영향을 미친다.

이런 이유로, 스프레드 거래는 변동성이 크거나 예측하기 어려운 시장 상황에서도 비교적 안정적인 수익을 기대할 수 있는 전략으로 간주된다.

스프레드 거래는 하나의 결제월을 매수(매도)하고 다른 하나의 결제월을 매도(매수)하므로 단순히 하나의 선물만을 매수하거나 매도하는 거래(outright거래)보다 리스크가 낮으며 일반적으로 증거금률도 낮다. 스프레드 거래에서는 두 선물 가격 간의 상대적인 가격 변동에 의해 손익이 결정된다. 따라서 스프레드 거래에서는 선물 가격의 절대적인 수준이나 변동 방향(즉, 상승 또는 하락)보다는 스프레드를 구성하는 두 결제월 간 선물 가격의 상대적인 변화 정도가 보다 중요시된다. 스프레드 거래는 일반적으로 소폭의 이익을 안정적으로 실현하기 위한 목적으로 이루어지며, 거래이익이 소폭인 대신 대규모의 거래량을 수반하는 경우가 많다. 한편, 스프레드 거래는 시장의 유동성을 제고할 뿐만 아니라 시장 가격이 일시적으로 왜곡되어 있을 때 이를 정상적인 가격 구조로 되돌리는 역할을 한다. 스프레드 거래는 다음과 같이 몇 가지 유형으로 나눠진다.

(1) 결제월 간 스프레드 거래

결제월 간 스프레드(inter-delivery spread) 거래는 그 명칭이 시사하는 것처럼 동일한 거래대상에 대해서 어느 한 결제월의 선물을 매수하는 동시에 다른 결제월의 선물을 매도하는 거래를 말한다. 이 거래의 핵심은 만기일에 가까워질수록 두 계약 간의 가격 차이가 줄어들 것이라는 가정이다. 예를 들어, 3월 1일 현재 금선물 가격 및 스프레드가 다음과 같다고 하자.

날짜	선물 가격(4월물)	선물 가격(6월물)	스프레드
3월 1일	11,520원	11,770원	+250원

그리고 보유비용모형에 의해 구한 6월물 금선물의 이론 가격이 11,700원이라고 하자. 그러면 시장 가격이 이론 가격보다 70원만큼 고평가되어 있으므로 많은 거래자들이 스프레드 거래기회를 포착하여 상대적으로 저평가되어 있는 4월물을 매수하고, 고평가되어 있는 6월물을 매도하게 된다. 이와 같은 거래를 통하여 3월 5일에 4월물과 6월물 간의 스프레드가 정상적인 수준인 180원으로 회복되었다고 하자.

날짜	선물 가격(4월물)	선물 가격(6월물)	스프레드
3월 5일	11,560원	11,740원	+180원

3월 1일에 행한 거래와 반대로 4월물을 매도하고 6월물을 매수하여 스프레드 거래 포지션을 정리하면 다음과 같이 70원의 거래이익이 발생한다.

날짜	3월 1일	3월 5일	거래이익
4월물	매수 @11,520원	매도 @11,560원	+40원
6월물	매도 @11,770원	매수 @11,740원	+30원
총 거래이익			+70원

결제월 간 스프레드 거래에서 일반적으로 널리 사용되는 유형의 거래는 강세 스프레드(bull spread)와 약세 스프레드(bear spread)가 있다. 강세 스프레드 거래는 시장이 강세 장세인 경우 근월물의 가격 상승폭이 원월물의 가격 상승폭보다 클 것으로 예상되고, 약세 장세인 경우 근월물의 가격 하락폭이 원월물의 가격 하락폭보다 작을 것으로 예상될 때 취하는 전략으로, 만기가 가까운 근월물을 매수하고 만기가 먼 원월물을 매도하는 스프레드 전략을 말한다.

반면에 약세 스프레드 거래는 시장이 강세인 경우 근월물의 가격 상승폭보다 원월물의 가격 상승폭이 클 것으로 예상되고, 약세인 경우 근월물의 가격 하락폭보다 원월물의 가격 하락폭이 적을 것으로 예상될 때 취하는 전략으로, 만기가 먼 원월물을 매수하고 만기가 가까운 근월물을 매도하는 스프레드 전략을 말한다.

가격이 상승할 때 강세 스프레드를 이용한 거래의 예를 살펴보기 위해 5월 1일 현재의 금선물 가격 및 스프레드가 다음과 같다고 하자.

날짜	선물 가격(6월물)	선물 가격(8월물)	스프레드
5월 1일	12,750원	12,930원	+180원

5월 5일에 발표될 금수급동향보고서를 앞두고 시장의 강세 전망에 따라 근월물인 6월물 1계약을 12,750원에 매수하고 원월물인 8월물 1계약을 매도하는 거래를 하였다. 수급보고서가 발표되고 나서 예상대로 다음과 같이 가격이 상승하였다고 하자.

날짜	선물 가격(6월물)	선물 가격(8월물)	스프레드
5월 5일	12,950원	13,100원	+150원

5월 5일이 되어 5월 1일에 행한 거래와 반대로 6월물 1계약을 12,950원에 매도하고 동시에 8월물 1계약을 13,100원에 매수하여 스프레드 거래 포지션을 정리(청산)하면 다

음과 같다.

날짜	5월 1일	5월 5일	거래손익
4월물	매수 @12,750원	매도 @12,950원	+200원
6월물	매도 @12,930원	매수 @13,100원	−170원
총 거래이익			+30원

즉, 가격 상승 시 근월물인 6월물이 원월물인 8월물보다 상대적으로 더 상승한 결과 6월물에서는 200원의 거래이익이 발생하고 8월물에서는 170원의 거래손실이 발생하여 총 거래이익은 30원이 된다. 결국 총 거래이익은 6월물과 8월물 간의 스프레드가 +180원에서 +150원으로 축소됨으로써 발생한 것으로 스프레드의 축소 폭인 30원과 일치한다. 이처럼 강세 스프레드는 두 결제월 간의 스프레드가 축소될 것으로 예상될 때 유용한 전략으로 활용될 수 있다.

한편, 가격이 하락할 때 약세 스프레드를 이용한 거래의 예를 살펴보기 위해 7월 1일 현재의 금 선물 가격 및 스프레드가 다음과 같다고 가정하자.

날짜	선물 가격(8월물)	선물 가격(10월물)	스프레드
7월 1일	12,450원	12,620원	+170원

향후 가격 전망이 약세로 돌아섬에 따라 근월물인 8월물 1계약을 12,450원에 매도하고 원월물인 10월물 1계약을 12,620원에 매수하는 거래를 하였다. 며칠 후 예상했던 대로 가격이 하락하여 선물 가격이 아래와 같다고 하자.

날짜	선물 가격(8월물)	선물 가격(10월물)	스프레드
7월 5일	12,270원	12,480원	+210원

7월 5일에 이르러 7월 1일에 행한 거래와 반대로 8월물 1계약을 12,270원에 매수하고 동시에 10월물 1계약을 12,480원에 매도하여 스프레드 거래 포지션을 정리(청산)하면 다음과 같다.

날짜	7월 1일	7월 5일	거래손익
8월물	매도 @12,450원	매수 @12,270원	+180원
10월물	매수 @12,620원	매도 @12,480원	−140원
총 거래이익			+40원

즉, 가격 하락 시 근월물인 8월물이 원월물인 10월물보다 상대적으로 더 하락한 결과 8월물에서는 180원의 거래이익이 발생하고 10월물에서는 140원의 거래손실이 발생하여 총 거래이익은 40원이 된다. 결국 총 거래이익은 8월물과 10월물 간의 스프레드가 +170원에서 +210원으로 확대됨으로써 발생한 것으로 스프레드의 확대 폭인 40원과 일치한다. 이처럼 약세 스프레드는 두 결제월 간의 스프레드가 확대될 것으로 예상될 때 유용한 전략으로 활용될 수 있다.

(2) 상품 간 스프레드 거래

상품 간 스프레드(inter-commodity spread) 거래는 결제월은 동일하나 기초자산이 서로 다른 두 개의 선물 중 어느 한 선물을 매수하고 다른 선물을 매도하여 두 선물 간의 상대적인 가격 변화를 이용하는 거래를 말한다. 예를 들면, 농산물의 경우 CME Group의 7월물 대두선물을 매수하고 동시에 7월물 옥수수선물을 매도하는 스프레드 거래가 상품 간 스프레드 거래의 한 유형이다. 대두와 옥수수는 전반적으로 생육주기가 유사한 가운데 가격 변동폭은 대두가 훨씬 더 크므로 가격 상승이 예상되는 상황에서 대두선물을 매수하고 동시에 옥수수선물을 매도하는 스프레드 전략을 구사한다면 이익실현이 가능하게 된다.

(3) 시장 간 스프레드 거래

시장 간 스프레드(inter-market spread) 거래는 어느 한 거래소에서 특정 결제월의 선물을 매수(매도)하고 동시에 다른 거래소에서 동일 품목, 동일 결제월의 선물을 매도(매수)하는 거래를 말한다. 예를 들어, CME Group의 12월물 소맥선물을 매수하고 캔사스상품거래소(KCBT : Kansas City Board of Trade)의 12월물 소맥선물을 매도하는 거래이다. 한편, KRX의 12월물 금선물을 매수하고 오사카거래소의 12월물 금선물을 매도하는 거래가 시장 간 스프레드 거래의 한 유형이다.

chapter 02

상품옵션

section 01 | 상품옵션의 개요

상품 옵션의 현대적 형태는 17세기 일본과 유럽에서 본격적으로 발전했다. 일본에서는 쌀 거래가 활발하게 이루어졌는데, 상인들이 쌀 가격 변동에 대비해 사전에 계약을 체결하는 방식이 있었다. 이는 '도지마 쌀 거래소'에서 체결되었으며, 오늘날의 옵션 거래소의 시초로 여겨진다. 한편, 유럽에서는 네덜란드에서 튤립 구근 거래를 통해 옵션과 유사한 개념이 확산되었다. 17세기 초 네덜란드에서는 튤립 가격이 급등하면서 많은 투자자들이 튤립 구근에 대한 권리를 사고파는 방식으로 투자했다. 튤립 가격이 변동할 경우에 대비해 미래의 가격을 고정하거나, 하락에 대비하는 계약이 체결되었으며, 이는 일종의 옵션 거래로 간주된다.

상품 옵션이 본격적으로 제도화된 시점은 19세기 미국에서였다. 미국의 농업 경제가 발전하면서 농산물(특히 곡물)의 가격 변동이 심화되었고, 농부들은 수확한 곡물을 판매하기 전에 가격 변동 위험을 줄일 방법을 찾았다. 이 과정에서 선물과 옵션 시장이 발전했다.

시카고 상품거래소(CBOT)에서는 19세기 말부터 콜 옵션과 풋 옵션 형태의 거래가 시작되었다. 콜 옵션은 특정 상품을 미래에 특정 가격에 살 수 있는 권리였고, 풋 옵션은 특정 가격에 팔 수 있는 권리였다. 이를 통해 시장 참여자들은 가격 상승이나 하락에 대비할 수 있었다.

특히 에너지 시장에서의 상품 옵션은 매우 중요한 역할을 하고 있다. 원유, 천연가스 등의 에너지 자산은 정치적, 경제적 사건에 따라 가격 변동성이 크기 때문에, 많은 기업들이 상품 옵션을 통해 리스크를 관리한다. 또한 금속 시장, 특히 금과 은 같은 귀금속에 대한 옵션 거래도 인플레이션이나 경기 불황에 대비하는 투자자들에게 중요한 도구로 자리잡고 있다. 상품 옵션의 역사는 고대부터 현대까지 수천 년에 걸쳐 진화해 왔으며, 경제 환경과 금융 시장의 변화에 따라 계속 발전해 왔다. 초기에는 상인들이 가격 변동에 대비하기 위해 자연스럽게 사용하던 방식이었지만, 시간이 지나면서 제도화되고 체계적인 금융 도구로 자리잡았다. 오늘날 상품 옵션은 다양한 투자자와 기업들이 리스크를 관리하고, 시장 변동성에 대응하는 중요한 금융 상품으로 사용되고 있다.

section 02 상품선물옵션의 가격결정

상품선물옵션의 가격결정에 있어 가장 일반적으로 사용되는 모형은 Black(1976)이 제시한 모형이다. 이 모형은 Black-Scholes(1973) 모형을 변형한 것으로, 기초자산의 현물 가격이 선도 가격으로 대체된다는 점에서 차이가 있다.

Black(1976) 모형에 의하면 유럽형 선물콜옵션 가격(c)과 풋옵션 가격(p)은 다음과 같이 결정된다.

$$c = e^{-r\tau}[FN(d_1) - KN(d_2)]$$
$$p = e^{-r\tau}[KN(-d_2) - FN(-d_1)]$$

F : 선물 가격

K : 행사 가격

τ : 옵션의 잔존만기

r : 이자율

σ : 선물 가격의 변동성

$$d_1 = \frac{\ln\left(\frac{F}{K}\right) + \frac{1}{2}\sigma^2\tau}{\sigma\sqrt{\tau}}$$

$$d_2 = d_1 - \sigma\sqrt{\tau}$$

> **！ 예시**

원유에 대한 유럽형 선물풋옵션의 가치를 구해보자. 잔존만기가 4개월, 현재 선물 가격이 60달러, 행사 가격이 60달러, 이자율이 연 9%, 그리고 선물 가격의 변동성이 연 25%라고 하자. 이 경우

$$F = 60, \ K = 60, \ T = 4/12, \ r = 0.09, \ \sigma = 0.25$$

$$d_1 = \frac{\ln\left(\frac{F}{K}\right) + \frac{1}{2}\sigma^2\tau}{\sigma\sqrt{\tau}} = 0.07216, \ d_2 = d_1 - \sigma\sqrt{\tau} = -0.07216$$

$$N(-d_1) = 0.4712, \ N(-d_2) = 0.5288$$

$$p = e^{-r\tau}[KN(-d_2) - FN(-d_1)] = 3.35$$

즉, 선물풋옵션의 가격은 3.35달러이다.

한편, 동일한 선물에 대해 동일한 행사 가격과 만기를 가진 유럽형 콜옵션과 풋옵션이 거래될 때 선물과 두 옵션 간에는 풋-콜-선물 패리티로 불리는 일정한 관계가 성립해야 하는데, 이를 식으로 표현하면 다음과 같다.

$$c + Ke^{-r\tau} = p + Fe^{-r\tau}$$

위의 풋-콜-선물 패리티를 달리 표현하면,

$$c - p = (F - K)e^{-r\tau}$$

즉, 콜옵션 프리미엄과 풋옵션 프리미엄 간의 차이는 선물 가격과 행사 가격 간의 차이의 현재가치와 동일하다는 의미가 된다. 이와 같은 관계를 이용하여 합성 포지션을 만

들거나 선물/옵션 차익거래를 하는 논리는 기초자산이 상품선물이라는 점 외에는 이미 본 서의 앞 부분에서 설명하였다.

section 03 | 상품옵션의 거래유형

상품옵션을 이용한 거래유형도 헤지거래, 투기거래, 그리고 차익거래로 분류할 수 있다. 거래대상만 다를 뿐 전략의 개념은 유사하므로 이하에서는 헤지거래를 중심으로 살펴보고 자 한다.

1 | 매도헤지(short hedge)

(1) 매도헤지의 개요

옵션을 이용한 가장 기초적인 매도헤지의 방법은 풋옵션을 매수하는 것이다.[1] 풋옵션 을 매수함으로써 옵션 매수자는 최저 매도 가격(minimum selling price), 즉 하한 가격(floor price)을 설정할 수 있다. 풋옵션의 매수자는 풋옵션을 매수함으로써 미리 정해진 가격, 즉 행사 가격에 선물계약을 매도할 권리를 가지게 되는데, 그 권리에 대한 대가로 프리 미엄을 지불해야 한다. 풋옵션 매수자는 하한 가격을 설정함으로써 가격이 하락할 경 우 가격 하락으로부터 보호받을 수 있을 뿐만 아니라 가격이 상승할 경우에는 보유하 고 있는 현물을 높은 가격에 매도할 기회를 가지게 된다. 풋옵션 매수자는 이러한 권리 에 대한 대가로 풋옵션 매도자에게 프리미엄을 지불하는 것이다.

선물의 매도를 통한 매도헤지와 풋옵션의 매수을 통한 매도헤지를 비교하면 〈표 2-1〉과 같다. 첫째, 선물을 매도할 경우 매도한 가격에 선물계약을 이행해야 할 의무가 부여되는 반면, 풋옵션을 매수할 경우는 행사 가격에 선물을 매도할 권리를 가질 뿐 의

---

1 풋옵션은 기초자산(상품)을 일정한 행사 가격에 매도할 수 있는 권리이므로 풋옵션 매수를 매도헤지의 유형으로 분류함.

표 2-1	선물과 옵션을 이용한 매도헤지의 비교

선물 매도(short futures)	풋옵션 매수(long put)
가격 수준 설정(고정) : 가격 하락으로부터 보호	최저 매도 가격(minimum selling price) 설정
매수자 및 매도자 각각 증거금 납입	옵션 매수자는 증거금을 납부하지 않는 반면, 옵션 매도자는 증거금 납부
매수자 및 매도자 각각 마진콜(margin call) 가능	옵션 매수자는 결코 마진콜을 당하지 않는 반면, 옵션 매도자는 마진콜 가능
포지션 설정에 따른 비용 ─중개수수료 ─증거금에 대한 이자 기회비용	옵션 매수에 따른 비용 ─중개수수료 ─옵션 프리미엄
매도 포지션 설정 후 가격이 상승할 경우 가격 상승에 따른 이익실현 불가. 헤지는 항상 선물 매도가격에 베이시스를 더한 금액 수취	풋옵션 매수자는 선물 가격이 행사 가격과 지불한 프리미엄의 합계 이상으로 상승할 경우 보유현물의 가격 상승에 따른 혜택을 볼 수 있음

무가 부과되지 않는다. 즉, 풋옵션 매수자는 선물 가격이 행사 가격(K) 이하로 하락할 경우 옵션을 행사하여 행사 가격에 선물계약을 매도할 수 있고, 반면 선물 가격이 행사 가격 이상으로 상승할 경우는 보다 높은 가격에 선물을 매도하는 것이 유리하므로 옵션을 행사하지 않게 된다.

둘째, 풋옵션을 매수하는 경우 권리에 대한 대가로 풋옵션 매도자에게 먼저 프리미엄을 지불하여야 한다. 선물거래와 달리 풋옵션 매수자는 옵션을 매수하여 보유하고 있는 동안 증거금을 납부할 필요가 없으므로 증거금계정을 유지하지 않아도 된다.

〈그림 2-1〉을 통하여 현물 포지션만을 보유하는 경우와 선물을 매도하여 헤지하는 경우, 그리고 풋옵션을 매수하여 헤지하는 경우를 비교해 보도록 하자. 논의를 단순화하기 위해 현물 가격과 선물 가격의 차이인 베이시스는 0으로 가정하여 베이시스 리스크는 없다고 하자. 또한 옵션거래에서 풋옵션은 선물 가격과 동일한 등가격(ATM)옵션을 매수한다고 가정하자.

〈그림 2-1〉에서 선물 가격이 상승하면 현물 가격 또한 상승하여 현물 포지션의 가치가 증대되므로 현물 포지션의 손익을 나타내는 그래프는 45도 우상향하는 직선이 된다. 한편, 선물 매도 포지션은 선물 가격이 상승함에 따라 가치가 하락하게 되므로 선물 매도 포지션의 손익을 나타내는 그래프는 45도 우하향하는 직선이 된다. 현물과 선물 매도 포지션을 결합하면 현물시장의 손실이 선물시장의 이익에 의해 상쇄되고, 현물

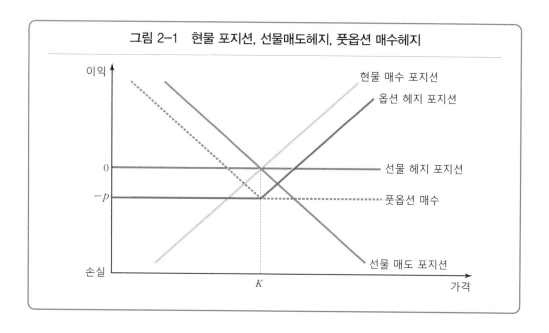

그림 2-1 현물 포지션, 선물매도헤지, 풋옵션 매수헤지

시장의 이익이 선물시장의 손실에 의해 상쇄된다. 따라서 선물을 이용한 매도헤지 포지션의 가치는 일정하게 유지되어 가로축과 평행한 직선이 된다.

한편, 현물과 풋옵션 매수를 결합한 헤지 포지션의 손익곡선은 꺾인 직선이 된다. 행사 가격 아래에서 현물과 풋옵션 매수 포지션을 결합한 헤지 포지션은 선물을 이용한 헤지 포지션과 유사하나, 선물을 이용한 헤지 포지션에 비해 프리미엄(p)만큼 손실이 발생한다. 반대로 행사 가격 위에서 현물과 풋옵션 매수 포지션을 결합한 헤지 포지션은 현물 포지션과 유사하나, 프리미엄만큼 현물 포지션보다 낮은 이익이 발생한다. 풋옵션을 매수하는 전략은 선물 매도 포지션을 취하는 전략과 비교할 때 가격 하락 시의 헤지효과 측면에서는 유사하지만 최대 손실폭이 프리미엄으로 제한되는 한편, 가격 상승 시 이익 가능성이 크다는 특징을 가진다.

위의 그림을 면밀히 살펴보면 가격이 하락할 때, 즉 선물 가격이 행사 가격 이하로 하락할 때 선물을 이용한 매도헤지 포지션이 가장 좋은 결과를 갖는 반면, 현물 포지션이 가장 나쁜 결과를 갖는다. 한편 가격이 상승할 때, 즉 선물 가격이 행사 가격 이상으로 상승할 때는 현물 포지션이 가장 좋은 결과를 갖는 반면, 선물을 이용한 매도헤지 포지션이 가장 나쁜 결과를 갖게 된다. 그러나 문제는 향후 가격이 상승할지 또는 하락할지 아무도 모르기 때문에 리스크 관리에 관한 의사결정을 하기에 앞서 그 결과를 미리 알 수가 없다는 점이다. 따라서 가격이 상승하거나 하락하게 되면 현물 포지션과 선물을 이용한 매도헤지 포지션 둘 중의 하나는 가장 나쁜 결과를 갖게 된다.

반면, 옵션을 이용한 헤지는 이러한 결과를 바꾸어 놓을 수 있다. 즉, 옵션을 이용한 헤지는 현물 포지션과 선물을 이용한 헤지 포지션을 혼합한 결과를 갖기 때문에 가격이 상승할 경우뿐만 아니라 가격이 하락할 경우에도 항상 차선(second best)의 결과를 가져다 준다. 옵션은 결코 최상의 결과를 가져다 주지 않지만 반대로 가격이 큰 폭으로 상승하거나 하락할 때 최악의 결과를 가져다 주지도 않는다. 그러나 옵션을 이용한 헤지 포지션은 선물 가격이 행사 가격 부근에 머물러 있게 될 경우에는 최악의 결과를 가져오게 된다.

(2) 매도헤지의 사례

이하에서는 풋옵션을 이용한 매도헤지가 어떻게 이루어지는지 살펴보도록 하자.

(상황)

3월 1일, 어느 한 금 도매업자는 A종합상사로부터 1kg의 금괴를 12,280원/g에 구매하였다. 한 달 후에 금괴를 판매할 계획이며 그동안의 가격 하락에 대비하기 위해 헤지를 하고자 한다. 3월 1일 현재, 4월물 금선물은 12,430원/g에 거래되고 있으며, 과거의 경험에 의하면 4월 초에 예상되는 베이시스는 4월물 금선물기준 −140원(140원 under April) 수준이다.

(헤지전략)

이 도매업자는 금선물을 매도하여 헤지하기보다는 등가격(ATM)옵션인 행사 가격 12,400원의 4월물 풋옵션을 매수하여 헤지하기로 결정하였다. 이 도매업자는 선물회사를 통하여 행사 가격 12,400원의 4월물 풋옵션 10계약을 130원/g에 매수하였다. 한편, 이 도매업자는 프리미엄 130,000원(=130원/g×1,000g)과 중개수수료를 지불하였지만, 옵션을 매수한 입장이므로 증거금을 납입하지 않아도 된다.

풋옵션을 매수함으로써 이제 이 도매업자는 최저 매도 가격, 즉 하한 가격을 설정하게 되었는데 예상 최저 매도 가격(expected minimum selling price), 즉 예상 하한 가격(expected floor price)을 구하면 다음 〈표 2-2〉와 같다.

선물을 이용한 헤지과 마찬가지로 일단 풋옵션을 매수하고 나면 예상 최저 매도 가격을 높이거나 낮추는 유일한 변수는 바로 베이시스의 변동이 된다.

표 2–2	풋옵션 매수에 따른 예상 하한 가격		
풋옵션 행사 가격 (put strike price)	**＋예상 베이시스** (expected basis)	**－풋옵션 프리미엄** (put premium)	**＝예상 하한 가격*** (expected floor price)
12,400원	＋(－140원)	－130원	＝12,130원

* 중개수수료는 고려되지 않음.

(결과)

먼저, 예상한 대로 4월 1일에 금가격이 큰 폭으로 하락한 경우를 생각해 보자. 4월 1일, 이 금 도매업자는 금 세공업자에게 금괴 1kg을 매수 가격 12,280원/g보다 하락한 11,980원/g에 매도하였다. 이 날 4월물 금선물은 12,110원/g에 거래되고 있으며, 따라서 베이시스는 －130원(130원 under April)이 된다. 이 도매업자는 그동안 보유해 온 풋옵션을 행사함으로써 12,400원/g에 매도 포지션을 취한 다음 12,110원/g에 환매수하여 거래를 종결하였다.

표 2–3	풋옵션을 행사할 경우 매도헤지의 결과	
날짜	**현물거래**	**옵션거래**
3월 1일	금 1kg 매수 @12,280원	행사 가격 12,400원의 4월물 풋옵션 매수 @130원
4월 1일	금 1kg 매도 @11,980원	－풋옵션 행사, 4월물 금선물 매도 포지션 수취 @12,400원 －금선물 환매 @12,110원 －선물거래이익 290원(＝12,400원－12,110원)
	순매도 가격 : 12,140원＝11,980원＋290원－130원(프리미엄)	

헤지 결과 실현된 순매도 가격은 〈표 2-3〉에서 보는 바와 같이 12,140원/g이 된다. 위의 결과에서 실제 실현된 순매도 가격과 예상 최저 매도 가격(예상 하한 가격) 간에 10원(＝12,140원－12,130원)의 차이가 발생한 것은 실제 베이시스(－130원)가 예상 베이시스(－140원)보다 10원만큼 상승한 데 기인한다. 만약 예상했던 것과 달리 금가격이 12,590원/g으로 상승하였다면, 옵션을 행사할 유인이 없게 되므로 매수한 풋옵션이 만기에 가서 그대로 소멸되도록 한다. 이 경우 순매도 가격은 〈표 2-4〉와 같다.

풋옵션을 매수한 후 가격이 하락할 경우 옵션 매수자는 풋옵션을 행사하여 선물 매도 포지션을 수취한 다음 환매수하는 방법을 이용할 수 있고, 또는 풋옵션 그 자체를 반대매매를 통해 매도하는 방법을 이용할 수도 있다.

표 2-4   풋옵션을 행사하지 않는 경우 매도헤지의 결과

날짜	현물거래	옵션거래
3월 1일	금 1kg 매수 @12,280원	행사 가격 12,400원의 4월물 풋옵션 매수 @130원
4월 1일	금 1kg 매도 @12,590원	풋옵션 소멸
순매도 가격 : 12,460원＝12,590원－130원(프리미엄)		

표 2-5   풋옵션을 매도할 경우 매도헤지의 결과

날짜	현물거래	옵션거래
3월 1일	금 1kg 매수 @12,280원	행사 가격 12,400원의 4월물 풋옵션 매수 @130원
4월 1일	금 1kg 매도 @11,980원	－행사 가격 12,400원의 4월물 풋옵션 310원에 거래 －풋옵션 매도 @10원 －옵션거래이익 180원(＝310원－130원)
순매도 가격 : 12,160원＝11,980원＋180원(옵션거래이익)		

    금 도매업자가 풋옵션을 행사하지 않고 반대매매(매도)할 경우 어떻게 되는지 살펴보도록 하자. 앞의 예시에서 옵션을 행사할 경우 순매도 가격이 12,140원/g인 반면, 옵션을 매도할 경우는 순매도 가격이 12,160원/g이 된다. 이러한 20원의 차이는 바로 옵션 프리미엄에 남아 있는 시간가치에 기인한다. 즉, 풋옵션을 행사한 경우 옵션의 내재가치는 290원(＝행사 가격 12,400원－선물 가격 12,110원)인 반면, 풋옵션을 매도한 경우의 옵션 프리미엄은 내재가치 290원과 시간가치 20원의 합으로 이루어진다. 따라서 옵션을 매도한 경우의 순매도 가격이 옵션을 행사한 경우의 순매도 가격보다 시간가치인 20원만큼 더 높게 된다.

    일반적으로 옵션거래의 경우 옵션을 행사하기보다는 옵션을 매도하는 것이 유리한데 그 이유는, 첫째, 위의 경우에서 살펴본 바와 같이 옵션을 매도하지 않고 행사하는 경우는 옵션의 내재가치만을 얻게 될 뿐 남아 있는 시간가치는 포기하기 때문이다. 둘째, 해외 상품선물옵션의 경우 옵션을 행사함으로써 추가적인 중개수수료가 발생하기 때문이다. 일반적으로 해외상품선물의 경우 중개수수료가 매매종결(round-turn)기준으로 발생하는 반면, 상품선물옵션의 경우는 매매체결(per-side)기준으로 중개수수료가 발생한다. 옵션거래의 수수료가 매매체결기준으로 발생하는 것은 옵션을 반대매매하여 청산하는 경우도 있지만 옵션을 만기에 그대로 소멸시키는 경우도 많다는 점을 고려한 것

이라고 할 수 있다.

따라서 옵션을 행사할 경우 옵션을 처음 거래할 때 매매체결기준의 수수료(일반적으로 매매종결기준 수수료의 절반)를 지불하고, 옵션을 행사하고 나서 선물 포지션을 청산할 때 다시 매매종결기준의 수수료를 지불해야 되기 때문에 실제적으로 옵션을 매도하는 경우보다 매매체결기준의 수수료를 한 번 더 지불하는 셈이 된다.

앞에서 설명한 매도헤지에서 옵션을 이용한 헤지거래가 아무런 헤지수단을 이용하지 않는 현물거래 및 선물을 이용한 헤지거래와 비교할 때 항상 차선의 결과를 낳게 된다는 것을 살펴보았다. 이러한 내용을 위의 예시를 통하여 구체적으로 확인해 보도록 하자. 선물 및 옵션을 이용하지 않은 현물거래의 경우 순매도 가격은 현물 매도 가격인 11,980원/g이고, 선물을 이용한 헤지거래의 경우 순매도 가격은 12,300원/g[=11,980원+(12,430원-12,110원)]이다. 한편, 옵션을 이용한 헤지거래의 경우 순매도 가격은 12,160원/g으로 현물 매도 가격보다는 높은 반면, 선물을 이용한 순매도 가격보다는 낮아 차선의 결과를 낳는다는 것을 알 수 있다.

2 매수헤지(long hedge)

(1) 매수헤지의 개요

옵션을 이용한 가장 기초적인 매수헤지의 방법은 콜옵션을 매수하는 것이다. 콜옵션을 매수함으로써 옵션 매수자는 최고 매수 가격(maximum buying price), 즉 상한 가격(ceiling price)을 설정할 수 있다. 즉, 콜옵션의 매수자는 콜옵션을 매수함으로써 미리 정해진 가격, 즉 행사 가격에 선물계약을 매수할 수 있는 '권리'를 가지게 되는데, 그 권리에 대한 대가로 '프리미엄'을 지불해야 한다. 콜옵션 매수자는 상한 가격을 설정함으로써 가격이 상승할 경우 가격 상승으로부터 보호받을 수 있을 뿐만 아니라 가격이 하락할 경우에는 낮은 가격에 실물상품을 매수할 기회를 갖는다. 콜옵션 매수자는 이러한 융통성에 대한 대가로 콜옵션 매도자에게 프리미엄을 지불하여야 한다.

〈그림 2-2〉에서 현물 포지션의 손익을 나타내는 그래프는 45도 우하향의 직선이고, 현물과 선물 매수 포지션을 결합한 헤지 포지션의 손익은 가로축과 평행한 직선이다. 그리고 현물과 콜옵션 매수를 결합한 헤지 포지션의 손익은 꺾인 직선이 된다.

행사 가격(K) 아래에서 현물과 콜옵션 매수를 결합한 헤지 포지션의 손익곡선은 현

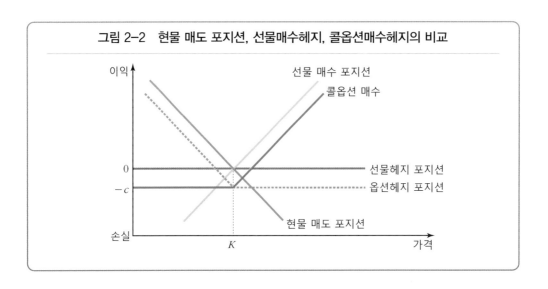

그림 2-2 현물 매도 포지션, 선물매수헤지, 콜옵션매수헤지의 비교

물 포지션과 유사하나, 프리미엄만큼 현물 포지션보다 낮다. 반대로 행사 가격(K) 위에서 현물과 콜옵션 매수를 결합한 헤지 포지션의 손익곡선은 현물과 선물 매수를 결합한 헤지 포지션과 유사하나 선물 헤지 포지션보다 프리미엄만큼 낮다.

그림을 면밀히 살펴보면, 가격이 하락할 때, 즉 선물 가격이 행사 가격(K) 이하로 하락할 때 현물 포지션이 가장 좋은 결과를 낳는 반면, 선물을 이용한 헤지 포지션이 가장 나쁜 결과를 낳게 된다. 한편, 가격이 상승할 때, 즉 선물 가격이 행사 가격(K) 이상으로 상승할 때는 선물을 이용한 헤지 포지션이 가장 좋은 결과를 낳는 반면, 현물 포지션이 가장 나쁜 결과를 낳게 된다. 그런데 옵션을 이용한 매수헤지는 이러한 결과를 바꾸어 놓는다. 즉, 옵션을 이용한 헤지는 현물 포지션과 선물을 이용한 헤지 포지션을 혼합한 결과를 낳아 가격이 상승할 경우뿐만 아니라 가격이 하락할 경우에도 항상 차선의 결과를 가져다 준다. 즉, 옵션은 결코 최상의 결과를 가져다주지는 않지만, 또한 가격이 큰 폭으로 상승하거나 하락할 때 최악의 결과를 가져다 주지도 않는다. 다만, 옵션을 이용한 매수헤지 포지션은 옵션을 이용한 매도헤지의 경우와 마찬가지로 선물 가격이 행사 가격에 가까이 머물게 될 경우 최악의 결과를 가져오게 된다.

(2) 매수헤지의 사례

매도헤지의 경우와 마찬가지로 아래의 예를 통하여 콜옵션을 이용한 매수헤지가 어떻게 이루어지는지 살펴보도록 하자.

(상황)

2월 15일, 한 금 도매업자는 금 세공업자에게 금괴 1kg을 납품하는 계약을 체결하였다. 한 달 후에 금괴를 매수하여 납품할 계획이며 그동안의 가격 상승에 대비하기 위해 헤지를 하고자 한다. 2월 15일, 현재 4월물 금선물은 12,380원/g에 거래되고 있으며, 과거의 경험에 의하면 3월 중순경에 예상되는 베이시스는 4월물 금선물기준 −170원(170원 under April) 수준이다.

(헤지전략)

이 도매업자는 금선물을 매수하여 헤지하기보다는 등가격(ATM)옵션인 행사 가격 12,400원의 4월물 콜옵션을 매수하여 헤지하기로 결정하였다. 이 도매업자는 선물회사를 통하여 행사 가격 12,400원의 4월물 콜옵션 10계약을 120원/g에 매수하고 프리미엄 120,000원(＝120원/g×1,000g)과 중개수수료를 지불하였지만, 옵션을 매수한 입장이므로 증거금은 납입하지 않았다.

콜옵션을 매수함으로써 이제 이 금 도매업자는 최고 매수 가격, 즉 상한 가격을 설정하게 되었는데 예상 최고 매수 가격(expected maximum buying price), 즉 예상 상한 가격(expected ceiling price)을 구하면 〈표 2-6〉과 같다.

표 2-6   콜옵션 매수에 따른 예상 상한 가격

콜옵션 행사 가격	＋예상 베이시스	＋콜옵션 프리미엄	＝예상 상한 가격*
12,400원	＋(−170원)	＋120원	＝12,350원

* 중개수수료는 고려되지 않음.

선물을 이용한 헤지과 마찬가지로 일단 콜옵션을 매수하고 나면 예상 최고 매수 가격을 높이거나 낮추는 유일한 변수는 바로 베이시스의 변동이 된다.

(결과)

3월 15일에 이르러 금 가격이 큰 폭으로 상승하였다고 하자. 약속한 대로 이 도매업자는 금괴 1kg을 12,450원/g에 매수하여 금 세공업자에게 납품하였다. 이날 4월물 금선물은 12,640원/g에 거래되고 있으며, 따라서 베이시스는 −190원(190원 under April)이된다. 또한 이 도매업자는 그동안 보유해 온 콜옵션을 행사함으로써 12,400원/g에 선물 매수 포지션을 취한 다음 12,640원/g에 전매도하여 거래를 종결하였다.

혜지 결과 실현된 순매수 가격은 〈표 2-7〉에서 보는 바와 같이 12,330원/g이 된다. 실제 실현된 순매수 가격과 예상 최고 매수 가격(예상 상한 가격) 간에 20원(=12,350원−12,330원)의 차이가 발생한 것은 실제 베이시스(−190원)가 예상 베이시스(−170)보다 20원만큼 하락한 데 기인한다.

한편, 예상했던 것과 달리 금가격이 12,150원/g으로 하락하였다면, 콜옵션을 행사할 유인이 없게 되므로 매수한 콜옵션이 만기에 가서 그대로 소멸되도록 한다. 이 경우 순매수 가격은 〈표 2-8〉과 같다.

표 2-7   콜옵션을 행사할 경우 매수헤지의 결과

날짜	현물거래	옵션거래
2월 15일		행사 가격 12,400원의 4월물 콜옵션 매수 @120원
3월 15일	금 1kg 매수 @12,450원	• 콜옵션 행사, 4월물 금선물 매수 포지션 수취 @12,400원 • 금선물 전매도 @12,640원 • 선물거래이익 240원(=12,640원−12,400원)
순매수 가격 : 12,330원=12,450원−240원+120원(프리미엄)		

표 2-8   콜옵션을 행사하지 않은 경우 매수헤지의 결과

날짜	현물거래	옵션거래
2월 15일		행사 가격 12,400원의 4월물 콜옵션 매수 @120원
3월 15일	금 1kg 매수 @12,150원	콜옵션 소멸
순매수 가격 : 12,270원=12,150원+120원(프리미엄)		

표 2-9   콜옵션을 매도할 경우 매수헤지의 결과

날짜	현물거래	옵션거래
2월 15일		행사 가격 12,400원의 4월물 콜옵션 매수 @120원
3월 15일	금 1kg 매수 @12,450원	− 행사 가격 12,400원의 4월물 콜옵션 270원에 거래 − 콜옵션 매도 @270원 − 옵션거래이익 150원(=270원−120원)
순매수 가격 : 12,300원=12,450원−150원(옵션거래이익)		

콜옵션을 매수한 후 선물 가격이 상승할 경우 옵션 매수자는 콜옵션을 행사하여 선물 매수 포지션을 수취한 다음 전매도하는 방법을 이용할 수 있고, 또 콜옵션 그 자체를 반대매매를 통해 매도하는 방법을 이용할 수도 있다. 이 도매업자가 콜옵션을 행사하지 않고 반대매매(매도)할 경우 어떻게 되는지 살펴보도록 하자.

앞의 예시에서 옵션을 행사할 경우 순매수 가격이 12,330원/g인 반면, 옵션을 매도할 경우는 순매수 가격이 12,300원/g이 되었다. 이러한 30원의 차이는 바로 옵션 프리미엄에 남아 있는 시간가치에 기인한다. 즉, 콜옵션을 행사한 경우 옵션의 내재가치는 240원(=선물 가격 12,640원 − 행사 가격 12,400원)인 반면, 콜옵션을 매도한 경우의 옵션 프리미엄은 내재가치 240원과 시간가치 30원의 합으로 이루어진다. 따라서 옵션을 매도한 경우의 순매수 가격이 옵션을 행사한 경우의 순매수 가격보다 시간가치인 30원만큼 더 낮게 된다.

매수헤지에서도 옵션을 이용한 헤지거래가 아무런 헤지수단을 이용하지 않는 현물거래 및 선물을 이용한 헤지거래와 비교해 항상 차선의 결과를 낳게 된다는 것을 살펴보았다. 이러한 내용을 위의 예시를 통하여 구체적으로 다시 한 번 확인해 보도록 하자. 선물 및 옵션을 이용하지 않은 현물거래의 경우 순매수 가격은 현물 매수 가격인 12,450원/g이고, 선물을 이용한 헤지거래의 경우 순매수 가격은 12,190원/g 〔= 12,450원 − (12,640원 − 12,380원)〕이다. 한편, 옵션을 이용한 헤지거래의 경우 순매수 가격은 12,300원/g으로 현물 매수 가격보다는 낮은 반면, 선물을 이용한 순매수 가격보다는 높아 차선의 결과를 가져온다는 것을 알 수 있다.

01 다음 중 정상시장과 역조시장에 대한 설명으로 옳은 것은?

① 정상시장은 현물 가격이 선물 가격보다 높은 시장구조를 말한다.

② 역조시장은 근월물의 가격이 원월물보다 높은 시장구조로, 콘탱고시장 (contango market)이라고도 한다.

③ 정상시장은 순보유비용이 양(+)의 값을 가지는 반면, 역조시장은 순보유비용이 음(−)의 값을 가진다.

④ 역조시장은 투자자들의 지속적인 매도로 시장이 과매도(oversold)상태일 때 발생한다.

02 3월 15일 현재 금현물 가격과 선물 가격이 다음과 같을 때 역조시장구조를 보이는 것은?

현물 가격	4월물	6월물	8월물	10월물
11,200원	11,240원	11,300원	11,280원	11,320원

① 현물 가격과 4월물 선물 가격

② 6월물 선물 가격과 8월물 선물 가격

③ 4월물 선물 가격과 10월물 선물 가격

④ 현물 가격과 8월물 선물 가격

해설

01 ③ 정(+)의 보유비용 하에서는 정상시장이 형성된다.

02 ② 원월물 가격(8월물)이 근월물 가격(6월물)보다 낮으므로 역조시장구조를 갖는다.

03 상품선물을 이용하여 매수헤지를 하는 경우 순매수 가격(NBP:Net Buying Price)을 계산하는 방법 중 틀린 것은?

> t_1 : 헤지 시작 시점 t_2 : 헤지 종결 시점
> S_1 : t_1 시점의 현물 가격 S_2 : t_2 시점의 현물 가격
> F_1 : t_1 시점의 선물 가격 F_2 : t_2 시점의 선물 가격
> B_1 : t_1 시점의 베이시스 B_2 : t_2 시점의 베이시스

① $S_2 - (F_2 - F_1)$ ② $F_1 - B_2$

③ $S_1 + (B_2 - B_1)$ ④ $S_1 - [(S_1 - S_2) + (F_2 - F_1)]$

04 5월 15일 현재, 돈육 현물 가격이 4,500원/kg, 7월물 돈육 선물 가격은 4,670원/kg인 상황에서 육가공업체가 매수헤지를 실시하였다. 6월 20일에 이르러 헤지를 청산할 때 돈육 현물 가격과 7월물 선물 가격의 차이인 베이시스가 −100원/kg이라면 순매수 가격(NBP)은?

① 4,400원   ② 4,570원

③ 4,600원   ④ 4,770원

05 매도헤지(short hedge)를 시작하는 시점 t_1의 현물 가격이 S_1, 선물 가격은 F_1, 그리고 베이시스는 B_1이다. 한편, 헤지를 종결(청산)하는 시점 t_2의 현물 가격이 S_2, 선물 가격은 F_2, 그리고 베이시스는 B_2라고 할 때 순매도 가격(NSP)을 계산하는 방법 중 틀린 것은?

① $NSP = S_2 + (F_2 - F_1)$ ② $NSP = F_1 + B_2$

③ $NSP = S_1 + (B_2 - B_1)$ ④ $NSP = S_1 + [(S_2 - S_1) + (F_1 - F_2)]$

해설

03 ② 순매수 가격 $= F_1 + B_2$

04 ② 순매수 가격은 $NBP = F_1 + B_2$이므로 4,670원 − 100원 = 4,570원이다.

05 ① 순매도 가격은 $NSP = S_2 + (F_1 - F_2)$이다.

06   4월 1일 현재 돈육 현물 가격이 4,200원/kg인 상황에서 양돈농가가 돈육선물을 매도하여 헤지한 후 9월 1일에 환매하여 청산하였다. 헤지기간 동안 베이시스가 150원/kg 상승하였다면 순매도 가격은?

    ① 4,050원   ② 4,200원

    ③ 4,350원   ④ 4,500원

07   3월 5일 현재 돈육선물의 5월물과 7월물 간의 스프레드가 +30원/kg일 때 강세 스프레드(bull spread)전략을 구사하였다. 3월 10일에 스프레드 거래를 청산할 때 5월물과 7월물 간의 스프레드가 +50원/kg으로 확대되었다면 거래손익은?

    ① 10원 이익   ② 10원 손실

    ③ 20원 이익   ④ 20원 손실

08   3월 1일 금 도매업자는 H종합상사로부터 1kg의 금괴를 12,500원/g에 구입하였다. 1개월 후에 금괴를 판매할 계획이며 그동안 금괴 가격이 하락할 우려가 있어 4월물 풋옵션(행사 가격：12,400원/g) 1계약을 100원/g에 매수하였다. 4월 1일 금 현물 가격이 11,950원/g, 4월물 금선물 가격이 12,100원/g일 때 풋옵션을 행사하는 경우 금괴의 순매도 가격은?

    ① 12,040원   ② 12,090원

    ③ 12,100원   ④ 12,150원

해설

06 ③ 순매도 가격(NSP) = $S_1 + \Delta B$이므로, 4,200원 + 150원 = 4,350원이다.

07 ④ 강세 스프레드에서 스프레드가 20원만큼 확대되었으므로 20원의 손실이 발생한다.

08 ④ 순매도 가격 = 11,950원(현물 매도 가격) + 300원(선물거래이익) − 100원(프리미엄) = 12,150원. 4월 1일 금 1kg 매도(@11,950원), 풋옵션 행사로 4월물 금선물 매도 포지션 수취(@12,400원) 후 금선물 환매수(@12,100원)로 선물거래이익 = 300원(= 12,400원 − 12,100원)

정답 01 ③ | 02 ② | 03 ② | 04 ② | 05 ① | 06 ③ | 07 ④ | 08 ④

파생상품투자권유자문인력1

금융투자전문인력 표준교재

파생상품투자권유자문인력 1

2025년판 발행 2025년 2월 15일

편저　　금융투자교육원
발행처　한국금융투자협회
　　　　　서울시 영등포구 의사당대로 143 전화(02)2003-9000 FAX(02)780-3483
발행인　서유석
제작 및 총판대행 (주)**박영사**
　　　　　서울특별시 금천구 가산디지털2로 53, 210호(가산동, 한라시그마밸리) 전화(02)733-6771 FAX(02)736-4818
등록　　1959. 3. 11. 제300-1959-1호(倫)
홈페이지　한국금융투자협회 자격시험접수센터(https://license.kofia.or.kr)

정가 16,500원

ISBN 978-89-6050-759-3 14320
　　　978-89-6050-758-6(세트)